新时代
中国**工科**教师队伍建设

主　编　朱正伟　李茂国
副主编　马一丹　周红坊

中国人民大学出版社
·北京·

图书在版编目（CIP）数据

新时代中国工科教师队伍建设/朱正伟，李茂国主
编；马一丹，周红坊副主编 . -- 北京：中国人民大学
出版社，2022.10
ISBN 978-7-300-31082-4

Ⅰ.①新… Ⅱ.①朱… ②李… ③马… ④周… Ⅲ.
①工科院校-师资队伍建设-研究-中国 Ⅳ.
①G645.12

中国版本图书馆 CIP 数据核字（2022）第 183136 号

新时代中国工科教师队伍建设

主　编　朱正伟　李茂国

副主编　马一丹　周红坊

Xinshidai Zhongguo Gongke Jiaoshi Duiwu Jianshe

出版发行	中国人民大学出版社	
社　　址	北京中关村大街 31 号	**邮政编码**　100080
电　　话	010 - 62511242（总编室）	010 - 62511770（质管部）
	010 - 82501766（邮购部）	010 - 62514148（门市部）
	010 - 62515195（发行公司）	010 - 62515275（盗版举报）
网　　址	http://www.crup.com.cn	
经　　销	新华书店	
印　　刷	北京宏伟双华印刷有限公司	
规　　格	160 mm×230 mm　16 开本	**版　　次**　2022 年 10 月第 1 版
印　　张	23.5 插页 1	**印　　次**　2022 年 10 月第 1 次印刷
字　　数	376 000	**定　　价**　89.00 元

推荐序

甫一拿到这本书稿，我内心是有点激动的。因为据我所知，目前市面上还没有类似的书籍，因此可以说，本书填补了一项空白，会给人以新的视角和新的启示。

主编之一李茂国是我的老朋友。他长期致力于中国工程教育的研究与实践，在教育部高等教育司任职时，抓高等工程教育宏观管理有声有色；他善于团结高校一线的同仁，不空喊口号而力做实事，共同推进高等工程教育的理念转变、工作转型；他深度参与了我国工程教育专业认证体系的设计和构建工作，以全国工程教育专业认证专家委员会秘书长的角色推进我国工程教育专业认证试点工作；他还参与了我国加入《华盛顿协议》的国内多部门协调工作和对《华盛顿协议》成员的谈判工作，是我国加入《华盛顿协议》的重要参与者和见证人；他组织大批专家学者在深入研究世界工程教育发展趋势的基础上，共同设计了"卓越工程师教育培养计划"，并组织多部门联合实施，为我国提升高等工程教育质量作出了重要贡献。后来他又在重庆大学任副校长，在对外经济贸易大学任党委副书记，取得了在基层工作的实践经验，对高等工程教育的认识更加深刻。因此，由他领衔研究高等工程教育的教师发展问题，是非常适合的。本研究的团队成员中，有在教育行政部门、高校进行工程教育宏观、中观和微观层面的管理和研究30多年的，有在工程教育研究与实践一线躬耕20余年的，他们都有着比较丰富的经验，对相关政策也有较深入的理解，对相关研究也有较强的驾驭能力。我相信他们的研究既接地气，又能指路，能够为大家提供有意义的指导。

近年来，我作为联合国教科文组织（UNESCO）国际工程教育中心（ICEE）顾问委员会的委员，关注国际工程教育的发展，在与国际同行的交流中理解世界工程教育关注的焦点、难点和求解之道。普遍的共识是：工程教育对国际社会实现联合国《2030年可持续发展议程》的目标至关重要，各国政府、产业和公民要加强合作，促进工程教育创新，提高工程解决人类和地球面临的紧迫难题的能力，为所有人塑造一个和平、繁荣、包容和可持续的世界。实现这一目标，有诸多要素，诸如制度、体制、资源配置、性别、教育内容和方法的改革，等等。其中，关键因素之一就是工程教育教师的数量与质量。

本书研究的正是工程教育的这一关键问题。

本书作者致力于中国工科教师的发展及工科教师队伍建设，基于问卷调查和网络调查的形式，利用交叉分析和文本分析、文献研究和专家访谈等方法，从基线研究的角度，首次比较系统、全面地从工科教师的性别、年龄段、最高学位、职称、学校类型、学校所在地区的维度刻画了中国工科教师的基本特征，深入探讨了从招聘，工科教师教学、科研、工程实践、国际视野等能力的提升，到考核、评职称，激励与反馈、培训，以及工科教师专业发展全方面的问题，既详实地反映了工科教师发展和工科教师队伍建设的现状及存在的问题，又深入地分析了相应的原因，也提出了诸多相应的对策与建议。

本书首次提出了将工程实践能力作为工科教师的三大核心能力之一；首次探讨了工科教师三大核心能力的相互关系，以及如何化解核心能力之间的矛盾，实现三大能力的良性发展；也首次研究了在工程教育范式进入"融合创新"范式阶段之后，工科教师的专业发展是何模型。

本书既印证了我们能够想到的工科教师队伍建设过程中可能会出现的问题——不同类型不同地区高校的工科教师，其教学能力、科研能力、工程实践能力和国际视野的强弱程度有着较大差别；大多数新进工科教师遵循"从学校到学校"的发展逻辑，其教学能力和工程实践能力比科研能力明显要弱不少；对工科教师行业的热爱程度还没有成为部分高校工科教师招聘的标准之一；师德考核"一票否决"在部分高校的明确要求程度还需要进一步加强；对工程实践能力的要求还没有成为多数工科教师考核、评职称的基本要求；对于工科教师职称评聘的条件，量化思维在部分高校依然占主导地位；部分高校教师教学发展中心的"存在感"还需进一步提升；等等。

但同时，本书也发现了一些我们没有想到的现象和问题——近3/4的行政人员认为教学培训能够提高工科教师的教学能力，但工科教师选择该项的人数占比却不到 1/2；近 2/3 的行政人员认为国际交流合作项目能够提高工科教师的科研能力，但工科教师选择该项的人数占比却不足三成；因为缺乏企业工程实践经历和跨学科科研训练，高校大部分工科教师教学科研能力都不适应工程教育需要；发明专利申报活动对工科教师科研能力的促进作用远大于对教学能力的促进作用，并且该活动存在对工科教师教学能力没有作用而对科研能力却有抑制作用的情况；工科教师和行政人员都高度认可"校企合作"，而又都不认可工科教师"定期到相关企业挂职"来提升工科教师的工程实践能力；在教学能力、科研能力、工程实践能力三对相互关系中，除了教学能力、科研能力这一对关系是互为促进作用外，其余两对均互为不利作用；对"学生评价"，行政人员很喜欢但工科教师却很不买账；把有助于促进工科教师持续保持做好本职工作的热情作为考核评价的导向，还有较长的路要走；工科教师参加培训的积极性与资助经费的多少没有必然的关系；对工科教师激励反馈工作的重视程度可能也与经济发达程度有关；等等。各位读者如若愿意，细细研读，或许还能透过作者展示的数据发现更多的现象和问题。

我相信该书的出版，犹如阵阵微风吹过，将会在我国工科教师队伍建设的"湖面"激起朵朵涟漪，也将会为我国工科教师队伍的建设，从管理层面提供一些建议，从研究层面提供一条基线，从实践层面提供一点参考。我希望该书能"抛砖引玉"，带动相关管理者、研究人员开展我国理科、文科、医科、农科等其他学科教师队伍建设的研究。"路漫漫其修远兮"，要做好新时代中国工科教师队伍建设，我们还有很多事情要做、很长的路要走。所以，我更希望作者能够团结国内相关学者，携手并肩、努力奋进，持续开展工科教师队伍建设的基线研究，更希望各相关方能够从这些分析中有针对性地改进工作，包括评价改革和具体政策的调整，共同为提高工程教育教师队伍的水平，进而提高中国工程教育质量、建设世界工程教育强国贡献更大力量。

瞿振元[①]

---

① 瞿振元，联合国教科文组织国际工程教育中心顾问委员会委员、国家教育咨询委员会委员，中国高等教育学会原会长，中国农业大学原党委书记。

前　言

　　高等教育强国建设已全面上升为国家意志、国家战略。我国有2万多个工科专业点，涉及高校近2 000所，高等教育工科本科毕业生占世界总数的38%，培养的人才范围覆盖了所有41个工业大类207个工业中类666个工业小类。我国作为第一制造业大国、第一高等教育大国，占我国高等教育体系规模三分之一的工程教育若强不起来，建设世界高等教育强国、工业强国将无异于空谈。因此，必须要建设高等工程教育强国。

　　百年大计，教育为本；教育大计，教师为本。"兴国必先强师"。2018年1月中共中央、国务院发布了《关于全面深化新时代教师队伍建设改革的意见》，强调教师是教育发展的第一资源，是国家富强、民族振兴、人民幸福的重要基石，但同时也指出面对新方位、新征程、新使命，教师队伍建设还不能完全适应。我国工科教师队伍是我国高校师资队伍最为庞大的一个分支。我国高等教育逐步进入普及化阶段、新工业革命对生产生活与思维方式的颠覆等高等教育内外部的剧烈转变，必然直接影响教师素质能力、师资队伍管理、教师专业发展的变革，对新时代工科教师队伍在师德师风、能力发展、引才育才、评价与激励等方面的建设提出了重大挑战。要建设世界高等工程教育强国必须要有一流的工科教师队伍。在中国特色社会主义进入了新时代的背景下，我们开展了新时代中国工科教师队伍建设的研究。

　　我们的研究主要围绕工科教师的核心能力与国际视野、招聘与考核评价、专业发展的激励与支持、对策与建议等四篇共十四章展开。我们编制了《工科教师队伍建设》问卷，分教师卷和行政卷两个部分；利用问卷星平台进行了问卷调查，经过筛选，得到教师卷和行政卷的有效问卷分别为1 683份和542份；运用SPSS22.0对问卷进行分析，并通过与行政卷中行政人员对相似问题的回答进行比较，联合采用工程教育专家访谈、文献研究法和网络调查法，揭示当前工科教师队伍建设现状及其存在的问题。

为了更好地考察不同分类特征的工科教师能力现状以及对师资队伍建设相关问题的不同看法，本书主要从性别（男性1077人、占比为64.0%，女性606人、占比为36.0%）、年龄段（≤35岁1066人、占比为63.3%，36～45岁456人、占比为27.1%，≥46岁161人、占比为9.6%）、最高学位（博士700人、占比为41.6%，硕士646人、占比为38.4%，学士337人、占比为20.0%）、职称（正高278人、占比为16.5%，副高696人、占比为41.4%，中级591人、占比为35.1%，初级118人、占比为7.0%）、在校时长（0～2年447人、占比为26.6%，3～5年570人、占比为33.9%，6～10年347人、占比为20.6%，10年以上319人、占比为19.0%）、学校类型（教育部直属高校587人、占比为34.9%，其他部委所属高校530人、占比为31.5%，地方高校468人、占比为27.8%，民办高校98人、占比为5.8%）、学校所在地区［东北（辽宁、吉林、黑龙江）312人、占比为18.5%，华东（山东、江苏、安徽、浙江、福建、上海）494人、占比为29.4%，华南（广东、广西、海南）211人、占比为12.5%，华中（湖北、湖南、河南、江西）275人、占比为16.3%，华北（北京、天津、河北、山西、内蒙古）258人、占比为15.3%，西部十省（宁夏、新疆、青海、陕西、甘肃、四川、云南、贵州、西藏、重庆）133人、占比为7.9%］等7个方面对相关题项进行交叉分析。

第一篇围绕工科教师的核心能力与国际视野展开研究。首先，分别对工科教师的教学能力、科研能力、工程实践能力的现状及问题进行了系统深入的考察。其次，以工科教师的能力提升为目的，从教师和行政人员双方视角入手，分析了工科教师教学能力、科研能力、工程实践能力如何提升等问题，考察了教师和行政人员对科研和教学相互关系的认知情况，并从招聘、激励反馈、考核评价三种视角研究了其对工科教师工程实践能力提升的影响。同时，分别探讨了教学能力和科研能力、教学能力和工程实践能力以及科研能力和工程实践能力之间的关系，研制了三者的关系图。最后，从提升我国工程教育国际学术影响力和国际化办学水平出发，对工科教师国际化能力现状和国际化项目参与情况进行了调查，对当前高校对工科教师国际化能力提升重视程度进行了分析，研究了国际化能力提升途径。

　　第二篇围绕工科教师的招聘与考核评价展开研究。首先，分析了当前工科教师招聘的决定权分布结构以及招聘中对教学能力、科研能力、工程实践能力的重视程度，调查了当前招聘工作需要改进的方面。其次，从工科教师自身角度分析了教学能力和科研能力应该使用何种考核评价方式，并着重调查了当前师德师风的考核方式、考核周期与考核成效，分析了考核存在的不足。最后，基于网络资料收集，分别从分类标准、教学要求、科研要求、国际视野要求和工程实践要求五个板块着手，按学校类型、学校所在地区分类并深入研究了工科教师职称评聘的现状。

　　第三篇围绕工科教师专业发展的激励与支持展开研究。首先从教师内涵、教师专业发展内涵、专业认证角度下工科教师专业发展等角度，探讨工程教育强国建设对工科教师专业发展的挑战与需求，分析了国内外教师专业发展模式的研究现状。其次，研究了不同激励反馈发出主体对工科教师的激励反馈频次，调查了激励反馈的内容及频次以及当前激励反馈工作对工科教师的影响，系统分析了教师们对激励反馈工作的认可度与如何改进的意见。最后，分别从培训内容、培训对象、培训组织情况入手，对工科教师的培训工作进行了现状分析，研究了工科教师培训效果及其参训情况和参训意愿，并从培训的激励反馈和资助体系两个方面探讨了培训存在的问题。

　　第四篇则以胜任工程教育事业为导向、以三大能力良性发展为目标、以工科教师队伍能力结构复合化为指引，分别从考核评价、专业发展、培训与激励三个层面提出了13条对策与建议。

　　本书的研究得到了中国工程院、教育部的资助，在此深表感谢。感谢重庆大学教务处处长李正良教授、四川大学兰利琼教授、西南交通大学校史馆鲍洪刚副馆长、西南科技大学环境友好能源国家重点实验室党总支书记戴亚堂教授、重庆大学人事处田辉副处长、重庆大学机械工程学院李良军副教授以及重庆科技学院方丰教授对我们的研究设计、问卷发放等给予的莫大帮助，同时也感谢相关高校领导和老师对我们的研究顺利开展提供的指导、支持和帮助；感谢来自清华大学、北京理工大学、天津大学、大连理工大学、同济大学、东南大学、华中科技大学、北京工业大学、武汉理工大学、西南交通大学、石河子大学、北京石油化工学院、成都信息工程大学、西南科技大学的10位校领导和6位工程教育专家挤出宝贵时间接受我们的访谈，提出了诸多真知灼见；感谢在问卷发放中给予大力支持的重庆大学教师教学发展中心原副主任付红桥博士、兄弟高校的朋友们、"教发中心学习共同体"微信群的老师们，以及在问卷填写中默默支持的行政老师们和一线工科教师们，正是因为有了你们的无私奉献和大力帮助，才使得我们的问卷调查圆满完成；感谢重庆大学叶春晓教授、蒋华林研究员、卢黎副教授、夏晓峰副教授、刘皓副教授在研究过程中给予的支持和帮助。此外，重庆大学科学与技术教育专业硕士研究生戴思源、李晔馨、王建平、陈丽、张会、倪瑶，以及重庆大学土木工程学院研究生易兴、周文浩参与了资料收集与整理工作，在此一并表示感谢。

本书适合于教育行政部门和高校的相关管理者、研究人员，相关行业企业的中高层管理者，要进入高校的准工科教师们以及高等工程教育其他的利益相关者研读，也可作为高等教育学、教育管理等相关专业学生的教材或参考书。

本书的出版得到了中国人民大学出版社于波副总编、李丽娜编辑以及相关老师的帮助，在此一并致谢。

限于作者的能力和水平，本书难免会有错漏之处，恳请各位读者批评指正。

目　　录

第一篇

工科教师的核心能力与国际视野

第 1 章

教学能力现状与问题

教学是高校之所以为高校的根基，也是高校的使命。教学水平不高，学生学习收获必然也低。"根基不牢，地动山摇"。所以，无论何时，每个国家都非常重视高校教学水平的提升。我国早已是工程教育大国，但不是强国。尤其是近几年来，随着我国工程教育逐步由规模型发展迈入质量型发展，高校工科教师教学能力提升就变得更加地紧迫起来。这种情形迫使教育行政部门、高校不断地采取新的行动和策略以促进教师教学能力提升。

另外，提升高校工科教师教学能力不仅是高校工科教师专业发展新内涵的核心内容之一，更是在中国特色社会主义进入新时代背景下，我国高校工科教师队伍建设的重要内容之一。工科教师是多数高校师资队伍中占比非常大的重要组成部分。工科教师教学能力水平也直接影响着高校教师队伍教学能力的高低。为此，本章将通过问卷调查法以及文献研究法探讨我国工科教师教学能力的现状和存在的问题，以期促进我国高校工科教师教学能力的提高。

有文献指出教师教学能力包括因材施教的能力（能根据学生基础调整教学策略）、设计能力（其中明确教学目标、讲究教学策略均是与此相关的注意点），有鉴于此，结合相关文献和问卷，本次调查主要将工科教师教学能力划分成工科教师教育学、心理学知识的学习与应用，学科专业知识的掌握程度，对教学目标的理解与把握以及因材施教的能力等维度。

1.1 教育学、心理学知识的学习与运用

教育学与心理学知识是一位高校教师把学科专业知识转化为学生所学

知识的关键。我国大多数学者将教师教育学与心理学知识的划分归类于教师专业知识范围，比如认为高校教师的专业性在于教师对教育理论、教学技能的掌握度。也有学者认为教师专业知识包括学科教学知识等方面。基于此，教师专业知识包括了教师对教育学与心理学知识的学习。同时教师研究者应该明晰的是无论对教育学、心理学知识如何进行分类，教育学、心理学知识都是教师提供优质教育所必备的知识。工科教师自然也不例外。

然而，在"您目前所掌握的教育学、心理学知识对您的教学有一定的帮助，但作用不大"的调查中，详见表 1.1，81.3％的工科教师认为其所掌握的教育学、心理学知识对教学的帮助不大，只有 18.7％的工科教师认为其所掌握的教育学、心理学知识对其有一定的帮助。这一数据表明，我国工科教师严重缺乏将教育学、心理学知识运用于教学的能力，需要加强学科教学方面的教育学与心理学知识的学习以及实践应用。

将该调查与工科教师的性别、年龄段、最高学位、职称、学校类型、学校所在地区进行交叉分析，结果表明：

（1）从性别来看。

男性工科教师更为不认可教育学、心理学知识对自己教学有帮助作用，即较女性工科教师，有更多的男性工科教师选择"非常同意""同意"。一方面可能是男性工科教师认为自己掌握的教育学、心理学知识不如女性工科教师丰富；另一方面是当前通过灌输而获得的教育学、心理学的学理性知识，无论掌握再多的静态知识，也难以满足复杂、动态、真实的教学环境需求，而男性工科教师比女性工科教师对这一现状的认识可能更加清楚。具体是哪种原因或两种原因兼而有之，还需要进一步针对男女工科教师的实际情况展开研究。

（2）从年龄段来看。

年龄越大的一线工科教师越能够在教学中运用教育学、心理学知识；反之，越是年轻的一线工科教师越需要加强教育学、心理学知识的学习与运用。比如，在选择"不同意"与"非常不同意"的总共占比中，年龄≥46 岁一线工科教师与 36～45 岁的工科教师占比分别为 28.5％与 20％。与此同时，年龄≤35 岁的工科教师这两项占比的总和仅为 16.6％。由此可知，一线工科教师的年龄与教育学、心理学知识的学习与运用成正比。

同时，这一现象也反映了当下高校教师招聘、教师结构以及教师教学与科研之间的平衡问题。我国高校历来注重从应届毕业生中招聘新职员。而这一做法虽然促进了教师队伍结构的年轻化，但也同时带来了教师教学能力弱，比如不能准确合理地运用教育学与心理学知识的问题。与此同时，长时间的科学研究生涯使得新任职的工科教师不能够很好地处理教学工作与科研任务之间的矛盾，并有可能导致工科教师教学效果不好、科研成就不突出的现象。

虽然现在部分高校通过对教师的岗位进行分类，如教学型、科研型以及教学科研型等，以发挥青年教师特长，缓解青年教师教学压力，提高高校教学效能、科研成就，但是岗位的分类仅仅是对我国高校矩阵知识系统过于分裂所导致的师资队伍知识能力专门化、单一化的一种尝试性解决方案，并不能够从根本上解决青年教师教学能力不够，以及教育学、心理学知识不足的问题。

（3）从最高学位来看。

硕士学位的一线工科教师最为需要加强教育学与心理学知识在教学中的运用。调查数据显示，在"不同意"与"非常不同意"的选项占比总和中，最高学位为硕士的一线工科教师占比为 15.9%，比博士（21.4%）和学士（18.1%）学位的工科教师占比都低。这些数据表明，最高学位为博士和学士的一线工科教师更为认同自己教学过程中对教育学与心理学知识的运用，而硕士学位的工科教师则更为需要加强教育学与心理学知识的运用。

该结果也说明了硕士学位工科教师比上不足比下无余的现状。比如说，从同一年出生的人来看，拥有学士学位的一线工科教师从教时间大于硕士学位的工科教师，也就是说，学士学位的教师拥有更为丰富的教学经历，然而硕士学位的工科教师正处于教学经验匮乏阶段。虽然拥有博士学位的工科教师比拥有硕士学位的工科教师就业晚，但是他们在博士期间的学习经历或许会为其博士毕业入职后从事教学工作增值。因此，硕士学位的一线工科教师就面临着学位的中间陷阱。同时，这些数据也表明，拥有博士学位的工科教师在教育学、心理学知识的运用方面具备较明显的优势。

（4）从职称来看。

中级职称的一线工科教师最为认同自己教学中对教育学与心理学知识的运用，其次为正高、初级职称的工科教师，副高职称的工科教师对其认可程度最低。在选择"不同意"与"非常不同意"的总占比中，中级职称的工科教师占比最大，达 22.7%，而副高职称的占比则仅为 15.4%。

究其原因，从职称角度看，职称是教师教学、科研工作的指挥棒。职称的晋升也与教学成效、科研业绩直接挂钩。而教学效果的难以评估性使得大部分工科教师可能更倾向于将工作时间分配给科研。

因此，副高、初级职称的工科教师在教育学、心理学知识运用中相对缺乏就不难理解。正高职称的工科教师缺乏教育学、心理学知识运用的原因可以归结为其教学活动的参与度不够，或者已经达到职称晋升顶端的工科教师可能失去了对教学工作的热情以及积极性等。因此，后续的研究可以从激励正高职称工科教师高效能地从事教学工作、协调初级以及副高职称工科教师正向处理职称晋升与教学工作的矛盾等方面进行考虑。

（5）从学校类型来看。

不同类型高校的工科教师均需要进一步促进教育学与心理学知识在教学中的学习与实践运用。横向角度来看，不同类型高校工科教师的占比随着同意度的下降而表现出不断下降的趋势，也就是说认为教育学与心理学知识运用对教学支持作用不大的工科教师人数在不断减少。然而，不同类型高校的工科教师依旧在不同的同意程度上表现出不同的趋势。比如，在选择"非常同意"的人数比例上，从部属高校到民办高校，工科教师的占比呈现出下降趋势。但是，在选择"同意"与"基本同意"的人数比例上，这种趋势却不断上升。换句话说，地方高校以及民办高校工科教师更认为教育学与心理学知识对教学的支持作用不大。

在选择"不同意"与"非常不同意"的人数比例方面，其他部委所属高校的占比最小，地方高校次之，民办高校的则最大，为 23.5%。由于最多的都未达到 1/4，因此，无论从哪个角度来看，四种类型高校的工科教师均需要进一步将教育学、心理学知识与教学相融合。

（6）从学校所在地区来看。

虽然各高校工科教师对教育学与心理学支撑教学的态度上表现出地区差异，但是总的来看，不同地区高校的工科教师均认为教育学、心理学知识对教学的支持作用不大。尤其是从横向角度来看，以西部十省为例，在选择"不同意"以及"非常不同意"的人数比例方面，工科教师占比总和为 24.8%，占比为同特征下最高。也就是说，仅有近 1/4 的工科教师认为其所掌握的教育学、心理学知识对教学有支持作用，而大多数工科教师认为没有支持作用。

从纵向角度来看，各个地区工科教师对教育学、心理学知识作用的认识表现出一定的差异性。在选择"非常同意"和"同意"的人数比例上，华南地区的总占比达 74.9%，其次为华东与东北地区。也就是说，相比其他地区，这三个地区的工科教师更认同教育学与心理学知识对教学没有帮助。而在选择"不同意"与"非常不同意"的人数比例中，这三个地区的占比均未超过两成，最低的华南地区的占比仅为 10.4%，最高的西部十省是它的 2.38 倍。换句话说，西部十省、华北以及华中地区高校的工科教师更加认可教育学、心理学知识对教学有帮助。因此，相比较而言，华南、华东与东北地区的工科教师更应该注重将教育学、心理学知识运用于教学之中。

表 1.1　　　工科教师教育学、心理学知识的学习与运用
在各类别的差异分析（%）

特征	类别	非常同意	同意	基本同意	不同意	非常不同意
	总体情况	35.5	27.6	18.2	16.4	2.3
性别	男	37.3	27.9	18.0	14.3	2.5
	女	32.3	27.1	18.6	20.1	1.8
年龄段	≤35 岁	40.9	26.4	16.1	14.7	1.9
	36~45 岁	28.3	30.9	20.8	18.5	1.5
	≥46 岁	20.5	26.1	24.9	21.7	6.8
最高学位	博士	34.1	25.6	18.9	18.3	3.1
	硕士	38.1	28.6	17.3	13.9	2.0
	学士	33.5	29.7	18.0	17.2	0.9
职称	正高	44.2	21.9	15.1	14.4	4.3
	副高	36.2	29.2	19.3	13.4	2.0
	中级	31.6	26.9	18.8	21.0	1.7
	初级	30.5	34.7	16.9	16.1	1.7
学校类型	教育部直属	42.9	21.0	15.5	18.1	2.6
	其他部委所属	37.5	31.1	16.6	12.8	1.9
	地方	26.5	31.4	22.4	17.5	2.1
	民办	23.5	29.6	23.5	20.4	3.1
学校所在地区	东北	37.5	26.6	18.6	15.1	2.2
	华东	45.9	21.9	15.4	14.4	2.8
	华南	40.3	34.6	14.7	8.5	1.9
	华中	28.0	28.7	21.1	20.0	2.2
	华北	29.5	28.3	19.4	21.7	1.2
	西部十省	13.5	36.1	25.6	21.8	3.0

1.2 学科专业知识的掌握程度

调查研究显示，详见表 1.2，虽然有 83.5% 的工科教师掌握的所授科目的专业知识能够比较好地支撑其教学，但大学作为传授高深知识的场所，仍有 16.5% 的工科教师因为学科专业知识的不足而影响其教学效果，不仅会影响工程教育质量的提升，而且学科专业知识是工科教师作为专业人员的基础知识，同样会影响工科教师自身的专业发展。

学科专业知识不能比较好地支撑教学主要表现在两个方面。一方面是数量的不足，即部分工科教师目前所教的课程位于其所擅长的专业知识边界外，由于各种原因还未能充分掌握、理解所教课程所需要的知识，形成了"所学非所教"的情况；另一方面是结构的不足，即部分工科教师所掌握的学科专业知识过旧，难以满足当前快速迭代背景下的教学需求，形成了"所学已过时"的情况。无论是哪一种情况，都体现了为满足工程教育强国建设需求，提高工程教育质量，工科教师们应该加强学科专业知识的学习和运用，将专业发展和自我提升纳入工科教师职业全生命周期中。

将该调查与工科教师的性别、年龄段、最高学位、职称、学校类型、学校所在地区进行交叉分析，结果表明：

(1) 从性别看。

较女性工科教师，男性工科教师掌握的学科专业知识更能较好地支撑其教学，即男性工科教师学科专业知识要优于女性工科教师。这可能与女性工科教师学术资源不足、处于工程场域从属者地位有关。换言之，在工程教育越来越重视平衡教学与科研、理论与实践、传承与创新关系的背景下，女性工科教师在学术场域、工程实践场域的相对不利地位，对于其获取资源、更新知识结构都将产生不利影响，从而可能使大多数的女性工科教师学科专业知识在数量和结构上都弱于男性工科教师。

(2) 从年龄段看。

随着工科教师年龄的增加，工科教师的专业知识对其教学支撑度越高。若是按照"所学已过时"的情况看，年龄越大的工科教师，其专业知识应该越表现出后劲不足，但是分析结果却与此相反。从不同角度考查此结果，能反映不同的现状和问题。

一是年龄较小的工科教师学科专业知识掌握程度不如年龄较大的工科教师，可能是其在"科学范式"下接受的学科专业训练并不能支撑"融合创新"范式下的工程教育教学需求，即无论年龄大小，工科教师均面临需要尽快更新学科专业知识的情况，而年龄较小的工科教师由于刚入职，面临更大的职业生存和家庭生活压力，其用于更新学科专业知识的时间精力比年龄较大的工科教师更少，从而导致了其学科专业知识对教学支撑程度更差。

二是当前课堂教学仍然以知识灌输、教师讲授为主要形式，即哪怕其讲授的学科专业知识早已过时，在没有转变教学理念、方法的前提下，已经把同样的知识讲授多年的工科教师自然有可能仍旧认为其学科专业知识能够较好地支撑教学。

（3）从最高学位看。

硕士学位的工科教师学科专业知识的掌握最差，其次是学士学位的工科教师，而博士学位的工科教师学科专业知识掌握最优。与博士学位工科教师相比，硕士学位工科教师学习时长要短，所受到的学科专业训练要差，其学科专业知识的掌握不如博士学位工科教师倒也正常。但学士学位的工科教师学科专业知识亦优于硕士学位的工科教师，在排除一些特殊情况外，似乎从侧面表明了仅仅在学校接受学科专业知识训练是难以满足实际工作场景运用需求的，这既说明了进一步改革工程教育教学，促进产教融合、校企协同育人的必要性，也体现了终身学习的重要性。也就是说，学士学位的工科教师比硕士学位的工科教师更早进入实际工作场景，在实际教学过程中不断运用所学并发现知识的不足，再通过理论的学习和在实践中锤炼去弥补这些不足，较硕士阶段更多接受的是科研训练的硕士学位工科教师，学士学位的工科教师掌握的学科专业知识就有可能更好地支撑教学。

（4）从职称看。

职称越高的工科教师，其掌握的学科专业知识越能较好地支撑其教学，表明了职称不仅是高校教师学术水平、工作能力和教学水平的标尺，更是教师激励、教师职业发展的手段，使工科教师在攀爬职称阶梯的过程中，其学科专业知识无论是从数量还是从结构上都得到了很好的提升。

同时结合年龄、学位的交叉分析结果可知，较其他工科教师，年龄越大、学位越高、职称越高的工科教师学科专业知识的掌握程度越好，这也说明了落实教授为本科生上课的基本制度的必要性，只有让学术造诣高、教学经验厚、工程经历足的工科教师站上本科工程教育讲台，才能更好地支撑工程教育教学质量的提升。

当然，这也从另一个角度表明了推动其他工科教师，尤其是青年工科教师专业持续发展的重要性，只有更加关注青年工科教师的能力提升，才能避免"青黄不接"的情况。

（5）从学校类型看。

教育部直属高校、其他部委所属高校、地方高校、民办高校的工科教师学科专业知识掌握程度依次降低。由于在部分民办高校，提供给教师的培训进修机会普遍偏少，支持教师参加高水平学术交流的措施和经费缺乏，所以较其他高校，民办高校的工科教师学科专业知识最为不足。

由于管理层级等因素，关于教师知识更新工程、教育教学质量提升、教师队伍建设等相关政策影响的大小往往也是教育部直属高校大于其他部委所属高校，再大于地方高校和民办高校。简言之，部委所属高校，尤其是教育部直属高校往往最先也最重视教育部颁发的相关政策文件，因而在提升工科教师学科专业素养、更新工科教师专业知识结构上也是做得最好的。因此，进修机会、经费资源以及政策执行程度等因素导致了教育部直属高校的工科教师学科专业知识掌握程度最好。这与相关研究基于教师教学发展指数得出重点高校的教师明显强于非重点高校以及公立高校的教师明显强于民办高校的结论具有一致性。

（6）从学校所在地区看。

在选择"非常同意"和"同意"的总人数比例排序上，从高到低依次为华北、东北、华东、西部十省、华中、华南，即华北地区工科教师学科知识掌握程度最好，华南地区工科教师最差。

尽管有研究指出教师教学发展指数呈现出明显的"东强西弱"现象，不过交叉分析结果显示，西部十省工科教师在学科专业知识方面是略优于华中、华南地区的工科教师的。这是因为出现了邓宁-克鲁格效应，即熟练人员倾向于低估自己，还是其他原因，尚需更进一步研究。

表 1.2 工科教师学科专业知识的掌握程度在各类别的差异分析（%）

特征	类别	非常同意	同意	基本同意	不同意	非常不同意
	总体情况	49.5	34.0	14.1	1.7	0.7
性别	男	50.4	34.4	12.7	1.7	0.7
	女	47.9	33.2	16.7	1.8	0.5
年龄段	≤35	50.6	32.4	14.8	1.7	0.5
	36～45	47.8	36.4	13.2	2.0	0.6
	≥46	47.2	38.0	12.4	1.2	1.2
最高学位	博士	58.7	32.7	7.6	0.9	0.1
	硕士	41.3	33.7	20.7	2.9	1.2
	学士	46.0	37.1	15.1	1.2	0.6
职称	正高	67.6	24.8	6.1	0.7	0.7
	副高	47.3	35.5	14.9	1.9	0.4
	中级	45.0	36.7	16.4	1.4	0.5
	初级	42.4	33.1	16.9	5.1	2.5
学校类型	教育部直属	64.1	26.6	8.7	0.5	0.2
	其他部委所属	48.1	37.2	12.8	1.3	0.6
	地方	37.0	39.3	19.9	3.2	0.6
	民办	29.6	35.7	26.5	4.1	4.1
学校所在地区	东北	58.7	30.1	9.6	1.3	0.3
	华东	53.0	33.6	11.9	0.8	0.6
	华南	41.7	30.8	23.7	2.8	0.9
	华中	39.3	36.4	19.6	4.0	0.7
	华北	53.9	36.4	8.1	1.2	0.4
	西部十省	39.8	39.8	18.0	0.8	1.6

1.3 对教学目标的理解与把握

准确理解和把握教学目标是保障人才培养目标得以实现的基础环节。是否对教学目标理解和把握得很好，决定了教师能否选取合适的教学材料、教学方法以及教学工具等。调查研究显示，详见表 1.3，我国工科教师对所授科目的教学目标理解和把握得较好。在"您对您目前所授科目的教学目标理解和把握得很好"调查中，81.6％的工科教师认为其对所授科目的教学目标理解和把握得较好，只有 3.3％的人选择了"不同意"和"非常不同意"。这一数据表明，我国大多数工科教师均能较好地理解和把握自己所授科目的教学目标。每一名工科教师对教学目标的准确理解和把握都将有利于以学为中心、以成果为导向的教学理念的落实，从而提升工程教育质量。

将该调查与工科教师的性别、年龄段、最高学位、职称、学校类型、学校所在地区进行交叉分析，结果表明：

（1）从性别看。

男女工科教师对所授科目的教学目标理解和把握程度差异不大，在选择"非常同意"和"同意"的人数比例方面，男性工科教师只比女性工科教师多了 1.4 个百分点。结合前文研究结果可知，教育学、心理学知识以及学科专业知识的掌握程度并不会影响工科教师对所授科目教学目标的理解和把握程度。

（2）从年龄段看。

不同年龄段的工科教师对所授科目的教学目标理解和把握程度依然差异不大，其中理解和把握程度最好的是 36～45 岁的工科教师，但其选择"非常同意"和"同意"的人数比例也仅比年龄≥46 岁的工科教师高了 1.1 个百分点。值得注意的是，年龄≤35 岁的工科教师对所授科目的教学目标理解和把握程度并未低于教学经验更加丰富、职业发展更加成熟的工科教师，表明了强调提高教学质量、规范课程建设与管理的成效初见。

年龄≥46 岁的工科教师选择"非常不同意"和"不同意"的人数比例高达 5.6%，比其他两个年龄段的均值多了近 1 倍。这可能与工程教育进入快速变化时代以及我国 2010 年启动实施"卓越工程师教育培养计划"以来，各个科目课程大纲均有较大幅度调整，而极少部分年龄≥46 岁的工科教师无论是教学理念、知识结构还是心理能力等方面还没有及时调整和适应有关。

（3）从最高学位看。

总体而言，博士学位工科教师对教学目标的理解和把握更好，而硕士学位工科教师则更差一些。当前工程教育以培养学生解决复杂工程问题能力为核心，强调不仅要培养学生专业能力，更要培养学生的创新能力，因而更加注重科教融合、创新创造等，而博士学位工科教师不仅拥有更好的学科专业知识，其经历了严格的科学研究训练后，对于前沿创新、本科生科研的理解和把握程度自然更好。

正如前文所述，同年龄段下，学士学位工科教师在教学经历、工作阅历方面往往比硕士学位工科教师更加丰富，因而其对所授科目的教学目标理解和把握程度要略好于硕士学位工科教师，似乎也在情理之中。

（4）从职称看。

随着职称的提升，工科教师对所授科目教学目标的理解和把握程度越好。与最高学位的交叉分析一致，对当前大多数工科教师而言，其职称更高，任教时间往往更长，教学经历也更加丰富，同时职称更高的工科教师，其科研能力一般也更强，所以在培养学生解决复杂工程问题能力的背景下，其对所授科目的教学目标理解和把握更好。

（5）从学校类型看。

教育部直属高校的工科教师表现最好，其次为其他部委所属高校的工科教师，而民办高校的工科教师表现最差。在选择"非常同意"和"同意"的人数比例上，民办高校工科教师仅为 63.3%，远低于总体均值近 15 个百分点，同时在选择"不同意"与"非常不同意"的人数比例上，民办高校则异常地多，占比高达 12.3%，比占比第二高的地方高校多了近 2 倍，而比占比最低的教育部直属高校多了 11 倍。在所授科目教学目标理解和把握程度方面，依然呈现出部委所属高校的工科教师强于地方高校，公立高校工科教师强于民办高校的现状。显然，工科教师对教学目标的理解和把握程度直接影响了教学效果和人才培养质量。

（6）从学校所在地区看。

在对所授科目教学目标的理解和把握程度方面，华东地区的工科教师排名第一，选择"非常同意"的人数比例高达 50.6%，比排名最低的西部十省多了近一倍。但在"同意"选项上，西部十省的人数比例最高，占比高达 51.1%，比排名最低的华南地区多了 21.2 个百分点。

在"非常不同意"选项上，六个地区的差距并不大，极差仅 1 个百分点；而在"不同意"选项上，华中地区的工科教师排名第一，比排名最低的华北地区多了 3.58 倍。这说明，工科教师在教学目标的理解和把握上，地区差异极其明显。

表 1.3　工科教师对教学目标的理解与把握在各类别的差异分析（%）

特征	类别	非常同意	同意	基本同意	不同意	非常不同意
	总体情况	44.9	36.7	15.1	2.6	0.7

续表

特征	类别	非常同意	同意	基本同意	不同意	非常不同意
性别	男	45.7	36.4	14.4	2.5	1.0
	女	43.4	37.3	16.3	2.8	0.2
年龄段	≤35	46.7	34.9	15.2	2.6	0.6
	36~45	41.7	40.1	15.4	2.0	0.8
	≥46	41.6	39.1	13.7	4.4	1.2
最高学位	博士	49.1	37.3	11.0	2.1	0.4
	硕士	41.6	35.0	19.2	3.1	1.1
	学士	42.1	38.9	15.7	2.7	0.6
职称	正高	59.0	28.8	8.6	2.2	1.4
	副高	46.6	36.2	14.7	2.3	0.3
	中级	37.4	41.1	17.8	3.0	0.7
	初级	39.0	36.4	19.5	3.4	1.7
学校类型	教育部直属	53.7	32.5	12.8	0.5	0.5
	其他部委所属	45.8	36.4	14.3	2.8	0.6
	地方	36.3	42.5	16.9	3.8	0.4
	民办	27.6	35.7	24.5	8.2	4.1
学校所在地区	东北	48.4	37.5	11.9	1.3	1.0
	华东	50.6	33.6	12.3	2.4	1.0
	华南	46.0	29.9	21.3	2.8	0.0
	华中	39.3	36.4	18.5	5.5	0.4
	华北	44.6	40.3	13.2	1.2	0.8
	西部十省	25.6	51.1	19.5	3.0	0.8

1.4 因材施教的能力

"学生中心"是工程教育认证三大理念之一。2018年10月，教育部颁布《关于加快建设高水平本科教育全面提高人才培养能力的意见》更是提出"以学生发展为中心，通过教学改革促进学习革命"等改进意见。以学生为中心，要着力于学生的发展，着力于学生的学习，着力于学生的学习效果。对于教师而言，能够根据基础不同的学生，及时调整教学策略、因材施教便是促进学生学习及学习效果提升的重要能力。基于此，以"针对基础不同的学生，您能够及时调整您的教学策略"作为问卷调查题目，1 683名工科教师中有83.2%的工科教师选择了"非常同意""同意"，表明了工科教师因材施教的能力较强，这对于提升课堂教学质量、推动学生发展具有非常积极的意义。

将该调查与工科教师的性别、年龄段、最高学位、职称、学校类型、学校所在地区进行交叉分析，详见表 1.4，结果表明：

（1）从性别看。

女性工科教师因材施教能力略强于男性工科教师，其选择"非常同意"和"同意"的人数比例之和比男性工科教师高了 1.5 个百分点。掌握教育学、心理学知识并能灵活运用之，对于教师准确把握学生心理需求和学习风格等具有积极作用。也许正是因为男性工科教师比女性工科教师更不认为自己掌握的教育学、心理学知识对教学有帮助，所以才导致了男性工科教师因材施教的能力也略弱于女性工科教师。这也表明了因材施教不仅涉及教师对教学目标、教学内容、教学方法以及教学策略的熟悉程度，而且需要教师能够准确掌握学情，了解学生的学习风格、基础知识、情感需求等。

（2）从年龄段看。

年龄越大的工科教师，其因材施教的能力越弱。但是结合前文分析结果可知，年龄≥46 岁的工科教师无论是在教育学、心理学知识的掌握方面，还是在学科专业知识方面，均优于年龄≤35 岁的工科教师，即年龄越大的工科教师无论是在教学熟悉度还是在运用知识和经验分析学生心理特征、认知风格上都要更强，其因材施教能力也应该更强。

出现相反结果的原因可能是较其他年龄段的工科教师，年龄≤35 岁的工科教师在年龄、心理、思想上与学生更加接近，结束学生时代不久的他们，更能切身体会学生们的所思所想，更加了解当代大学生的生活学习状态和方法，更能够在课上课下与学生产生互动。因此，年龄≤35 岁的工科教师对因材施教能力的自我评价更高。

（3）从最高学位看。

博士学位的工科教师表现最优，硕士学位的工科教师表现最差。同理，也正是因为在教育学、心理学知识的学习与运用，以及教学目标的理解与把握上，博士学位的工科教师均为最佳，硕士学位的工科教师均为最差，而因材施教能力的强弱取决于对教学本身的理解和对学生的了解，因而博士学位工科教师因材施教能力最强，而硕士学位工科教师因材施教能力最弱。

（4）从职称看。

90.3％的正高职称工科教师选择了"非常同意""同意"，高出其他三种职称工科教师选择人数比例均值 8.4 个百分点，即正高职称工科教师因材施教能力最强。

在教育学、心理学知识的学习与运用方面，正高职称的工科教师弱于中级职称的工科教师，位列第二；在教学目标的理解与把握方面，正高职称的工科教师最强，中级职称工科教师位列倒数第二。在因材施教能力方面，正高职称工科教师最强，虽然其他三种职称工科教师差距不大，但中级职称工科教师在选择"非常同意""同意"的人数比例上最低，为 81.4％。可以看到，教育学、心理学知识掌握运用最好的中级职称工科教师，由于其对教学目标的理解与把握不够，所以其因材施教能力最弱；而教育学、心理学知识掌握运用较好的正高职称工科教师，由于其对教学目标的理解与把握最好，所以其因材施教的能力最强。

当前教学目标的理解与把握程度对工科教师因材施教能力的影响大于教育学、心理学知识的学习与运用，可能是因为有高达 81.3％的工科教师认为其所掌握的教育学、心理学知识对教学的帮助不大，即无论职称高低，工科教师对教育学、心理学知识的学习与运用都较弱，所以教育学、心理学知识的学习与运用对因材施教能力提升的促进作用并未得到真正体现。

（5）从学校类型看。

较其他三类高校，教育部直属高校工科教师因材施教能力最强，其他部委所属高校工科教师因材施教的能力排名第二，民办高校工科教师则排名最后。

综合来看，在教育学和心理学知识的学习与运用、学科专业知识的掌握程度、对教学目标的理解与把握、因材施教的能力方面，民办高校工科教师均最弱，再次显现出"公强民弱"的局面。这一方面可能体现了当前部委所属各高校正秉持着"一流教学是一流大学灵魂"的理念，加紧提升工科教师教学能力，并取得了阶段性成果；另一方面也说明了为了满足普及化时代对高等教育的各种需求，亟须提升民办高校教学质量和办学实力，以形成各种层级、各种类型高校争奇斗艳的高等教育格局。

（6）从学校所在地区看。

六个地区工科教师因材施教能力呈现出"两极化"现象，即华北、东北、华东地区工科教师因材施教能力分列前三名，且三个地区工科教师选择"非常同意""同意"的人数比例均值为 86.2%（华北 86.8%、东北 85.9%、华东 85.8%）；华中、华南、西部十省工科教师因材施教能力依次排名 4～6 位，其选择人数比例均值为 77.9%。较华北、东北、华东三个地区工科教师，华中、华南、西部十省工科教师因材施教能力需要进一步提升，存在着较大的地区差异性。

我国不同地区高校工科教师需要进一步提升教学能力来培养技术创新、产业升级所需人才，以支撑地区发展，服务社会，服务国家。高等教育水平地区差异一直阻碍着我国高等教育内涵式发展。如此看来，2019 年《政府工作报告》明确提出的支持中西部建设有特色、高水平大学，无疑是支持中西部高等教育发展，促进全国高等教育均衡发展，进而促进全国人才培养质量提升的强大战略举措和有力抓手。在我们的调查研究中，无论是从学科专业知识、教学目标掌握还是因材施教等教学能力维度的考察出发，我国不同地区高校工科教师教学水平均表现出一定的差异，且中西部地区高校工科教师弱于东部或东北地区高校工科教师。这表明了宏观上仍需要相关政策、资源倾斜来支持中西部高等教育发展，微观上中西部地区高校也亟须提高大学治理现代化能力，办出特色、办出水平，从而提升人才培养质量。

表 1.4　　工科教师因材施教的能力在各类别的差异分析（%）

特征	类别	非常同意	同意	基本同意	不同意	非常不同意
	总体情况	44.6	38.6	13.2	2.5	1.1
性别	男	45.1	37.5	13.7	1.9	1.7
	女	43.7	40.4	12.2	3.5	0.2
年龄段	≤35	47.7	36.6	12.8	2.3	0.6
	36～45	40.8	41.2	13.6	3.1	1.3
	≥46	35.4	44.1	14.3	2.5	3.7
最高学位	博士	45.7	41.0	10.4	2.0	0.9
	硕士	44.1	35.0	15.6	3.7	1.5
	学士	43.3	40.4	14.2	1.2	0.9
职称	正高	54.3	36.0	6.5	2.5	0.7
	副高	45.0	37.1	14.7	2.4	0.9
	中级	40.6	40.8	14.6	2.4	1.7
	初级	39.8	42.4	13.6	3.4	0.8

续表

特征	类别	非常同意	同意	基本同意	不同意	非常不同意
学校类型	教育部直属	50.9	38.2	9.7	0.7	0.5
	其他部委所属	45.5	37.0	13.2	3.0	1.3
	地方	37.4	41.9	15.6	3.8	1.3
	民办	36.7	33.7	22.4	4.1	3.1
学校所在地区	东北	46.8	39.1	10.9	2.9	0.3
	华东	48.6	37.2	11.1	1.6	1.4
	华南	47.9	30.3	16.1	4.3	1.4
	华中	38.2	40.7	17.1	2.2	1.8
	华北	45.7	41.1	12.0	1.2	0.0
	西部十省	30.8	45.9	15.8	5.3	2.2

1.5 教学能力是否有待提升

在工科教师"您觉得自己目前的教学能力还有待提升"以及行政人员"总体而言，您认为贵校工科教师的教学能力还有待提升"的调查中，详见图1.1，对于工科教师教学能力是否还需要提升，工科教师和行政人员的认识并不一致。尽管在"非常同意"选项上行政人员只有35.7%，比工科教师少了8.8个百分点，但在"同意"选项上，行政人员则高达47.9%，比工科教师多了10个百分点；而且在"不同意"和"非常不同意"选项上，工科教师是行政人员的两倍多。因此，相比而言，行政人员更认为工科教师的教学能力需要提升。

我们将选择"非常同意""同意""基本同意""不同意"和"非常不同意"分别认定为教学能力很弱、较弱、一般、较强和非常强，以便于对不同特征不同类别工科教师教学能力进行交叉分析（后文针对科研能力、工程实践能力、国际化能力的分析类似）。将该调查与工科教师的性别、年龄段、最高学位、职称、学校类型、学校所在地区进行交叉分析，详见表1.5，结果表明：

（1）从性别看。

在教学能力弱或强的人数比例方面，男性工科教师均高于女性，即男性工科教师群体内部教学能力之间差异较大。但从教学能力非常强的数值上看，男女工科教师人数比例均为0.8%，且男性工科教师中教学能力较

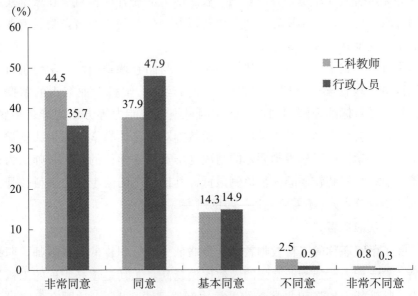

图 1.1　工科教师和行政人员关于"教学能力还有待提升"回答情况

强的人数比例也仅比女性工科教师高了 0.3 个百分点，表明男女工科教师中教学能力很强的人数比例并无差异。

（2）从年龄段看。

年龄的大小和教学能力强弱存在较为明显的相互关系，即年龄越大，其教学能力越强。尤其是年龄≥46 岁的工科教师与年龄≤35 岁的工科教师相比，前者教学能力较强的人数比例是后者的 2.6 倍，在教学能力非常强的人数比例方面，年龄≥46 岁的工科教师人数比例是其他两个年龄段选择人数比例均值的 3.6 倍。年龄越大，教学能力倾向于越强，符合工科教师职业发展三周期特点，即年龄≥46 岁的工科教师已经处于反哺教学阶段，此时其教学经验和能力都较强。

（3）从最高学位看。

在教学能力较强和非常强的总人数比例上，硕士学位工科教师人数比例最高，学士学位工科教师人数比例最低，但两者之间仅相差 0.7 个百分点，表明了教学能力的强弱和工科教师最高学位的高低并无必然联系。一方面是我国公立高校教师在研究生阶段接受的科研训练普遍好于教学训练，即本身工科出身的工科教师无论学位高低，其在校接收到的教学能力训练并无显著差异；另一方面表明了教学能力的提升，相对于在教学实践中通过教学设计、教学反思、教学机智以及师生互动等而言，学科专业知识的重要程度并不那么高。

不过，纵观本章前四节的研究结果，参与问卷调查的硕士学位工科教师无论是在教育学、心理学知识的学习与运用，学科专业知识的掌握程度，对教学目标的理解和把握，还是因材施教的能力等方面均排名垫底。因此，是否会存在部分硕士学位的工科教师对自己的教学能力自我感觉较博士和学士学位的工科教师要好的情况（毕竟硕士学位的工科教师认为自己教学能力很弱和较弱的人数比例最低，其比最高的博士学位工科教师少了 5.3 个百分点），还需要更进一步的研究。

（4）从职称看。

除了中级职称的工科教师教学能力略低于初级职称的工科教师，职称越高，教学能力较强和非常强的人数比例越高，尤其是正高职称的工科教师中，教学能力较强和非常强的人数比例达到了 6.1％。这既有可能是正高职称工科教师更多是年龄≥46 岁的工科教师，即其教学经验相比其他职称工科教师更加丰富，但同时也可能说明了在要求全面提高人才培养质量的背景下，教师职称评聘中逐渐加大教学能力的比重和要求，从外部倒逼工科教师提升教学能力取得了一定效果。

（5）从学校类型看。

从学校类型上看，地方高校工科教师教学能力最弱，其次是教育部直属高校，民办高校工科教师教学能力则最强。地方高校工科教师教学能力最弱，可能是由于当前存在同质化办学、"学术漂移"等现象，即地方高校办学定位本应服务于区域经济发展，培养多样化、多规格的应用型人才，但在排名、资源分配等压力下，其过多追求科研指标的发展，导致地方高校工科教师存在着认知、身份、能力冲突。一方面为了职称晋升，需要迫使自己在科研指标上付出大量精力，另一方面自身能力以及定位均属于应用型，且教育教学过程中面对的学生、课程均不同于科研导向的研究型大学，这些都导致了地方高校工科教师既需要多发论文、拿高级别项目，又要培养应用型人才，使自己成为"双师型"教师，无疑会削减其提升教学能力的时间和精力，也有可能会使其对自己的能力产生怀疑。

同样，教育部直属高校的工科教师教学能力较弱，也可能与长期以来重科研轻教学的导向有关，这种导向使得部分教师自我定位为学者而非教师，加之又缺少关于教学能力提升的培训，导致教育部直属高校工科教师认为自己教学能力较弱的人数较多。

前文分析结果指出，在教育学和心理学知识的学习与运用、学科专业知识的掌握程度、对教学目标的理解与把握、因材施教的能力方面，民办高校工科教师均为最弱，但其认为自己教学能力需要提升的人数比例却最低。这有可能是民办高校的工科教师对自己的教学能力比较认可，但在某种程度上也可能与当前民办高校办学层次偏低、科研水平不高、社会声誉偏低，部分民办高校工科教师对自我提升的需求和动力不够高，激励和竞争意识不够强有关。长此以往，将可能会导致民办高校工科教师专业发展停滞，而这又将反过来影响人才培养质量、社会声誉，进而形成恶性循环。

(6) 从学校所在地区看。

西部十省高校的工科教师中教学能力较强或非常强的人数比例最高，是人数比例最低的华北地区的 3 倍。可以看到，区域高等教育较为发达、教育资源较为丰富的地区，其工科教师教学能力均低于西部十省的工科教师，这不排除在高等教育发达地区的工科教师可能对自己教学能力有较高要求的可能性，也有可能是参与调查的西部十省的工科教师对自己的教学能力自我评价较高。

教学是"良心活""责任田"。虽然教学能力的提升离不开基础的教育资源和良好的学科专业知识、视野，但更重要的是热爱，是对教师职业的热爱、对学生的热爱、对生命的热爱。正如教育学家叶澜所说："教育是爱的过程，没有爱，就没有教育的发生"，同样，没有爱，就没有教学能力真正的提升。

表 1.5　　工科教师教学能力在各类别的差异分析（%）

特征	类别	很弱	较弱	一般	较强	非常强
性别	男	46.7	36.2	13.6	2.6	0.8
	女	40.6	40.9	15.3	2.3	0.8
年龄段	≤35	49.2	35.6	12.8	1.9	0.7
	36～45	37.5	41.9	16.9	3.1	0.7
	≥46	33.5	42.2	16.8	5.0	2.5

续表

特征	类别	很弱	较弱	一般	较强	非常强
最高学位	博士	46.4	39.6	10.9	2.6	0.6
	硕士	46.0	34.7	18.6	2.5	1.2
	学士	43.3	40.7	13.1	2.4	0.6
职称	正高	52.2	30.6	11.2	4.7	1.4
	副高	42.4	37.9	16.1	2.4	1.1
	中级	42.5	41.8	13.9	1.5	0.3
	初级	49.2	35.6	12.7	2.5	0.0
学校类型	教育部直属	50.9	35.4	10.7	2.2	0.7
	其他部委所属	44.0	37.7	14.5	2.5	1.3
	地方	39.7	41.7	15.8	2.4	0.4
	民办	31.6	35.7	26.5	5.1	1.0
学校所在地区	东北	53.2	35.6	9.0	1.9	0.3
	华东	48.0	34.6	14.4	2.2	0.8
	华南	43.1	33.6	18.5	3.3	1.4
	华中	38.9	38.2	18.9	2.9	1.1
	华北	42.2	43.4	12.4	1.6	0.4
	西部十省	29.3	51.1	13.5	4.5	1.5

1.6 教学能力提升的途径

在工科教师"您认为以下哪些方面有助于您提升教学能力"以及行政人员"您认为以下哪些方面有助于提升工科教师的教学能力"的调查中，详见表1.6，对于工科教师教学能力提升的途径，工科教师和行政人员的认识差距较大。

首先，从排序上看，工科教师将"科研活动"列为第一，而行政人员则是选择"工科教师培训"的人数比例最高；另外，二者在"教师教学能力自我提升活动"途径的认可程度上存在较大差异，即工科教师仅将其列为第七，而行政人员则将其列为第四，且二者的选择人数比例，后者比前者多了13.7个百分点。这一方面印证了科研对教学的促进作用，另一方面说明了当前工科教师教学能力的提升应该以科研、培训、工程实践为主，仅通过自我提升与自我总结反思的方式，对大多数工科教师教学能力提升的作用不大。

　　其次，从同一选项二者选择人数比例的比较来看，工科教师选择通过培训来提升教学能力的人数比例远远低于行政人员，这似乎体现了当前教学能力培训效果不佳，即行政人员认为应然上教学培训是能够提升工科教师教学能力的，但参加培训的工科教师却认为培训对其教学能力的提升帮助不如应然状态那么大，且选择"科研活动""工程实践活动""国际交流活动""教师教学能力自我提升活动"的人数比例均低于行政人员，这些均或多或少表明了这些途径对教学能力提升的效果并未得到充分发挥。

表 1.6　工科教师和行政人员关于教学能力提升的途径选择情况（%）

选项	教师卷		行政卷	
	占比	排序	占比	排序
工科教师培训	47.5	3	72.5	1
科研活动	56.5	1	59.5	3
工程实践活动	52.4	2	68.6	2
工程伦理观	30.1	6	17.1	7
社会服务活动	30.9	5	28.4	6
国际交流活动	33.3	4	37.6	5
教师教学能力自我提升活动	27.0	7	40.7	4
其他	3.0	8	2.0	8

　　不难发现，在工程实践活动对教学能力提升的促进作用方面，工科教师和行政人员不仅认可度高度一致，且均将其列为所有途径中的第二位。与此同时，在"工程实践经历有助于教学"的相关题目中，详见图 1.2，无论是工科教师还是行政人员均作出了积极肯定的答复。工程实践活动或工程实践经历对工科教师教学能力或教学效果提升的积极影响与当前工程教育回归工程实践，注重面向行业产业办学有关，即只有具备工程实践经历，了解最新行业产业技术趋势和市场需求的工科教师，才能更好地在工程教育教学中提出恰当的工程案例、工程问题、工程项目来展开基于案例或基于项目的教学，也只有清楚企业用人需求以及工程一线实践情景对工程师的能力需求，才能指导工科教师在教学中有针对性地去培养学生。工科教师和行政人员对工程实践的积极认可，表明了提升工科教师工程实践能力，进而促进其教学质量提升的必要性。

　　将工科教师卷中选择人数比例排名前四的选项与工科教师的性别、年龄段、最高学位、职称、学校类型、学校所在地区进行交叉分析，详见表 1.7，结果表明：

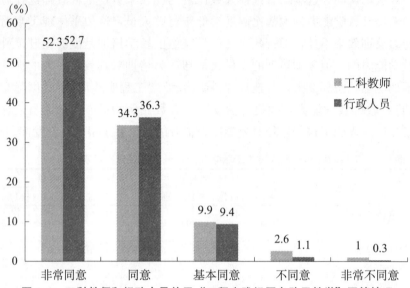

图1.2 工科教师和行政人员关于"工程实践经历有助于教学"回答情况

（1）从性别看。

相对于男性，女性工科教师更加认可工程实践活动、教学培训、国际交流活动对教学能力提升的促进作用，其中既可能体现了性别差异导致的选择偏好不同，也可能是女性工科教师在这些活动中的确比男性工科教师收获更大。

可能是女性工科教师往往存在学术资源不足、学术地位边缘化等情况，使得相比男性工科教师，更少的女性工科教师选择了"科研活动"，即因为女性工科教师获取科研资源较少而科研压力更大，一方面能够将科研资源、成果转化为教学资源的机会更少、选择面更窄，另一方面其较大的科研压力，可能使其也更难有精力去思考如何通过科研促进自己教学能力的提升。

（2）从年龄段看。

可能是年龄≤35岁的工科教师教学能力较薄弱，且其科研资源同样较少而科研压力较大，导致了其选择"科研活动"的人数比例明显低于其他两个年龄段的工科教师，不过也可能是他们现正处于"科研为重"的专业发展阶段，故其认为科研活动更多的是促进科研能力而非教学能力的提升。

也许是年龄在 36～45 岁之间和年龄≥46 岁的工科教师面临的职业生存压力更少，因而其参加工程实践活动和国际交流活动时，能够更从容地思考如何将活动的参与和教学能力的提升联系起来，所以相对于年龄≤35 岁的工科教师，他们更加认可工程实践活动和国际交流活动的积极作用。

在"教学培训"的选择人数比例上，年龄越大，人数比例越高，其中既可能是培训体系在内容、方式、时间等方面更契合年龄大于 35 岁的工科教师，也可能是年龄≤35 岁工科教师因为面临科研导向的锦标赛制的职称晋升压力更大，他们要花更多的时间去开展实验、撰写论文、申请项目，其本身参与培训的时间有限而影响了其参训，进而导致了其培训效果不佳。

（3）从最高学位看。

博士学位工科教师选择"科研活动"的人数比例远远高于其他两个学位工科教师，这与博士学位工科教师往往接受更多科研训练有关，即其科研能力更强，在"以科促教"方面自然更加容易。

在选择"工程实践活动"的人数比例上，硕士学位工科教师最低，博士学位工科教师最高。选择"教学培训"的人数比例方面，硕士学位工科教师人数比例远远低于其他两个学位，可能说明了硕士学位工科教师教学培训效果不理想。

随着学位的增高，关于国际交流活动对教学能力提升促进作用认可度也有所增高，这可能与博士学位工科教师较学士学位工科教师而言，拥有更多国际交流活动机会有关，即学士学位工科教师对国际交流活动本身的了解程度不够、参与程度不够，因而也就不清楚其是否能够对教学能力提升具有促进作用。

（4）从职称看。

与前述分析类似，由于正高职称工科教师科研能力较强，所以正高职称工科教师中认为科研活动能够提升教学能力的人数比例最高，而初级职称工科教师则最低。

同理，也许是初级职称工科教师较少参加工程实践活动或其本身教学能力、工程实践能力较弱而对如何将工程实践经历转化为教学能力存在更大难度，所以其选择"工程实践活动"的人数比例最低。

值得注意的是，副高职称工科教师对教学培训促进教学能力提升的积极作用认可度最低，需要进一步调查究竟是培训内容、方式确实对其教学能力提升作用较小，还是由于其他非培训因素导致了副高职称工科教师教学能力培训效果不佳。

所有职称类型的工科教师在选择"国际交流活动"的人数比例上差距不大，也许是当前国际交流活动更多是关于科研活动而非教学活动有关，导致参加国际交流活动机会较多的高级职称工科教师并未感受到国际交流活动对教学能力提升具有明显的促进作用。

（5）从学校类型看。

民办高校工科教师中选择"科研活动"和"工程实践活动"的人数比例均为所有学校类型最低。由于民办高校办学定位及性质原因，理论上民办高校工科教师虽然较少参加科研活动，但其参与工程实践活动的机会应该较多，这似乎说明了要通过参加科研或工程实践活动提升教学能力，除了要对活动本身有一定经验、能力，应既保证参加科研或工程实践活动的频率，更需要乐于、善于将活动中积累的经验、知识迁移到教育教学中。其他部委所属高校的工科教师对教学培训效果更加不认可，而所有类型高校的工科教师在选择"国际交流活动"的人数比例上差距不大。

（6）从学校所在地区看。

虽然华南地区工科教师选择"工程实践活动"的人数比例在所有类别中最低，但是相对于其他教学能力途径，其对于工程实践活动对教学能力促进作用的认可程度是最高的。西部十省地区的工科教师选择"工程实践活动"的人数比例在所有类别中最高，同时在其所有途径中也是最为认可的。

华南和西部十省两个地区工科教师的选择排序不同于总体，即均认为工程实践活动对教学能力提升的促进作用大于科研活动。

较其他地区的工科教师，东北地区工科教师对教学培训效果最为认可，其选择人数比例最高的同时，"教学培训"的排序也位于所有选项中第二，仅次于"科研活动"。

无一例外，较其他三种途径，所有地区的工科教师均认为国际交流活动对教学能力提升的促进作用是最小的，其数值与各地区选择其他途径的最大值之差，最小的为 11.8%，最大的则高达 30.7%，差距较显著。

表 1.7　　　　　　　工科教师教学能力提升途径的选择
在各类别的差异分析（%）

特征	类别	科研活动	工程实践活动	教学培训	国际交流活动
性别	男	57.8	51.4	45.9	30.7
	女	54.0	54.1	50.3	38.0
年龄段	≤35	53.5	51.0	46.3	31.5
	36~45	62.1	55.0	48.5	37.1
	≥46	60.2	54.0	52.2	34.8
最高学位	博士	64.4	56.9	53.7	37.3
	硕士	51.1	48.6	37.9	31.7
	学士	50.1	50.4	52.8	28.2
职称	正高	63.3	52.2	56.8	32.7
	副高	56.0	54.9	39.9	34.3
	中级	56.3	51.6	50.1	32.0
	初级	43.2	42.4	56.8	35.6
学校类型	教育部直属	57.2	58.9	59.1	33.2
	其他部委所属	58.9	48.5	36.8	35.1
	地方	55.6	51.3	46.2	31.4
	民办	42.9	39.8	41.8	33.7
学校所在地区	东北	64.4	51.6	59.9	33.7
	华东	54.0	48.8	43.7	30.6
	华南	44.5	47.4	35.1	32.7
	华中	53.8	49.5	46.2	29.8
	华北	64.0	61.6	49.6	41.5
	西部十省	56.4	63.9	50.4	35.3

在有 82.4% 的工科教师都认为自己教学能力需要提升的背景下，仍然有 79.3% 的行政人员非常同意或同意其所在学校制定了针对性很强的工科教师教学能力发展的政策，这说明相关政策的落地程度可能还不够，也可能说明参与调查的工科教师们还不太熟悉学校的相关政策。然而，工科教师教学能力的提升离不开学校制定的针对性很强的工科教师教学能力发展政策，这些政策的制定与实施是保证并促进工科教师教学发展的基本条件之一。因此，需要进一步制定并实施具有很强针对性的教学能力发展政策以促进工科教师教学能力持续的提升。

第 2 章

科研能力现状与问题

　　科学研究是高校的核心任务之一。科研水平是学科核心竞争力的高影响因子。在我国高等教育体系中，工科教育占比约为三分之一。就高校师资队伍而言，工科教师也是占比很大的分支。因此，工科教师科研水平的高低在一定程度上就反映了高校科研水平的高低，工科教师科研能力的强与弱直接影响着我国多数高校的科研实力。另外，作为高校工科教师专业发展的核心内容之一，探索当下我国高校工科教师科研能力提升所面临的问题能够为高校、工科教师以及利益相关者提供一定的参考。

　　为此，本章将通过问卷调查法以及文献研究法探讨我国工科教师科研能力的现状及存在的问题，以期能促进我国高校工科教师科研能力的提高。

　　在科研能力的影响因素上，有学者分析已有文献后认为现在科研能力主要受到论文发表、论文被引量、著书、主持项目情况、科研获奖等数量型因素的影响。有鉴于此，本次调查仍然用纵向课题主持数量情况、论文发表情况、发明专利情况等结果性量化数据作为高校工科教师科研能力提升调查的主要维度。

2.1　纵向课题主持数量情况

　　在纵向课题主持的问题上，有学者指出是否主持纵向课题是影响高校教师科研产出的主要因素。而科研产出则是教师科研能力的最好证明。由此可见，高校教师的科研能力是离不开纵向课题支撑的。在"近5年来，您主持纵向课题的数量是多少项"的调查中，详见表2.1，没有主持过的工科教师占比高达24.6%，分别有25.4%和24.3%的工科教师主持了1

项和 2 项纵向课题，17.5％的工科教师主持了 3～4 项，主持了 5 项及以上的工科教师占比为 8.2％。

将此调查结果与工科教师的性别、年龄段、最高学位、职称、学校类型、学校所在地区进行交叉分析，详见表 2.1，结果表明：

（1）从性别看。

女性工科教师没有主持过纵向课题的人数比例比男性工科教师高了 3.6 个百分点，在主持 3 项及以上的人数比例方面，女性工科教师又比男性工科教师低了 2.3 个百分点。有研究发现男性的学术生产力确实显著地高于女性，不过这种差异呈缩小趋势。同样，在主持纵向课题数量上，虽然女性工科教师也低于男性工科教师，但两者差距并不大。

（2）从年龄段看。

在没有主持过纵向课题方面，年龄越大，选择"没有"的人数比例越高，尤其是年龄≥46 岁的工科教师选择人数比例比其他两个年龄段的均值 23.6％还高了 14.3 个百分点；在主持 3 项及以上的人数比例方面，年龄越大，选择"3～4 项"和"5 项及以上"的人数比例越高。可以发现，年龄越大，同一年龄段的工科教师之间在主持纵向课题数量方面内部差异越大，即年龄≥46 岁的工科教师中，主持多项纵向课题数量和没有主持过的人数比例均较其他年龄段的要高。

如果说年龄越大，主持的纵向课题数量越多且主持 3 项及以上的人数比例越高，是职业发展的自然结果，那么年龄越小，没有主持过纵向课题数量的人数比例越低或越倾向于"人均有项目"的趋势，则可能是当今社会获取高级别项目已成为中青年教师获取学术资格的一个约束性条件，即在激烈的职业、学术竞争中，当前中青年工科教师只有获取高级别项目，才能实现职称晋升。

（3）从最高学位看。

硕士学位的工科教师选择没有主持过纵向课题的人数比例最低，而主持过 3 项及以上的人数比例却是最高，比排名第二的博士学位的工科教师还多了 1.3 个百分点，达 28.6％。这究竟是由于工科教师是否攻读博士学位与其主持纵向课题数量之间并无直接的联系，还是其他原因，尚需要更进一步的研究。

学士学位工科教师选择"没有"的人数占比近 30％，而主持过 3 项及以上的人数比例比排名第一的硕士学位工科教师少了 11.6 个百分点，差距比较明显。

(4) 从职称看。

在选择"没有"的人数比例方面，副高职称最低，其次是正高职称，初级职称最高，其比副高职称的高了近 1 倍。在主持 3 项及以上的人数比例方面，则是职称越高，其选择人数比例越高。

相对于高级职称，中、初级职称的工科教师主持纵向课题数量明显更少，这可能是由于主持纵向课题不仅对科研能力、主持经验等有较高要求，而且对科研团队、资源支持以及成果基础提出了较高要求，而中、初级职称工科教师在这些方面均弱于高级职称工科教师。

与此同时，虽然在主持 3 项及以上的纵向课题人数比例方面，副高职称工科教师低于正高职称工科教师，但副高职称工科教师中没有主持过的人数比例却低于正高职称工科教师。正如年龄段交叉分析所述，可能是在当前职称评聘中，高级别项目越来越成为"硬通货"，使得越来越多的工科教师参与高级别项目"竞标"，因而没有主持过纵向课题的工科教师人数比例越来越低。

(5) 从学校类型看。

从没有主持过纵向课题的人数比例上看，其他部委所属高校的工科教师人数比例最低，其次是教育部直属高校的工科教师，而地方高校的工科教师人数比例则最高。

教育部直属高校工科教师中主持过 3 项及以上的纵向课题人数比例最高，地方高校工科教师人数比例依然最低。相对而言，地方高校工科教师主持率低于研究型高校占比更高的部委所属高校，这也算比较正常。然而，民办高校在主持过 3 项及以上的高选择比例，是否反映了近年来民办高校对工科教师的高要求，还需要进一步研究。不过从人数比例绝对数值来看，这似乎还是说明了地方和民办高校工科教师的选择情况与其办学定位存在一定的错位。

2019 年 6 月，我们曾在 92 所高校人事部门的网站上调研了它们评职称的条件，结果表明，在 23 所其他部委所属高校和 37 所地方高校中，它们均对教师申报高级职称提出了有关项目、论文的要求。且早有研究指出，部分地方高校盲目追求发达地区高校的办学模式，过分强调科研。因此，从我们的调查和既有的研究不难看出，仅从主持的纵向课题数量来看，我国不同类型高校科研存在发展定位不清晰的问题。研究型高校重视科研，这与其办学定位是相符的，但以培养应用型、技能型人才为主的高校、专业，则应围绕其办学定位和人才培养目标来定位其科研。

(6) 从学校所在地区看。

华东和华南地区工科教师纵向课题主持率明显高于其他地区的工科教师，华中和华北地区工科教师纵向课题主持率位于第二梯队，东北和西部十省地区工科教师纵向课题主持率最低，选择"没有"的人数比例均值高达33%。

除了东北地区工科教师人数比例为17.6%、西部十省地区工科教师人数比例为21%，其他地区工科教师中主持过3项及以上纵向课题人数比例均在26%以上，华南地区工科教师的人数比例更是达到了32.7%。因此，不同地区工科教师主持纵向课题数量存在一定差异，尤其是东北地区和西部十省地区的工科教师，其主持纵向课题数量明显少于其他地区的工科教师，地区差异比较明显。

表 2.1　工科教师纵向课题主持数量在各类别的差异分析（%）

特征	类别	没有	1 项	2 项	3~4 项	5 项及以上
	总体情况	24.6	25.4	24.3	17.5	8.2
性别	男	23.3	24.5	25.6	17.5	9.0
	女	26.9	26.9	21.9	17.3	6.9
年龄段	≤35	22.6	26.5	26.6	16.9	7.3
	36~45	24.6	25.9	22.1	17.8	9.6
	≥46	37.9	16.1	14.9	20.5	10.6
最高学位	博士	25.0	26.3	21.4	19.3	8.0
	硕士	21.7	23.5	26.2	17.6	11.0
	学士	29.4	27.0	26.7	13.4	3.6
职称	正高	21.6	21.6	20.9	22.7	13.3
	副高	18.0	25.7	26.7	20.4	9.2
	中级	31.8	26.4	23.0	13.2	5.6
	初级	34.7	27.1	24.6	9.3	4.2
学校类型	教育部直属	25.6	23.5	22.5	20.6	7.8
	其他部委所属	18.7	28.5	26.6	17.9	8.3
	地方	29.3	25.0	24.4	13.2	8.1
	民办	28.6	21.4	22.4	16.3	11.2

续表

特征	类别	没有	1项	2项	3~4项	5项及以上
学校所在地区	东北	32.1	28.8	21.5	12.5	5.1
	华东	19.2	27.3	27.1	18.3	7.7
	华南	19.0	23.7	24.6	21.8	10.9
	华中	27.3	23.6	21.5	16.0	11.6
	华北	22.9	20.9	27.1	20.5	8.5
	西部十省	33.8	24.8	20.3	15.0	6.0

2.2 论文发表情况

论文数量和质量不仅是衡量高校教师科研生产力不可或缺的指标之一，而且无论是在国内还是在国外，论文发表已在高校形成了一种文化。对于高校教师而言，这种文化在一定程度上是其职业发展的决定因素之一。只有发表足够量的论文，高校教师才有可能得到更多的基金支持或者职位晋升。因此，我们将分别用"近5年来，您在本领域权威或重要中文期刊发表论文的数量是"和"近5年来，您在SCI、EI、SSCI期刊发表外文论文的数量是"两道题，调查工科教师论文发表情况，结果如表2.2所示。

表2.2　　　　　工科教师中外文论文发表情况对比（%）

	没有发表过	1~2篇	3~5篇	6~8篇	9~12篇	13篇以上
外文	18.9	31.3	26.6	13.1	5.5	4.5
中文	16.3	35.9	28.3	12.9	3.6	2.9
外文—中文	2.6	−4.6	−1.7	0.2	1.9	1.6

近5年来，工科教师在其领域权威或重要中文期刊发表论文（本节简称中文论文）的数量方面，有52.2%的工科教师发文数小于等于年均0.4篇，有16.3%的工科教师5年来一篇也没发表。部分工科教师中文论文发表数量少，可能是因为其更多侧重于发表外文论文。但近5年来，工科教师在SCI、EI、SSCI期刊发表外文论文（本节简称外文论文）的情况显示，虽然年均发文量小于等于0.4篇的人数比例为50.2%，略低于中文论文的人数比例，但是无论从上述数值，还是从有18.9%的工科教师选择了"没有发表过"来看，均体现了部分工科教师外文论文发表数量也较少。

有不少研究均指出评价导向要破除"唯数量、唯论文、唯 SCI"的顽瘴痼疾以及需要超越高等教育中问责和绩效评价的羁绊，以此鼓励教师提升论文质量，从事基础性、原创性研究以及投身于教育教学、社会服务等活动中。这个导向是对的。但调查结果显示，当前部分工科教师的高论文不发率以及高论文低发率（年均不足 0.4 篇）似乎也是一个问题，这是否说明了存在部分工科教师论文发表积极性不够的问题？结合第 1 章中工科教师自认为的教学能力很弱和较弱的高选择比例，是否反映了当前部分工科教师不仅科研能力不够强，其教学能力也较低的现状？这种教学能力、科研能力都不强的现状是否又指出了如何处理好数量和质量、绩效问责与闲逸自由之间的矛盾的难点和必要的问题等，这些都值得进一步深入地研究。

从调查的工科教师中 5 年来相当水平的中文和外文论文发表量为零，以及低的论文发表数量的人数比例来看，"唯论文、唯数量"是万万不可取的，但目前"不论文、不数量"也可以根据各校具体情况加以改良。我们既需要尊重工科教师职业特点和成果产出规律，也需要对他们进行适当的激励与问责，维持其学术积极性和职业热情，防止出现"在其位不谋其政"的情形。

将此调查结果与工科教师的性别、年龄段、最高学位、职称、学校类型、学校所在地区进行交叉分析（详见表 2.3），并将 5 年来没有发表过中文（外文）论文，视为发表中文（外文）论文积极性较低，把 5 年来发表超过 6 篇及以上中文（外文）论文，视为发表中文（外文）论文积极性较高，结果表明：

（1）从性别看。

女性工科教师无论是中文论文发表还是外文论文发表的积极性均低于男性工科教师，且女性工科教师中文论文发表数量和外文论文发表数量也都低于男性工科教师。

（2）从年龄段看。

在中文论文发表积极性和外文论文发表积极性由高到低排序中，36～45 岁工科教师最高，而年龄≥46 岁工科教师则最低。职称晋升对论文发表数量的要求、学术兴趣、科研能力、工作重点等各方面因素可能是此结果出现的原因。如，相对于年龄＜46 岁的工科教师，部分年龄≥46 岁的工科教师可能多为正高职称，其工作重点可能更多放在教书育人以及学术服务等方面，在无职称晋升压力和需求的前提下，便不再发表高质量论文。

有研究基于 Web of Science 数据分析，得出随着年龄的增加，学者们论文发表的数量与质量都呈现出下降趋势的结论。但我们的调查表明，无论是中文论文还是外文论文发表数量，均是年龄越大，其发表较多论文的人数比例越高，且在发表中文论文较多的人数比例上，年龄≥46 岁的工科教师是年龄≤35 岁工科教师的 1.8 倍，在发表外文论文较多的人数比例上，这一数值是 1.7。可以看到，尽管有部分工科教师发表论文积极性不高，需要通过绩效管理等方式推动其从事科研工作，但仍有一些工科教师并未随着年龄的增长而降低学术兴趣和工作热情。

（3）从最高学位看。

在中文论文发表积极性上，硕士学位工科教师最高，学士学位工科教师最低；在外文论文发表积极性上，博士学位工科教师最高，学士学位工科教师最低。一方面可以看到，博士学位工科教师外文论文发表积极性高于其中文论文发表积极性，另一方面，学士学位工科教师对中文论文和外文论文发表积极性不仅是最低的，而且远低于博士和硕士学位工科教师。

无论是中文论文还是外文论文发表数量，均是最高学位越高，其发表较多论文的人数比例也越多；在发表外文论文较多的人数比例上，博士学位工科教师选择人数比例更是其他两个学位工科教师选择人数比例均值的 2.3 倍。

综合来看，学士学位工科教师 5 年内没有发表过一篇中文或外文论文的人数比例最高，除了体现出其积极性不高，更有可能与其接受的科研写作训练更少有关。博士学位工科教师发表论文较多的人数比例最多，也可能与其接受了系统的独立科研训练有关，但他们没有发表过中文论文的人数比例高于硕士学位工科教师，则突出说明了其发表中文论文的积极性较低。

（4）从职称看。

副高职称工科教师中、外文论文发表积极性均为最高，中、初级职称工科教师中、外文论文发表积极性则分列第三、四位。相对于高级职称工科教师，中、初级职称工科教师中没有发表过中、外文论文的人数比例剧增，尤其是有近四成的初级职称工科教师没有发表过一篇外文论文。

职称越高，中、外文论文发表数量较多的人数比例越高，且职称的差异极大地影响了论文发表数量。与主持的纵向课题数量交叉分析结果一致，职称越高的工科教师，其科研产出越高，但副高职称工科教师对主持纵向课题和论文发表积极性却最高，即没有主持过纵向课题或没有发表过论文的人数比例最低。纵向课题和论文作为职称评聘的必要条件，也许是因为副高职称工科教师需要晋升正高职称，所以其没有纵向课题和论文的人数比例才相对正高职称工科教师更低；而相对于高级职称工科教师，中、初级职称工科教师尽管也面临职称晋升的需求和压力，但一方面高级职称评聘对项目、论文的质量与数量要求均更高，另一方面中、初级职称工科教师科研能力、科研资源相对弱势，这可能是导致其没有项目、论文的人数比例更高且项目、论文数量更少的原因。

（5）从学校类型看。

无论是中文论文发表积极性还是外文论文发表积极性，均是其他部委所属高校工科教师最高，教育部直属高校工科教师紧随其后，民办高校工科教师最低。较部委所属高校，地方高校和民办高校的工科教师发文率明显较低。

从办学定位和工科教师发展指向角度来看，当前调查结果表明的不同类型学校工科教师论文发表积极性较为符合各个学校的办学定位和工科教师职业发展方向。但是在中文论文发表数量较多（发表数量为 6 篇及以上）的人数比例方面，民办高校工科教师最高，地方高校工科教师人数比例也只比其他部委所属高校工科教师低了 0.8 个百分点；在外文论文发表数量较多（发表数量为 6 篇及以上）的人数比例方面，民办高校工科教师也达到了 20.3%，其比排名垫底的地方高校工科教师还多了 3.7 个百分点。这一结果是否与民办高校和地方高校的办学定位或考核评价指标等存在一定的错位有关，尚需进一步的研究。

一般来说，论文发表数量的多少是工科教师科研能力和科研兴趣的体现。民办、地方高校工科教师在中、外文论文发表数量较多的较高人数比例，是否也体现了这些工科教师较强的科研兴趣和科研能力？但结合地方和民办高校工科教师教育学和心理学知识的学习与运用、学科专业知识的掌握程度、对教学目标的理解与把握以及因材施教的能力等现状，不难发现，在教学和科研符合稀缺模型的条件下，由于部分地方和民办高校工科教师投入了太多精力至科研中，对其教学效果造成了负面影响，尤其是当其人才培养定位为应用型、技能型时，从事过多不符合其办学定位的科研活动，对其教学质量的提升影响更大。因此，一方面工科教师科研活动要牢牢围绕办学定位、人才培养开展，另一方面对于科研能力和科研兴趣较强的工科教师，要因势利导，通过改革学校考核评价制度，激励其投身教学活动，将自身的学术素养和专业能力反馈给教学，实现科教融合。

（6）从学校所在地区看。

不同地区工科教师中，中文论文发表积极性和外文论文发表积极性从高到低（即选择"没有"的人数比例从低到高）的排序均有高度一致性，均为华北、华南和华东地区排名前三，而西部十省和东北地区则排名靠后。在中文论文发表数量较多的人数比例方面，华南、华中和华北地区排名前三，而西部十省和东北地区仍然排名靠后；外文论文发表数量较多的人数比例则是华北、西部十省和东北地区排名前三，华东和华南地区排名靠后。即华北地区工科教师中、外文论文发文率最高，而东北地区工科教师最低；华南地区工科教师中文论文发表数量最多，而东北地区工科教师最少；华北地区工科教师外文论文发表数量最多，而华南地区工科教师最少。

通过比较发现，华南地区工科教师更倾向于发表中文论文而非外文论文，西部十省和东北地区工科教师中，科研能力和发文积极性较高的工科教师则更加倾向于发表外文论文。

表2.3 工科教师中外文论文发表情况在各类别的差异分析（%）

			没有	1～2篇	3～5篇	6～8篇	9～12篇	13篇及以上
总体情况		中文	16.4	36.0	28.2	12.9	3.6	2.9
		外文	18.9	31.3	26.6	13.1	5.5	4.5
性别	男	中文	14.9	34.3	29.4	13.5	4.5	3.5
		外文	17.4	30.7	26.3	14.3	6.2	5.1
	女	中文	19.0	38.9	26.2	11.9	2.1	1.8
		外文	21.6	32.3	27.2	11.1	4.3	3.5
年龄段	≤35	中文	16.6	38.9	27.9	11.7	3.0	1.9
		外文	18.5	35.8	26.5	12.1	4.4	2.7
	36～45	中文	14.5	31.6	31.4	15.1	4.8	2.6
		外文	17.5	24.3	28.7	14.9	7.5	7.0
	≥46	中文	19.9	28.6	22.4	14.3	4.3	10.6
		外文	25.5	21.1	21.7	14.9	7.5	9.3

续表

			没有	1～2 篇	3～5 篇	6～8 篇	9～12 篇	13 篇及以上
最高学位	博士	中文	14.1	33.9	29.9	13.4	3.9	4.9
		外文	12.6	25.3	28.3	15.9	8.6	9.4
	硕士	中文	13.0	36.5	30.8	14.2	3.6	1.9
		外文	18.1	35.4	28.9	12.1	4.0	1.4
	学士	中文	27.3	39.2	20.2	9.2	3.3	0.9
		外文	33.5	35.9	18.7	9.5	2.1	0.3
职称	正高	中文	15.5	25.2	29.1	16.2	4.7	9.4
		外文	17.6	21.6	25.9	11.5	8.6	14.7
	副高	中文	8.6	36.8	33.3	14.9	4.0	2.3
		外文	12.1	31.6	30.3	16.2	5.6	4.2
	中级	中文	22.5	39.8	23.9	10.2	2.5	1.2
		外文	23.4	35.2	24.2	11.8	4.4	1.0
	初级	中文	33.1	37.3	18.6	6.8	4.2	0.0
		外文	39.8	33.1	18.6	5.1	3.4	0.0
学校类型	教育部直属	中文	15.2	35.9	27.6	13.3	3.7	4.3
		外文	18.7	29.3	26.1	13.1	6.3	6.5
	其他部委所属	中文	14.5	36.2	30.8	12.8	3.2	2.5
		外文	12.5	31.5	29.6	14.0	7.0	5.5
	地方	中文	17.9	37.4	26.9	12.4	3.6	1.7
		外文	24.1	33.1	26.1	11.5	3.6	1.5
	民办	中文	25.5	27.6	25.5	13.3	5.1	3.1
		外文	29.6	33.7	16.3	16.3	2.0	2.0
学校所在地区	东北	中文	27.6	33.7	23.1	12.2	1.0	2.6
		外文	25.6	29.5	22.1	12.8	5.4	4.5
	华东	中文	14.2	37.2	30.2	11.9	3.6	2.8
		外文	16.8	38.1	25.3	11.3	5.7	2.8
	华南	中文	12.3	31.8	32.2	16.6	5.2	1.9
		外文	16.6	33.2	30.8	15.2	2.8	1.4
	华中	中文	15.3	35.6	26.2	16.0	4.7	2.2
		外文	23.3	27.3	27.6	16.4	2.9	2.5
	华北	中文	11.2	36.0	32.2	10.9	4.3	5.4
		外文	9.3	22.9	33.7	14.0	8.5	11.6
	西部十省	中文	16.5	43.6	24.1	9.8	3.8	2.3
		外文	24.1	32.3	19.5	9.0	9.0	6.0

通过比较工科教师中文论文和外文论文发表数量还可发现，5 年来发

表论文数量≥6 篇时，发表外文论文的人数比例高于发表中文论文的人数比例。换言之，中文论文发表多的主要集中在年均一篇及以下，且二者的差距有随着年均篇数的增加而增大的态势，这说明科研能力较强、科研兴趣较浓的工科教师更加倾向于在 SCI、EI、SSCI 期刊发表外文论文，而不是在中文权威或重要期刊上发表中文论文。

"科学没有国界，但科学家有祖国"。工科教师应该以促进我国经济社会发展以及提升人才质量为目标而从事科研，要"把论文写在祖国大地上"。当前工科教师倾向于发表 SCI 而非中文权威或重要期刊论文的现状，既可能与"唯 SCI"以及"SCI 至上"的不良风气有关，也可能与部分高校以前的考核评价指标有关，同时也从另外一个方面说明了长久以来我国高等教育、科学研究的"跟跑"，部分高校、部分工科教师缺乏学术自信的现状。

2.3 发明专利情况

发明专利是技术含量较高的专利，对促进社会经济发展起着较大的作用，同时发明专利是知识产权创新水平的标志，是我国实现创新战略发展的关键内容，但《2018 年中国专利调查报告》显示高校从事基础研究、获权专利的数量不多，而专利对外许可较少的教师比例也高达 78.4%。基于此，我们通过"近 5 年来，您获权国家发明专利的数量"为题，调查工科教师发明专利情况，结果如图 2.1 所示。

由图 2.1 所示，从总体上看，工科教师获权的发明专利数量偏少，接近三分之一的工科教师 5 年来没有获权一项发明专利，只获权 1 项的也接近四分之一。获权的发明专利数量偏少，第一个原因可能是工科教师从事发明专利申报活动的积极性不高，即一方面有一部分工科教师恪守其内敛的"学术人"姿态，从而不愿参与发明专利申报活动，另一方面当前高校教师科研评价体系对专利认可度一般的现状，也会降低工科教师从事发明专利申报活动的积极性。第二个原因可能是工科教师自身创造能力、与企业交流机会不足导致了其获权发明专利数量较少。

将此调查结果与工科教师的性别、年龄段、最高学位、职称、学校类型、学校所在地区进行交叉分析（详见表 2.4），并将 5 年来，获权 1 项发明专利定性为获权发明专利很少，获权 2～3 项、4～5 项、6 项以上发明专

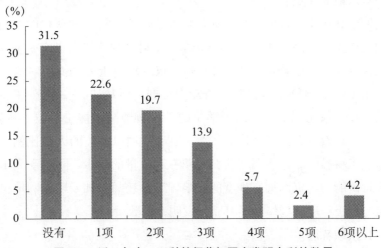

(%)

图 2.1　近 5 年来，工科教师获权国家发明专利的数量

利分别视为发明专利获权数量一般、较多和很多，结果表明：

（1）从性别看。

女性工科教师获权的发明专利数量少于男性工科教师。在没有获权发明专利和发明专利很少的人数比例上，女性工科教师均高于男性工科教师，而在获权发明专利数量一般、较多和很多的人数比例上，女性工科教师均低于男性工科教师。

由于普遍用科技论文和专利等产出指标来定量分析高校的科技实力和发展水平，且女性工科教师在中、外文论文发表数量和发明专利获权数量方面均低于男性工科教师，因此从这个角度可以认为，当前大多数女性工科教师科研创新能力低于男性工科教师。

（2）从年龄段看。

随着年龄的递增，没有获权发明专利和获权发明专利很少的人数比例之和递减，获权发明专利较多和很多的人数比例均递增，即年龄越大，工科教师获权的发明专利数量越多，尤其是年龄在 36～45 岁和年龄≥46 岁工科教师获权发明专利很多的人数比例均值是年龄≤35 岁工科教师的 3.6 倍，有研究同样指出教师的年龄与其专利授权数量呈现显著正相关关系。这可能是由于个人科研能力和资源拥有程度均正向影响发明专利获权数量，而年龄较大的工科教师在科研能力和资源拥有程度上均更有优势，从而其获权发明专利数量更多。

(3) 从最高学位看。

较博士和硕士学位的工科教师，学士学位的工科教师获权的发明专利数量明显更少，有高达 47.2% 的学士学位工科教师 5 年内没有一项发明专利，且仅有 0.9% 的学士学位工科教师获权 6 项以上发明专利。这一结果可能是由于学士学位工科教师科研能力更弱。但从"2～3 项"和"4～5 项"的选择人数比例上看，硕士学位的工科教师高于博士学位工科教师，博士学位工科教师在选择"没有""1 项""6 项以上"的人数比例上高于硕士学位工科教师。这表明了获权发明专利数量的多少，不仅受到工科教师个人科研能力与资源拥有程度的影响，工科教师参加发明专利申报活动的动机与积极程度同样影响了其获权发明专利数量。

(4) 从职称看。

有研究指出，随着高校教师职称的提升，其专利产出也随之增加。针对工科教师的调查结果与该研究发现结果相一致，即职称越高，获权发明专利数量较多和很多的人数比例越高，不仅高级职称工科教师选择"没有"的人数比例均值比中初级职称的均值少了 27.1 个百分点，而且最少的副高职称的比最多的初级职称的更是少了 36.5 个百分点，差距很明显；另外，正高职称工科教师获权发明专利数量较多和很多的人数比例分别是非高级职称工科教师的人数比例均值的 2.9 倍和 10.8 倍，差距更是显著。

结合性别、年龄、学位特征的交叉分析来看，同一特征下发表中、外文论文数量较多的工科教师，其获权的发明专利数量也较多，这是否说明了工科教师发表的论文和获权的发明专利之间存在正相关关系？一方面，论文的发表与发明专利的获权均需要工科教师的创新能力与资源的支撑，科研创新能力越强的工科教师，其发表的论文和获权的发明专利数量也越多；另一方面，工科的应用性特征使得发表较多的论文也可以在一定程度上帮助工科教师了解技术应用与发展趋势，进而有利于其获权发明专利，反之，从事发明专利申报活动也有利于工科教师把握技术前沿与应用场景，这些都将正向反馈于其学术写作。

(5) 从学校类型看。

在没有获权发明专利和获权发明专利很少的人数比例之和排序上，民办高校最高，其次是教育部直属高校，其他部委所属高校人数比例最低。

在获权发明专利数量较多和很多的人数比例之和排序上，教育部直属高校最高，民办高校次之，地方高校则垫底，尤其是在获权发明专利数量很多的人数比例方面，教育部直属高校是其他类型高校人数比例均值的3.3 倍。

由于参与发明专利申报活动积极主动性和从事科技创新活动能力的影响，教育部直属高校和民办高校工科教师中，既存在较多的工科教师没有获权或获权了很少的发明专利，也有较多的工科教师获权了较多或很多的发明专利，较其他部委所属高校和地方高校，其内部差异性更大。综合来看，部委所属高校工科教师获权发明专利数量多于民办高校和地方高校工科教师。

（6）从学校所在地区看。

东北地区工科教师中 5 年内没有获权发明专利的人数比例最高，其比最低的华南地区的多了 1.07 倍，其次是西部十省地区，且这两个地区的人数比例均值高达 44.55%，而其他四个地区的均值为 26.1%。华北地区工科教师中获权发明专利很多的人数比例达到了 8.5%，为所有地区中最高，西部十省地区工科教师位列第二，华南地区工科教师中获权了 6 项以上发明专利的人数比例仅有 0.9%，为所有地区中最低。但从总体上看，在获权发明专利数量超过 1 项的人数比例上，华北和华南地区最高，而东北地区和西部十省则分列倒数第一、二位。

表 2.4　　　工科教师发明专利情况在各类别的差异分析（%）

特征	类别	没有	1 项	2～3 项	4～5 项	6 项以上
性别	男	27.6	21.7	37.0	8.8	4.8
	女	38.4	24.3	27.6	6.8	3.0
年龄段	≤35	31.8	24.6	34.4	7.0	2.2
	36～45	32.2	19.5	31.4	9.6	7.2
	≥46	27.3	18.6	34.8	10.6	8.7
最高学位	博士	29.7	23.9	30.7	8.1	7.6
	硕士	25.2	21.7	42.0	9.0	2.2
	学士	47.2	22.0	23.7	6.2	0.9
职称	正高	23.4	18.3	32.0	14.4	11.9
	副高	22.0	24.9	40.9	8.8	3.4
	中级	41.1	23.2	28.6	4.9	2.2
	初级	58.5	16.9	19.5	5.1	0.0

续表

特征	类别	没有	1项	2~3项	4~5项	6项以上
学校类型	教育部直属	33.9	22.0	28.8	7.8	7.5
	其他部委所属	25.3	25.1	39.1	8.1	2.5
	地方	33.1	22.2	34.6	7.7	2.4
	民办	42.9	15.3	28.6	11.2	2.0
学校所在地区	东北	46.2	23.1	20.5	7.1	3.2
	华东	27.5	26.3	35.4	6.1	4.7
	华南	22.3	21.3	42.7	12.8	0.9
	华中	32.0	19.3	36.4	10.2	2.2
	华北	22.5	22.1	38.8	8.1	8.5
	西部十省	42.9	18.0	27.8	6.0	5.3

2.4 对科研-教学关系的认知

准确把握教学与科研的关系，实现科研成果与教学的相互转化是高校领导者、教育研究者以及其他利益相关者所迫切希望的。在新工业革命悄然来袭的今天，科学技术的迭代更新更加需要高校教师将科研成果转化到教学中去。2016年教育部出台《关于深化高校教师考核评价制度改革的指导意见》，鼓励高校教师将科研成果转化为教学内容是其重要的意见之一。

(1) 关于科研反哺教学。

在工科教师"您能够很好地将科研成果转化为教学资源，并付之于课堂教学"以及行政人员"贵校鼓励工科教师将科研成果转化为教学资源并用于课堂教学"调查中，详见图2.2，有87%（选择"非常同意"和"同意"的人数比例之和）的行政人员所在高校鼓励工科教师将科研成果转化为教学资源并用于课程教学，81.6%（选择"非常同意"和"同意"的人数比例之和）的工科教师能够很好地将科研成果转化为教学资源，表明了高校与工科教师均重视在课堂教学中引入前沿内容以促进科教融合。

为了能够将科研成果转化为教学资源并应用于课堂教学，各高校应该鼓励并为每一名工科教师提供支持，但有4.2%的行政人员不同意或非常不同意其所在高校鼓励工科教师将科研成果转化为教学资源，这会极大影响这些高校的工科教师科教融合的积极性以及导致部分工科教师在将科研成果转化为教学资源的过程中得不到相应的培训、资源支持。

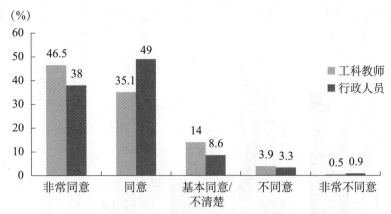

图 2.2   工科教师能够（高校鼓励）将科研成果转化为教学资源

另外，仍有 4.4％（选择"不同意"和"非常不同意"的人数比例之和）的工科教师还不能很好地做到以科研反哺教学。各高校还是应该要鼓励工科教师将科研成果转化为教学资源并用于课堂教学的行为，同时要对那些还不能很好地实施科教融合的工科教师进行培训。

（2）关于教学支撑科研。

在工科教师"您认为教学对工科教师的科研有很好的支撑"以及行政人员"您认为工科教师的教学对其科研有很好的支撑"调查中，详见图 2.3，分别有 6.9％的工科教师和 5.2％的行政人员不认为（选择"不同意"或"非常不同意"）教学对科研具有促进作用，而认可（选择"同意"或"非常同意"）教学对科研有很好支撑的工科教师和行政人员比例则分别为 74.9％和 82％。

比较来看，工科教师对关于教学对科研有很好的支撑的认可度低于行政人员，这表明了由于时间精力的有限性、教学科研在性质和特征上的差异性以及要实现教学对科研的促进需要工科教师具备一定的迁移能力等因素影响，在实际进行教学、科研活动的过程中要实现教学对科研的促进要比理论或理想状态下更难。这进而表明了要实现教学对科研的促进，既需要高校在资源、制度方面的鼓励与支持，也需要工科教师在教学、科研活动中不断总结反思。

在关于科研对教学的支撑方面，由"您能够很好地将科研成果转化为教学资源，并付之于课堂教学"的调查结果可知，有 81.6％（选择"同

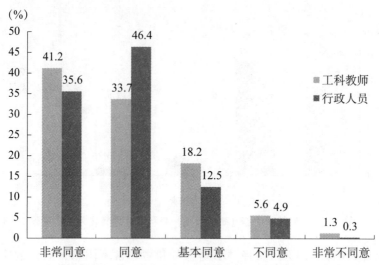

图2.3　工科教师和行政人员关于"教学能很好支撑科研"的回答情况

意""非常同意"的人数比例之和）的工科教师很好地实现了科研对教学的支撑作用；在行政人员"您认为贵校工科教师的科研很好地支撑了贵校工科教师的教学发展"调查中，71.7％的行政人员同意或非常同意工科教师的科研对其教学具有支撑作用。工科教师比行政人员更加认同科研对教学具有促进作用，这一调查结果突出了每一名工科教师都需要从事科研活动和将科研成果引入教学课堂的合理性与必要性，也印证了钱伟长院士曾有过的精辟论述："教学没有科研作为底蕴，就是一种没有观点的教育，没有灵魂的教育""你不教课，就不是教师；你不搞科研，就不是好教师""在高等学校，教学是必要的要求，不是充分的要求，充分的要求是科研"。

　　总的来看，教学与科研是可以相互支撑、相互促进的，但工科教师更认同科研对教学的支持，而行政人员更认可教学对科研的支持，说明我国高校工科教师和行政人员在教学-科研相互转化关系的认识上存在差异。

　　一方面，由于科研更容易发表论文，进而在职称评定中获得晋升，高校教师有意无意把精力向科研倾斜，造成高校科研成果喜人、教学质量忧人的局面，所以行政人员更倾向于认为工科教师的科研活动并未对其教学产生促进作用，也就造成了其认可科研能够支持教学的人数比例低于工科教师；而科研成果喜人、教学质量忧人的局面，反过来又强化了行政人员希望工科教师提高教学质量的认识、鼓励工科教师将精力投入教学，无形之中也就更倾向于认可教学对科研具有促进作用，因而造成行政人员中认可教学对科研具有支持作用的人数比例要高于认可科研对教学具有支持作用的人数比例。

另一方面，也正是因为过去存在严重的重科研轻教学的情况，相对于教学，工科教师在科研上接受的训练、投入的心力、能力的提升都更多，也就是说，工科教师对科研更熟悉，因而也就更容易认为通过科研是可以提升其教学的。另外，在工科教师对教学的理解尚且需要加强的前提下，对于如何通过教学促进科研的提升也就更难，因而就不容易认为通过教学是可以提升其科研的。

（3）交叉分析。

将该调查与工科教师的性别、年龄段、最高学位、职称、学校类型、学校所在地区进行交叉分析，详见表 2.5，结果表明：

1）从性别看。

男性工科教师中认可（选择"非常同意"和"同意"，下同）科研支持教学和教学支持科研的人数比例均略高于女性工科教师，但两者选择人数比例差值不大，分别为 1.5 和 2.4 个百分点。这表明了男女工科教师均能较好地实现教学与科研的相互支持。

无论是男性还是女性工科教师，在科研支持教学选"非常同意""同意"的人数比例均高于教学支持科研选"非常同意""同意"的人数比例，也就是说他们均认为科研对教学的支持作用大于教学对科研的支持作用，且女性工科教师认为科研对教学支持作用大于教学对科研支持作用的人数比例略高于男性工科教师。男性工科教师认可科研支持教学的人数比例比认可教学支持科研的人数比例高了 6.3 个百分点，而女性工科教师这一数值为 7.2 个百分点。

2）从年龄段看。

在认可科研支持教学的人数比例上，年龄≤35 岁的工科教师最高，但分别仅比位列第二的年龄≥46 岁和最低的年龄在 36~45 岁的工科教师高了 0.1 和 1.8 个百分点。在认可教学支持科研的人数比例上，年龄≤35 岁的工科教师同样最高，随着年龄的增长，认可人数比例递减。

相对于认可科研支持教学，不同年龄段工科教师关于教学支持科研的认可度差异更大，即最高的年龄≤35 岁工科教师中认可教学支持科研的人数比例分别比分列第二、三位的年龄在 36～45 岁和年龄≥46 岁工科教师的高了 2.4 和 5.3 个百分点。

从认可科研支持教学与教学支持科研的人数比例差值看，年龄越大的工科教师，越认可科研对教学的支持作用大于教学对科研的支持作用，尤其是年龄≥46 岁的工科教师认可科研支持教学的人数比例比认可教学支持科研的人数比例高了 11.2 个百分点，远高于其他两个年龄段的差值。

科教融合作为世界一流大学办学的核心理念，其本质是在"科研-教学-学习"的过程中进行知识的创新、传授、传播和传承，使师生在学术共同体进行互动式学术探究，取长补短、开拓进取。当前强调的科教融合，更多聚焦于科研对教学的支持，强调在教学中引入科研以培养学生创新能力或将科研资源转化为教学内容以紧跟产业科技前沿，较少关注或研究如何更好地实现教学对科研的支持，因而绝大多数工科教师均认为科研对教学的支持作用大于教学对科研的支持作用，这对于科教融合是不利的。

不过，随着科教融合理念的不断完善、实践不断深化以及关注点的转移，工科教师教学和科研是都可以在"科研-教学-学习"的过程中实现开拓进取的，教学对科研的支持作用终会逐渐显现与放大。相比较而言，年轻工科教师对这一认识更加到位，这或许是年龄≤35 岁工科教师，无论是教学支持科研还是科研支持教学，其选"非常同意"的人数比例均为同特征下最高的原因。

3) 从最高学位看。

同特征下，博士学位工科教师更认可科研对教学的支持，其次是学士学位工科教师；而更认可教学对科研支持的则是学士学位工科教师，其次是博士学位工科教师，而硕士学位的这两个方面的人数比例均为同特征下最低。

无论处于何种学位的工科教师都更认可科研对教学的支持，学位越高，其认可程度越大。博士学位工科教师选择科研支持教学"非常同意"和"同意"的人数比例之和比选择教学支持科研"非常同意"和"同意"的人数比例之和高了 10.6 个百分点，而硕士和学士学位工科教师这一数值分别为 4.8 个百分点和 2 个百分点。

4）从职称看。

在选"非常同意"的人数比例方面，职称越高的工科教师，选科研支持教学的人数比例越高，最高的正高职称的比最低的初级职称的多了 22.3 个百分点。可能是职称越高的工科教师，其科研能力越强、科研资源越丰富，因而能够更好地将科研优势转化为教学支持。在选"非常同意"教学支持科研的人数比例方面，正高职称工科教师的人数比例依然最高，不过初级职称工科教师的人数比例排名第二，而副高职称工科教师的人数比例则最低。但相比较而言，中初级职称，尤其是初级职称的工科教师，更倾向于教学支持科研，他们选"非常同意"教学支持科研的人数比例均值比他们选择"非常同意"科研支持教学的多了 1.8 个百分点，而高级职称工科教师选"非常同意"教学支持科研的人数比例均值比"非常同意"科研支持教学的少了 8.7 个百分点。

如果以前述解释职称越高的工科教师为何认可科研支持教学的人数比例越高为逻辑，教学能力越强的工科教师，应该越认可教学对科研的支持。虽然不能根据认可教学支持科研的人数比例直接推断初级职称工科教师教学能力强于副高职称工科教师，但也反映了在科研导向的职称评聘背景下，职称越高的工科教师，其教学能力并不一定越强。与此同时，也正因为高级职称工科教师科研能力往往更强，相对于中、初级职称工科教师，也许更难实现教学对科研的支持。即在教学能力还有待提升的前提下，高级职称工科教师要以"非强点"（教学）拉动其"强点"（科研）显然更难。

副高职称工科教师更加认可科研对教学支持作用大于教学对科研的支持作用，其次是正高职称的工科教师，而初级职称工科教师则认为科研对教学的支持作用与教学对科研的支持作用一样，即初级职称工科教师选择科研支持教学"非常同意"和"同意"的人数比例之和与选择教学支持科研"非常同意"和"同意"的人数比例之和一样。结合上一段的分析，初级职称工科教师能够实现教学和科研的相互促进、"教科相长"，在某种程度上体现了初级职称工科教师教学能力和科研能力发展较为平衡，即不存在明显的以"非强点"拉动"强点"的情况。反观其他特征类别的工科教师，之所以存在认可科研支持教学的选择人数比例大于教学支持科研的选择人数比例情况，可能是由于其科研能力强于教学能力、科研能力和教学能力发展不平衡，尤其是副高职称工科教师的教学能力和科研能力发展失衡。

5）从学校类型看。

在科研支持教学的认可度（选择"非常同意"和"同意"的人数比例之和，下同）上，教育部直属高校工科教师最高，其次是其他部委所属高校和地方高校的工科教师，民办高校的工科教师认可度最低；在教学支持科研的认可度上，教育部直属高校工科教师依然最高，民办高校工科教师次之，不过其他部委所属高校工科教师也只比民办高校工科教师少了 0.4 个百分点而排第三。因此，在所有类型高校中，教育部直属高校的工科教师最为认可教学与科研能够互相促进。

在选择科研支持教学"非常同意"和"同意"的人数比例之和与选择教学支持科研"非常同意"和"同意"的人数比例之和差值方面，其他部委所属高校工科教师的数值最大，随之由大到小依次是教育部直属高校、地方高校、民办高校，且不同于其他类型高校，民办高校工科教师选择科研支持教学"非常同意"和"同意"的人数比例之和低于选择教学支持科研"非常同意"和"同意"的人数比例之和。即不同于其他类别工科教师均认为科研对教学支持作用大于教学对科研支持作用，民办高校工科教师认为教学对科研支持作用大于科研对教学支持作用。正如前文所述，工科教师关于教学与科研能否互相促进以及相互促进程度大小的认识，在一定程度上取决于工科教师教学能力和科研能力绝对和相对强弱。总体而言，民办高校科研水平较低、初始根基较浅，加之民办高校办学更偏向于教学型定位，所以民办高校工科教师教学能力相对较强，也就更容易认为教学对科研支持作用大于科研对教学的支持作用。

6）从学校所在地区看。

在科研支持教学的认可度方面，华北地区和华东地区排名前二，但两者相差仅 0.1 个百分点，西部十省和华中地区则排名垫底；在教学支持科研的认可度方面，排在前两位的则是东北地区和华东地区，而华中地区和西部十省又排名垫底。综合来看，东北地区、华东地区以及华北地区的工科教师更加认可教学与科研可以相互促进，而华中地区和西部十省的工科教师不太认可教学和科研的相互促进。

所有地区工科教师均认为科研对教学的支持作用大于教学对科研的支持作用，从选择科研支持教学、教学支持科研"非常同意"和"同意"的人数比例之和差值大小来看，西部十省工科教师最为认同科研对教学支持作用大于教学对科研支持作用，其次是华北地区和华南地区工科教师，东北地区、华东地区、华中地区则分列倒数一至三位。

表 2.5　工科教师对科研-教学关系的认知在各类别的差异分析（%）

			非常同意	同意	基本同意	不同意	非常不同意
性别	科研支持教学	男	47.4	34.7	13.9	3.3	0.6
		女	45.0	35.6	14.2	4.8	0.3
	教学支持科研	男	41.9	33.9	17.8	5.1	1.3
		女	40.1	33.3	19.0	6.4	1.2
年龄段	科研支持教学	≤35	48.3	33.8	13.8	3.7	4.0
		36~45	44.8	35.5	14.9	4.4	0.4
		≥46	39.8	42.2	13.0	3.7	1.3
	教学支持科研	≤35	44.4	31.7	18.3	4.6	1.0
		36~45	36.4	37.3	17.1	7.5	1.7
		≥46	34.2	36.6	21.2	6.8	1.2
最高学位	科研支持教学	博士	50.7	34.0	12.0	3.0	0.3
		硕士	44.1	33.0	17.0	5.3	0.6
		学士	42.4	41.2	12.5	3.0	0.9
	教学支持科研	博士	41.1	33.0	17.7	6.7	1.4
		硕士	39.9	32.4	20.4	5.9	1.4
		学士	43.9	37.7	15.1	2.7	0.6
职称	科研支持教学	正高	60.4	25.9	10.8	2.5	0.4
		副高	48.1	34.2	13.9	3.2	0.6
		中级	39.8	39.3	15.4	4.9	0.7
		初级	38.1	40.7	15.3	5.9	0.0
	教学支持科研	正高	52.9	27.7	13.3	5.4	0.7
		副高	38.2	33.0	20.7	6.3	1.7
		中级	39.1	36.7	18.3	4.9	1.0
		初级	42.4	36.4	15.3	5.1	0.8
学校类型	科研支持教学	教育部直属	53.3	33.9	10.8	1.5	0.3
		其他部委所属	47.7	34.2	14.0	3.6	0.6
		地方	39.1	37.4	16.7	6.0	0.9
		民办	34.7	35.7	20.4	9.2	0.0
	教学支持科研	教育部直属	51.3	28.4	12.9	6.0	1.4
		其他部委所属	38.1	34.9	21.3	4.9	0.8
		地方	34.2	37.2	21.6	5.6	1.5
		民办	31.6	41.8	17.3	7.1	2.0

续表

			非常同意	同意	基本同意	不同意	非常不同意
学校所在地区	科研支持教学	东北	47.8	35.3	13.8	2.9	0.3
		华东	53.0	31.4	12.6	2.4	0.6
		华南	46.4	33.6	13.3	6.2	0.5
		华中	37.5	37.5	20.0	4.0	1.1
		华北	47.3	37.2	12.0	3.5	0.0
		西部十省	36.8	41.4	12.8	8.3	0.8
	教学支持科研	东北	48.1	32.7	14.4	4.5	0.3
		华东	48.6	29.8	16.6	4.0	1.0
		华南	38.4	33.2	19.9	7.6	0.9
		华中	31.3	37.1	21.5	8.0	2.2
		华北	38.0	36.8	19.8	3.9	1.6
		西部十省	29.3	38.3	21.1	9.0	2.3

2.5 科研能力是否有待提升

在工科教师"您觉得自己目前的科研能力还有待提升"以及行政人员"总体而言，您认为贵校工科教师的科研能力还有待提升"的调查中，详见图 2.4，对于工科教师科研能力是否还需要提升，工科教师和行政人员的认识并不一致。尽管在"非常同意"选项上行政人员只有 34.5%，比工科教师少了 11.6 个百分点，但在"同意"选项上，行政人员则高达 48.5%，比工科教师多了 13.6 个百分点；而在"不同意"和"非常不同意"选项上，工科教师是行政人员的两倍多。因此，相比而言，行政人员更认为工科教师的科研能力需要提升。

将该调查与工科教师的性别、年龄段、最高学位、职称、学校类型、学校所在地区进行交叉分析，并将选择"非常同意""同意""基本同意""不同意""非常不同意"分别认定为科研能力很弱、较弱、一般、较强、非常强，详见表 2.6，结果表明：

（1）从性别看。

男性工科教师科研能力很弱或较弱的人数比例为 78.6%，而女性则高达 85.0%；男性工科教师和女性工科教师科研能力较强或非常强的人数比例分别为 6.2% 和 4.4%。因此，女性工科教师不仅科研资源较少，更易处

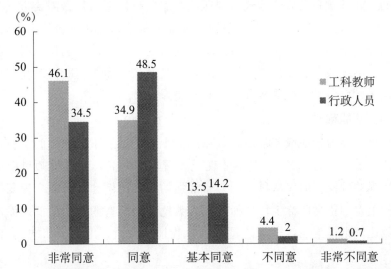

图 2.4　工科教师和行政人员关于"工科教师的科研能力还有待提升"的回答情况

于学术圈外围，而且较男性工科教师，其科研能力也更弱。

究竟是由于女性工科教师科研能力较弱从而导致了其科研资源较少，还是其科研资源较少导致了其科研能力较弱，抑或二者兼而有之，需要进一步研究的同时，也需要更加关注女性工科教师的专业发展。

(2) 从年龄段看。

年龄越大，其科研能力越强，尤其是年龄≥46 岁的工科教师，其科研能力较强或非常强的人数比例高达 9.3%（其选择"很弱"的人数比例也比年龄≤35 岁的工科教师少了近 10 个百分点），而年龄＜46 岁的工科教师这一比例均值仅为 5.3%。该结果可能说明了随着工科教师年龄增大，其科研经历更加丰富，专业发展更加成熟。当然，该结果也不能排除部分年龄≥46 岁的工科教师对自己的科研能力更加认可和满意的可能。

(3) 从最高学位看。

博士学位工科教师在校接受系统科研训练时间更长，其科研能力理应强于其他学位的工科教师。但数据显示，博士学位工科教师科研能力较强或非常强的人数比例仅为 3.5%，而硕士和学士学位工科教师这一比例则分别为 7.9% 和 5.7%，均远高于博士学位工科教师人数比例。这一方面表明了科研能力的提升既需要在校期间的系统训练，更需要在入职后持续学习与总结反思，即工科教师的专业发展是一个贯穿职业生涯的进行时；另一方面，问卷题目的表达形式为"您认为您的科研能力是否需要进一步提升"，即每一位工科教师对该问题的回答除了基于自己实际科研能力强弱，还会结合自己的主观认识和实践需求，简言之，也许博士学位工科教师科研能力并不像数据表现出来的那么弱，只是其认为需要不断提升科研能力才能满足教育教学、职称晋升、专业发展等需求。

（4）从职称看。

从科研能力较强或非常强的人数比例上看，虽然正高职称的工科教师人数比例最高，为7.2%，基本体现了随着职称升高，工科教师科研能力应该增强的现象。但仅从科研能力非常强的人数比例和科研能力很弱的人数比例上看，正高职称工科教师前者人数比例为所有职称中最低，而后者的人数比例则排第三，这可能是采用自我评估方式，出现了邓宁-克鲁格效应。

（5）从学校类型看。

多为研究型大学的教育部直属高校中，工科教师科研能力较强或非常强的人数比例为所有学校类型中最低，仅为3.6%，而民办高校工科教师则最高，高达13.2%。两者鲜明的对比再次表明了交叉分析结果显示的科研能力强弱体现的并不是不同类别工科教师科研能力强弱的绝对关系，而是不同类型工科教师在充分结合所在学校办学定位、实际需求和自我期望等基础上表现出的相对强弱。换言之，相对于民办高校，当前教育部直属高校工科教师科研能力离研究型大学办学定位、引领科研前沿，乃至"双一流"建设等实践需求可能还有不少的距离，因此这些高校的工科教师科研能力更需要进一步提升。

（6）从学校所在地区看。

不同地区工科教师科研能力需要提升的程度不同。相对于其他地区，华南地区学校的工科教师更认为自己目前的科研能力足以满足实际需求，对自己科研能力更加满意，其无论是选择"较强"还是"非常强"的人数比例，均比其他地区要高，排名第一。相比之下，只有2.8%的东北地区工科教师对自己科研能力更加满意，其无论是选择"较强"还是"非常强"的人数比例，均比其他地区要低，排名均垫底，这似乎说明了东北地区工科教师科研能力还需要进一步提升。

表 2.6　　　　　　　工科教师对自己科研能力强弱看法
在各类别的差异分析（%）

特征	类别	很弱	较弱	一般	较强	非常强
性别	男	45.3	33.3	15.1	4.8	1.4
	女	47.4	37.6	10.6	3.6	0.8
年龄段	≤35	48.2	32.6	14.2	3.8	1.3
	36~45	43.6	37.7	13.2	4.4	1.1
	≥46	38.5	42.2	9.9	8.7	0.6
最高学位	博士	50.9	36.0	9.7	2.9	0.6
	硕士	38.4	35.8	18.0	6.2	1.7
	学士	50.7	30.9	12.8	4.2	1.5
职称	正高	47.5	31.7	13.7	6.5	0.7
	副高	41.5	36.8	15.1	4.9	1.7
	中级	48.7	35.8	11.7	2.9	0.8
	初级	55.9	26.3	12.7	4.2	0.8
学校类型	教育部直属	55.9	31.9	8.7	2.4	1.2
	其他部委所属	39.4	37.4	16.6	6.2	0.4
	地方	43.2	36.1	15.4	4.3	1.1
	民办	36.7	33.7	16.3	7.1	6.1
学校所在地区	东北	59.0	30.8	7.4	2.2	0.6
	华东	47.6	34.2	12.8	4.7	0.8
	华南	32.2	31.3	27.5	6.2	2.8
	华中	40.7	33.8	18.5	5.8	1.1
	华北	46.9	42.2	7.0	2.7	1.2
	西部十省	41.4	40.6	10.5	6.0	1.5

2.6　科研能力提升的途径

在工科教师"您最希望从哪些途径来提升自己的科研能力"以及行政人员"您认为可以从哪些方面提升贵校工科教师的科研能力"的调查中，详见表 2.7，对于工科教师科研能力提升的途径，工科教师和行政人员的认识差距较大。

在选择"工科教师培训"的人数比例上，工科教师和行政人员分别将其列为第五位和第三位，且行政人员选择人数比例远高于工科教师，其差值高达 19.6%，这似乎说明了当前工科教师培训对工科教师科研能力提升的促进作用不大，培训效果不佳。

表 2.7　工科教师和行政人员关于科研能力提升途径的选择情况（%）

选项	教师卷		行政卷	
	占比	排序	占比	排序
工科教师培训	37.0	5	56.6	3
工程实践活动	49.7	1	—	—
提高教学能力	40.1	2	47.2	4
与企业合作	39.4	4	64.3	2
发表高水平论文	40.1	2	31.5	6
申请高级别项目	34.3	6	33.9	5
国际交流合作项目	29.6	7	65.8	1
其他	4.3	8	5.5	7

工科教师认为工程实践活动对自身科研能力提升帮助作用最大，将其列为第一，这可能与当前科研范式转型、大学研究机构角色、企业与大学科研契约关系、大学科研成果传播方式、大学科研评价方式转型有关，即工科教师科研能力提升需要面向工程实践、面向行业企业、面向社会经济发展主战场。有 64.3% 的行政人员选择了"与企业合作"，选择人数比例排在所有途径中第二位，也体现了行政人员对于工程实践活动的高度认可。

通过与 1.6 节中工科教师和行政人员有关教学能力提升途径看法的回答情况对比可以发现，虽然工科教师仍高度认可教学能力对科研能力提升的促进作用，且将其列为第二位，但是从选择人数比例上看，相对于教学促进科研，工科教师和行政人员都更加认可科研对教学的促进作用，尤其是行政人员，其不仅选择通过提升教学能力来提升科研能力的人数比例低于选择通过提升科研能力来提升教学能力的人数比例，还把"提高教学能力"排在第四。

比较分析选择"发表高水平论文""申请高级别项目""国际交流合作项目"三个选项工科教师和行政人员的选择人数比例，可以发现以下两个现象：

一是无论是工科教师还是行政人员，均有超过 30% 的人选择"发表高水平论文""申请高级别项目"这两个选项来提升工科教师的科研能力。但我们认为论文和项目只是工科教师科研能力的体现，尽管在撰写论文或申请项目的过程中，能帮助工科教师了解学科领域发展前沿和趋势、锻炼其思维和表达能力以及知识综合应用能力等，但若是过分强调论文和项目对科研能力的提升，有可能强化"唯论文、唯项目"的考核评价之风，忽视对工科教师科研能力的过程性评价与专业发展。

二是工科教师和行政人员对于国际交流活动对科研能力提升促进作用的认识存在极大差异，工科教师仅将其列为第七，而行政人员却将其列为第一，让人不禁对国际交流活动的效益打上一个大大的问号，突出体现了加强国际交流活动的针对性、实效性的紧迫性。

将表 2.7 与表 1.6 进行比较，无论从选择人数比例还是排序来看，工科教师和行政人员均认为工科教师培训对教学能力提升的帮助大于对科研能力提升的帮助，但是工科教师认为工程实践活动对科研能力提升的促进作用大于对教学能力的促进作用。关于国际交流对教学能力和科研能力提升的促进方面，工科教师更认可国际交流对教学能力提升的促进作用，但是行政人员更加认可国际交流对科研能力提升的促进作用。

将工科教师卷中排名前五的选项与工科教师的性别、年龄段、最高学位、职称、学校类型、学校所在地区进行交叉分析，详见表 2.8，结果表明：

（1）从性别看。

不同于总体工科教师排序将"工科教师培训"列为第五，女性工科教师把"工科教师培训"与"提高教学能力"并列排在第二位。

除了工科教师培训，在其他 4 项科研能力提升途径方面，男性工科教师选择人数比例均高于女性工科教师，表现了男性工科教师对这些途径的认可度更高。其中在"与企业合作"选项上，男女工科教师选择人数比例差值最大，这可能与女性相对于男性在工程场域中活动内容单一、重复，因而收获较少有关。

（2）从年龄段看。

三种年龄段的工科教师对 5 种途径的认可度排序均与总体排序存在较大差距，体现了不同途径对科研能力提升的促进作用受到工科教师年龄因素的影响较大。

无论是与总体还是与年龄≤35 岁的工科教师相比，年龄＞35 岁的工科教师均将"提高教学能力"列在了第五，且平均只有 26.5％的人数选择比例，即年龄越大、教学能力越强的工科教师对于"以教促科"的认可度越低，这一现状说明了加强工科教师认识、提高"以教促科"的支撑环境的重要性。

36～45岁工科教师认为发表高水平论文能够对科研能力提升有帮助的人数比例为所有年龄段最高，而年龄≥46岁的工科教师为最低，体现了随着工科教师职业发展逐步稳定成熟，开始意识到科研能力的持续提升不能仅依靠论文的发表。

随着年龄增长，工科教师对企业合作的认可度增加，但对工科教师培训的认可度降低。这一方面与年龄≤35岁工科教师刚入职，面临的校内教学科研任务较多、压力较大有关，其难以有足够的时间精力参与企业合作，且容易在校企合作中流于形式；另一方面，由于其科研经历较年龄＞35岁的工科教师少，因而基础性的工科教师培训对其科研能力提升的帮助自然会更大。

（3）从最高学位看。

博士和学士学位的工科教师对5种途径的排序不同于总体排序，如博士学位工科教师中选择"提高教学能力"的人数比例为所有途径中最低，仅为30.1％，且位于所有类别工科教师最低；学士学位工科教师则将"提高教学能力"排在第二，且将"工科教师培训"排在第三，其人数比例的数值比排名最后的博士学位工科教师多了近15个百分点，而将"发表高水平论文"列为最后，这些均体现了工科教师学位特征将影响同一途径对工科教师科研能力提升的促进作用。

另外，随着工科教师最高学位的提升，其对"提高教学能力"和"工科教师培训"认可度越低，而对"发表高水平论文"和"与企业合作"认可度越高。

（4）从职称看。

正高和副高职称工科教师均将"工程实践活动"和"与企业合作"分别列为第一、二位，明显区别于中、初级职称的工科教师。这既体现了当前工程素质提升、工程实践经历的丰富对工科教师科研能力具有较大作用，也表明了只有当工科教师具备较强的科研能力、工程实践经验时，这种促进作用才能得到充分发挥。

不过，从数值上看，中、初级职称工科教师选择"工程实践活动"的人数比例均高于高级职称工科教师，但他们选择"与企业合作"的人数比例又均低于高级职称工科教师，表明了中、初级职称工科教师也认可通过工程实践活动同样能够提升自己的科研能力，但不认可与企业合作。之所以出现这个现象，可能是因为他们参与校企合作机会不够多，对该项活动对科研能力提升的促进作用了解程度不够，也可能是他们去合作企业从事的工作与科研能力提升的关系不大，因此需要有针对性地了解他们的真实原因，真正解决他们的问题，既可以提升其工程实践能力，也有助于其科研能力的提升。

同特征下，初级职称工科教师选择"发表高水平论文"的人数比例最低，而选择"工科教师培训"的人数比例最高，说明了应该给予初级职称工科教师专业发展、继续教育等机会，不能一味要求其发表高水平论文而忽视对其的"育"。

从职称上看，相对于高级职称工科教师，中、初级职称工科教师对教学能力可以提升科研能力的促进作用认可度更高，即最高的初级职称工科教师选择"提高教学能力"的人数比例比最低的副高级职称工科教师多了10.4 个百分点，差距不可谓不大。

(5) 从学校类型看。

无论是与总体排序比较还是同特征下人数比例比较，教育部直属高校的工科教师最重视工程实践活动对科研能力的提升，其选择"工程实践活动"的人数比例不仅位于该学校类型选择的 5 个途径之首，也比其他三类学校的都高；同时，他们选择"发表高水平论文""与企业合作"以及"工科教师培训"等 3 种途径均为同特征下最高。

地方高校工科教师对工程实践活动的重视程度只比教育部直属高校的少了 0.4 个百分点而排名第二，但他们对培训的认可度却为同特征下最低，比教育部直属高校工科教师少了 12.8 个百分点，也是他们这五种途径中人数比例最少的，充分说明地方高校工科教师对通过工科教师培训来提升科研能力的不认可。

虽然在选择"工程实践活动"的人数比例上，其他部委所属高校工科教师不是最高，但是其将"与企业合作"列为所有途径中第二，体现了具有行业办学性质的其他部委所属高校由于与企业联系、合作较多，其工科教师科研能力可能通过这些途径得到了较大提升。

民办高校的工科教师则更加重视通过教学来促进科研能力的提升，其人数比例以 56.1% 而高居学校类型 20 个数据的第一，但他们选择"发表高水平论文"和"与企业合作"的人数比例均为最少,也是这20个数据中唯一低于三成的;同时,他们选择"工程实践活动"的人数比例也是同特征下最少,足见民办高校工科教师对教学促进科研的认可,以及对校企合作、工程实践和发表高水平论文来提升科研能力的不认可。如果说科研能力提升和发表高水平论文之间更多是因与果的关系,那么民办高校工科教师对发表高水平论文的低认可度是合理的,但他们对校企合作的低认可度背后的原因,是因为工科教师思想、认识方面的问题,还是由于校企合作多为低水平、高重复、单调性的合作,还需要进一步了解以解决此问题。

(6)从学校所在地区看。

比较同特征下选择每一途径的人数比例,华北地区工科教师认为工程实践活动能提升科研能力的人数比例最高,西部十省的则为最低;华东地区工科教师对提高教学能力的认可度最高,而华北地区的为最低;西部十省工科教师更认可通过发表高水平论文能提升科研能力,华南地区工科教师则对其认同度最低;与工程实践活动一样,华北地区工科教师认为校企合作能提升科研能力的人数比例最高;东北地区工科教师对于工科教师培训的认可度最高,而华北地区的最低。

虽然华南地区工科教师选择"工程实践活动"的人数比例不是最低,但华南地区工科教师选择"与企业合作"的人数比例却最低,表明了当前华南地区工科教师参与的校企合作存在实效性不高的问题,导致企业工程实践活动未能充分发挥其作用。

综上不难看出,不同地区不同类型高校数量不同以及工科教师队伍结构不同,导致了不同地区工科教师对不同途径的认可度表现出较大差异。

表 2.8 工科教师对科研能力提升途径的选择
在各类别的差异分析(%)

特征	类别	工程实践活动	提高教学能力	发表高水平论文	与企业合作	工科教师培训
性别	男	50.4	40.5	41.2	40.9	35.6
	女	48.3	39.4	38.1	36.8	39.4
年龄段	≤35	49.7	47.0	39.1	35.2	40.2
	36~45	49.8	30.0	45.4	46.3	30.5
	≥46	49.1	23.0	31.7	47.8	33.5

续表

特征	类别	工程实践活动	提高教学能力	发表高水平论文	与企业合作	工科教师培训
最高学位	博士	49.6	30.1	46.1	44.6	33.4
	硕士	47.5	44.4	38.5	36.2	35.0
	学士	54.0	52.5	30.6	34.7	48.1
职称	正高	48.6	38.5	34.5	44.2	41.4
	副高	48.4	36.2	42.8	43.7	31.2
	中级	50.9	44.2	41.8	34.2	38.6
	初级	53.4	46.6	28.8	28.8	52.5
学校类型	教育部直属	51.3	42.1	42.1	41.4	44.6
	其他部委所属	47.9	34.5	39.8	40.9	32.3
	地方	50.9	40.6	40.2	38.0	31.8
	民办	43.9	56.1	29.6	25.5	40.8
学校所在地区	东北	52.2	40.4	37.5	38.5	42.9
	华东	47.2	46.0	39.9	36.8	40.7
	华南	48.8	38.9	37.0	35.1	32.2
	华中	50.9	45.5	38.2	38.9	35.6
	华北	53.9	27.9	44.2	47.7	28.7
	西部十省	43.6	32.3	48.1	42.9	35.3

2.7　发明专利对教学、科研能力的影响

随着高校成为我国产学研技术创新体系的重要一环，高校的科技创新工作快速发展，其中发明专利作为技术创新的主要表现形式之一，高校申报发明专利的数量势必会逐年增长，这将导致发明专利申报成为工科教师工作中不可缺少的一部分，越来越多的工科教师将会涉及发明专利申报活动。一方面，这将改善当前工科教师发明专利申报积极性低的现状，增强工科教师技术创新能力，更好地服务于社会经济的发展；另一方面，在大学办学应当回到"以教师为中心"、以教师为主轴的时代，有必要将发明专利管理、研究工作的重心转移到工科教师能力发展、专业发展上来，这既是专利数量和质量提升的根本保障，也是新时代教师队伍建设的题中之义。

为此，秉承以工科教师能力发展为中心的思想，我们需要探讨以下三个问题：一是既然大学教师从事教学和科研活动的时间占其工作时间的比

例约为 80％，那么发明专利数量对工科教师教学能力和科研能力具有什么影响？二是发明专利数量对不同年龄、不同职称、不同学校类型工科教师能力影响有何不同？三是发明专利数量对工科教师能力的影响，其实质是工科教师投入了精力至发明专利活动中，即使发明专利数量和工科教师教学、科研能力均为正相关关系，但由于精力稀缺性以及可能存在的边际效用递减效应，工科教师若能在边际效用为零时，及时"止损"而将精力投入其他创新活动，显然对其能力发展更有帮助，但工科教师投入多少精力或获权多少专利时，边际效用为零？

因此，我们从工科教师获权国家发明专利数量的视角出发，探讨发明专利申报活动对不同类型、不同年龄、不同职称工科教师教学能力、科研能力的影响，使得工科教师清楚大致应投入多少精力至发明专利申报活动，从而在尽可能获权更多发明专利的同时，又不会对其教学、科研能力产生负影响。

我们以工科教师在"您觉得自己目前的教学能力还有待提升""您觉得自己目前的科研能力还有待提升"两道题上的选择情况作为其教学能力、科研能力强弱的判断依据。如工科教师在任一题选择"非常同意"，计为 1 分，即视为其对应能力非常弱。根据工科教师在题"近 5 年来，您获权国家发明专利的数量"的选择情况判断其发明专利数量多少，并以该数量作为衡量投入发明专利申报活动精力多少的标准，把大多数工科教师获权 1 项发明专利所需的精力简称为 1 精力，同理，获权 2 项发明专利所需精力为 2 精力。

我们采用渐次递增分组进行独立样本 T 检验的方式，以了解应该投入多少精力至发明专利申报活动，从而使工科教师在尽可能获权更多发明专利的同时，又能相对于投入精力较少的工科教师，其教学、科研能力不会受到负影响。如，以发明授权专利数量为分组变量，"1"组中没有发明专利获权，即投入 0 精力的工科教师为"少组"，有发明专利获权，即投入 ≥ 1 精力的工科教师为"多组"，比较"少组"和"多组"在教学、科研能力强弱题项上的均值，若"多组"工科教师均值大于"少组"，表明较投入更少精力的工科教师，发明专利申报活动对投入 ≥ 1 精力的工科教师教学或科研能力提升帮助更大；"2"组中投入 < 2 精力的工科教师分为"少组"，投入 ≥ 2 精力的工科教师为"多组"，比较两组工科教师在教学、科研能力强弱题项上的均值，若"少组"工科教师均值低于"多组"，表明

应该鼓励工科教师投入≥2 精力至发明专利申报活动，若"1"组中"多组"工科教师教学或科研能力均值高于"少组"，而"2"组中"多组"工科教师教学或科研能力均值低于"少组"，则表明工科教师投入发明专利申报活动的精力应<2，依次类推进行 T 检验。

(1) 投入发明专利申报活动精力与教学、科研能力的关系。

如图 2.5 所示，横坐标表示不同分组情况，纵坐标为同一分组情况下，获权发明专利数量较多的工科教师（多组）在教学、科研能力题目得分均值与"少组"工科教师得分均值的差值。由于工科教师精力的总数是一定的，当纵坐标为正数时，说明工科教师将部分精力投入发明专利申报活动的产出高于将同样精力投入其他活动中，即发明专利申报活动对工科教师能力提升具有促进作用，换言之，工科教师在提升能力（速度为正）的过程中，从事一定程度的发明专利申报活动，会促进（加速度为正）其能力提升，使其能力提升趋势呈现"加速度大于 0 的加速运动"的状态，此时应鼓励工科教师投入更多精力至发明专利申报活动；纵坐标的大小可视作加速度的大小，纵坐标的正负为加速度的方向，即当纵坐标为负数时，此时相对于投入精力较少的工科教师，由于"多组"工科教师投入了更多精力至发明专利申报活动，因而其能力提升开始做"减速运动"；纵坐标为 0 时，加速度为 0，此时工科教师能力提升速度达到最大，也就是说此时发明专利申报活动对工科教师能力提升促进作用开始消失（下同）。

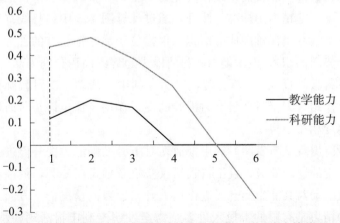

图 2.5　投入发明专利申报活动精力与教学、科研能力的关系

在教学能力方面，"4"及以后的分组中，"多组"和"少组"工科教师的教学能力并无显著差异。这表明当工科教师投入发明专利申报活动的精力≥4时，继续参与发明专利申报活动，对其教学能力的提升不再具有促进作用，即工科教师投入4精力时，发明专利申报活动对其教学能力提升的促进作用消失。通过比较各分组中"多组"和"少组"的工科教师在能力得分均值的差值可知，"2"组的差异最大，该峰值体现了从投入0精力到投入2精力，是投入精力至发明专利申报活动对工科教师教学能力提升促进作用递增的阶段。换言之，当工科教师已投入2精力时，虽然继续投入精力至发明专利申报活动的产出仍高于将同样精力投入其他活动中，但相对于精力投入较少的工科教师，该促进作用呈现递减的趋势。无论工科教师投入多少精力，由于"多组"工科教师教学能力得分均值未显著低于"少组"，所以发明专利申报活动对工科教师教学能力的提升不会产生负影响。

不同于教学能力，在科研能力方面，"6"组中"多组"工科教师的科研能力显著低于"少组"工科教师。这表明当工科教师投入发明专利申报活动的精力>5时，继续参与发明专利申报活动，对其科研能力的提升具有负作用。工科教师投入5精力时，发明专利申报活动对其科研能力提升的促进作用消失。同样，"2"组达到峰值，即投入0精力到投入2精力是投入精力至发明专利申报活动对工科教师科研能力提升促进作用递增阶段。因此，虽然发明专利申报活动对工科教师教学能力提升并无负影响，但如果工科教师发展目的是以科研能力为主，其投入专利申报活动的精力应该以不多于5精力为标准。此外，通过计算图2.5中趋势线（黑色和灰色线）与虚线和坐标轴围成的面积（仅指位于横坐标上方的部分，本节以下简称趋势图面积），教学能力、科研能力趋势图面积分别为0.43、1.35，表明当工科教师投入<5精力时，发明专利申报活动对工科教师科研能力提升促进作用远大于对教学能力提升的促进作用，这也许是科研能力和发明专利高度相关所致。

之所以出现从事发明专利申报活动对工科教师能力提升促进作用呈现出边际效用的递减效应，且工科教师仅获权2项发明专利，继续从事发明专利申报活动对其能力提升促进作用就开始递减的情况，一方面是因为工科教师的精力是有限的，投入过多精力至发明专利申报活动，长此以往，难免会影响其教学、科研能力提升；另一方面是由于部分工科教师在从事专利活动的过程中"为专利而专利"、急功近利，没有真正把握技术的发展方向和行业发展趋势，也就难以将专利申报活动的收获与自身教学、科研活动紧密联系起来，达到相辅相成的效果。同时，在鼓励大学进行知识转移、"技术开发工作的需求给校园带来某种强有力的影响"背景下，因为许多工科教师为了迎合市场的需求，忽略了基础性研究，那些本来热衷于教学的工科教师也受驱使去从事应用研究，所以降低了对教学、科研能力提升的重视程度，自然也不利于发明专利申报活动和教学、科研能力提升之间的相互转化，使得该效应进一步扩大、加剧。

发明专利申报活动仅对工科教师科研能力提升具有负影响，一是由于工科教师从事教学活动的时长较为固定，使得他们从事专利申报活动往往压缩的是从事科研活动的时间，因而对科研能力提升的影响更大。二是在以自我评估的方式判断教师教学、科研能力强弱的前提下，教师对教学、科研能力的不同认知同样会影响分析结果。由于工程学科强调的是技术、应用层面，获权较多发明专利的工科教师往往更了解学科领域内特定技术发展脉络以及该技术在工程问题解决中的应用情况，所以在面向科技创新、面向行业产业育人的过程中，获权发明专利越多的教师，越易认为自身教学能力越强；同理，由于教师学术身份的传统内涵更多指向知识的发现，求"真"而非求"用"，而传统学术身份内涵又仍然深刻地影响着教师的学术研究，教师对应用的学术关注较少，易使得教师更倾向于用论文、项目来衡量科研能力，所以获权发明专利更多的工科教师并不一定比获权发明专利更少的工科教师更认可自己的科研能力。

（2）年龄视角下投入发明专利申报活动精力与教学、科研能力关系。

在教学能力方面，如图 2.6 所示，年龄≤35 岁工科教师样本中，工科教师投入≥4 精力后，"多组"和"少组"工科教师的教学能力并无显著差异，即发明专利申报活动对教学能力提升促进作用消失；峰值出现在"2"组。36～45 岁工科教师趋势图呈现以"2"组为轴的"金字塔"形，当且仅当工科教师投入 2 精力时，发明专利申报活动对其教学能力提升才具有促进作用。

值得注意的是，从事发明专利申报活动对年龄≥46 岁工科教师教学能力提升不会造成任何影响。比较各年龄段趋势图面积，年龄≤35 岁的最大，为 0.425，年龄≥46 岁的最小，为 0，年龄在 36～45 岁的为 0.16，据此可以认为，当工科教师投入精力<3 时，年龄越小，发明专利申报活动对工科教师教学能力提升促进作用越大，当工科教师投入精力为 [3，4)

时，发明专利申报活动只对年龄≤35岁工科教师教学能力提升具有促进作用。

在科研能力方面，对年龄≤35岁工科教师，"5""6"组中，"多组"和"少组"工科教师的科研能力无显著差异，即当工科教师投入的精力≥5时，发明专利申报活动对其科研能力提升不再有促进作用；当投入精力为0～2时，随着投入发明专利申报活动精力增加，工科教师科研能力加速提升。相对于年龄≤35岁工科教师，不仅36～45岁的趋势图面积要少0.495，为1.13，而且当工科教师投入精力>5后，发明专利申报活动对其科研能力提升不仅不再具有促进作用，还有负影响，峰值仍然出现在"2"组。年龄≥46岁工科教师中，峰值出现在"3"组，当工科教师投入精力>4时，从事发明专利申报活动对其科研能力提升就会产生负影响，且趋势图面积最小，为0.77。

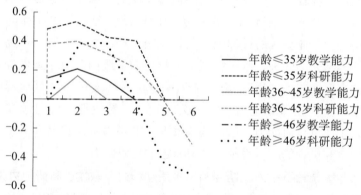

图2.6 年龄视角下投入发明专利申报活动精力与教学、科研能力关系

比较各年龄段趋势图面积，当工科教师投入≤5精力时，年龄越小，发明专利申报活动对工科教师科研能力提升促进作用越大，这与对教学能力提升发挥促进作用的规律一致；而对于年龄≥46岁的工科教师，只有投入≤4精力时，发明专利申报活动对其科研能力提升才具有促进作用。因此，在不影响科研能力提升的前提下，年龄在36～45岁、年龄≥46岁的工科教师投入发明专利申报活动的精力应分别以不多于5精力和4精力为标准。

年龄越小，从事发明专利申报活动对工科教师教学、科研能力提升促进作用越大，其原因可能有：

一是 2017 年国务院发布了《关于深化产教融合的若干意见》，教育链、产业链、人才链、创新链有机衔接的观念得以深化，相对于年龄较大的工科教师对教学能力有着属于自己的更深理解，也更易维持传统的价值理性学术身份，年轻工科教师更倾向于将发明授权专利数量等工具理性作为教学、科研能力"加分项"。

二是年龄≤35 岁工科教师遵循着"从学校到学校"的发展模式，相比年龄较大的工科教师，其对工程实践、技术创新及实际问题解决的经验更为缺乏，年轻工科教师可通过申请发明专利，快速弥补自身对技术发展及实际运用的不足。当工程教育活动中更加关注传授、应用工程技术创新解决工程实践问题时，年轻工科教师在教学、科研活动中一旦得以运用申请发明专利相关经验、知识，更易产生对自我教学、科研能力的自我满足。

三是当教学、科研能力较弱时，只需从事教学、科研相关活动，工科教师教学、科研能力便能得到提升，但当教学、科研能力已经达到一定程度之后，只有真正实践于教学、科研活动、在行动中静心反思，才能突破瓶颈，而年龄较大的工科教师教学、科研能力往往更强，这也说明了通过从事发明专利申报、学术创业等活动，对工科教师能力持续发展的促进作用是有局限性的。

(3) 职称视角下投入发明专利申报活动精力与教学、科研能力关系。

在教学能力方面，如图 2.7 所示，当且仅当正高职称工科教师投入 2 精力时，发明专利申报活动对其教学能力提升才具有促进作用。当副高职称工科教师投入 2 精力时，发明专利申报活动对其教学能力提升促进作用达到最大，随着投入精力增加，促进作用不断下降，直至投入 4 精力时，促进作用消失。而对于非高级职称工科教师，当且仅当投入 3 精力时，发明专利申报活动对其教学能力提升才具有促进作用。通过比较三种职称的趋势图面积（职称从高到低分别为 0.33、0.36、0.2）可以发现，当工科教师投入精力<4 时，发明专利申报活动对高级职称工科教师教学能力提升促进作用更大。

在科研能力方面，当正高职称工科教师投入不大于 2 精力时，发明专利申报活动对其科研能力提升促进作用达到最大，随着投入精力增加，促进作用不断下降，直至投入 4 精力时，促进作用消失；一旦投入精力>5，发明专利申报活动对其科研能力提升造成负影响。当副高职称工科教师投入不大于 2 精力时，发明专利申报活动对其科研能力提升促进作用同样达到最大，

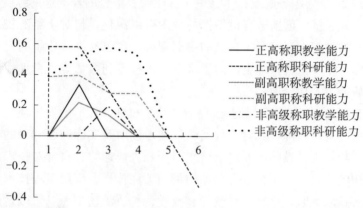

图 2.7　职称视角下投入发明专利申报活动精力与教学、科研能力关系

投入 3 精力和 4 精力时，该促进作用不变但低于投入 2 精力时的促进作用；当投入精力≥5 时，发明专利申报活动对其科研能力提升促进作用消失。当非高级职称工科教师投入 3 精力时，发明专利申报活动对其科研能力提升促进作用达到最大，随着投入精力增加，促进作用不断下降，直至投入 5 精力时，促进作用消失。因为非高级职称工科教师趋势图面积为 1.84，而正高职称、副高职称趋势图面积则分别为 1.17 和 1.155，远低于非高级职称，所以当工科教师投入精力＜5 时，发明专利申报活动对非高级职称工科教师科研能力提升促进作用更大。正高职称工科教师投入发明专利申报活动的精力应以≤5 精力为标准，才能使其科研能力提升不受负影响。

多数情况下，年龄较大的工科教师职称较高，但职称视角下发明专利申报活动对高级职称工科教师教学能力提升促进作用却更大，这与上述年龄视角下发明专利申报活动对年龄较小的工科教师教学能力提升促进作用更大的特点是不一样的。考虑到考核评价的"指挥棒"作用，说明了在发明专利申报活动对工科教师教学能力提升促进作用上，相对于年龄因素，工科教师职称因素对该促进作用的影响更大。同时也表明了制定科学合理的考核评价制度的重要性，以及进行分类考核评价的标准应是工科教师的职称、能力而非年龄、资历。

（4）学校类型视角下投入发明专利申报活动精力与教学、科研能力关系。

在教学能力方面，如图 2.8 所示，部属高校工科教师投入 2 精力时，发明专利申报活动对其教学能力提升促进作用达到最大，随着投入精力增加，促进作用不断下降，直至投入 4 精力时，促进作用消失。对于投入 2

精力的地方高校工科教师而言，发明专利申报活动对其教学能力提升促进作用小于投入 1 精力的工科教师，但投入 2～3 精力期间，该促进作用不断增大，并于投入 3 精力时达到峰值；随着投入的精力不断增加，发明专利申报活动对地方高校工科教师教学能力提升促进作用递减，直至投入 4 精力时，该促进作用消失。民办高校工科教师投入 4 精力时，发明专利申报活动对其教学能力提升促进作用达到最大，随后该促进作用不断递减，当工科教师投入 5 精力时，促进作用消失。对于趋势图面积，部属高校的最小，为 0.32，地方高校为 0.415，而民办高校最大，高达 2.28。因此，发明专利申报活动对部属高校工科教师教学能力提升促进作用最小、对民办高校工科教师教学能力提升促进作用最大、对地方高校工科教师教学能力提升促进作用居中。

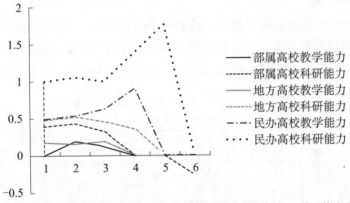

图 2.8　学校类型视角下投入发明专利申报活动精力与教学、科研能力关系

　　在科研能力方面，当部属高校工科教师投入 2 精力时，发明专利申报活动对其科研能力提升促进作用达到最大，随着投入精力增加，促进作用不断下降，直至投入 4 精力时，促进作用消失；一旦投入精力＞5，发明专利申报活动对其科研能力提升造成负影响。当地方高校工科教师投入 2 精力时，发明专利申报活动对其科研能力提升促进作用同样达到最大，当投入精力≥5 时，发明专利申报活动对其科研能力提升促进作用消失。在民办高校工科教师投入精力≤5 时，随着投入精力增加，促进作用不断上升，直至投入精力≥5 时，促进作用开始下降，并于投入 6 精力时促进作用消失。通过比较趋势图面积，当工科教师投入精力＜5 时，发明专利申报活动对民办高校工科教师科研能力提升促进作用更大、对部属高校工科教师

科研能力提升促进作用最小、对地方高校工科教师科研能力提升促进作用居中；当工科教师投入≥5 精力时，发明专利申报活动只对民办高校工科教师科研能力提升具有促进作用。部属高校工科教师投入发明专利申报活动的精力应以≤5 精力为标准，才能使其科研能力提升不受负影响。

由于大多数民办高校是非研究型学校，主要从事社会发展与科技应用等方面的研究、积极开展或参与技术服务及技能应用型改革与创新，发明专利申报活动更加贴合学校办学定位以及工科教师日常教学、科研活动需要，所以拥有更多发明授权专利的工科教师认为自己教学、科研能力更强，从事更多发明专利申报活动对其教学、科研能力提升促进作用更大，也就不会对工科教师教学、科研能力提升产生负影响。

（5）不同视角下投入发明专利申报活动精力对工科教师教学能力、科研能力的影响。

为进一步厘清发明专利申报活动对不同年龄段、不同职称、不同学校类型工科教师教学能力、科研能力的影响，我们汇总了不同视角下投入发明专利申报活动精力与工科教师教学、科研能力的关系，如表 2.9 所示。

表 2.9　　　不同视角下投入发明专利申报活动精力与教学、科研能力关系汇总

		教学能力			科研能力		
		促进作用最大	促进作用消失	抑制作用初显	促进作用最大	促进作用消失	抑制作用初显
全体		2	4	—	2	5	6
年龄段	≤35 岁	2	4	—	2	5	—
	36～45 岁	2	3	—	2	5	6
	≥46 岁	—	—	—	3	4	5
职称	正高	2	3	—	2	4	6
	副高	2	4	—	2	5	—
	非高级	3	4	—	3	5	—
学校类型	部属	2	4	—	2	4	6
	地方	3	4	—	2	5	—
	民办	4	5	—	5	6	—

从表 2.9 不难看出，发明专利申报活动对不同年龄、职称、学校类型工科教师教学能力、科研能力的影响是不一样的；且对全体工科教师而言，发明专利申报活动对教学、科研能力提升均存在既不促进也不抑制的

情况，但对科研能力提升有抑制作用。

　　为更好地理解表 2.9，现以 36～45 岁工科教师教学、科研能力提升为例。若因教学、科研工作过于忙碌，担心申报发明专利会占用太多时间而不知如何取舍，可投入 2 精力至发明专利申报活动，如此便能使发明专利申报活动对能力提升正效应得以最大化；若以教学能力提升为目的，由于工科教师投入 3 精力时申报发明专利对教学能力提升促进作用消失，所以工科教师投入的精力不宜大于 3；若以科研能力提升为目的，则工科教师投入的精力不应大于 5；而若在某个时期内工科教师以申报发明专利为工作重点，由于投入 6 精力时，申报发明专利对其科研能力提升会产生抑制作用，为不影响科研能力提升，所以其投入的精力应不超过 6。

第 3 章

工程实践能力现状与问题

　　社会服务是高校教师的另外一个核心任务，教师从事社会服务活动所需要的能力可被称为社会服务能力。对于工科教师而言，工程实践就是这个核心任务的重点。所以，我们认为可以用"工程实践能力"来代替"社会服务能力"，而工程实践能力是指工科教师能够通过一定的工程方法（知识、技术、工具等）将工程知识运用到设计、开发、运行、维护等工程实践环节，并能够分析、提出方案并解决工程实际问题的能力。工程实践是在真实工程环境中探索和解决问题，该能力是指向直接经验的获取的。

　　2010 年，为培养一大批工程素质高、创新能力强的卓越工程师，教育部颁布实施了"卓越工程师教育培养计划"（"卓越计划一期"）。2018 年，为加快工程教育强国建设，"卓越工程师教育培养计划 2.0"正式启动。"卓越计划一期"提出之初，由于工科教师缺少工程实践经历、工程实践能力较弱，在很大程度上制约了"卓越计划一期"的实施成效。为保障"卓越工程师教育培养计划 2.0"的顺利推进，其对工科教师的工程实践能力提出了明确要求：工科教师必须具有行业背景和实践经历。我国工程教育改革能否取得预期效果，迈向工程教育强国的步伐是否坚定有力，在很大程度上取决于工科教师工程实践能力的强弱。为此，本章将通过问卷调查法以及文献研究法探讨我国工科教师工程实践能力提升的现状及存在的问题，以期能促进我国高校工科教师工程实践能力的提高。

　　总体而言，我国研究工科教师工程实践能力的文献并不多。刘继荣等认为教师参加工程实践的时间不多，意识不够强，重理论而轻实践。"卓越计划一期"实施以来，林健是较早关注教师工程实践能力的学者之一，他认为须建设一支具有丰富工程实践经历的教师队伍，当前教师缺乏工程实践经历，工程实践能力不足，主张实施改革教师的评聘和考核制度等措施来改善教师工程实践能力不足的现状。胡纵宇等则认为学校应该建立工程实践能力培训体系和多元评价体系，改革教师职称评定体系，来提升教师工程实践能力。靳敏等为深入了解教师工程素质现状及存在的问题，对武汉理工大学的教师、管理人员等进行了问卷调查，认为学校教师的工程实践经历普遍较短，且较缺乏参与重大工程设计与研究经历。胡欣等通过对 2009—2012 年来自 52 所不同地区和类型的高校的实证数据的统计，对教师的工程实践水平进行了研究，认为高校需要采取措施来改变教师缺乏工程实践经历、工程实践能力不足的现状。有鉴于此，本次调查将以主持工程型或应用型课题数量、参与工程生命周期各阶段的频率等为主要维度。

3.1　主持工程型或应用型课题数量

我们从主持工程型或应用型课题数量的角度来考察工科教师工程项目管理能力。在工科教师"近 5 年来，您主持工程型或应用型科研课题研究的数量"的调查中发现，由于高校长期以来更重视纵向项目，近 5 年来 20.6% 的工科教师没有主持过工程型项目，仅主持过 1~2 项的也高达 36.4%。不过，让人欣慰的是，还是有 6.3% 的工科教师主持过 7 项以上的项目。

为了进一步了解具体情况，我们将"没有""1~2 项""3~4 项""5~6 项""7 项及以上"依次归为工程项目管理能力很弱、较弱、一般、较强、很强，通过交叉分析，如表 3.1，结果表明：

从性别来看，男性工科教师的工程项目管理能力明显强于女性，"很弱"和"较弱"的总占比为 51.7%，比女性低了 14.6 个百分点，而且"很强"的男性工科教师比女性工科教师多了一倍多。

从年龄段来看，年龄 ≥46 岁的工科教师工程项目管理能力明显强于另外两个年龄段的工科教师，"很强"的人数比例（13.7%）比另外两个年龄段工科教师的人数比例之和还多了 2.5 个百分点，"较强"的人数比例也比另外两个年龄段的人数比例多，这是工科教师前期积累的科研与实践经验的体现，也较好地印证了"反哺教学阶段"的结论。

从职称来看，高级职称工科教师工程项目管理能力明显强于中级和初级职称工科教师，而正高职称工科教师工程项目管理能力很强的人数比例更是"一花独放"，占比高达 11.5%，是中级职称的近 3 倍，也是"很强"

中唯一一个达到两位数的，比中级和初级职称工科教师人数比例之和还多了2.3个百分点。

从最高学位看，值得注意的是，博士毕业生往往直接到高校担任工科教师等各种原因，导致其缺乏工程实践和工程师背景，这可能是他们工程项目管理能力弱于硕士学位工科教师的原因，不过也不排除是他们把精力投入纵向项目申报、发表高水平论文中较多，而投入工程项目管理较少的原因，毕竟二者选"很强"和"较强"之和的差值只有5%。

从学校类型看，选择"很强"的工科教师在四类高校中占比差不多，但教育部直属高校选择"很弱"和"较弱"的工科教师占比之和最大，高达61.2%，这可能与教育部直属高校的教师更重视纵向项目有关；而其他部委所属高校工科教师尽管选"很弱"和"较弱"的占比之和最小，但也超过了半数，说明各类型高校工科教师的工程项目管理能力仍需提高。

从学校所在地区看，选择"很强"的工科教师分布在华南地区的人数比例最高，其占比达9.0%，且他们选"很弱"的人数比例也仅13.3%，为同特征下最低，说明华南地区高校工科教师该能力相对最强；而东北地区和西部十省选择"很弱"和"较弱"的占比分别高达66.3%和67.7%，为同特征下最高，且他们选"很强"的人数比例也只有5.5%和5.3%，分别为同特征下倒数第二、第三，意即这两个地区高校工科教师该能力相对最弱。这说明工科教师工程项目管理能力的地方差异性明显。

表 3.1　　工科教师工程项目管理能力在各类别的差异分析（%）

特征	类别	很弱	较弱	一般	较强	很强
性别	男	18.4	33.3	27.1	13.3	7.9
	女	24.4	41.9	18.0	12.2	3.5
年龄段	≤35	19.8	37.0	24.8	13.1	5.3
	36~45	22.4	37.1	22.6	12.1	5.9
	≥46	20.5	31.1	21.1	13.7	13.7
最高学位	博士	23.0	34.7	24.1	11.4	6.7
	硕士	16.1	35.3	25.5	16.3	6.8
	学士	24.0	42.1	19.9	9.5	4.5
职称	正高	17.3	30.9	26.6	13.7	11.5
	副高	13.9	35.6	27.4	16.7	6.3
	中级	28.3	38.2	20.6	8.8	4.1
	初级	28.8	44.9	11.9	9.3	5.1

续表

特征	类别	很弱	较弱	一般	较强	很强
学校类型	教育部直属	22.5	38.7	22.1	10.4	6.3
	其他部委所属	19.1	34.7	26.2	13.6	6.4
	地方	20.7	35.3	23.5	15.0	5.6
	民办	16.3	37.8	22.4	14.3	6.3
学校所在地区	东北	36.2	30.1	18.3	9.9	5.5
	华东	15.6	39.5	26.3	13.6	5.0
	华南	13.3	32.7	30.3	14.7	9.0
	华中	18.2	33.8	24.7	15.6	7.7
	华北	17.4	40.7	23.3	12.0	6.6
	西部十省	24.8	42.9	16.5	10.5	5.3

3.2　参与工程生命周期各阶段的频率

工程的生命周期可以划分为构思、设计、实现、运行、回收（CDIOR）五个阶段。我们从工科教师参与工程生命周期各阶段的频率来考察教师工程研发设计能力和工程实际操作能力，在"近 5 年来，您所参与的工程产品研发中，您参与频率最高的阶段"的调查中，详见表 3.2，发现 53.2％的工科教师主要参与的是工程生命周期的上游环节，即工程研发设计阶段，这也与我国大多数工科教师的工程实践经验止步于实验室、模拟阶段的事实相符，且有 6.6％的工科教师从未参与过工程生命周期的任何阶段。

（1）工程研发设计能力。

由表 3.2 可知，从性别来看，比男性工科教师多了 1.3 倍的女性工科教师没有参与任何阶段，在参与工程研发设计阶段的人数比例上，男性也比女性高了 4.8 个百分点，具有明显的性别差异。

从年龄段来看，年龄≤35 岁的工科教师参与率最高，而 46 岁及以上的工科教师参与率最低，其没有参加任何阶段的人数比例高达 10.6％，比最少的年龄≤35 岁的工科教师多了 1.3 倍，也许是近些年来校企合作不断深化，新入职的工科教师参与工程生命周期各阶段机会越来越多的结果；不过年龄≥46 岁的工科教师参与工程研发设计阶段的占比超过六成，比最少的年龄≤35 岁的工科教师多了近 10 个百分点，这似乎说明随着年龄增加，工科教师参与更多的是理论、设计、模拟等工作。

从最高学位看，硕士学位的工科教师受"从学校到学校"的培养模式影响较小，且自身具备一定的研发设计和实际操作能力，因此其参与率明显高于博士和学士学位的工科教师；而在工程研发设计阶段，博士学位工科教师则"一花独放"，选择人数占比近2/3，比最低的硕士学位工科教师多了22.8个百分点。

从职称看，职称越高，参与工程生命周期的人数比例也越高，这可能与国家强调增加实践教学的比例，高校考核评价制度开始注重工科教师参与社会服务的情况有关；而在工程研发设计阶段呈现出随着职称降低参与比例下降的态势，最高的正高职称工科教师人数比例近七成，比最低的初级职称多了23.4个百分点。

从学校类型看，其他部委所属高校工科教师参与率最高，地方高校工科教师则最低，二者的差值尽管不足4%，但未参与率的相对差距也达0.84倍；在工程研发设计阶段，教育部直属高校工科教师的参与率最高，其他部委所属高校工科教师次之，民办高校工科教师则垫底，其与最多的差距达0.9倍。

从学校所在地区看，华南地区的参与率最高，而西部十省的最低，其未参与率也是该特征下唯一一个两位数的，比华南地区多了8.1倍；在工程研发设计阶段，只有东北地区和华北地区的占比超过了六成，而华南地区和华中地区的则徘徊在四成左右，占比最低。

从工科教师队伍建设长远考虑，所有工科教师都应具备扎实的工程设计开发能力，但目前部分工科教师的研发设计参与频率偏低，如仅有33.6%的民办高校工科教师主要参与的是工程研发设计阶段，硕士、学士、初级职称、民办高校、华南和华中地区的工科教师，相对于其工程实际操作能力，其工程研发设计能力明显较弱。缺乏研发设计经验将导致解决复杂工程问题能力的不足。也正因为工程研发设计能力是工科教师专业发展的基础，所以从年龄段、最高学位、职称、学校类型上看，拥有更丰富科研经历的46岁以上、博士学位、高级职称的工科教师以及教育部直属高校的工科教师工程研发设计能力远强于其他工科教师。

（2）工程实际操作能力。

虽然参与工程实际操作阶段的工科教师人数比例达到了40%，说明8年来，"卓越计划一期"对学生的相关要求已为高校管理者、工科教师所接受并逐渐转化为对工科教师的要求，我国工科教师工程实际操作能力有了一定的提升，但参照心理治疗师界定来访者自我图式的方法，我们以单选题的形式，考察工科教师更认可自己的工程研发设计能力还是工程实际操作能力，结果 53.2% 的参与问卷调查的工科教师选择了工程研发设计能力，这比选工程实际操作能力的高了 13.2 个百分点，再一次印证了当前我国工科教师工程实际操作能力普遍缺乏的现状，而且相对于工程研发设计能力，工程实际操作能力表现得更弱。

具体地，从性别上看，男女工科教师的差异并不大，占比均仅 40% 左右，参与度并不高。

从年龄段上看，相对于其他年龄段的工科教师，35 岁及以下的工科教师工程实际操作能力最强，比最低的年龄≥46 岁的工科教师高了 15.6 个百分点，呈现出随着年龄增大，工程实际操作能力下降的态势。

从最高学位和职称看，博士学位和正高职称工科教师参加工程实际操作阶段的占比最低，仅介于 25% 到 29% 之间，均低于同特征下其他的工科教师，其与最大的差距依次为 0.89 倍和 0.59 倍，可能与他们受到"科学范式"的影响更大有关。

从学校类型看，与参与工程研发设计阶段的排序完全相反，民办高校工科教师参与率最高，而教育部直属高校工科教师则最低，二者的差距也高达 1.12 倍。

从学校所在地区看，西部十省未参与过任何阶段的工科教师比例高达 17.3%，而且未参与过任何阶段和参与工程研发设计阶段频率高的工科教师主要分布在东北、华北和西部十省地区，更加凸显了这三个地区的工科教师工程实际操作能力薄弱的问题，华南地区的工科教师参与率明显更高，工程实际操作能力也最强，地区性差异明显。

(3) 参与各阶段的差值。

工科教师只有参与完整的工程生命周期，才有利于提升其工程实践能力，才能清楚在生产制造过程中是否有设计不合理的地方，研发设计出的产品才能更符合市场需求。无论是在"卓越计划一期""卓越工程师教育培养计划 2.0"时代，还是在回归工程范式的阶段，都对工科教师的工程实践能力提出了明确的要求。

但在交叉分析"研发设计—实际操作"的 22 行数据中，其绝对值的均值为 18.02，标准差为 13.51；正值有 15 个，且极大值也发生在正值中，大于 25% 的达 7 个，甚至还有两个大于 40%，说明选择参与工程研发设计阶段的更多，更重视培养工程研发设计能力的工科教师占比更高。而数值为负的 7 个数据中，民办高校的绝对值最大，这与民办高校的办学定位——培养更多的技能型人才是相符的。

比较接近的数据（二者的差值小于 5%）有 4 个，依次为初级职称、地方高校、华东地区和学士学位，说明这 4 个特征的工科教师工程实践能力的培养更趋均衡。

以上数据和分析表明，当前工科教师参与工程研发设计和工程实际操作阶段频率分布极不均衡，工科教师工程实践能力提升的空间较大。

表 3.2　　　　工科教师工程研发设计能力和
工程实际操作能力在各类别的差异分析（%）

特征	类别	没有参与	研发设计	实际操作	研发设计—实际操作
	总体情况	6.6	53.2	40.0	13.2
性别	男	4.5	55.0	40.5	14.5
	女	10.4	50.2	39.4	10.8
年龄段	≤35	4.6	50.6	44.8	5.8
	36~45	9.9	57.0	33.1	23.9
	≥46	10.6	60.2	29.2	31.0
最高学位	博士	8.1	66.5	25.4	41.1
	硕士	4.2	43.7	52.1	−8.4
	学士	8.0	43.9	48.1	−4.2
职称	正高	2.9	68.4	28.7	39.7
	副高	5.5	52.8	41.7	11.1
	中级	9.1	48.2	42.7	5.5
	初级	9.3	45.0	45.7	−0.7
学校类型	教育部直属	7.3	63.8	28.9	34.9
	其他部委所属	4.5	53.4	42.1	11.3
	地方	8.3	44.0	47.7	−3.7
	民办	5.1	33.6	61.3	−27.7
学校所在地区	东北	8.0	66.7	25.3	41.4
	华东	3.8	50.0	46.2	3.8
	华南	1.9	42.2	55.9	−13.7
	华中	6.9	44.0	49.1	−5.1
	华北	8.1	60.8	31.1	29.7
	西部十省	17.3	55.6	27.1	28.5

3.3　工程实践能力的现状

在工科教师"您的工程实践能力已经满足贵校的要求"以及行政人员"您认为贵校工科教师的工程实践能力已经满足贵校的要求"的调查中，将选择"非常同意""同意""基本同意""不同意"和"非常不同意"分别认定为工程实践能力非常强、较强、一般、较弱和非常弱，结果详见表3.3。可以看到，有61.9%的工科教师认为其工程实践能力较强或非常强，但行政人员也这么认为的人数比例则比工科教师的低了13.9个百分点，仅48%。也就是说，工科教师和行政人员在这个问题上存在较大的认知分歧，工科教师更认可自己的工程实践能力满足了学校的要求。

这个现象的原因可能有三：一是较他人，工科教师虽然更清楚自己工程实践能力的强弱，但其更多地基于自我实践去判断其工程实践能力是否满足学校要求，而非从学校对教师队伍的具体要求角度客观评估自己的工程实践能力。

二是较工科教师，行政人员对学校的相关政策要求更加了解，行政人员看到的是工科教师表现出来的工程实践能力确实没满足学校的要求；另外，工科教师是从个人实践的角度出发认为自己工程实践能力已满足学校要求，但行政人员则更多地从组织实践的角度去思考问题，即整个工科教师群体的工程实践能力难以支撑卓越工程师的培养。

三是采用自我评估的方式，可能非熟练人员倾向于高估自己而熟练人员倾向于低估自己。因此，行政人员的回答可能更能反映教师队伍整体工程实践能力强弱情况，即可能有超过一半的工科教师工程实践能力仍需要进一步提升。当用主持工程型或应用型课题数量、参与工程生命周期各阶段频率、工程实践经历等来评判工科教师工程实践能力时，同样显示了当前工科教师工程实践能力较弱。

将该调查与工科教师的性别、年龄段、最高学位、职称、学校类型、学校所在地区进行交叉分析，结果表明：

从性别来看，由于男性工科教师主持的工程型或应用型课题更多、参与工程生命周期各阶段的频率更高，所以男性工科教师自我觉知的工程实践能力也就自然强于女性。

从年龄段上看，虽然年龄≥46岁工科教师项目管理能力明显强于其他两个年龄段工科教师，但年龄越大，其工程实践能力越弱。这既有可能是因为工科教师更认为参与工程生命周期各阶段的频率高低才更能体现工程实践能力的强弱，而不是主持工程型或应用型项目数量的多少，而正好年龄越大，其参与工程生命周期各阶段的频率越低；也可能是因为年龄≥46岁的工科教师更加倾向于低估自己。

从最高学位上看，硕士学位工科教师无论是在主持的工程型或应用型课题数量上，还是参与工程生命周期各阶段的频率上，都要优于博士和学士学位的工科教师。但学士学位工科教师认为自己工程实践能力满足学校要求的人数比例最高，硕士学位工科教师则最低，再次验证了前文所分析的，即工科教师在该题如何选择方面，或多或少存在着熟练人员低估自己而非熟练人员高估自己的倾向。

从职称上看，可能也存在邓宁-克鲁格效应，工程型或应用型课题主持数量和参与工程生命周期各阶段的频率均最少的初级职称工科教师，认为自己工程实践能力非常强与较强的人数比例仅次于正高职称工科教师而位列第二。但也许是正高职称工科教师在主持工程型或应用型课题数量和参与工程生命周期各阶段的频率均"一花独放"，因而其并未表现出低估自己的倾向，即有理由认为，当其能力的确远远高于同类"竞争者"时，其自信程度将大于谦虚程度。

从学校类型上看，教育部直属高校工科教师认为自己工程实践能力已经满足学校要求的人数比例最高，这既可能是由于教育部直属高校工科教师在主持工程型或应用型课题数量、参与工程生命周期各阶段的频率、对自我认知的情况与其他类型高校不同所致，也有可能是相对于其他类型高校，教育部直属高校对工科教师工程实践能力要求的落实情况并不那么好。

从学校所在地区上看，东北地区高校工科教师的工程实践能力非常强或较强的人数比例最高，其次是华东地区。西部十省高校工科教师的工程实践能力非常强或较强的人数比例最低，可能与他们没有参与工程生命周期任何阶段的人数比例最高、其主持工程型或应用型课题的人数比例最少有关。不过华南地区主持工程型或应用型课题的人数比例最高，且没有参与工程生命周期任何阶段的人数比例最少，但他们认为自己工程实践能力强的人数比例却以59.3%排名第三，只比排名垫底的西部十省多了6.7个百分点，但比排名第一的东北地区少了11.2个百分点，这究竟是产生了邓

宁-克鲁格效应还是华南地区高校对工科教师的工程实践能力要求确实高，
尚需进一步研究。

表 3.3　　　工科教师的工程实践能力在各类别的差异分析（%）

		非常强	较强	一般	较弱	非常弱
工科教师总体情况		30.0	31.9	25.0	8.3	2.0
行政人员总体情况		18.1	29.9	31.4	19.0	1.6
性别	男	31.5	32.6	24.1	7.7	2.0
	女	27.2	30.7	26.6	9.2	2.0
年龄段	≤35	33.4	31.8	23.5	7.1	2.1
	36～45	24.1	32.7	27.6	10.1	1.5
	≥46	23.6	30.4	27.3	10.6	3.1
最高学位	博士	30.0	31.6	24.1	9.3	1.7
	硕士	30.0	28.6	27.6	8.8	2.5
	学士	29.7	38.9	22.0	5.0	1.8
职称	正高	41.0	27.3	20.9	7.6	1.8
	副高	27.7	30.3	27.6	10.1	1.7
	中级	27.7	34.7	24.5	7.3	2.0
	初级	28.0	38.1	22.0	4.2	4.2
学校类型	教育部直属	38.0	30.5	19.8	7.2	1.0
	其他部委所属	28.7	29.8	29.1	7.0	2.5
	地方	22.4	35.0	29.1	9.4	2.1
	民办	24.5	36.7	15.3	16.3	5.1
学校所在地区	东北	36.2	34.3	18.9	5.4	1.6
	华东	35.6	30.4	23.3	7.3	1.6
	华南	28.0	31.3	28.0	10.0	2.4
	华中	23.3	32.0	30.5	10.2	2.2
	华北	27.5	29.8	28.7	7.8	1.6
	西部十省	15.8	36.8	22.6	12.8	4.5

3.4　希望的提升途径

（1）总体情况。

提升工程实践能力有多种途径，不同途径对于工程实践能力提升的作
用不一样，不同的工科教师对于提升自己工程实践能力的途径也有不同
需求。

从表3.4可知，总体而言，在工程文化培养、工程伦理培养、工程实践活动、校企合作、国际工程实践交流活动、定期到相关企业挂职、其他等七个途径中，工科教师和行政人员在重要性排序的认识上具有惊人的相似性，均是工程实践活动最高，其次是校企合作和工程文化培养，只有工程伦理培养和国际工程实践交流的顺序略有不同，定期到相关企业挂职和其他垫底。这说明大家认识的高度相同。因此，按照这种逻辑制定的相关政策将能发挥更大的作用。但在占比方面，除"其他"选项外的另外六个选项，行政人员的选择人数占比均高于工科教师，差距最大的甚至超过一半。此即说明，行政人员对工科教师工程实践能力提升途径的认识更加清晰和明确。

（2）交叉分析。

从性别看，相比较而言，男性工科教师更看重工程实践活动的作用，但他们的差距并不大，男性工科教师仅比女性工科教师多了2.9个百分点，且都排名各自的第一。另外，男性工科教师选"工程文化培养"和"工程伦理培养"的人数比例比女性工科教师多，而女性工科教师则在除"其他"外的另外3项上比男性工科教师多。

从年龄段看，相对于其他年龄段工科教师，年龄≤35岁的工科教师选择"工程文化培养""工程伦理培养"和"国际工程实践交流活动"的人数比例最高；36～45岁的工科教师更看重工程实践活动和校企合作对自己工程实践能力的提升，而且他们选择"定期到相关企业挂职"的人数比例也是相对于其他年龄段工科教师最高的；而年龄≥46岁的工科教师除"其他"排第一外，其余6项均排第二。

从最高学位看，学士学位的工科教师选择"工程文化培养"和"工程伦理培养"的人数比例较其他学位工科教师更高；硕士学位的工科教师选择"国际工程实践交流活动"和"定期到相关企业挂职"的人数比例为同特征下最高；而博士学位的工科教师更希望通过参与工程实践活动和校企合作来提升工程实践能力。

从职称看，正高职称的工科教师更看重工程实践活动、校企合作和工程文化培养，选择这3项的人数比例较其他职称工科教师更高；副高职称的工科教师选择"国际工程实践交流活动"和"定期到相关企业挂职"的人数比例则是同特征下最高的；中级职称的工科教师选择"工程伦理培养"的人数比例为同特征下最高；而初级职称的工科教师除"工程文化培养"和"国际工程实践交流活动"排名第二外，除"其他"外的其余 4 项均垫底。

从学校类型看，教育部直属高校的工科教师最希望通过工程实践活动来提升自己的工程实践能力，而且他们选择"工程文化培养"的人数比例也是相对于其他三类高校排名最高的，不过选择"国际工程实践交流活动"和"定期到相关企业挂职"的人数比例均为同特征下最低；其他部委所属高校的工科教师尽管选择"工程实践活动"是他们这 7 个选项中排名最高的，但这个数值却是同特征下排名垫底的，他们选择"校企合作"的人数比例尽管是这 7 个选项中排名第二的，但比其他三类学校都要高；地方高校的工科教师选择"工程伦理培养"的人数比例为同特征下最高；而民办高校的工科教师选择"国际工程实践交流活动"和"定期到相关企业挂职"的人数比例为同特征下最高。

从学校所在地区看，西部十省的工科教师最看重工程实践活动对自己能力的提升，而最不看好定期到相关企业挂职的作用；东北地区的工科教师选择"工程文化培养"的人数比例是所有地区中最高的；华南地区选择"工程伦理培养"和"国际工程实践交流活动"的人数比例是所有地区中最高的，尽管他们选择"工程实践活动"是该地区 7 个选项数值最大的，但这个数值却是所有地区中最小的；华中地区选择"定期到相关企业挂职"的人数比例是所有地区中最高的；华北地区选择"校企合作"的人数比例是所有地区中最高的；而所有选项华东地区均排名中间。

(3) 各途径的分析。

1）工程实践活动。

工程实践活动作为提高工科教师工程素养的主要载体，在七种提升工程实践能力途径中占比最高，达到了 56.5%。同样占比排序也出现在了行政人员的回答中，不过尽管都是第一，但行政人员的占比却高达 72.3%。这一方面说明了工科教师和行政人员都认为工程实践活动在工科教师工程实践能力提升上的决定性作用，但行政人员的认识更加到位。另一方面说明了应然状态和现实情况存在较大差异，需要进一步改进工程实践活动以促进工科教师工程实践能力提升。同样地，校企合作、工程文化和伦理培养、国际工程实践交流活动、定期到相关企业挂职都存在类似问题。

交叉分析显示，相对于其他两个年龄段，年龄≤35 岁工科教师选择"工程实践活动"的人数比例明显更低，仅 52%，依照前文分析，随着时间的推进，工程实践活动愈加不能满足工程实践能力提升的需要。

博士学位、正高职称、教育部直属高校的工科教师中，选择"工程实践活动"的人数比例均为同特征下最高。由于这三类工科教师多以从事教学、科研活动为主，所以这既可能是因为他们更多基于理论认识而认为工程实践活动应该是工程实践能力提升的主要途径，又可能是因为当前工程实践活动以研发设计活动为主，更符合他们科研能力强的特点。前文分析也发现这三类工科教师参与工程生命周期各阶段频率明显更低而工程研发设计能力却更强，即他们通过参与以研发设计为主的工程实践活动有效地提升了其工程研发设计能力，从而更加认可工程实践活动对工程实践能力提升的促进作用。

从学校所在地区看，西部十省、华北地区、东北地区工科教师选择"工程实践活动"的人数比例分列前三位，这三个地区工科教师选择"研发设计"的人数比例最高，且与选择"实际操作"的人数比例差值也大于其他三个地区，再次表明当前工程实践活动主要以研发设计活动为主，活动种类不够丰富，自然就难以满足工科教师工程实践能力进一步提升的需求。

2）校企合作。

校企合作作为工科教师和行政人员都认可的第二重要的途径在各类别上仍然具有一定的差异。选择"校企合作"的行政人员人数比例比工科教师高了15.2个百分点，既体现了行政人员尤其注重通过校企合作提升工科教师工程实践能力，也说明了校企合作在提升工科教师工程实践能力上的作用还未得到真正发挥，导致了工科教师对其认可度不如行政人员。

表3.5同样显示，相对于工科教师，更多的行政人员认为校企合作对于工程实践能力的提升具有促进作用。这再一次表明了校企合作实践中存在合作过程主动性不够、重合作形式轻合作意义等问题，不仅导致了工科教师工程实践能力提升不明显，而且反过来影响了工科教师对校企合作的积极认知，这一认知又将进一步导致工科教师在校企合作中的思想、情感和行为等。

与此同时，无论是工科教师还是行政人员，选择通过校企合作提升工程实践能力提升的人数均远低于认为校企合作有利于工程实践能力提升的人数，虽然校企合作仅仅是一种形式，且涉及教学、科研、工程实践乃至商业服务等各个方面，但也至少表明了目前部分工科教师和行政人员对企业是工程实践能力提升主要场所的认识还不够，这一点从表 3.5 中工科教师和行政人员选择"基本同意""不同意""非常不同意"的人数比例也可看出。

另外，经过交叉分析，从表 3.4 和表 3.5 可以看出，虽然更多的男性工科教师认为校企合作有利于工程实践能力的提升，但是相对于女性工科教师，在将校企合作作为提升工程实践能力途径的人数比例方面，男性工科教师却更少，这进一步表明了实然状态下的校企合作正向影响了远未达到应然状态下的校企合作效果。

从年龄段看，36～45 岁的工科教师选择"校企合作"的人数比例最高且认为校企合作有利于工程实践能力提升的人数比例也最高。

从最高学位看，硕士学位工科教师对校企合作提升工程实践能力的认识还不够，即硕士学位工科教师认为校企合作有利于工程实践能力提升的人数比例最低，其选择"非常同意"和"同意"的人数比例之和仅为 68.3%，这可能就导致了他们选择通过校企合作提升工程实践能力的人数比例也最低。

从职称看，有高达 51.1% 的正高职称工科教师非常同意校企合作有利于工程实践能力的提升，这一比例足以表明校企合作对于工程实践能力的提升理应具有极大的促进作用。

从学校类型看，教育部直属高校工科教师最为认同校企合作对于工科教师工程实践能力提升的积极作用，但是其选择以校企合作作为工程实践能力提升途径的人数比例却不是最高的，这可能与教育部直属高校工科教师校企合作多以教学科研为主，涉及工程实践的内容还不够丰富有关，即尽管认可校企合作对于工程实践能力提升具有帮助，但由于办学定位和合作方向、合作形式等原因，往往在实际的校企合作中很少涉及工程实践能力提升方面的内容，这也能在一定程度上解释其他特征类别工科教师为何在两道题上选择人数比例存在较大差异。

从学校所在地区看，选择通过校企合作提升工程实践能力人数比例最高的是华北地区，最低的是华南地区，东北地区工科教师最认可校企合作对工程实践能力提升的促进作用，华中地区工科教师则最不认可，但由前文所述，华南地区工科教师无论是主持的工程型或应用型课题数量还是参与工程生命周期各阶段的频率等均为同特征下最强，其选择通过校企合作来提升工程实践能力的低人数比例既反映了校企合作仅是工程实践能力提升的一种形式,工程实践能力的提升更应该落脚到实践活动,也说明了校企合作在提升工程实践能力上的作用未得到充分发挥。

综上,校企合作实际开展情况、对校企合作及其提升工程实践能力重要性的认识、办学定位等因素都会影响工科教师在这两道题的选择情况。

3)工程文化和伦理培养。

工程文化和伦理是工程素质的重要内容,是体现工程师软实力的一部分,也是工程师能走好自己的人生路、造福人类所必须具备的素养,虽不能直接形成工程实践能力,但对工程实践能力的长效提升有着重要作用,也会使工科教师、工程师的能力朝着正确的方向去应用。但很明显,工科教师对其重要性认识并不到位。虽然选择"工程文化培养"和"工程伦理培养"的人数比例并列第三,但从绝对值看,只有37.1%的工科教师认可工程文化和伦理培养对工程实践能力提升具有促进作用,表明工科教师对其重要性认识并不到位。比较而言,行政人员比工科教师的认识更到位,但仍然不够。在选择"工程伦理培养"的人数比例上,行政人员不仅比工科教师只多了6.4个百分点,而且较两者在"工程文化培养"上的人数比例差异,还低了12.6个百分点,说明工程伦理的重要性还没有被充分认识。

从年龄上看,年龄≤35岁的工科教师更加看重工程文化和工程伦理培养对自身工程实践能力提升的促进作用,表明随着工程环境的复杂化以及近年来宣传的增加,文化、伦理道德、社会环境等影响工程实践的认识已为更多的年轻工科教师接受。

相对于硕士和学士学位工科教师,博士学位工科教师对工程伦理培养认可度最低,对工程文化培养的认可度也不高,结合博士学位工科教师工程实践经历也最少的调查结果,可以认为,只有基于工程场景的文化和伦理培养,才能真正提升工科教师工程实践能力。

但工程实践经历较为丰富的民办高校和华南地区的工科教师,其选择"工程文化培养"和"工程伦理培养"的人数比例却在同特征中排名靠后,一方面体现了当前工科教师在参与工程实践时,还未能充分考虑工程和文化、伦理的关系;另一方面也表明通过工程文化和工程伦理培养来提升工科教师工程实践能力,既要让工科教师在书本上知道是什么,又要让他们在工程中知道为什么、怎么办。

4)国际工程实践交流活动。

只有35.1%的工科教师选择通过国际工程实践交流活动提升工程实践

能力，占比排序倒数第三。从"您觉得自己目前的国际化能力还有待提升"的回答情况来看，"非常不同意"和"不同意"自己国际化能力有待提升的工科教师人数比例仅 4.2%，此即说明无论是工程实践能力还是国际化能力，工科教师都需要进一步提升。

国际工程实践交流活动作为面向全球化的工程实践，对工科教师的工程实践能力和国际化能力都提出了较高要求，但其处于教师"最近发展区"之外，因而通过国际工程实践交流活动来提升工程实践能力并未在大多数工科教师优先考虑的范畴之内。

正是因为高等教育全球化不断推进，所以从年龄上看，年龄越小的工科教师，越希望通过参与国际工程实践交流活动来提升工程实践能力。华南地区工科教师选择的人数比例最高，结合该地区教师工程项目管理能力、工程研发设计能力和工程实际操作能力、国际化能力（选择"非常同意"和"同意"的人数比例最低）均为同特征中最强来看，再次表明工科教师只有具备一定的工程实践能力和国际化能力，才能充分发挥国际工程实践交流活动对工程实践能力提升的积极作用。

"双一流"战略明确了我国顶尖高校应尽快提升国际化办学水平的发展目标，"一带一路"沿线国家和地区的国际工程项目无论是数量还是经费都越来越多，因此，在新时代，国际工程实践交流活动将逐步成为部分高校或部分地区多数工科教师工程实践能力提升的主要途径之一。

5）定期到相关企业挂职。

由表 3.4 可知，工科教师和行政人员选择"校企合作"的人数比例均远高于选择"定期到相关企业挂职"的人数比例，选择后者的工科教师和行政人员分别只有 22.3% 和 27.9%。另据调查，有 30.5% 的工科教师未在企业担任过技术指导及以上职务，加之如此少的工科教师选择"定期到相关企业挂职"，足以表明工科教师对于去企业丰富工程实践经历的积极性并不高。但工程或产品的生产制造、运行维护等阶段主要在企业进行，而选择去企业挂职的人数比例却最少，足以说明工科教师和行政人员对实际操作能力的忽视。

无论是行政人员还是工科教师，选择"校企合作"的人数比例却较高，这从侧面印证了工科教师和行政人员所认为的通过校企合作提升工程实践能力，主要是在教育教学、科学研究的环境中进行，而非到工程实践一线、到真实的工程环境中去。显然，这不利于工科教师工程实践能力的长远发展。

从表 3.7 可知，男性担任过企业技术指导及以上职务的人数比例高于女性；年龄≤35 岁的工科教师工程实践经历更加丰富；硕士学位的工科教师到企业担任过技术指导及以上职务的人数比例最高；可能是由于许多高学位的工科教师毕业后直接到高校任教，还没有充足的时间参加工程实践，因而博士学位工科教师工程实践经历最少；企业更加重视科研方面的合作可能是职称为正高与副高的工科教师以及教育部直属高校的工科教师在企业担任职务的人数比例高的原因之一；华南地区的工科教师比其他地区的工科教师工程实践经历更多，西部十省的工科教师最少，地区差异较大。

结合表 3.4 和表 3.7 不难发现：工程实践经历越多的工科教师，选择通过定期到相关企业挂职来提升工程实践能力的比例越低。如年龄≤35 岁的工科教师中，具有工程实践经历的人数比例为 75.7%，远高于其他两个年龄段人数比例均值 18.1 个百分点，但该年龄段仅有 19.9% 的工科教师选择通过定期到相关企业挂职来提升工程实践能力，远低于其他年龄段的人数比例；同样的情况也出现在特征分别为男性、学士、正高职称、教育部直属高校、华南地区的工科教师中。

一方面有 32% 的教师认为挂职是为了赚取"外快"，说明工科教师对到企业挂职积极作用的认识还有待深化。认识影响行为，而工科教师在企业的行为是影响其工程实践能力提升的关键。另一方面，可能行政人员也发现了部分工科教师把到企业挂职当作获取个人利益的途径，导致只有 41.5% 的行政人员同意"给予按照学校规定在外兼职的教师相应的津贴、补贴"，而这无疑又将严重打击工科教师到企业挂职的积极性，使得工科教师更加容易被动参与，难以站在企业的立场和市场的角度去分析问题、解决问题，从而收获不大，进而导致工科教师对定期到企业挂职的不积极、不认可。

（4）青年工科教师工程实践能力。

值得注意的是，虽然有研究指出青年教师普遍缺乏工程实践的经验，但我们的研究结果显示，近 5 年来，无论是工程实际操作能力，还是工程实践经历，年龄≤35 岁的工科教师都优于其他年龄段的工科教师。这可能是自"卓越计划一期"实施以来，对工科教师实践能力提出了新的明确要求，国家相继颁布了《国家中长期人才发展规划纲要（2010—2020 年）》《关于全面深化新时代教师伍建设改革的意见》等一系列文件，青年工科教师工程实践能力在政策的引导下得到了一定的提升。

表 3.4 工科教师工程实践能力提升途径在各类别的差异分析（%）

特征	类别	工程文化培养	工程伦理培养	工程实践活动	校企合作	国际工程实践交流活动	定期到相关企业挂职	其他
工科教师	占比（%）	37.1	37.1	56.5	47.2	35.1	22.3	5.8
	排序	3	3	1	2	5	6	7
行政人员	占比（%）	56.1	43.5	72.3	62.4	43.9	27.9	3.0
	排序	3	5	1	2	4	6	7
工科教师－行政人员		−19.0	−6.4	−15.8	−15.2	−8.8	−5.6	2.8
性别	男	38.9	38.1	57.5	46.2	33.9	21.4	5.9
	女	34.0	35.5	54.6	48.8	37.3	24.1	5.6
年龄段	≤35	39.6	41.4	52.0	42.7	37.2	19.9	5.8
	36～45	32.2	29.4	64.3	55.7	32.2	27.0	5.0
	≥46	34.8	31.1	64.0	52.8	29.2	25.5	8.1
最高学位	博士	36.9	30.7	63.3	54.1	33.6	23.0	4.6
	硕士	36.4	40.9	49.8	41.6	38.1	23.5	6.3
	学士	39.2	43.3	54.9	43.3	32.6	18.7	7.4
职称	正高	44.2	36.7	61.2	48.9	27.0	19.4	7.6
	副高	32.9	34.9	56.0	48.0	39.8	24.7	4.7
	中级	38.2	40.4	56.7	45.9	32.7	21.8	5.2
	初级	39.8	34.7	46.6	44.9	39.0	17.8	11.0
学校类型	教育部直属	46.5	38.0	60.3	46.3	33.7	18.7	5.6
	其他部委所属	31.9	35.3	53.2	49.8	36.2	24.7	4.0
	地方	32.9	38.7	55.3	46.6	35.3	23.3	7.3
	民办	29.6	34.7	56.1	40.8	36.7	26.5	10.2
学校所在地区	东北	42.3	38.8	56.4	45.8	30.1	21.2	4.8
	华东	38.1	41.1	52.8	47.4	34.0	22.1	4.9
	华南	36.5	41.2	47.4	33.6	44.1	19.9	7.1
	华中	32.7	36.0	56.4	46.2	35.6	24.7	8.7
	华北	34.5	29.8	64.3	58.1	34.5	24.0	5.4
	西部十省	36.8	28.6	69.2	51.9	36.8	21.8	4.5

表 3.5 工科教师对校企合作有利于工程实践能力提升的看法在各类别的差异分析（%）

特征	类别	非常同意	同意	基本同意	不同意	非常不同意
	工科教师	39.7	34.2	18.9	5.6	1.6

续表

特征	类别	非常同意	同意	基本同意	不同意	非常不同意
	行政人员	33.8	48.2	14.4	2.6	1.1
	工科教师−行政人员	5.9	−14.0	4.5	3.0	0.5
性别	男	41.6	33.8	17.9	5.4	1.3
	女	36.3	35.0	20.6	5.9	2.1
年龄段	≤35	41.5	33.1	19.2	5.1	1.1
	36～45	39.5	35.3	17.8	5.3	2.2
	≥46	28.6	38.5	19.9	9.9	3.1
最高学位	博士	44.7	32.3	16.3	5.1	1.6
	硕士	36.4	31.9	22.8	7.0	2.0
	学士	35.6	42.7	16.9	3.9	0.9
职称	正高	51.1	26.3	14.7	6.5	1.4
	副高	37.9	31.9	21.7	6.3	2.2
	中级	37.1	38.9	18.4	4.4	1.2
	初级	36.4	43.2	14.4	5.1	0.8
学校类型	教育部直属	47.2	33.0	13.8	4.6	1.4
	其他部委所属	36.8	33.2	23.2	5.3	1.5
	地方	34.8	36.5	21.2	5.6	1.9
	民办	33.7	35.7	15.3	13.3	2.0
学校所在地区	东北	43.3	36.2	15.7	3.8	1.0
	华东	44.5	32.6	17.6	3.0	2.2
	华南	37.9	29.4	22.3	8.5	1.9
	华中	32.4	33.8	24.7	8.0	1.1
	华北	39.9	34.5	18.6	6.2	0.8
	西部十省	30.8	43.6	14.3	8.3	3.0

3.5 影响工科教师工程实践能力的因素

（1）招聘层面。

过去高校在人才引进上往往采用普适性标准，重论文、重学历、重科研成果，对工科教师的工程实践能力要求并不明显。基于此，以"工科教师招聘中最应该看重应聘者的哪几类经历"这道多选题来考察工科教师招聘情况，结果见表3.6。工程实践经历在工科教师和行政人员的认识中均排第二，尽管工科教师工程实践经历占比的绝对值比行政人员低，但只低了0.8个百分点，而且相对于排名第一的科研经历，工科教师的相差仅4.7个百分点，比行政人员的差距小了 9.9 个百分点，说明工科教师更看重工程实践能力在招聘标准中的地位，而行政人员则更看重应聘者的科研经历和留学经历。

不过总体上选择"工程实践经历"的人数比例都不高，一方面可能是大家对当前工程实践经历中"走马观花"形式的不认可；另一方面也体现了工科教师和行政人员对工程实践能力认识不够，不重视从源头上改变工科教师队伍工程实践能力不足的窘境。

表 3.6　　　　　　　招聘中最看重工科教师的经历（%）

	工程实践经历	科研经历	教学经历	留学经历
工科教师	53.4	58.1	42.2	29.8
行政人员	54.2	68.8	36.0	51.8
工科教师—行政人员	−0.8	−10.7	6.2	−22.0

从表 3.7 可以看出，在同一特征下，工程实践经历越多的工科教师，认为在招聘中工程实践经历很重要的人数比例越低。相反，西部十省的工科教师尽管工程项目管理能力较弱，未参与过工程生命周期任何阶段的人数比例最高，工程实践经历也较少，但他们最注重工科教师工程实践经历。

结合前文的分析，可能是部分工科教师对工程实践活动、工程实践经历以及工程实践能力的认识不到位，被动参与工程实践活动，加之在实施过程中缺乏政策引导、质量监控，导致了当前恶性循环的出现；也可能是由于工程实践经历存在形式主义，部分有工程实践经历的工科教师认为工程实践经历对于工科教师质量标准来讲可有可无，对于提升他们的能力帮助不大，因而并不主张以工程实践经历为标准来筛选应聘者，而一旦这些工科教师的认识固化，将会在一定程度上影响准工科教师或新任工科教师参与工程实践活动的积极性，如此循环，也将进一步阻碍工科教师队伍工程实践能力从源头上的提升。

(2) 激励与反馈层面。

动机是激发并维持一个人行为的基础，当外界存在着足够强烈的刺激时，将使个体自觉朝着期望目标作出目标行为。因此，要想提升工科教师的工程实践能力，让他们愿意自觉参与工程实践一线活动，就需要提高对他们工程实践活动情况的激励与反馈频率和效率，调动工科教师的热情。然而调查发现，无论是工科教师接收到的，还是行政人员给予的，工程实践活动的激励与反馈频率都很低，分别为20.2%和20.1%。对在职工科教师工程实践活动的低激励与反馈频率在一定程度上解释了行政人员为何不重视应聘者的工程实践经历。

表3.7显示，同一特征下，接收到的关于工程实践活动情况激励与反馈频率最高的是：男性、年龄≤35岁、硕士学位、民办高校以及华南地区的工科教师，而这些特征类别的工科教师在工程项目管理能力以及工程研发设计能力或工程实际操作能力上都强于其他工科教师，因此可以表明，当前的激励与反馈频率、效率与工科教师工程实践能力的提升呈正相关关系。

在对行政人员调查中发现，除了对工程实践活动情况的低激励与反馈频率外，还有26.6%的行政人员不清楚、不同意或非常不同意对在工程实践活动中有突出表现的工科教师进行奖励。

综上不难看出，当前对工程实践的激励与反馈现状，难以激发工科教师参与工程实践的热情，也不利于其工程实践能力的提升。

表3.7 工科教师关于招聘、激励与反馈、工程实践经历、考核评价问题回答情况在各类别的差异分析（%）

特征	类别	工科教师招聘中最看重应聘者的工程实践经历	接收到的工程实践活动激励与反馈频率	曾在自己专业领域的企业担任过技术指导及以上职务	以工程实践评价教学能力	以工程实践成就评价科研能力
性别	男	52.8	21.1	72.9	49.9	43.2
	女	54.3	18.6	63.4	44.4	42.7
年龄段	≤35	52.1	21.8	75.7	51.0	44.6
	36～45	56.4	17.3	59.9	42.8	37.9
	≥46	53.4	18.0	55.3	41.6	47.2
最高学位	博士	55.6	17.1	61.0	51.6	38.1
	硕士	50.2	23.5	75.5	43.5	45.0
	学士	54.9	20.2	75.4	48.7	49.3
职称	正高	54.7	19.8	75.9	57.2	48.6
	副高	50.7	20.8	70.0	45.4	42.1
	中级	55.2	19.3	66.7	46.9	40.8
	初级	56.8	22.0	65.3	45.8	46.6

续表

特征	类别	工科教师招聘中最看重应聘者的工程实践经历	接收到的工程实践活动激励与反馈频率	曾在自己专业领域的企业担任过技术指导及以上职务	以工程实践评价教学能力	以工程实践成就评价科研能力
学校类型	教育部直属	56.7	18.6	71.6	56.6	45.0
	其他部委所属	50.6	21.3	68.9	45.5	40.8
	地方	54.1	19.7	66.5	42.7	45.3
	民办	44.9	26.5	74.5	33.7	32.7
学校所在地区	东北	51.9	13.1	57.4	54.8	40.1
	华东	56.3	22.9	79.8	50.6	45.3
	华南	40.3	23.7	84.4	47.4	45.5
	华中	51.3	21.8	73.8	41.8	42.5
	华北	57.4	22.1	57.8	41.1	42.6
	西部十省	63.2	14.3	49.6	48.1	39.1

(3) 考核评价层面。

考核评价制度作为"指挥棒", 其调动教师工作积极性、主动性的作用比任何一个时期都要凸显。当前考核评价的核心内容为教学能力与科研能力, 那么工科教师和行政人员更希望从哪些方面来评价教学和科研能力呢? 在7.1节中, 由问卷分析可知, 47.9%的工科教师和48.7%的行政人员选择了"工程实践"来评价工科教师的教学能力, 在所有指标中排序分别为第一和第五; 43%的工科教师和45.6%的行政人员选择了"工程实践成就"来评价工科教师的科研能力, 在所有指标中排序分别为第二和第五。结合前文不难发现, 这里出现一个矛盾: 工程项目管理能力很弱和较弱的工科教师总占比高达57%, 工科教师自认为自己工程实践能力不属于较强和非常强的总占比近40%, 而行政人员认为的则高达52%, 但在考核评价方面将"工程实践"和"工程实践成就"作为指标来对工科教师的教学、科研能力进行考核的占比和排序却如此高, 这究竟是否说明工科教师和行政人员都开始有意识地将工程实践纳入考核评价内容, 还需要进一步研究。

另外也应注意到: 工科教师卷中, 在评价教学能力方面, 选择"工程实践"的人数多于选择"同行评价""教学研究""教学成绩""学生评价"

的人数；在评价科研能力方面，选择"工程实践成就"的人数多于选择"主持横向课题数量""主持纵向课题数量""论文影响力""获权发明专利"的人数。可以看出，部分工科教师难以把握教学、科研、工程实践之间的度，造成了顾此失彼的情况，不能因为相关部门文件强调工程实践能力的重要性，就可以以工程实践、工程实践成就来取代同行评价、论文质量等作为教学、科研能力评价最重要的指标。

由表 3.7 可知，不同性别、年龄段、最高学位、职称、学校类型、学校所在地区的工科教师对工程实践能力在评价教学与科研能力方面的认识各不相同，尤其是同一特征、同一类别的工科教师对工程实践在教学评价和科研评价中的重要性存在较大差异。一方面表明需根据学校办学定位与地区特色，设置不同的工程实践考核评价标准；另一方面表明当前工程实践在考核评价中没有明确的要求和定位，工程实践评价和教学评价、科研评价"纠缠不清"，导致工科教师和行政人员的看法存在较大差异，考核评价在提升工科教师工程实践能力方面"指挥棒"的作用发挥还不够充分。

第 4 章

三大核心能力相互关系

人才培养、科学研究和社会服务是高校的三大任务。因此，教学、科研和社会服务自然就是高校教师的核心工作。工科教师作为教师队伍中至关重要的一部分，也是大学教师和准工程师的集合体，美国工程技术评审委员会（ABET）和中国工程教育专业认证协会（CEEAA）都对工科教师的工程实践能力提出了要求。因此，我们认为对于工科教师而言，教学、科研和工程实践就是他们的核心工作。因此，为做好这三项工作，教学能力、科研能力和工程实践能力无疑就是工科教师的三大核心能力。

教师的发展归根结底是核心能力的提升，其重点任务则是如何促进教师核心能力之间协同提升。从前文分析可知，工科教师教学能力、科研能力以及工程实践能力存在着类型不同、程度不一的各种问题。国内基于教师能力发展视角，同时对教学、科研、社会服务三者进行分析的文献寥寥无几，更多是分析二者之间的关系。如陆根书等从不同理论模型出发总结了教学和科研存在不同关系：负相关（稀缺模型、个性差异模型等）、正相关（传统智慧模型、G 模型）、零相关（不同活动模型、官僚资助模型等）；王晓红等提出校企合作和高校科研绩效呈现为倒 U 形关系。

在工科教师"您在贵校主要从事以下哪几类活动"调查中，选择"教学活动""研究活动""工程实践活动"的工科教师人数比例分别为 62.3%、54.8%、51.9%；同时从事教学和科研活动、教学和工程实践活动、科研和工程实践活动的人数比例分别为 33.1%、24.8%、22.5%；同时从事这 3 种活动的人数比例为 8.1%。因此，在工科教师参与活动日益多样化、综合化的当下，将工程实践能力和教学、科研能力作为工科教师核心能力，并考察三种能力之间的相互关系，对丰富现有研究以及促进工科教师职业发展、服务工程教育需要都具有一定的意义。

基于此,本部分将基于工科教师在教学、科研、工程实践三类相关题目的回答情况,并结合已有文献和问卷,将这些题目进行分类汇总,最后将教学能力分为专业知识(学科专业知识能很好地支撑教学)、教学目标把握(教学目标把握较好)、因材施教能力(能根据学生基础调整教学策略)以及课程设计能力(能将科研成果转化为教学资源用于课堂)四个指标;科研能力分解为主持纵向课题数量、发表论文数量、获权国家发明专利数量;以主持的工程型或应用型课题数量、参与工程生命周期各阶段情况和是否具有企业经历作为工程实践能力的指标,以此分析教学、科研、工程实践能力之间的相互关系,并分析能力之间的关系是如何影响具体活动以及从事具体活动是如何影响能力提升的。具体编码方法详见表 4.1,所有检验分析都在 5% 显著水平上进行。根据各题项编码规则,本章采用独立样本 T 检验的方式,依次对三种能力、各项活动指标按照强(好/多)、弱(差/少)进行分组,分析其与其他能力或活动指标的均值关系。

表 4.1　　　　　　　　　相关问题编码规则及分组情况

编码项目	编码分组	
	强/好/多	弱/差/少
教学能力有待提升	基本同意(3)、不同意(4)、非常不同意(5)	非常同意(1)、同意(2)
科研能力有待提升	基本同意(3)、不同意(4)、非常不同意(5)	非常同意(1)、同意(2)
工程实践能力已满足要求	同意(4)、非常同意(5)	非常不同意(1)、不同意(2)、基本同意(3)
1. 学科专业知识能很好地支撑教学;2. 教学目标把握较好;3. 能根据学生基础调整教学策略;4. 能将科研成果转化为教学资源用于课堂	同意(4)、非常同意(5)	非常不同意(1)、不同意(2)、基本同意(3)
5 年来,主持的纵向课题数量	3~4(4)、5~6(5)、7~8(6)、9 项以上(7)	没有(1)、1(2)、2(3)
5 年来,1. SCI、EI、SSCI 发表外文论文数量;2. 本领域权威或重要期刊发表中文论文数量	6~8(4)、9~12(5)、13 篇以上(6)	没有(1)、1~2(2)、3~5(3)
5 年来,获权国家发明专利数量	4(5)、5(6)、6 项以上(7)	没有(1)、1(2)、2(3)、3(4)

续表

编码项目	编码分组	
	强/好/多	弱/差/少
曾在专业领域企业担任过技术指导及以上职务	是（2）	否（1）
5 年来，主持应用型或工程型课题数量	5～6（4）、7～9（5）、10 项以上（6）	没有（1）、1～2（2）、3～4（3）
5 年来，工程生命周期中参与频率最高的阶段	研发设计（1）	实际操作（2）
5 年来，是否参与过工程生命周期任一阶段	是（2）	否（1）

说明：括号内数字代表具体编码值。以"教学能力有待提升"为例，选择"非常同意""同意"，分别编码为"1""2"，将其划分到教学能力弱这一组；"学科专业知识能很好地支撑教学"题项中，选择"同意""非常同意"，分别编码为"4""5"，将其划分到学科专业知识好这一组，以此类推。

4.1　教学能力和科研能力的关系

G 模型认为教学能力和科研能力本质上同根同源，都需要教师热爱钻研思考，具有高度的责任感以及创造性等素质。从表 4.2 可知，教学能力强的工科教师，其科研能力往往也强，科研能力强的工科教师比科研能力弱的工科教师对自身教学能力更满意，这与 G 模型的结果是一致的。

我们认为，A 物质对 B 物质产生有用（有害）作用，实质是 B 物质的部分或全部参数得到了改善（恶化）。若将能力看作某一物质，由于活动指标是能力的操作化定义，所以可将各指标看作是该能力的不同参数。因此，尽管教学能力和科研能力相互促进，但并不代表教学（科研）能力的增强一定会对所有科研（教学）活动都产生促进作用或促进的程度都相同。因此，能力和能力之间的相互作用不完全等同于能力和活动指标之间的相互作用。

由表 4.2 可知，教学能力的增强对科研能力的四个活动指标都具有促进作用。这与在重科研轻教学的考核评价制度下，大多数有时间精力提升教学能力的工科教师，其科研产出往往都至少达到了考核评价的基准线有关。但教师科研能力的增强不仅没有带来教学资源的丰富，而且工科教师的专业知识和教学目标把握情况等也受到一定的负影响。同样，科研导向的考核评价制度下教学能力考核仅以教学工作量为标准，复杂的教学活动简化为数学公式，忽视了对诸如教学资源开发、教学设计等具体教学环节和教学过程精力投入等的考核，导致工科教师在这些方面的关注度不够。

表 4.2　教学（科研）能力和科研（教学）能力及活动指标的关系

观测指标	教学能力强	教学能力弱	P 值
科研能力	2.53	1.64	0.000
主持纵向课题数量	2.82	2.60	0.012
发表外文文献数量	2.94	2.63	0.000
发表中文文献数量	2.95	2.53	0.000
获权国家发明专利数量	2.95	2.57	0.000
	科研能力强	科研能力弱	P 值
教学能力	2.31	1.64	0.000
专业知识	3.81	4.41	0.000
教学目标把握	3.79	4.33	0.000
因材施教能力	3.80	4.33	0.000
课程设计能力	3.80	4.33	0.000

表 4.3 显示，论文发表数量与教学能力呈现出正相关关系。也许是与科研产出少而教学资历浅的教师相比，拥有一定论文数量的工科教师从事的研究更多、涉及的范围可能更广，就算他们不能将最新的科研成果转化为教学资源并付诸课堂，其独到的视野、科研成就带来的自信心、课堂上的"侃侃而谈"对学生都具有极强的感染力，而学生积极的态度将提升其教学能力的满足感。可以发现，科研能力活动指标越强的教师，其教学能力越强，而教学能力活动指标越强的教师，其科研能力却越弱，这与 2.4 节中更多工科教师更认可科研支持教学，而对教学能否支持科研存有疑虑的看法相一致。

表 4.3　　科研（教学）活动和教学（科研）能力的关系

观测指标一	主持纵向课题数量			发表外文文献数量			发表中文文献数量			获权国家发明专利数量		
	多	少	P 值	多	少	P 值	多	少	P 值	多	少	P 值
教学能力	1.80	1.76	0.371	1.95	1.72	0.000	1.99	1.72	0.000	1.86	1.76	0.115
观测指标二	专业知识			教学目标把握			因材施教能力			课程设计能力		
	好	差	P 值	好	差	P 值	好	差	P 值	好	差	P 值
科研能力	1.70	2.31	0.000	1.70	2.25	0.000	1.69	2.31	0.000	1.69	2.27	0.000

不同于从事科研活动提升科研能力，工科教师教学能力的提升除了需要长年累月、丰富的教学经验作铺垫，还需要工科教师不断与学生、与同行，甚至与自己对话。卓越教学活动的展开，花费的不仅是某一位教师的时间精力，更是整个教学共同体的努力。显然，与将主要精力集中于科研活动的教师相比，由于习惯了"热闹与合作"的氛围，在教学活动指标中表现好的教师，很难立即适应"寂寞与自由"的氛围，因而普遍认为自己科研能力弱。

4.2 教学能力和工程实践能力的关系

如前所述，由于工程实践能力是在真实工程环境中探索和解决问题，是指向直接经验的获取的，因此，其在能力构成上和教学能力存在一定差异。

此外，相比教学和科研，大学的"高墙"导致了教师的教学活动和工程实践活动彼此隔离，以及受到"科学范式"影响，进一步加大了工科教师"非工化"。这说明在现行的环境下，这两种能力本质上的差异使得工科教师要提高一种能力，必然会花费大量的时间和精力，从而影响另一种能力的提升。

由表 4.4 可知，教学能力强的工科教师，不仅其工程实践能力弱于教学能力弱的工科教师，而且他们的企业经历和主持的工程型或应用型课题数量这两项工程活动也均弱于教学能力弱的工科教师，只在"主要参与的工程生命周期阶段"这个活动上比教学能力弱的工科教师强；而工程实践能力强的工科教师，其教学能力并不比工程实践能力弱的工科教师强，不过工程实践能力强却均与专业知识、教学目标把握、因材施教能力、课程设计能力等 4 项教学活动呈正相关关系。

表 4.4 教学（工程实践）能力和工程实践（教学）
能力及活动指标的关系

观测指标	教学能力强	教学能力弱	P 值
工程实践能力	3.32	3.93	0.000
企业经历	1.61	1.71	0.001
主持的工程型或应用型课题数量	1.73	1.83	0.000
主要参与的工程生命周期阶段	1.61	1.39	0.000

续表

观测指标	教学能力强	教学能力弱	P 值
是否参与过工程生命周期任一阶段	1.93	1.94	0.523
	工程实践能力强	工程实践能力弱	P 值
教学能力	1.61	2.06	0.000
专业知识	4.51	3.96	0.000
教学目标把握	4.44	3.87	0.000
因材施教能力	4.44	3.87	0.000
课程设计能力	4.45	3.87	0.000

将工程实践能力分解为各个活动指标来考察其和教学能力的相互关系：虽然教学能力强的工科教师工程实践能力弱，其企业经历更少、主持的工程型或应用型课题数量更少，但教学能力强的教师更多参与的是工程实际操作阶段，表明参加工程实践活动对教学能力的提升具有一定帮助；工程实践能力强的工科教师，其专业知识、教学目标把握情况更好，因材施教和课程设计能力也更强。这说明尽管两种能力之间存在本质差异，但只要工科教师在不断实践中融会贯通，工程实践能力是可以迁移到某些教学活动场景中的。

实践性是工程教育的一大特点，工科教师主持更多的工程型或应用型课题，参与工程实际操作阶段的频率越高，自然会使工科教师教学能力得到提升。同样，一位拥有良好的专业知识、对教学目标把握也更到位的、能够因材施教并能将各种信息转化为课堂教学资源的工科教师，当他走上工程实践岗位，相比教学活动表现差的教师，其认真负责、善于思考的品性和强于表达、善于沟通的能力也有利于其工程实践能力的提升。但表4.5结果显示，企业经历对教学能力的提升形成了负影响，一方面可能是由于到企业挂职的时长或时间段安排不合理而损耗工科教师更多时间精力，另一方面可能是由于部分工科教师易将工作重心放到企业，将到企业挂职当作赚取外快的途径，而忽视了校企合作的教育属性。

表 4.5   工程实践（教学）活动和教学（工程实践）能力的关系

观测指标一	企业经历			主持的工程型或应用型课题数量			主要参与的工程生命周期阶段			是否参与工程生命周期任一阶段		
	有	无	P 值	多	少	P 值	研发设计	实际操作	P 值	是	否	P 值
教学能力	1.68	1.99	0.000	1.89	1.74	0.011	1.68	1.88	0.000	1.76	1.88	0.153

续表

观测指标二	专业知识			教学目标把握			因材施教能力			课程设计能力		
	好	差	P 值	好	差	P 值	好	差	P 值	好	差	P 值
工程实践能力	3.94	3.19	0.000	3.96	3.18	0.000	3.93	3.25	0.000	3.96	3.19	0.000

4.3　科研能力和工程实践能力的关系

由表 4.6 所示，工科教师科研能力和工程实践能力也没有形成协同促进的作用，科研能力强的工科教师，其工程实践能力是弱的；同理，工程实践能力强的工科教师，其科研能力是弱的。不过，企业经历、主持的工程型或应用型课题数量、主要参与的工程生命周期阶段、是否参与过工程生命周期任一阶段等 4 个工程实践活动指标却均与科研能力呈正相关关系；而主持纵向课题数量、发表中文文献数量、发表外文文献数量、获权国家发明专利数量等 4 个科研活动指标却均不与工程实践能力呈正相关关系。

科研活动的核心是创造新思想、新知识，传统的科研更多指向基础性的研究；而工程实践活动则具有极强的实践性，涉及知识转移和成果转化，属于应用性的范围，两者属于知识生产线的两端，对工科教师能力需求差异性较大。工程实践能力的提升需要工科教师到企业工程一线进行工程实践活动，对工科教师的时间精力和人际网络都提出很大要求。因此，工科教师在提升科研能力的过程中，势必会影响其工程实践能力的提升。

表 4.6　　科研（工程实践）能力和工程实践（科研）能力及活动指标的关系

观测指标	科研能力强	科研能力弱	P 值
工程实践能力	3.34	3.93	0.000
企业经历	1.74	1.68	0.025
主持的工程型或应用型课题数量	2.94	2.40	0.000
主要参与的工程生命周期阶段	1.66	1.37	0.000
是否参与过工程生命周期任一阶段	1.96	1.93	0.016

续表

观测指标	工程实践能力强	工程实践能力弱	P 值
科研能力	1.62	2.12	0.000
主持纵向课题数量	2.64	2.68	0.633
发表外文文献数量	2.58	2.86	0.000
发表中文文献数量	2.54	2.71	0.006
获权国家发明专利数量	2.59	2.72	0.105

虽然科研能力强的工科教师，其工程实践能力弱，但因为企业更加重视和大学的科研合作，产品的生产制造、运行维护等阶段主要在企业进行，所以科研能力强的工科教师企业经历更加丰富，更有机会参与工程生命周期过程，参与工程实际操作阶段的频率也更高。又因为科研能力强的工科教师主持课题的经验更为丰富，加之科研活动的马太效应，所以相对于科研能力弱的工科教师，其主持的工程型或应用型课题数量反而更多。此外，校企合作和高校科研绩效（每年发表的论文总数）呈现为倒 U 形关系，即对工程实践活动投入过多的工科教师，虽然其工程实践能力较强，但会对其科研绩效产生负影响。这在一定程度上解释了工程实践能力强的工科教师，其论文数量为何更少。

从表 4.7 可以看出，主持工程型或应用型课题数量更多以及更多参与工程实际操作阶段，能够使工科教师在实际中检验"真理"，从实践中获取新知从而丰富其研究思路和方向。因此工科教师主持工程型或应用型课题数量更多、多参与工程产品生产制造等阶段反过来又对其科研能力提升具有正向影响，这充分说明在工科教师考核评价中提高工程型或应用型课题权重的合理性。论文数量的增多并未导致工程实践能力的增强，既表明当前工科教师科研活动较少关注工程实际问题，也说明了工科教师科研成果转化能力较弱。

表 4.7　　工程实践（科研）活动和科研（工程实践）能力的关系

观测指标	企业经历			主持的工程型或应用型课题数量			主要参与的工程生命周期阶段			是否参与过工程生命周期任一阶段		
	有	无	P 值	多	少	P 值	研发设计	实际操作	P 值	是	否	P 值
科研能力	1.79	1.82	0.570	2.12	1.72	0.000	1.63	2.04	0.000	1.81	1.67	0.118

续表

观测指标二	主持纵向课题数量			发表外文文献数量			发表中文文献数量			获权国家发明专利数量		
	多	少	P值	多	少	P值	多	少	P值	多	少	P值
工程实践能力	3.78	3.83	0.421	3.57	3.89	0.000	3.67	3.85	0.007	3.75	3.83	0.322

4.4　教学能力、科研能力和工程实践能力三者之间的关系

我们绘制了教学能力、科研能力和工程实践能力三者之间的关系，如图 4.1 所示。每一个大圈代表一种能力，圈内的三角形表征相应能力的活动指标，如左上角的大圈代表教学能力，里面的三角形代表教学能力的活动指标（三角形数量仅意指"多"而非具体数量）；圆点线、点划线和实线则分别表示能力与能力、能力与活动、活动与能力的关系，如图中正上方的两条圆点线表示教学能力和工程实践能力的相互关系，正上方的第一条点划线表示工程实践能力和教学活动的相互作用，该点划线下方的第一条实线则表示教学活动对工程实践能力的作用；直线表示促进作用，曲线表示不利作用。如工程实践能力对教学能力有不利作用，则用圆点线与曲线表示，工程实践能力对教学活动有促进作用，用点划线与直线表示，工程实践活动对教学能力有不利作用，便用实线与曲线表示。鉴于活动指标属于能力的子集，在考察活动指标和能力之间的相互关系时，就不能忽略能力之间相互作用对其的影响。因此，虽然工程型或应用型课题对教学能力为正影响、企业经历对教学能力为负影响，但因为工程实践能力对教学能力为不利作用，所以工程实践活动对教学能力的作用应为不利作用，而不是促进作用，在图中表现为实线与曲线。

基于此，能力与能力关系层次上：教学能力和科研能力互为促进作用，在图中表示为双向的圆点直线，教学能力、科研能力都与工程实践能力互为不利作用，在图中均表示为双向的圆点曲线。能力和活动指标关系层次上：教学能力和科研活动互为促进作用，其中教学能力对科研活动的促进作用表示为点划直线，科研活动对教学能力的促进作用表示为实直

线；科研能力和教学活动互为不利作用，其中科研能力对教学活动的不利作用表示为点划曲线，教学活动对科研能力的不利作用表示为实曲线；教学能力和工程实践活动互为不利作用，其中教学能力对工程实践活动的不利作用表示为点划线曲线，而工程实践活动对教学能力的不利作用表示为实曲线；工程实践能力和教学活动互为促进作用，其中工程实践能力对教学活动的促进作用表示为点划直线，教学活动对工程实践能力的促进作用表示为实直线；科研能力和工程实践活动互为促进作用，其中科研能力对工程实践活动的促进作用表示为点划直线，工程实践活动对科研能力的促进作用表示为实直线；工程实践能力和科研活动互为不利作用，其中工程实践能力对科研活动的不利作用表示为点划曲线，科研活动对工程实践能力的不利作用表示为实曲线。

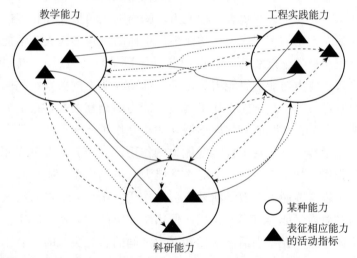

图 4.1　工科教师教学能力、科研能力和工程实践能力三者之间的关系图

通过图 4.1，我们就能够很清楚地看出工科教师的三大核心能力之间，以及能力与活动、活动与能力之间的相互关系。

第 5 章

国际化能力现状与问题

　　高等教育"双一流"战略的实施明确了我国顶尖高校应尽快提升国际学术影响力和国际化办学水平的发展目标。教师队伍的国际化和教师的国际化能力的提升，是高等教育国际化的关键。"一带一路"倡议提出已 9 年有余，据亚洲开发银行 2017 年初发布的报告称，2016—2030 年，亚洲基础设施建设投资需求将超过 26 万亿美元，年均 1.7 万亿美元。对跨国（境）基础投资、建设项目的超大需求必然对高校培养具有国际视野、国际化能力的工程师提出了新的要求，因而对工科教师国际化能力就提出了新的挑战。所谓国际化能力，是指视野开阔，了解异国文化，并且能在日常交流和工作中熟练应用这些技能的能力。

　　于工科教师个体而言，在教学科研一线的大学教师的出国经历对其科研的前沿性、知识的深度和宽度、视野的开阔等都具有重要的影响。因此，拥有一批具有国际视野、国际化能力强的工科教师，对于推动我国高等工程教育强国建设具有重大意义。基于此，本部分将以提升工科教师国际化能力为导向，重点考察工科教师国际化能力现状、国际化项目参与情况、国际化能力提升重视程度。

5.1　国际化能力的现状

　　要提升工科教师国际化能力，首先需要了解工科教师国际化能力现状。只有工科教师认可其国际化能力还需要进一步提升，对工科教师国际化能力提升的措施才能更有针对性和有效性。我们根据教师卷中"您觉得自己目前的国际化能力还有待提升"回答情况来看，如图 5.1 所示，"非常同意""同意"自己的国际化能力有待提升的工科教师人数比例达到了

81.5%；行政卷中，"非常同意""同意"本校工科教师国际化能力需要提升的人数比例更是高达 87.1%。

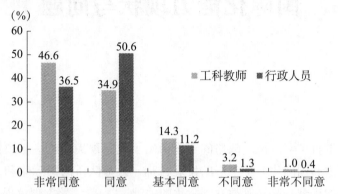

图 5.1　工科教师和行政人员关于"工科教师的国际化能力有待提升"回答情况

相对于工科教师，行政人员对工科教师国际化能力的现状更加不满意，他们选择"非常不同意"和"不同意"的人数比例之和是工科教师选择这两项人数比例之和的 40%。此即说明，当前工科教师国际化能力严重不足，这对我国高等教育国际化发展进程的阻碍作用无疑是极大的。

能力的强与弱需要在对应的活动中体现出来，以自评的形式来判断能力强弱，是判断个体从事具体活动对能力的需求和已有能力之间的差距几何很好的一个途径。将此调查结果与工科教师的性别、年龄段、最高学位、职称、学校类型、学校所在地区进行交叉分析，并将选择"非常同意""同意""基本同意""不同意""非常不同意"分别定性为国际化能力很弱、较弱、一般、较强和非常强，详见表 5.1，结果显示：

从性别来看，男女性工科教师的国际化能力的差距并不大，女性工科教师中国际化能力非常强或较强的人数比例略高于男性工科教师，但相差仅 0.6 个百分点。

从年龄段来看，年龄≥46 岁的工科教师国际化能力要强于其他两个年龄段的工科教师，其选择"非常强"和"较强"的人数比例之和比最低的 36～45 岁工科教师多了近一倍；36～45 岁工科教师选择"很弱"和"较弱"的人数比例之和最高，达到了 83.3%，但年龄≤35 岁和 36～45 岁工科教师中国际化能力一般的人数比例却明显更高，分别为 15.4% 和 13.2%。由于采用自评形式考察工科教师国际化能力强弱，"一般"可能意味着这部分工科教师具有一定国际化能力的同时，更加能意识到自己国际化能力提升的重要性和紧迫性。

从最高学位来看，相比之下，硕士学位工科教师对自身现有的国际化能力更加认可，尽管选择"很弱"和"较弱"的人数比例之和也高达76.3%，但比最高的博士学位工科教师还是少了 8.9 个百分点，即相对于其他学位的工科教师，硕士学位工科教师认为自己的国际化能力与其所从事相应活动的差距相对要小一些。

从职称看，副高职称工科教师自认为国际化能力很弱的比例最低，为43.1%，比初级和正高职称的工科教师分别少了 11.1 个百分点和 12.3 个百分点，这可能与近几年有的学校要求副高职称教师在评正高职称时须有一定时长的境外访问或学习交流时间有关，而部分已评上正高职称的教师可能正好没经历这个政策。

从学校类型看，相对于其他学校类型的工科教师，民办高校的工科教师国际化能力非常强和较强的人数比例分别为 4.1% 和 9.2%，远多于其他学校类型人数比例均值 3.2 和 6.2 个百分点。但这究竟是与一些民办高校需要教师具有一定的国际化能力有关，说明了和其他高校相比，民办高校工科教师目前的国际化能力更能满足民办高校工科教师从事的教学、科研、社会服务活动需求，还是其他原因，尚需进一步研究。

从学校所在地区看，相比较而言，华南地区工科教师国际化能力要好一些，选择"很弱"和"较弱"的人数比例之和为 71.1%，比最高的东北地区和西部十省少了 15.4 个百分点，且其选择"很弱"的人数比例也只有35.1%，比最高的东北地区少了 20 个百分点，此即说明不同地区之间工科教师国际化能力差异明显。

还可发现，当前工科教师国际化能力存在规模和结构的双重不足。在规模不足方面，仅有 4.2% 的工科教师认为自己的国际化能力很好，不需要提升，而行政人员认为本校工科教师国际化能力不需要提升的比例更是低至 1.7%。而结构不足则体现在：无论是最高学位、职称还是学校类型、学校所在地区，工科教师的国际化能力均呈现出规律性不太强的特点。最高学位为学士或职称为初级的工科教师国际化能力明显弱于最高学位为硕士或职称为中级的工科教师；而博士学位或正高职称的工科教师又明显比硕士学位或副高职称的工科教师国际化能力弱；教育部直属高校工科教师的国际化能力是最弱的；西部十省的工科教师在同特征下国际化能力非常强和很弱的人数比例都较高，表明该地区工科教师之间国际化能力呈现明显的两极分化趋势，工科教师国际化能力发展不均衡的趋势在其他特征中也有一定体现。

表 5.1　　工科教师国际化能力现状在各类别的差异分析（%）

特征	类别	非常强	较强	一般	较弱	很弱
工科教师总体情况		1.0	3.2	14.3	34.9	46.6
行政人员总体情况		0.4	1.3	11.2	50.6	36.5
性别	男	0.8	3.2	14.9	34.9	46.1
	女	1.3	3.3	13.0	35.0	47.4
年龄段	≤35	0.9	3.2	15.4	34.0	46.5
	36～45	0.9	2.6	13.2	36.4	46.9
	≥46	1.9	5.0	9.9	37.3	46.0
最高学位	博士	0.7	2.1	12.0	33.6	51.6
	硕士	1.7	4.6	17.3	36.4	39.9
	学士	0.3	2.7	13.1	35.0	49.0
职称	正高	1.1	3.2	10.8	29.5	55.4
	副高	1.4	3.4	16.8	35.2	43.1
	中级	0.7	2.5	13.7	38.1	45.0
	初级	0.0	5.1	10.2	30.5	54.2
学校类型	教育部直属	0.7	2.2	9.9	30.7	56.6
	其他部委所属	0.6	3.2	17.7	37.9	40.6
	地方	1.3	3.2	15.6	37.0	42.9
	民办	4.1	9.2	15.3	34.7	36.7
学校所在地区	东北	0.3	1.9	11.2	31.4	55.1
	华东	1.0	2.8	13.4	36.0	46.8
	华南	1.9	4.7	22.3	36.0	35.1
	华中	0.7	5.8	17.8	35.3	40.4
	华北	1.2	1.9	11.6	35.3	50.0
	西部十省	1.5	2.3	9.8	36.1	50.4

5.2　国际化项目参与情况

除了工科教师身份的国际化，工科教师参与国际化项目，进行实质的国际交流，同样能提升工科教师国际化能力。教师卷中，以"您参加了哪些国际化项目"来考察工科教师国际化项目参与情况，结果如图 5.2 所示。

选择"访问学者项目（一年及以上）"的工科教师人数比例最高，选择"合作院校教师国际交流项目""教师境外研修项目（一年及以上）"的人数比例分列第二、三位，但其选择人数的比例也均在 1/3 附近徘徊。有 5 个选项的人数比例低于两成，甚至还有 2 个选项的人数比例仅为个位数。此外，还有 10.9% 的工科教师没有参加过任何国际化项目。

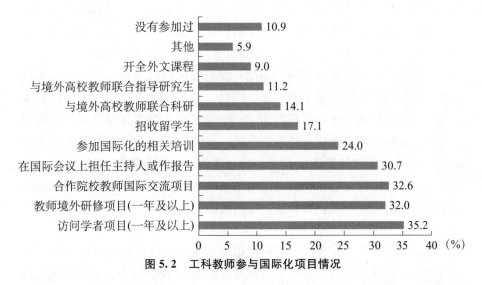

图 5.2　工科教师参与国际化项目情况

从总体上看，工科教师参与的国际化项目主要集中在到境外进行单向交流，表明高校对教师参与国际化项目提供的支持较为充足。随着高等教育国际化进程推进，国内越来越多高校开始和境外高校进行合作办学，这也给许多工科教师提供了双向交流的机会，以此提升国际化能力。

但工科教师选择"与境外高校教师联合科研""与境外高校教师联合指导研究生"以及"开全外文课程"三个选项的人数较少，尤其是选择前两个选项的工科教师还不足 15%。这一方面表明工科教师参与国际化双向交流的频率较低，当前国际化交流项目还处于初级水平，更侧重于"走出去"；另一方面则表明工科教师国际化能力较弱，尚不足以承担全外文授课的工作，其国际化能力的提升与教学、科研职能脱离。

教师卷中"近 5 年来，您参加与自己专业相关的国际会议的次数是"这道题的调查结果显示：超过五分之一的工科教师一次都没有参加，而只参加了 1~2 次的也高达 39.0%，平均每年参加一次的则只有 11.1%，而平均每年 2 次及以上的则更是凤毛麟角，仅 1.9%。当前工科教师参加的国际学术会议较少，不利于工科教师国际化能力和科研能力的提升。徐昭恒此前的研究表明，参与调查的大学教师中有 60% 的人没有参加国际学术会议。由此不仅可以看出工科教师们参加学术工作的主动性不足，而且他们对于参加国际化项目的积极性似乎也不够。

将工科教师参加国际会议的次数与其性别、年龄段、最高学位、职称、学校类型、学校所在地区进行交叉分析，详见表 5.2，结果表明：

从性别看，相对于男性，女性工科教师参加的国际会议次数更少，没有参加或只参加了 1～2 次的人数比例明显高于男性工科教师。

从年龄段上看，随着年龄的递增，没有参加过国际会议的人数比例也递增，最多的比最少的多了近一倍，同时，参加 7 次及以上的人数比例也呈现出快速增加的态势，最高的达 12.4%，比最少的多了 2.3 倍。这说明随着年龄增加，两极分化态势愈加明显。也许是 36～45 岁的工科教师比年龄 ≤35 岁的工科教师资历更高、经验更丰富，又比年龄 ≥46 岁的工科教师对提升自身国际化能力、科研能力需求更大，且正好处于高等教育国际化加速推进的历史时期，因此这一年龄段的工科教师参加 3～6 次国际学术会议的人数更多。

从最高学位看，学士学位工科教师参加国际会议次数少于同特征下其他类别的工科教师。硕士学位工科教师参加 1～6 次国际会议的人数比例最高，博士学位工科教师参加 7 次及以上国际会议的人数比例最大，但只比最少的多了 1.2 倍，该差距比年龄段的 2.3 倍小了不少，更是远低于职称的 15.6 倍。

从职称看，整体而言，中初级职称工科教师比高级职称工科教师没有参加国际会议的人数比例更多，最多的初级职称有近四成的人数比例没有参加国际会议，比最少的副高职称多了 1.6 倍，他们参加的次数主要集中在 1～2 次，且他们参加 7 次及以上的人数比例总和仅 3.5%，比最多的正高职称工科教师少了 9.8 个百分点，相对差距达 2.8 倍。这说明参加国际会议的频率与工科教师的职称有莫大关系，可能与高级（尤其是正高）职称的工科教师有更高的学术地位，学术话语权力更大有关。另外不难看出，随着最高学位和职称的降低，未参加率快速增加，且参加 7 次及以上的频率更是急速下降，再次表明两极分化态势明显，差异甚大。

从学校类型看，部委所属高校工科教师中没有参加国际会议的人数比例明显低于地方高校和民办高校；虽然民办高校工科教师没有参加或参加

1～2 次会议的人数比例高达 67.4％，但是其参加 7 次及以上会议的人数比例同样最多，为 7.1％。部委所属高校往往具有更多参加国际学术会议的资源，但从工科教师参加国际学术会议的人数比例情况来看，并未完全体现出部委所属高校的科研和资源优势，这是否说明了部委所属高校工科教师参与国际学术会议的积极性要低于地方高校和民办高校，尚需进一步研究。

从学校所在地区看，东北地区和西部十省工科教师参加的国际会议次数明显更少，没有参加或参加 1～2 次会议的人数比例平均为 70.2％，远远高于其他四个地区的均值 15.3 个百分点，而且他们参加 7 次及以上的人数比例也低于其他地区，再一次显示出各地区之间高等教育发展的不均衡。

此外，对行政人员进行问卷调查发现，只有 23.1％、13.1％的行政人员认为学校有"与境外高校教师联合科研""与境外高校教师联合指导研究生"国际交流项目。这也说明了对于大多数高校而言，国际化交流项目的机会、种类、质量都需要提升，而对致力于建设"双一流"的高校来说，更是需要将国际化发展纳入学校发展战略之中。只有给予教师更好更多的国际化交流项目，才能为有效调动教师参与积极性打下基础。

表 5.2　工科教师参加国际会议次数在各类别的差异分析（%）

特征	类别	没有	1～2 次	3～4 次	5～6 次	7 次及以上
性别	男	18.6	37.9	25.1	12.7	5.8
	女	23.6	41.1	23.3	8.1	4.0
年龄段	≤35	17.9	43.1	24.8	10.5	3.8
	36～45	21.7	32.7	26.7	13.2	5.7
	≥46	32.9	30.4	15.5	8.7	12.4
最高学位	博士	18.9	40.1	24.0	10.4	6.6
	硕士	17.2	36.7	28.2	13.3	4.6
	学士	29.7	41.2	18.1	8.0	3.0
职称	正高	18.0	33.8	20.5	14.4	13.3
	副高	14.7	38.9	29.0	12.8	4.6
	中级	24.7	42.3	22.0	8.3	2.7
	初级	38.1	35.6	18.6	6.8	0.8
学校类型	教育部直属	19.4	40.9	22.7	10.4	6.6
	其他部委所属	17.7	38.9	27.0	12.1	4.3
	地方	23.9	35.9	25.6	10.9	3.6
	民办	23.5	43.9	15.3	10.2	7.1

续表

特征	类别	没有	1～2次	3～4次	5～6次	7次及以上
学校所在地区	东北	31.4	39.1	17.9	8.0	3.5
	华东	16.8	39.9	29.1	10.5	3.6
	华南	14.2	36.0	24.2	19.4	6.2
	华中	18.9	39.6	27.6	8.4	5.5
	华北	15.9	38.4	25.2	12.0	8.5
	西部十省	29.3	40.6	14.3	10.5	5.3

5.3 国际化能力提升重视程度

工科教师在参加国际化项目，提升国际化能力进程中，可能会遭遇缺乏学校承诺和领导支持、资源匮乏、机构服务不到位等外部阻碍。因此，制定明晰具体的教师国际化发展政策，将教师队伍国际化纳入学校愿景以及相关机构的职能中，是教师国际化发展的动力源泉。然而，调查表明，仍有27.7%的行政人员不清楚或不认为学校制定了明晰、具体的教师国际化发展政策，而且非常认同的占比也仅27.7%。当缺乏相应政策保障时，教师在出国访学、研修期间，如何公平合理地对教师进行考核评价以及科研教学管理等都会存在问题，这会极大限制教师参与国际化活动的热情、束缚他们的手脚。

参与国际化活动，尤其是到国（境）外进行国际交流学习需要更多的资源支撑，新入职的青年工科教师无论是经济上，还是专业发展方面，尤其需要获得活动补助。然而，在学校对工科教师参与国际化活动补助的比例方面，68.9%的工科教师只获得了费用45%及以下的补助比例，55.4%的工科教师只获得了费用30%及以下的补助比例。

在国际化活动补助方面，通过交叉分析得知：年龄≤35岁、36～45岁以及年龄≥46岁的工科教师获得补助比例在45%及以下的人数比例分别为74.5%、61.2%、54.0%，补助比例在30%及以下的人数比例分别为59.8%、47.8%、48.4%；职称为正高、副高、中级以及初级的工科教师获得补助比例在45%及以下的人数比例分别为63.7%、68.4%、69.4%、82.2%，补助比例在30%及以下的人数比例分别为53.2%、52.4%、57.0%、70.3%。因此可以看出，当前在资助工科教师参与国际化活动方面，职称越低、年龄越小，其获得低资助的人数比例越大，这似乎说明资助比例更多和资历、职称挂钩，这会使得职称低的中青年工科教师参加国际化活动的积极性受限。

具备一定的外语能力是工科教师国际化能力提升的基础。参加工科教师培训，则是提高工科教师知识能力，改善工科教师能力结构的有效途径之一。在参加过工科教师培训的教师中，有 33.3％的工科教师在"您参加过的工科教师培训主要包含哪些内容"这道多选题中选择了"外语能力"，仅低于选择"教学能力""科研能力""工程实践能力"的人数而位居第四，足以说明当前高校培训对工科教师外语能力提升的重视程度。

评价制度是激励教师达成目标行为最有效的手段之一，教师的评价制度一般包括前期的招聘制度、中期的考核制度以及后期的晋升发展制度。现在仅以前期的招聘制度来看目前各地各高校对工科教师国际化能力的激励制度。有 48.2％的工科教师和 53.3％的行政人员认为学校工科教师招聘主要面向海外高校；51.8％的行政人员认为学校在工科教师招聘中最看重应聘者的留学经历，这一比例超过了"教学经历"（36.0％）、"社会服务经历"（15.5％），与"工程实践经历"（54.2％）几乎持平。总体上，高校当前极为重视工科教师的国际背景和留学经历，希望引进一批国际化能力强的工科教师，这对于快速拓展师资队伍的国际视野和提升师资队伍的国际化能力是有帮助的。但在引进工科教师过程中，由于目前存在过于重视工科教师留学经历，而轻视其教学能力、社会服务能力的现象，因此要注意防止"唯学历、唯履历"的倾向。

由表 5.3 可知，其他部委所属高校的工科教师在参加国际化活动中获得低资助的人数比例最小，其次是教育部直属高校的工科教师，地方高校排名第三，民办高校则垫底。这可能既与学校的平均资金实力有关，也可能与学校的办学定位，进而对工科教师参加国际化活动的重视程度和支持程度有关。

华北地区有 45.3％的工科教师获得国际化活动费用补助的比例超过了 45％，华南地区工科教师获得的补助比例在 45％及以下的人数比例高达 80.1％。这可能和前文分析的，相对于其他地区，华南地区工科教师国际化能力更强、参加国际化活动次数频率较高有关。即学校一方面不用刻意以费用补助的方式去激励工科教师参与国际化活动而教师也愿意参加，另一方面有可能是当参加国际化活动的工科教师人数增加，在学校国际化总经费投入增加不够快的情况下，其人均获得的补助比例自然会有所下降。

除去未参加过工科教师培训的人数后，其他部委所属高校对工科教师的外语能力培训更加重视，而仅有29.3％的民办高校工科教师选择了"主要培训内容为外语能力"；从学校所在地区来看，华东地区有高达41.9％的工科教师在参加培训时，其培训内容主要针对外语能力提升，远高于东北地区、华北地区、西部十省的均值——26.4％。

部委所属高校，尤其是教育部直属高校更多的是研究型大学，为了快速增强学术研究能力，提高学科排名，因此它们更倾向于将招聘面向海外高校；而从学校所在地区看，东北地区、华北地区、西部十省的高校比其他地区高校更希望引进具有海外留学经历的工科教师。

工科教师的外语能力并不直接等于其国际化能力，但外语能力应该是其国际化能力提升的基础。结合"主要培训内容为外语能力"和"工科教师国际化能力现状"的交叉分析结果可以发现，民办高校和华南地区高校对外语能力的培训力度都不大，但是其工科教师对自身国际化能力认可程度均好于同特征下其他类别的工科教师，也就是说，工科教师的外语能力高低并不直接等于他们国际化能力的高低。东北地区只有26.4％的工科教师选择了"主要培训内容为外语能力"，该地区认为自身国际化能力非常强或较强的人数比例仅为2.2％，此即说明外语能力是提升工科教师国际化能力的基础。因此，各地区各类型高校应该根据学校工科教师实际情况来设计培训内容。

若再将"招聘主要面向海外高校"的学校所在地区的分析结果考虑进去，对外语能力培训力度小的地区（东北26.4％、华北26.5％、西部十省26.2％），其更加倾向于面对海外高校招聘工科教师（东北59.3％、华北58.1％、西部十省50.4％），这似乎表明工科教师队伍国际化能力越弱的高校，他们越寄希望于通过引进的人才来快速拔高，而更忽视对本校现有工科教师国际化能力的培育（或许是这种培训的时间、经济成本均不低，所带来的结果或效益不够理想，即投入与产出不成正比例，亦或许是本校现有的工科教师不够积极等原因）以整体提升工科教师队伍的国际化能力。但有研究指出，过分追求人才计划入选者、海外学者和知名教授，而忽视稳定人才、引进人才、使用人才和培育人才相统一的长效机制建设，更易出现"引一个而走一群"不良后果的发生。

　　此外，虽然在同特征下，教育部直属高校和东北地区高校都最重视招聘海外人才，但分别只有 2.9％和 2.2％的工科教师认可自身国际化能力，这从侧面说明了只重视帽子、学历、经历，对于学校工科教师队伍国际化能力整体提升的帮助似乎没有期望的那么大。工科教师国际化能力的提升是一项长期性、系统性工作，没有捷径可走。

表 5.3　　　工科教师参加国际化活动补助比例、培训内容、
招聘情况在各类别的差异分析（％）

特征	类别	国际化活动补助比例≤45％	国际化活动补助比例≤30％	主要培训内容为外语能力	招聘主要面向海外高校
学校类型	教育部直属	68.8	56.6	30.8	62.5
	其他部委所属	65.1	49.6	36.1	50.4
	地方	71.4	57.5	34.3	32.9
	民办	78.6	70.4	29.3	23.5
学校所在地区	东北	64.1	53.2	26.4	59.3
	华东	75.7	60.3	41.9	44.5
	华南	80.1	62.1	37.0	33.6
	华中	70.9	57.1	31.4	42.9
	华北	54.7	42.6	26.5	58.1
	西部十省	60.9	53.4	26.2	50.4

5.4　希望的提升途径

（1）总体情况。

　　既然 95.8％的工科教师都认为自己的国际化能力还有待提升，那么工科教师和行政人员认为可以从哪些途径来提升工科教师的国际化能力呢？调查表明，详见表 5.4，在除"其他"外的 11 种途径中，二者的排序具有非常高的相同性，多达 7 种途径的排序完全一样，而另外 4 种（分别是"主办、承办国际会议""学校政策"和"激励教师开全外文课程""激励本校教师与境外高校教师联合指导研究生"）的排序也只是两两互换了一下顺序而已。这说明工科教师和行政人员对提升途径的认识是一致的，学校的政策可以朝这些方面去修订。

表 5.4 工科教师国际化能力提升途径

选项	教师卷		行政卷	
	占比（％）	排序	占比（％）	排序
学校政策	37.5	3	57.9	2
加强与境外高校合作	49.0	1	66.2	1
主办、承办国际会议	40.3	2	44.5	3
加强国际化相关的培训	33.5	5	40.4	5
加强访问学者项目（一年及以上）	36.0	4	43.5	4
加强境外研修项目（一年及以上）	26.0	6	37.5	6
加大水平较高留学生的吸引和培养	16.5	8	21.8	8
激励教师开全外文课程	13.8	10	18.3	9
激励本校教师与境外高校教师联合科研	19.5	7	22.7	7
激励本校教师与境外高校教师联合指导研究生	14.7	9	15.5	10
提高参与国际化活动补助的比例	13.0	11	12.9	11
其他	4.1	12	3.5	12

但在具体的选择人数比例上，除"提高参与国际化活动补助的比例"这种途径，行政人员比工科教师的低了 0.1 个百分点以外，其余 10 种途径均是行政人员在选择同一选项的人数比例上高于工科教师，尤其是在"学校政策"和"加强与境外高校合作"两个选项上的差值分别高达 20.4％、17.2％，此即说明行政人员相对于工科教师更加认可这两种途径在工科教师国际化能力提升中的重要性。

另外，工科教师卷中没有一种途径的选择人数超过了一半，而行政卷中有两项过半，且有一项接近三分之二，这可能是工科教师对这些途径的认识不够到位，但也可能是工科教师的需求相对分散，各校在政策制定的时候要充分考虑个体的多元化和政策的多样性。

工科教师和行政人员选择国（境）外的途径——"加强访问学者项目（一年及以上）"和"加强境外研修项目（一年及以上）"的排序均分列第四和第六，低于"主办、承办国际会议"和"加强国际化相关的培训"等校内的途径，说明相比于"走出去"到国（境）外去提升国际化能力，工科教师和行政人员都更认可"请进来"。

相比于单向国际化流动，工科教师更希望通过进行双方实质性交流合作来提升国际化能力。接近50%的工科教师都希望通过与境外高校合作为契机，更有接近2/3的行政人员选择了该途径，从而提升国际化能力，这既说明了该途径的有效性，大家都认可这个途径，也有可能说明了当前高校在这一方面做得还不够。

结合前面的分析，选择"主办、承办国际会议"和"学校政策"的人数同样较多，可能是由于有高达59.4%的工科教师都只参加了1~2次国际学术会议或没有参加过国际学术会议以及高校缺乏明晰、具体的教师国际化发展政策。

同时，虽然有32%的工科教师都到境外进行过为期一年及以上的研修，但仅有26%的工科教师希望到境外研修来提升其国际化能力。这再一次表明对工科教师们要求到境外研修政策的期望与实际成效有一定的出入，工科教师境外研修的收获并没有政策预期的那么大，体现出了完善的政策对于激发教师参与国际化活动积极性、有效性的重要性。

(2) 交叉分析。

国际化能力作为一种复合能力，不同的途径对国际化能力的不同子能力提升具有不同效果，而不同特征类别的工科教师又因为主体性差异，对不同提升途径具有不同需求。从工科教师选择的人数比例超过三分之一的五种途径的交叉分析，详见表5.5，可以看出：

从性别来看，女性工科教师更希望通过加强国际化相关的培训、加强与境外高校合作和加强访问学者项目（一年及以上）来提高国际化能力，比男性工科教师分别高了6.5、3.7和1.5个百分点；但更多的男性工科教师认为主办、承办国际会议对其国际化能力的提升更有帮助，说明不同性别的工科教师需要不同。

从年龄段来看，年龄≤35岁的工科教师选择"学校政策"选项的人数比例明显少于其他两个年龄段，这可能是他们对学校的相关政策比较满意，也有可能是他们认为加强与境外高校合作和主办、承办国际会议对其国际化能力的提升更加重要；而他们选择"加强国际化相关的培训"的人数比例为同特征下最高，表明了年龄≤35岁的工科教师对培训更加认可。35岁以上的工科教师更青睐与境外高校合作，选择的人数比例均超过了一半。随着年龄的增加，选择访问学者的人数比例也逐渐增大，这可能与部分学校对工科教师评职称有这方面的要求有关系。

从最高学位看，博士学位的工科教师选择"学校政策""加强与境外高校合作""加强访问学者项目（一年及以上）"的人数比例较其他学位工科教师都要高。硕士学位的工科教师选择"主办、承办国际会议"的人数比例为同特征下最高。仅有27.9%的学士学位工科教师希望到境外担任访问学者，为同特征下最低，这可能与他们在科研能力、外语水平方面相对较弱，到境外担任访问学者难以较快适应境外学术生活环境有关；而他们选择"加强国际化相关的培训"的人数比例高于其他学位工科教师，进一步说明他们希望在校内而不是以"走出去"的方式来提高其国际化能力。

从职称看，正高职称工科教师选择"学校政策"和"加强与境外高校合作"的人数比例均为同特征下最高，前者甚至比同为高级职称的副高多了17.1个百分点，同时高于选择其他方面的人数比例，说明他们更倾向于从这两个方面来提升自己的国际化能力。中级职称的工科教师选择"主办、承办国际会议"的人数比例也为同特征下最高，这可能与他们能够去国（境）外参加国际会议的机会不多有关。初级职称的工科教师选择"加强国际化相关的培训"的人数比例在同特征下最高而选择"加强访问学者项目（一年及以上）"的人数比例为同特征下最低，这可能与他们处于职称链的底端，其教学、科研等方面能力相对不够有较大的关系。因此，高校在出台相关政策、措施的时候除了要满足大多数工科教师的需求外，还需要对不同群体教师，尤其是"弱势"群体，给予一定的关注，了解这部分工科教师的特点和需求。

从学校类型看，教育部直属高校工科教师选择"学校政策"的人数比例比其他三类学校的均值高了17.9个百分点，而且他们选择"加强与境外高校合作"和"加强国际化相关的培训"的人数比例也是同特征下最高的，足以说明他们对这三方面需求的迫切。把这五个途径所有选项的人数比例相加，民办高校的数值最小，体现出民办高校工科教师由于其办学定位不同，其工科教师对国际化能力提升的需求较少，同时，他们选择"学校政策""加强与境外高校合作"和"加强访问学者项目（一年及以上）"的人数比例均为同特征下最低，再次体现了相对于其他类型高校的工科教师，民办高校工科教师对于到国（境）外提升国际化能力的需求也更低；但他们选择"主办、承办国际会议"的人数比例在同特征下最高，说明尽

管他们的需求不多，但能通过"主办、承办国际会议"的形式提升自己的
国际化能力也是很不错的选择。

从学校所在地区看，华南地区高校工科教师希望学校更多地主办、承
办国际会议；东北地区和西部十省的工科教师选择"学校政策"的人数比
例分列第一、第二，两者的差距也仅 0.4 个百分点，东北地区比同特征下
最低的华南地区多了 1.14 倍；东北地区选择"加强与境外高校合作"的人
数比例为同特征下最高；而华东地区工科教师则更希望通过加强培训来提
升国际化能力；西部十省高校的工科教师更加珍惜一年及以上的访问学者
项目对于自己国际化能力提升的机会。

（3）小结。

综上所述，选择某一途径的人数比例较低，一方面可能是工科教师对
于该途径的需求不大，另一方面可能说明学校在这方面做得还不够好，使
得工科教师认为通过此途径提升国际化能力的效益不高、收获不够大。因
此，各学校要清楚究竟是什么原因导致了各途径选择人数比例的较大差
异，以此作出有针对性的决策，进行完善，助力工科教师国际化能力的
提升。

表 5.5　　　　　　　工科教师国际化能力提升途径的
选择情况在各类别的差异分析（%）

特征	类别	学校政策	加强与境外高校合作	主办、承办国际会议	加强国际化相关的培训	加强访问学者项目（一年及以上）
性别	男	38.2	47.6	42.1	31.1	35.5
	女	36.3	51.3	37.3	37.6	37.0
年龄段	≤35	34.1	45.2	43.5	34.1	34.6
	36～45	42.5	56.1	34.9	32.0	37.5
	≥46	45.3	53.4	34.8	32.9	41.0
最高学位	博士	45.3	52.9	38.0	32.3	41.7
	硕士	28.6	44.6	43.3	31.9	34.1
	学士	38.3	49.3	39.5	38.9	27.9
职称	正高	48.9	53.6	40.2	32.7	34.9
	副高	31.8	47.1	39.4	34.6	38.1
	中级	38.9	48.4	41.8	31.8	36.9
	初级	37.3	51.7	39.0	36.4	22.0

续表

特征	类别	学校政策	加强与境外高校合作	主办、承办国际会议	加强国际化相关的培训	加强访问学者项目（一年及以上）
学校类型	教育部直属	48.0	51.4	37.3	35.9	40.0
	其他部委所属	33.4	47.5	41.1	33.2	33.4
	地方	31.4	50.2	42.3	30.8	34.8
	民办	25.5	35.7	44.9	32.7	31.6
学校所在地区	东北	47.8	58.0	40.7	28.2	32.4
	华东	38.5	46.4	39.3	40.3	34.4
	华南	22.3	37.0	47.9	31.8	30.3
	华中	32.4	45.5	35.3	32.4	35.3
	华北	36.0	55.0	43.8	32.6	43.0
	西部十省	47.4	51.9	35.3	27.1	47.4

第二篇

工科教师的招聘与考核评价

第 6 章

工科教师招聘

工科教师招聘作为工科教师队伍建设的入口，在高等教育内涵式发展的过程中扮演着越来越重要的角色的同时，由于涉及了众多利益相关者，也逐步演变为一项复杂的系统性工作。工科教师招聘一般分为招聘前期的准备、中期的遴选以及后期聘任流程等三部分。本章将主要考察工科教师招聘前期准备工作中关于招聘决定权、招聘对象来源以及招聘标准等方面的现状与问题。

6.1 招聘决定权

(1) 总体情况。

由表 6.1 可知，相对于蔡元培、梅贻琦时代，校长的一个重要工作就是选聘教师，校长在教师招聘工作中拥有决定性权力，当前随着招聘人数增多、招聘工作复杂化、程序化提升，逐步形成了人事处、学校领导、专业院（系）三角模式以共同负责教师招聘工作。在"贵校招聘工科教师，决定权重最大的前两位依次是"中，无论是工科教师还是行政人员，选择"人事处"的人数比例均最高，其占比分别为 48.1% 和 56.3%，显示出当前工科教师招聘更多遵循的是行政逻辑而不是学术逻辑。

表 6.1 工科教师招聘决定权（%）

	学校领导	人事处	学部	专业院（系）
工科教师	40.7	48.1	26.7	35.5
行政人员	42.4	56.3	16.4	46.5
二者差值	−1.7	−8.2	10.3	−11.0

工科教师选择"学校领导"的人数比例比选择"专业院（系）"的人

数比例多了5.2个百分点，而行政人员选择"专业院（系）"的人数比例却比选择"学校领导"的人数比例多了4.1个百分点，说明二者在这个方面对现状的了解和认识存在一定的差异。

虽然不同部门的行政人员对工科教师招聘决定权的熟悉程度有差异，且不同的工科教师同样存在此差异，可能导致具体的数值与实际情况有出入，但工科教师和行政人员选择人数的相对比例是一定的，相对于行政人员，更多的工科教师认为人事处的决定权大于专业院（系）。两者的不一致表明相对于行政人员，工科教师自我知觉的学术自治权力较少、主人翁感不强，也在一定程度上说明了当前高校在工科教师招聘中落实"教授治学"方面仍需进一步改进。

学部和专业院（系）均表征的是学术逻辑，把选择"学部"和"专业院（系）"的人数比例相加后的结果，必然要高于当前选择"专业院（系）"的人数比例。这表明，自从《国家教育事业发展"十三五"规划》《关于深化高等教育领域简政放权放管结合优化服务改革的若干意见》等关于高等教育"放管服"以及向院系放权、分权文件颁布实施以来，各高校的学院、学部在工科教师招聘工作中的决定权得到了加强，使得学术逻辑和行政逻辑得以制衡。

（2）交叉分析。

若把"学校领导""人事处"分别理解为精英逻辑、行政逻辑，将"学部""专业院（系）"合并为学术逻辑（剔除了同时选了"学部"和"专业院系"的样本）对学校类型和学校所在地区进行交叉分析，详见表6.2；将这三种逻辑各自的占比绘制成图，如图6.1和图6.2所示，结果表明：

表6.2　　教师招聘决定权在各类别的差异分析（%）

特征	类别	学校领导	人事处	学部	专业院（系）	学术逻辑
学校 类型	教育部直属	48.1	53.6	22.9	33.4	56.3
	其他部委所属	38.8	51.5	22.8	34.9	57.7
	地方	40.0	45.1	25.0	33.6	58.6
	民办	35.1	40.2	33.0	21.6	54.6
学校 所在 地区	东北	61.1	55.4	16.5	32.7	49.2
	华东	33.6	51.3	29.0	32.6	61.6
	华南	34.8	41.2	29.9	27.9	57.8
	华中	36.1	50.6	24.9	28.6	53.5
	华北	50.4	42.7	19.8	40.7	60.5
	西部十省	37.6	56.8	20.8	40.8	61.6

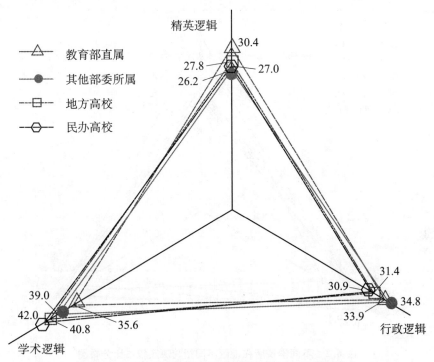

图 6.1　不同类型高校不同招聘决定权占比分布图

1）从学校类型看。

四种类型的高校在工科教师招聘中均形成了主要遵循学术逻辑，其次为行政逻辑，最后为精英逻辑的三角模型。这表明了当前高校在人事管理中，"行政主导"以及"人治"等状况有所改观。

但通过四种类型学校相互比较可知，教育部直属高校精英逻辑占比最高，为 30.4%。教育部直属高校以研究型大学为主，其学校领导往往是各自学科领域的杰出学者，与人事处、专业院系相比，学校领导在行政和学术两种逻辑中均掌握了更多的信息，作为学校"箭头人物"，也更加需要其发挥制衡行政和学术矛盾作用，因而其在教师招聘中具有更强的权威性和主动性。另外，教育部直属高校学术逻辑在总权重中占比最少，仅为 35.6%，而其他部委所属高校则为 39.0%，占比倒数第二，部委所属高校学术逻辑占比均低于地方高校和民办高校。有文章指出，高校在学科专业设置、财务资产分配等环节放权，而在引人用人、招生计划、科研项目评审等关键环节并没有放权。

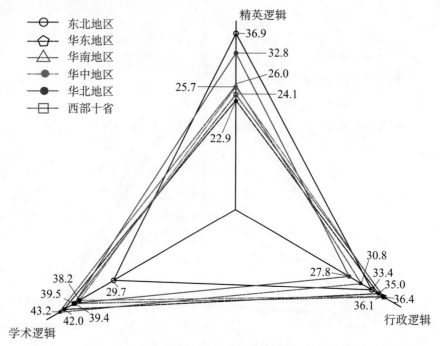

图 6.2   不同学校所在地区不同招聘决定权占比分布图

可以看出，由于部委所属高校普遍综合性更高、规模更大、内部治理也更复杂，其制度惯性也更大，虽然业已形成了学校领导、人事处、专业院系的工科教师招聘决定权三角模式，行政逻辑在其中发挥了不可替代作用，但其在引人用人环节放权力度以及落实效度上似乎还不如地方高校、民办高校。因此，部委所属高校还需要进一步处理好行政权力和学术权力之间的平衡。

2）从学校所在地区看。

东北地区高校以精英逻辑为主，即选择"学校领导"的人数比例最高，为 61.1%（见表 6.2），是该特征下唯一一个比例超过六成的，行政逻辑次之，而学术逻辑垫底；华北地区高校以学术逻辑为主，精英逻辑次之，行政逻辑垫底；其余地区高校皆是以学术逻辑为主，行政逻辑次之而精英逻辑垫底。

在学术逻辑占总权重比重方面，华南、华东、西部十省 3 个地区分列前三，分别为 43.2%、42.0%、39.5%；在行政逻辑占总权重比重方面，西部十省、华中、华东 3 个地区分列前三，分别为 36.4%、36.1%、35.0%；在精英逻辑占总权重比重方面，东北和华北两个地区分别以 36.9% 和 32.8% 远高于位列第三的华南地区的 26.0%，而占比最少的华东地区仅为 22.9%，比排名第一的少了 14 个百分点。综合来看，东北地区高校三种逻辑比较均衡，最高的精英逻辑和最低的学术逻辑占比极差仅为 7.2%，而华东地区高校学术逻辑和精英逻辑极差则高达 19.1%，而华南地区高校学术逻辑和精英逻辑极差也达到了 17.2%。

因此，由于各个地区高校数量、类型、规模乃至发展情况各异，各个地区高校在工科教师招聘决定权方面形成了"精英逻辑-行政逻辑-学术逻辑""学术逻辑-行政逻辑-精英逻辑""学术逻辑-精英逻辑-行政逻辑" 3 种模式，而尽管同为"学术逻辑-行政逻辑-精英逻辑"模式的华东、华南、华中、西部十省 4 个地区，三种逻辑之间的强弱制衡张力也具有一定差异。

综上所述，在工科教师招聘决定权方面，我们还可以发现一些现象和问题：

1）虽然基本形成了学术逻辑、行政逻辑、精英逻辑为主的三角模型，但对于不同类型学校以及不同地区高校，学术逻辑、行政逻辑、精英逻辑之间强弱张力不同，因而使得各个学校以及地区在三角模型中处于不同的位置。

2）三种逻辑在不同类型高校的差值，最大的为 6.4%，最小的则为 3.9%，而三种逻辑在不同地区高校的差值，最小的就达 8.6%，最大的甚至高达 14.0%。此即说明三种逻辑在不同地区分布的差异更大。

3）无论是从学校类型看，还是从学校所在地区看，行政逻辑的差值均最低，这似乎说明了人事处等行政部门在工科教师招聘过程中的重要性在各地、各校的区别并不大。

4）尽管在高等教育"放管服"改革背景下，院系获得了一定的自治权，但从表 6.1 和表 6.2 可以看出，当前部分高校对于人事管理等关键环节放权、分权力度还不够、落实还不够到位，依法治校、教授治学的治理模式还可以进一步完善。

5）对于那些实行了学部制的高校，当把"学部"和"专业院（系）"分开来看时，可以看到，无论是学部还是专业院系，其在工科教师引入聘用方面的权力都不大，如何进一步下放权力，真正落实院系层面的学术逻辑治理，使各个专业院系都能真正按需招聘，还需要加强现代院系综合治理改革的力度。同时，学部在学校的治理体系中究竟处于何种地位、何种层级、学部与学院的关系究竟如何定位、权力究竟如何分配等问题也是那些既设立了学部又设立了学院的高校将不得不面对和解决的问题。

6.2 招聘对象来源

（1）总体情况。

由表 6.3 可知，工科教师和行政人员关于工科教师招聘对象来源回答情况均显示，目前我国高校对应聘工科教师的学历即"出身"极为重视，尤其是有高达 69.7%、53.3% 的行政人员选择了"985 高校""海外高校"，表明了我国高校竭力引进国内外一流人才以推动世界一流大学建设的强烈需求，这使得工科教师队伍专业水平、科研能力得到了极大提升。但从工科教师和行政人员对于同一选项的选择人数比例差值可知，在强调彻底改变看"出身"、讲"文凭"、重"论文"和"理论成果"，而要注重工科教师工程实践经历、工程能力的背景下，工科教师更重视"相关企业"而行政人员更看重"985 高校"的结果表明，尽管高校开始逐渐重视引入企业兼职教师、重视工科教师工程实践能力，从企业招聘已成为部分高校引进工科教师的渠道之一，但是在落实相关理念并从工科教师引进渠道多元化入手以改善工科教师队伍结构方面做得还不够。

表 6.3　　　　　　　工科教师招聘对象来源（%）

	海外高校	985 高校	211 高校	国内普通高校	相关企业
工科教师	48.2	61.1	47.0	27.8	20.0
行政人员	53.3	69.7	53.0	19.9	12.9
二者差值	−5.1	−8.6	−6.0	7.9	7.1

值得注意的是，工科教师和行政人员选择相关企业作为招聘对象来源的比例都很低，为所有来源垫底。但 58.9% 的工科教师和 75.6% 的行政人员均认为学校应该制定政策允许企业高水平的技术人员在高校从事教学活动，尤其是行政人员选择相关企业作为招聘对象来源的人数比例和认为学校应该制定政策允许企业高水平的技术人员在高校从事教学活动的人数比例差值高达 62.7%，体现了工科教师尤其是行政人员对于引企入教的认识还需要进一步深入。造成此现象除了有认识方面的原因，也与当前校企合

作之间存在着的一些制度、文化等壁垒有关。这也从另一个方面说明要以培育新入职和在职工科教师的工程实践能力为主，通过引企入教优化工科教师队伍应该是作为症状"缓解法"的辅助方式，而不是可持续发展方式。

（2）交叉分析。

1）从学校类型看。

表 6.4 的交叉结果显示，当前四种类型高校在工科教师招聘对象来源上选择的人数比例具有明显的差异性特征。在"海外高校""985 高校"选择人数比例上，部委所属高校的依次多于地方和民办高校的，而在"211高校""国内普通高校"的选择人数比例上，部委所属高校的则均少于地方和民办高校的。这可能是，相比地方高校和民办高校，部委所属高校学科种类齐全、资金充足、科研基础平台更加完善，更加符合国内外名校毕业的高学历应聘者的求职需求，而国内外名校毕业的工科生因具备更强的科研能力、学术网络资源、科研成果，也更容易收到部委所属高校的"橄榄枝"，两者更易一拍即合；而民办高校往往由于办学条件等现实因素作用，对于高层次高水平人才的吸引力明显不足。

表 6.4　　工科教师招聘对象来源在各类别的差异分析（%）

特征	类别	海外高校	985 高校	211 高校	国内普通高校	相关企业
学校类型	教育部直属	62.5	68.1	43.4	25.2	15.2
	其他部委所属	50.4	59.6	41.9	26.8	20.2
	地方	32.9	57.5	55.6	30.6	25.2
	民办	23.5	44.9	55.1	35.7	23.5
学校所在地区	东北	59.3	72.4	46.2	17.0	12.8
	华东	44.5	60.5	48.4	33.0	22.5
	华南	33.6	50.7	46.4	36.0	29.4
	华中	42.9	53.8	45.1	31.3	24.7
	华北	58.1	65.9	49.2	22.1	15.1
	西部十省	50.4	59.4	44.4	24.8	12.8

长期以来，在我国"重点建设"和"选优激励"高等教育改革政策选择现实背景以及"大学由大师组成"历史规律双重作用下，相对于部委所属高校，地方和民办高校工科教师招聘渠道重点面向国内 985、211 高校乃至普通高校，形成层级交错的人才引进局面，而不是不计引入成本以及忽

视人才成长与使用规律，盲目面向海外和国内名校招聘工科教师，这是合理的。

虽然过去以高学历、名校毕业为入职必要条件充实了高校工科教师队伍一流人才数量和质量，但随着工程教育范式转型，ABET、CEEAA 和"卓越工程师教育培养计划 2.0"都对工科教师的工程经历、工程实践能力提出了要求，而我国工科教师队伍工程实践经历缺乏、工程实践能力较弱已成为共识。世界一流工程教育需要世界一流、具备工程学科特色的工科教师队伍。显然对于部委所属高校来说，尤其是教育部直属高校仅有 15.2% 的工科教师选择了"相关企业"的情况下，需要加大从企业引进具备高工程素质、深谙最新工程技术的高级人才，打造思想品德、专业素养、科研实力以及工程能力俱佳的世界一流工科教师队伍。相对来说，地方高校和民办高校选择"相关企业"的人数比例分别为 25.2%、23.5%，分列前二位，较为符合地方和民办高校培养服务区域经济发展的应用型、技能型人才的培养定位的工科教师需求，但还需在继续坚持办学特色和定位的基础上，加大招聘具有工程实践经历的工科教师力度。

2）从学校所在地区看。

不同地区高校在不同招聘对象来源上各有侧重。东北地区分别有 59.3%、72.4% 的工科教师选择了"海外高校"和"985 高校"，在各个地区中均列首位，突出了东北地区高校对国内外一流工科人才的迫切需求；在调查的样本中，仅有 33.6%、50.7% 的华南地区工科教师选择了"海外高校"和"985 高校"，选择了"国内普通高校"和"相关企业"的工科教师则分别为 36% 和 29.4%，前两项人数比例最低，而后两项则为最高，这是否与华南地区部委所属高校相对地方高校和民办高校数量在所有地区的占比不高所致，还需要进一步研究；西部十省和东北地区高校在选择"相关企业"的人数比例上并列最低，仅为 12.8%，这也可能与这两个地区高校高水平科研相对不足，领军人物、科研人才流失较为严重，希望优先引入科研产出高、科研能力强的人才以在各种排行榜占据较好位次，进而能获得更多发展资源有关。

各个地区高校的工科教师选择"211 高校"的人数比例差值是所有招聘对象来源中最小的，且选择"国内普通高校"的人数比例均值仅为 27.4%，体现了当前各个地区高校工科教师招聘面向国内普通高校的通道并不宽敞。

（3）小结。

综上不难看出，当前我国工科教师招聘主要面向国内外重点高校来招聘，这样的渠道是否应进一步拓宽？部委所属高校面对企业招聘的高水平工程科技人才比例还可以较大幅度地提高。

应聘者是否出自海外高校、国内 985 高校并不是工科教师队伍质量提升的充要条件。"英雄不论出身"，对于不同类型、不同地区高校来说，只有拓宽工科教师招聘面向的对象，使工科教师来源多样化，从人力资源战略管理角度科学合理引进人才，才能使得工科教师队伍结构合理化，实现学校、地区、国家高等工程教育质量的"变轨"超越。

提升我国高等教育质量，使我国高等教育质量标准、类型多样化，形成创新型、复合型、应用型、技能型高校各美其美、美美与共的体系，既是解决当前"唯名校、唯帽子、重出身、重海外"的根本途径，也是实现公平公正、优质资源共享的题中之义。

6.3　招聘标准

（1）最看重的经历。

要破除"唯学历、唯名校、唯帽子"等人才评价痼疾，就需要以工科教师胜任力为招聘标准，真正引进师德师风优良、具有真才实学的人才。胜任力指能够按照有效标准从事某一项任务的能力，它对知识、技能、职业态度均提出了严格要求，而胜任力往往是在正式与非正式的学习、训练、经历中发展起来的。据此，为满足工程教育实际要求，工科教师需要具备一定的教学能力、科研能力、工程实践能力、国际视野以及对行业的热爱。考察工科教师是否具有相应经历，能够较好验证工科教师在知识技能、能力态度方面的实际情况。

从"工科教师招聘中最应该看重应聘者的哪几类经历"来看，详见表6.5，工科教师选择排名前三的依次是"科研经历""工程实践经历""教学经历"，其占比分别为 58.1%、53.4% 和 42.2%，而行政人员则依次为"科研经历""工程实践经历"和"留学经历"，其占比分别为 68.8%、54.2% 和 51.8%。工科教师最不看好"留学经历"，行政人员选择该项的占比则多了 22 个百分点，差距不可谓不大。

表 6.5　　　　　　　　　工科教师招聘最看重的经历（%）

	工程实践经历	科研经历	教学经历	留学经历
工科教师	53.4	58.1	42.2	29.8
行政人员	54.2	68.8	36.0	51.8
二者差值	-0.8	-10.7	6.2	-22.0

整体来看，无论是工科教师，还是行政人员都认识到了工科教师招聘的特殊性，即注重工科教师工程实践经历。但是从绝对值看，选择"工程实践经历"的人数并不多，一方面可能是大家认为当前工程实践经历仍存在"走马观花"的现象；另一方面也说明了大家还不够重视从源头上改变工科教师工程实践能力不足的窘境。还有一种可能就是当前招聘的对象仍旧主要是从高校毕业就参加工作的，这些高校的工科教师们在校期间本来就没有什么工程实践经历，所以在工科教师的招聘标准中过分地强调应聘者的工程实践经历，一来不现实，二来强调了也难以落实。

尽管工科教师和行政人员选择"工程实践经历"的人数比例都排名第二，但相对排名第一的"科研经历"，工科教师的差距仅 4.7 个百分点，而行政人员的则高达 14.6 个百分点，说明工科教师比行政人员更看重工程实践能力在招聘标准中的地位。

无论是工科教师，还是行政人员，选择"科研经历"的人都远多于选择"教学经历"的。行政卷中更有 51.8% 的人选择了"留学经历"，比选择"教学经历"的多了 15.8 个百分点，结合前文工科教师招聘对象来源来看，有 53.3% 的行政人员选择了"海外高校"，这似乎说明了在以行政效率为标准的行政人员群体内，"唯学历、重出身"的风气仍然较为严重，当然，这也可能与当前工科研究生的培养方案中并没有教学相关要求有关。不过，轻教学经历将会使得新上岗的工科教师缺乏教育学、心理学、教学设计等方面的知识和相应的能力而使教学质量打折扣。

（2）对教师行业的热爱程度。

从"招聘中必须考虑应聘者对教师行业的热爱程度"回答情况看，如表 6.6 所示，有 74.9% 的工科教师非常同意或同意。从行政卷"贵校在招聘中非常注重应聘者对教师行业的热爱程度"回答情况来看，有 75.9% 的行政人员非常同意或同意，略高于工科教师选择的人数比例，但也仅多了一个百分点，占比都不太高，说明了无论是工科教师还是行政人员目前都不太重视考察新入职工科教师对行业的热爱程度。

表 6.6　　　　　　　　招聘中对教师行业的热爱程度（%）

工科教师	招聘中必须考虑应聘者对教师行业的热爱程度				
	非常同意	同意	基本同意	不同意	非常不同意
	39.5	35.4	18.5	4.7	1.8
行政人员	贵校在招聘中非常注重应聘者对教师行业的热爱程度				
	非常同意	同意	不清楚	不同意	非常不同意
	27.9	48.0	17.9	4.8	1.5

如果说工科教师的回答情况是指向内容、反映结果，那么行政人员的回答情况则反映了执行情况。无论是工科教师还是行政人员，都还不太重视考察新入职工科教师对行业的热爱程度，当前在招聘中对工科教师行业热爱程度考察的执行情况仍然欠佳，这既可能是缘于工科教师和行政人员认识上的不足，但同时也可能说明了政策的执行和落实不到位，甚至有可能是政策制定有问题，毕竟工科教师选择了"非常同意"的占比还不到四成，而行政人员选"非常同意"的占比仅比 1/4 多一点。

(3) 交叉分析。

将工科教师的基本信息与招聘中最看重的经历和对教师行业的热爱进行交叉分析，详见表 6.7，结果表明：

1）从性别上看。

更多的女性工科教师选择了"工程实践经历""科研经历""教学经历"，而男性工科教师则在"留学经历""行业热爱"两个选项上略多于女性，但每个选项选择人数比例的差距均不大。因此，可以认为男女性工科教师对各项经历在工科教师招聘中的权重看法较为一致。

2）从年龄段看。

年龄≤35 岁工科教师选择"留学经历""科研经历"的人数比例分别为 29.2%、54.0%，均远低于年龄≥46 岁的工科教师，且随着年龄减小，"科研经历"选择人数比例呈现递减趋势。同样地，年龄≤35 岁的工科教师在另外三项上的选择人数比例皆为最低。目前我们还没能分析得出其选择"留学经历""科研经历"的人数比例皆低的原因。这或许是因为"破五唯"评价改革已取得一定成效，青年工科教师认为经历无关紧要，重要的仅仅是岗位胜任力；也可能是因为当前各种留学经历、科研经历中缺乏质量监控和反馈，使得现在部分老师认为经历成为"混文凭、混资格"的一种形式，所以不认可"以一纸经历论英雄"的形式，但在观念上，仍然存在着重科研轻教学、重理论轻实践的思想。

通过纵向比较"教学经历"选择人数比例，年龄≥46岁工科教师为45.3%，分别大于36～45岁工科教师的42.1%和年龄≤35岁的工科教师的41.7%，这就说明了与以往相比，教学经历、教学能力在工科教师心里和实际行为中的确式微。

36～45岁工科教师选择"留学经历"的人数比例为28.7%，为最低，选择"工程实践经历""行业热爱"的人数比例分别为56.4%、78.3%，均为最高。这可能得益于近年来高等工程教育改革深化、强调师德师风建设、"破五唯"等方面工作的深化，同时与刚入职不久的年龄≤35岁工科教师相比，36～45岁工科教师在教学科研活动中，真正体会到了工程实践经历以及对教师行业热爱带给自身的帮助，而与年龄≥46岁工科教师相比，其思维惯性更少，也更愿意走出"舒适区"，在变革中谋发展的意愿更强，从而使得他们比其他两个年龄段的工科教师更加重视工程实践经历和行业热爱。

而仅有73.1%的年龄≤35岁工科教师同意或非常同意"行业热爱"对工科教师的重要性，在3个年龄段中是最低的，也表明了尽管我国工科教师队伍不断扩大，但真正热爱教师行业的好教师并没有与之成正比地增加，与那些大于35岁的工科教师相比，如今刚入职不久的年青的工科教师或许受到这样、那样的影响而使得他们对教书育人、无私奉献的春蚕精神的热爱甚至可能还呈现下降趋势。

3）从最高学位看。

博士学位工科教师选择"留学经历"的人数比例最高，为34.4%，硕士学位工科教师为最低，仅为24.8%。博士学位工科教师人数比例最高可能是由于博士学位中具有留学经历的工科教师人数比例高于其他学位中具有留学经历的教师人数，从扩大自身比较优势的前提出发，具有留学经历的工科教师更倾向于选择工科教师招聘需看重应聘者是否具有留学经历。而学士学位工科教师选择"留学经历"人数比例高于硕士学位工科教师，则可能与留学经历是否真正能使工科教师更具胜任力、竞争力有关。

博士学位工科教师遵循"从学校到学校"发展模式的占比很高，由于他们毕业就入校，其科研能力又显著强于其他学位工科教师，因此有69.7%的博士学位工科教师选择了"科研经历"，占比为最高。但博士学位工科教师选择"工程实践经历"的占比也为最高，原因尚待考察。毕竟他们博士毕业就入校工作的履历使得其在入校时几乎没有工程实践经历，这究竟是否因为他们认识到了工程实践经历很重要，还是其他原因，尚不得而知。在科研能力、工程实践能力等方面不占优势的学士学位工科教师，可能是为了发挥教学经历更丰富的比较优势，从而有45.7％的学士学位工科教师选择了"教学经历"，比其他两个学位的都要高。

在"行业热爱"一列中，博士学位工科教师为82.7％，远高于其他两个类别均值12.25个百分点。具有博士学位的工科教师在毕业后往往会有更多就业选择，在教师不是其最好就业选择的情况下，能够选择到高校任教的工科教师，其学术热情以及对教师职业热爱可能要强一些。

4）从职称看。

在"留学经历"方面，高达41.0％的正高职称工科教师选择了此项，远高于其他三个类别均值近14个百分点。这可能是一些高校近年来为吸引海外人才，在其进校的时候就聘为正高职称，从而使得正高职称工科教师中具有留学经历的人数比其他职称的工科教师人数更多，而因为拥有更多留学机会，他们更熟悉出国交流学习收益最大化"运作机理"，能够分享到更多的知识外溢，加上国内评价制度向具有留学经历的教师倾斜，所以结合自身的发展经历，这部分工科教师会更认可留学经历对于新入职工科教师能力提升、专业发展的积极作用。

高级职称工科教师选择"工程实践经历"的人数比例均值为52.7％，略低于中初级职称的均值56.0％，这可能与高级职称工科教师思维惯性有关。即在高等教育跨越式发展过程中，工科教师是否具备工程实践经历对于工科教师个人发展、工程教育质量提升的影响不明显，使得高级职称工科教师还未完全认可工程实践经历必须为工科教师职业资格认证条件这一理念。

同样，因为高级职称工科教师科研能力强于中初级职称工科教师，且在重科研轻教学的考核评价影响下，其普遍认为科研经历对工科教师个人以及工程学科发展更为重要，在科研导向的职称评聘中，职称高低更多体现为科研能力强弱而非教学能力强弱，即高级职称工科教师不一定就比中初级职称工科教师教学能力强，这或许可以解释为何高级职称工科教师选择"科研经历"和"教学经历"均值为60.35％、40.75％，前者比中初级职称工科教师的均值高了6.2个百分点而后者则比他们的均值低了3.7个百分点。

82.4%的正高职称工科教师和77.0%的中级职称工科教师同意或非常同意招聘中必须考虑应聘者对工科教师行业的热爱程度，显著高于其他两个类别工科教师。中级职称的高占比可能与他们从事的活动有关，即中级职称工科教师往往比初级职称工科教师承担较多的教学、科研活动，对高校教师职业的参与体会均更多，与高级职称工科教师相比又往往担任的是通识课、专业基础课的教学，面对的学生差异性更大、教学内容也更丰富有趣，这些因素均能有效培养教师对行业的热爱。正高职称工科教师人数比例为最高，直接表明了只有对行业充满热爱、不忘初心，才能持续推动工科教师不断追求卓越，在平凡的岗位上创造业绩。

5）从学校类型看。

高达41.1%的教育部直属高校工科教师选择了"留学经历"，远高于其他类别均值18.8个百分点，且其他部委所属高校、地方高校、民办高校人数比例依次递减。这一数据一方面显示出了不同类型高校办学层次、资源禀赋上的不同导致了工科教师招聘标准上的巨大差异，另一方面也说明了力争建设世界一流大学、一流学科的部委所属高校可能更容易受到各种量化排行榜的"诱导"而出现"唯学历、唯出身、唯帽子"的不良风气。

教育部直属高校在"工程实践经历"列中数值为56.7%，比排名垫底的民办高校的44.9%多了近12个百分点而排在榜首。位居第一，表明了近年来为做好卓越工程师培养，研究型大学可能已开始意识到通过引入具有工程实践经历的工科教师，对于提升办学质量和声誉的重要意义；远高于民办高校的44.9%，这可能是由于民办高校"双师型"、具备工程实践经历的工科教师比例已然较高。

分别有60.1%、41.1%的教育部直属高校工科教师选择了"科研经历"和"教学经历"，前者在所有类别中为最高，而后者则为最低，表明了相对其他类型高校来说，教育部直属高校重科研轻教学的程度可能更深。另外，民办高校有45.9%的工科教师选择了"教学经历"，为所有类别中最高，这也是民办高校唯一一项排名第一的（其他四项均垫底），但其选择人数的比例并未过半，这一方面可能与民办高校的办学定位有关，另一方面也可能说明"教学经历"在不同类型高校中均式微。

在"行业热爱"列，教育部直属高校数值最高，为83.3%，且和最低的民办高校数值极差高达26.2%。民办高校极低的数值是否说明其在人才引进的时候没太多关注这个问题，而更多地强调物质等实际待遇，还需要进一步研究。然而，要提升办学质量，就需要从源头上重视引入一批真正热爱工科教师行业，乐于为教学付出的工科教师，而不是利用教师社会地位高、薪资报酬的提升，把教师职业当作追求物质的一种手段。

6）从学校所在地区看。

东北地区和华北地区工科教师选择"留学经历"的人数比例分列第一、二位，分别达 41.3%、33.7%，这一排名与两个地区工科教师招聘对象来源主要面向海外高校一致，皆为所有地区中最高。结合前边特征在"行业热爱"选择比例上分析，有意思的是，在象征科研实力更强的博士学位、正高职称的工科教师以及更注重引入科研实力强的教育部直属高校、东北和华北地区高校中，"行业热爱"的数值均为同特征下最高，似乎说明了师德师风、学术道德以及行业热爱忠诚，对于高层次人才的持续发展尤为重要。

选择"海外高校"和"985 高校"人数比例均最少的华南地区高校，在选择"留学经历"和"科研经历"的人数比例上同样最少，分别仅为23.7%、46.9%。且华南地区高校在所有选项中人数比例均为最低，表明了该地区总体上不存在明显的偏重工科教师哪一项经历情况，但"行业热爱"仅为 58.8%，似乎体现了部分高校对工科教师情感态度价值观的忽视。

尽管华东地区和西部十省工科教师选择"工程实践经历"的人数比例分别只比"科研经历"多了 3.9 和 1.5 个百分点，但不同于其他四个地区，这两个地区在招聘中最重视的是工科教师的工程实践经历，而不是科研经历。

表 6.7　　　工科教师招聘最看重的经历和
行业热爱在各类别的差异分析（%）

特征	类别	留学经历	工程实践经历	科研经历	教学经历	行业热爱
性别	男	30.1	52.8	57.8	42.1	75.3
	女	29.4	54.3	58.6	42.4	74.2
年龄段	≤35	29.2	52.1	54.0	41.7	73.1
	36～45	28.7	56.4	64.3	42.1	78.3
	≥46	37.3	53.4	67.1	45.3	77.6
最高学位	博士	34.4	55.6	69.7	41.6	82.7
	硕士	24.8	50.2	50.5	41.0	67.0
	学士	30.0	54.9	48.4	45.7	73.9

续表

特征	类别	留学经历	工程实践经历	科研经历	教学经历	行业热爱
职称	正高	41.0	54.7	62.9	41.7	82.4
	副高	27.3	50.7	57.8	39.8	70.4
	中级	28.3	55.2	57.5	44.8	77.0
	初级	26.3	56.8	50.8	44.1	73.7
学校类型	教育部直属	41.1	56.7	60.1	41.1	83.3
	其他部委所属	26.0	50.6	57.4	41.7	72.5
	地方	22.4	54.1	57.7	43.4	70.9
	民办	18.4	44.9	51.0	45.9	57.1
学校所在地区	东北	41.3	51.9	64.1	43.3	84.3
	华东	26.5	56.3	52.4	47.2	74.3
	华南	23.7	40.3	46.9	33.6	58.8
	华中	24.7	51.3	57.8	37.8	68.7
	华北	33.7	57.4	69.0	40.3	82.6
	西部十省	27.8	63.2	61.7	47.4	78.9

(4) 小结。

建设世界一流大学需要世界一流的师资队伍。工科教师招聘标准的不断提升和更加细化，保障了我国高校工科教师队伍建设质量。

然而，当前的招聘标准或多或少受到了重论文、重学历、重科研成果等普适性标准的影响，重科研轻教学、重理论轻实践、重知识技能轻情感态度等问题仍然较为严重，"唯学历、重出身"的风气仍然较为严重，对新入职工科教师对行业的热爱程度的考察，要么没有进入招聘标准，要么存在考察的执行情况仍然欠佳的情况。这既可能说明了相关政策的执行和落实不到位，也有可能是相关政策的制定有问题。从工科教师入口的标准上提升工科教师队伍的质量，还有较长的路要走。

6.4 招聘工作的改进

(1) 总体情况。

由表6.8可知，"招聘考核内容"是工科教师和行政人员均认为最需要改进的，均排名第一，且与第二名的差距，教师卷多了16.2个百分点，而行政卷更是多了近一倍。教师卷中选择排名前二至五的依次为"招聘信息发布方式""招聘组织形式""招聘章程"和"招聘考核方式";而行政卷的则依次为"招聘考核方式""招聘信息发布方式""招聘章程"和"招聘组织形式"。可以看到,无论是教师卷还是行政卷,均显示当前工科教师招聘存在的问题以及需要改进的地方主要体现在"招聘考核内容""招聘信息发布方式""招聘组织形式""招聘章程""招聘考核方式"这五个方面。

表 6.8　　　　　　　　工科教师招聘要改进的方面（%）

		招聘考核内容	招聘章程	招聘信息发布方式	招聘组织形式	招聘渠道	招聘考核方式	增加国内外高水平大学的工科毕业生	增加相关企业高职称人员	招聘岗位类型设置
工科教师	比例	50.3	31.1	34.1	33.9	23.2	24.6	21.6	13.5	11.3
	排序	1	4	2	3	6	5	7	8	9
行政人员	比例	63.3	26.8	29.2	26.4	23.1	32.3	23.1	21.8	13.8
	排序	1	4	3	5	6	2	6	8	9

在五个方面具体排序上,工科教师和行政人员存在一些差异。除了均将"招聘考核内容""招聘章程"分别排在了第一位和第四位,其余三个的排序均不一样。无论是从排序还是选择人数比例上,工科教师都比行政人员更加认为"招聘信息发布方式""招聘组织形式"需要改进,在"招聘章程"上选择的人数比例也比行政人员高了 4.3 个百分点。这表明除了要制定科学合理、符合学校办学定位和特色的招聘考核内容之外,对于应聘者来说,要更加注重招聘过程在信息对等完善的基础上,能够真正以应聘者能力和水平作为最终的标准,保障招聘过程公正公开。

至于招聘渠道和对象来源,工科教师和行政人员的认识又是一致的,选择"招聘渠道"的人数比例均排在第六,"增加国内外高水平大学的工科毕业生""增加相关企业高职称人员"的排序紧跟其后,尤其是后者,大家都不看好,在整个 9 个方面中排名均为倒数第二。这可能是工科教师和行政人员对目前的招聘对象来源及其占比相对比较认可,也可能是相对于排序靠前的几个问题,这些问题的重要程度还不够迫切和紧急。不过,第一,这表明比起一味重视引进高水平、高层次人才的短期行为来说,长远来看,建立一套涵盖计划、遴选、聘任等全过程科学合理、公正有序的招聘机制对于工科教师队伍建设更为紧要;第二,结合前文工科教师招聘对象来源的分析结果也可看出，工科教师和行政人员对招聘渠道的相对认可，反映了他们仍旧或多或少存在着重出身轻能力、重理论轻实践的观念；第三，"增加相关企业高职称人员"的选择人数占比均不高，可能从另一个层面说明了党中央、国务院在2018年发布的《关于全面深化新时代教师队伍建设改革的意见》（中发〔2018〕4号）中明确规定的"鼓励高等学校加大聘用具有其他学校学习工作和行业企业工作经历教师的力度"的及时性和重要性。

大多数高校若干年前均进行了岗位设置管理改革，普遍设立了教学为主型、教学科研并重型、科研为主型三种岗位，部分高校还在这三种基本岗位基础上设立了社会服务型、社会服务与技术推广、团队科研教学等岗位，2018年中共中央办公厅、国务院办公厅又适时发布了《关于分类推进人才评价机制改革的指导意见》，这些都切实保障了不同特点和兴趣教师的切身利益以及高校长远发展。因此，仅有11.3％和13.8％的工科教师和行政人员选择了"招聘岗位类型设置"，位列所有选项末位。

（2）交叉分析。

将表6.8和学校类型、学校所在地区进行交叉分析，结果如表6.9所示。

表6.9　　　　工科教师招聘改进方面在各类别的差异分析（％）

特征	类别	招聘考核内容	招聘章程	招聘信息发布方式	招聘组织形式	招聘考核方式	招聘渠道	增加国内外高水平大学的工科毕业生	增加相关企业高职称人员	招聘岗位类型设置
学校类型	教育部直属	58.9	33.4	31.9	33.7	26.1	24.9	20.1	12.8	10.2
	其他部委所属	49.2	30.4	32.3	34.2	26.4	21.7	20.4	14.7	9.6
	地方	42.1	29.9	38.9	34.2	22.0	21.6	24.6	13.5	13.2
	民办	42.9	27.6	34.7	32.7	18.4	28.6	23.5	11.2	17.3
学校所在地区	东北	60.3	36.5	31.1	34.6	26.9	18.3	16.3	10.6	9.0
	华东	49.2	32.8	38.3	38.3	21.5	23.9	22.1	11.5	9.7
	华南	36.5	28.0	41.7	36.5	18.0	26.5	24.2	14.2	12.3
	华中	41.8	35.6	33.1	33.1	24.0	26.5	20.7	15.3	9.8
	华北	57.0	23.3	27.1	28.7	29.8	23.6	27.9	16.3	15.1
	西部十省	57.1	23.3	29.3	24.1	32.3	18.8	18.0	17.3	16.5

1）从学校类型看。

教育部直属高校工科教师选择"招聘考核内容"的人数比例高达58.9%（该比例也是同特征下最高的，比排名第二的多了近10个百分点），结合表6.7，教育部直属高校工科教师选择"留学经历"的人数比例比第二高的其他部委所属高校多了0.58倍，比排名垫底的更是多了1.23倍，且选择"教学经历"的人数比例为最低，这可能是他们选择"招聘考核内容"人数比例最高的部分原因。

四种类型高校除了都将"招聘考核内容"放在招聘制度首先需要改进的位置之外，部委所属高校和地方高校工科教师同时也希望改进招聘组织形式；此外，地方高校选择"招聘信息发布方式"的人数比例也为同特征下最高。这可能是与部委所属高校工科教师招聘涉及的人员规模更大、程序更为复杂，更需要高效的组织形式予以保障有关；而地方高校由于同类高校竞争较为激烈，因而可能更加重视招聘信息发布方式。

从选择"招聘渠道"的人数比例上看，民办高校和教育部直属高校选择的人数比例位列前二位，而从"增加国内外高水平大学的工科毕业生""增加相关企业高职称人员"两个选项的选择人数比例上看，民办高校选择前者的人数比例较高，而教育部直属高校选择后者的人数比例较高，也许反映了民办高校希望招聘渠道能够多面向学术能力强的应聘者。地方高校选择"增加国内外高水平大学的工科毕业生"的人数比例最高，而其他部委所属高校选择"增加相关企业高职称人员"的人数比例更高，这可能与地方高校师资较弱而其他部委所属高校行业企业性质较强有关。

部委所属高校工科教师对招聘岗位设置满意度明显更高，也许表明了部委所属高校岗位设置管理改革成效更好。而民办高校选择此项的人数比例比排名垫底的多了近一倍，似乎说明民办高校该工作需要加强。

2）从学校所在地区看。

在"招聘考核内容"列中，选择人数比例最高的为东北地区工科教师，数值高达60.3%，比最低的华南地区多了23.8个百分点。而表6.7的数据表明东北地区有高达41.3%的工科教师认为当前高校招聘更看重留学经历，为所有地区最高，但其工科教师对招聘考核内容满意度却为所有地区中最低。由此可以看出，当前评审规则把优秀学子推向海外的做法更加容易激起工科教师对招聘考核内容的不满。

值得注意的是，唯独华南地区工科教师选择"招聘信息发布方式"的人数比例不仅为同特征下最高，而且也是该地区 9 个改进途径中占比最大的，而不是"招聘考核内容"，这既有可能是华南地区在招聘考核内容方面做得较好，其他地区高校应在结合学校特色和办学定位基础上学习借鉴，也有可能是相对于招聘考核内容而言，华南地区高校在招聘信息发布方式上确实需要改进，而如果是后者，华南地区高校可以多向华北地区高校"取经"。

与学校类型不同的是，学校所在地区特征下，各个类别之间差异性更大。如东北地区高校在"招聘章程"上选择的人数比例为 36.5%，为该地区 9 个选项里第二高，也是同特征下比其他地区都要高的；而华东地区则是"招聘信息发布方式"和"招聘组织形式"以 38.3% 的比例分列同特征下的第二和第一位；西部十省和华北地区则均为选择"招聘考核内容"的人数比例最高，且他们选择"招聘考核内容"以近六成的占比分列同特征下第二、第三位，同时选择"增加相关企业高职称人员"和"招聘岗位类型设置"的人数比例分列同特征下第一、第二位，足以说明这两个地区对改进招聘考核内容的渴望，以及相对于其他地区，它们对这三个途径的需求也较明显；华南和华中地区工科教师对招聘渠道的满意度最低，而东北地区和西部十省的则相对要高一些。

也许正是因为东北地区高校认为招聘考核内容应该减少留学经历内容，所以其选择"增加国内外高水平大学的工科毕业生"的人数比例也为所有地区中最低。但与此同时，东北地区工科教师对于引进企业高水平技术人员的观念最不认可。

（3）小结。

总的来看，当前工科教师招聘制度中首先应改进的是招聘考核内容，而从不同特征类别角度看，诸如在招聘信息发布方式、招聘组织形式、招聘章程、招聘考核方式等其他方面，因各个学校实际情况不同，问题呈现程度以及改进迫切程度均不同。尽管不如"招聘考核内容"选择人数比例集中和一致，但从选择人数比例来看，其他八个方面人数比例相对分散更是突出了当前工科教师招聘中存在的问题较多，需要改进的地方也涵盖了招聘工作体系的诸多方面。

第 7 章

工科教师考核评价

考核评价是高校教师选聘、任用、薪酬、奖惩等人事管理的基础和依据，作为"指挥棒"，其调动教师工作积极主动性的作用比任何一个时期都要凸显。考核目的在于用以评促建的方式，激发高校教师教书育人、科学研究、创新创业活力，推动教师专业发展和职业获得感，以及提升高校办学质量，从而实现教师和高校的双赢。

自 2016 年教育部颁布《关于深化高校教师考核评价制度改革的指导意见》，对高校教师考核评价制度的重要性、改革方向、基本原则等提出明确要求以来，各地各高校积极探索教师考核评价改革，在教师分类管理、考核指标体系建立、评价机制创新、强化聘期考核等方面做了有益尝试，也积累了不少经验。为进一步了解工科教师考核评价现状和存在的问题，本章将主要从工科教师或行政人员角度出发，分析对工科教师教学能力和科研能力的考核评价、师德考核的"一票否决"、考核周期、考核成效及考核工作的改进。

7.1 对教学能力、科研能力考核评价

（1）总体情况。

教学能力和科研能力均为工科教师的核心能力，一直是考核评价的核心内容。那么工科教师和行政人员更希望从哪些方面来评价教学和科研能力呢？

由表 7.1 可知，工科教师卷中，分别有 47.9％、47.6％、41.5％的工科教师选择了"工程实践""教学成绩""教学研究"对教学能力进行评价，分列所有选项前三位；而在行政卷中，"学生评价""教学成绩""同

行评价"分别以 67.2％、50.0％、49.6％分列前三。可以发现，工科教师和行政人员在用什么评价工科教师的教学能力问题上存在着较大分歧。

表 7.1　　　　　　　　评价工科教师教学能力、科研能力

选项	工科教师（％）	排序	行政人员（％）	排序
希望从哪些方面评价教学能力				
工程实践	47.9	1	48.7	5
教学成绩	47.6	2	50.0	2
同行评价	39.9	4	49.6	3
教学研究	41.5	3	49.3	4
教学设计	33.2	5	34.5	6
教学实施	24.1	7	33.4	7
教学评价	21.3	8	23.6	8
教学获奖	15.4	10	19.9	9
学科专业	17.1	9	12.7	10
学生评价	25.3	6	67.2	1
其他	3.0	11	2.8	11
希望从哪些方面评价科研能力				
主持横向课题数量	35.4	5	51.8	2
主持纵向课题数量	47.1	1	61.3	1
工程实践成就	43.0	2	45.6	5
科研获奖	38.4	3	39.9	7
论文影响力	38.4	3	51.5	3
获权发明专利	26.8	7	48.2	4
科研成果转化	29.0	6	43.5	6
论文数量	16.0	9	22.9	8
社会服务效果	16.2	8	18.3	9
其他	3.3	10	3.0	10

1）关于学生评价。

相比行政卷选择"学生评价"的人数比例高达 67.2％，排名高居其他评价方式之首，仅有 25.3％的工科教师选择"学生评价"，比行政人员少了 41.9 个百分点。这个巨大的差异很明显地说明了当前"学生评价"的窘境——行政人员很喜欢，但工科教师很不买账。

针对该问题出现的原因，我们特地对 10 位工科高校校领导和 6 位工程教育专家进行了访谈，有的认为原因是当前许多高校把"学生评价"纳入教师考核评价指标体系中，因而更多行政人员按照既定政策逻辑选择了

"学生评价"，但工科教师是从局部、微观、个体实践的角度进行选择，对学生评价中的问题存在不同看法。有的认为原因是行政管理部门希望落实"以学生为中心"的理念，达到以评促改、提高教育教学水平的目标，其出发点是对的，而工科教师作为被评价的群体，其想法可能与行政人员不一致。正如一位部属 985 高校副校长谈道："主要原因是行政管理部门是制定评价体系的主体，出发点更容易与学生达成一致。而工科教师作为学生评价的客体，也是学生评价结果的'利益'攸关方，很可能由于评价结果出现一定的偏差或者评价结果不理想，从而对学生评价的可信度产生怀疑。"一位地方高校副校长则认为："行政人员看的是学生评价的整体结果，它可以反映教学整体质量，所以认可度较高。普通教师通常看的是学生评价的局部，从统计意义上来说，是可能存在失真，所以，会有不少普通教师不太认可学生评价。"还有一位部属 985 高校副书记则指出学生评价评的是"感受"，教师找不到学生的"感受"便会自然不认可学生评价，同理，行政人员找不到师生的"感受"，所以行政人员和工科教师对于同一措施的分歧便较大。

其实，学生作为教学活动的中心、教师课堂教学效果的直接利益攸关者，对教师教学效果的好坏、教学水平的高低是最有发言权的，理应在对教师的评价中占据举足轻重的位置。然而，调查结果显示工科教师们对"学生评价"如此低的认可度，说明这当中一定是出了什么问题。作者此前不久曾见过某 985 高校的学生评教材料，评教结果以学生打分的多少按教师所在学院拉通排序，而这些课程有多少学生参与有效的评教并未作出任何的权重处理。这对于只有几个或十几个有效样本的课程而言，有 1、2 个学生的数据发生较小的改变，将可能导致评教数据发生较大的变化，这势必又将使教师评教结果的排序发生很大的变化。而排序一旦变化，对教师而言就是评优、评先有无资格，甚至还会影响要评职称的教师是否有资格申报职称，其影响不可谓不大。所以，在这样的因果循环下，参与问卷调查的工科教师不认可学生评教就有情可原了。

访谈结果和调查结果从侧面说明了工科教师和行政人员乃至学生之间应该加强交流沟通、共同探讨研究某项措施存在的问题，才能更好地推动改革。

2）关于评价科研能力方面。

分别有 47.1%、43.0% 的工科教师选择了"主持纵向课题数量""工程实践成就"，为所有选项前二，而选择"科研获奖"和"论文影响力"的人数比例均为 38.4%，并列第三；在行政卷中，排列前三位的分别是61.3% 的"主持纵向课题数量"、51.8% 的"主持横向课题数量"、51.5%的"论文影响力"。

在对比其他科研能力评价选项上发现，行政人员比工科教师更加注重"主持横向课题数量""论文影响力""获权发明专利"以及"科研成果转化"，这似乎说明行政人员逐步开始从注重理论成果和论文数量转向科研成果转化与应用情况。行政人员思想的转变有利于从上至下推动我国高校科研评价制度改革。

3）关于工程实践方面。

在考核评价教学能力和科研能力时，工科教师与行政人员都重视工程实践在考核评价中的地位，尤其是工科教师明显更加重视"工程实践（成就）"。但也应注意到在评价教学能力方面，教师们选择"工程实践"的人数比例高于"同行评价""教学研究""教学成绩""学生评价"的人数比例；在评价科研能力方面，选择"工程实践成就"的人数比例多于选择"主持横向课题数量""主持纵向课题数量""论文影响力""发明专利"的人数比例。

这究竟是什么原因，还需要进一步的研究。但如果是部分工科教师真实的想法，那似乎可能说明了，部分工科教师难以拿捏教学、科研、工程实践之间的度，在提升工程实践能力的过程中缺乏目的性，造成了顾此失彼的境地。进而说明考核评价制度改革牵涉范围广、改革难度大，只有做好多方利益协调、政策制度和思想行为一致，才能更好发挥其"指挥棒"作用，激发工科教师创造活力。

（2）交叉分析。

将教师卷和行政卷两道题中，选择人数排名前三的选项挑选出来，进行交叉分析，详见表 7.2。

1）从年龄段看。

自"卓越计划一期"及"卓越工程师教育培养计划 2.0"颁布实施以来，各高校对工科教师工程实践能力也越来越重视。因此，年龄≤35 岁工科教师比其他两个年龄段工科教师更加注重在教学能力考核评价中引入工程实践，其选择"工程实践"的人数比例不仅是同特征下最高的，同时也是该年龄段中所有选项中最大的。

表 7.2　　　　　　　　对工科教师教学能力、科研能力的
考核评价在各类别的差异分析（%）

特征	类别	教学能力					科研能力				
		工程实践	教学成绩	教学研究	学生评价	同行评价	主持横向课题数量	主持纵向课题数量	工程实践成就	论文影响力	科研获奖
年龄段	≤35	51.0	49.8	42.6	20.5	41.5	35.7	45.6	44.6	36.5	42.0
	36~45	42.8	43.6	39.9	31.4	38.8	33.1	50.9	37.9	44.5	33.3
	≥46	41.6	44.1	39.1	39.8	32.9	39.1	46.0	47.2	34.2	29.2
最高学位	博士	51.6	44.9	39.3	34.0	40.3	39.1	53.6	38.1	46.0	35.1
	硕士	43.5	46.1	40.6	19.5	40.2	30.7	41.2	45.0	34.4	38.9
	学士	48.7	56.1	48.1	18.4	38.6	36.5	44.8	49.3	30.6	44.5
职称	正高	57.2	46.0	41.7	31.7	45.7	44.2	48.2	48.6	43.2	36.0
	副高	45.4	45.5	37.5	23.1	39.7	30.2	46.0	42.1	38.6	38.5
	中级	46.9	51.1	46.9	23.9	39.1	37.1	48.4	40.8	37.9	40.3
	初级	45.8	45.8	38.1	30.5	32.2	36.4	44.1	46.6	28.8	34.7
学校类型	教育部直属	56.6	49.1	46.7	27.9	41.1	44.5	52.8	45.0	46.0	38.2
	其他部委所属	45.5	44.7	36.4	23.6	38.7	28.5	45.5	40.8	38.3	40.0
	地方	42.7	48.9	42.1	22.9	41.2	31.8	42.7	45.3	35.9	37.2
	民办	33.7	48.0	35.7	30.6	33.7	34.7	41.8	32.7	36.7	37.8
学校所在地区	东北	54.8	44.9	38.5	28.2	42.9	41.0	52.6	41.0	34.9	37.5
	华东	50.6	51.6	44.1	19.8	43.5	33.4	46.0	45.3	37.9	41.7
	华南	47.4	44.1	35.5	13.3	33.2	32.2	34.1	45.7	34.9	34.6
	华中	41.8	45.5	40.7	24.0	41.5	29.1	50.9	42.5	37.6	37.1
	华北	41.1	48.4	48.4	37.2	36.8	36.4	48.1	42.6	40.3	41.5
	西部十省	48.1	47.4	36.8	37.6	33.1	45.1	48.9	39.1	48.1	31.6

与同行评价和教学研究相反，随着年龄的增长，工科教师对以学生评价来判断工科教师教学能力的认可度也越来越高。仅有 20.5% 的年龄≤35岁工科教师选择"学生评价"，不仅是同特征下最低，也是该年龄段唯一一个排名垫底（其余四项均排第一）的选项，足见他们对"学生评价"的不喜爱，这有可能与这部分工科教师刚入职而对学生、课堂、课程认知不足、缺乏经验有关，加之学生在评教过程中易受到老教授"光晕效应"影响，从而可能使得刚入职教师在学生评价中处于不利地位。因此与年龄>35岁工科教师相比，年龄≤35岁工科教师更倾向于加重同行评价而不是学生评价在教学能力考核评价中的比重。

在科研能力评价中，分别有 50.9％和 44.5％的 36～45 岁工科教师选择了"主持纵向课题数量"与"论文影响力"，两项数值均高于其他两个年龄段，而其在"主持横向课题数量"和"工程实践成就"上的人数比例分别为 33.1％、37.9％，两项数值均低于其他两个年龄段。这表明了正处于专业、事业上升期的 36～45 岁工科教师更为认可知识生产模式下的科技创新前端活动，这既与当今考核评价中重纵向课题轻横向课题、重论文轻实践的导向有关，也可能与当前横向课题学术含金量不够高、校企协同创新机制不完善以及工程实践走马观花、形式主义严重有关。

有高达 42.0％的年龄≤35 岁工科教师选择了"科研获奖"，这一比例比其他两个年龄段均值高出 10.75 个百分点，这可能说明当前青年工科教师参与报奖的积极性相对较高、获奖人数比例相对较大，同时也可能说明在工科教师群体中有日趋重视科研获奖来评价科研能力的趋势，因而有必要在改革考核评价内容、鼓励工科教师从事基础研究、关键共性技术开发等重大突破性创新的同时，仔细斟酌科研奖项在考核评价中的权重。

2）从最高学位看。

在较为缺乏工程实践经历的情况下，仍有 51.6％的博士学位工科教师选择了"工程实践"来评价自己教学能力并在同特征下位居第一，这究竟是说明了他们是认识到了工程实践的重要性才希望以考核评价来增强工程实践能力提升的主动性，还是其他原因，尚需要进一步研究，毕竟有不少的博士学位工科教师的工程实践经历并不丰富。

学位越低的工科教师越希望加强"教学成绩""教学研究"等传统教学能力考核评价内容的比重而降低"同行评价"的比重，如有 56.1％和 48.1％的学士学位工科教师选择了前两项，比博士和硕士学位的均值分别高了 10.6 和 8.2 个百分点，而他们选择"同行评价"的人数比例则比博士和硕士学位的均值低了 1.65 个百分点。

高达 34.0％的博士学位工科教师选择了"学生评价"，远高于其他两个学位均值 15 个百分点。这也许是因为博士学位工科教师科研能力更强而赋予其更强的自信心，也能较为从容地将科研成果转化为教学资源，而且他们以案例或结合自身经历的"现身说法"来帮助学生解决问题，自然能激发学生更高的学习兴趣、学习热情，对学生的影响和感染力自然就更强，学生在评价的时候给予他们高评价的可能性就更大。

在科研能力评价方面，博士学位工科教师最为重视纵向、横向课题以

及论文影响力，其选择的人数比例均为同特征下最高，但他们选择"工程
实践成就"和"科研获奖"的人数比例又均为同特征下最低。不同于教学
能力评价中 51.6% 位列第一，在用工程实践评价科研能力时则位列最后，
说明了在部分工科教师观念以及实际中，当前工程实践活动对科研能力提
升的帮助可能不够大。

与选择"论文影响力"的排序相反，随着学位升高，选择"工程实践
成就"和"科研获奖"的人数比例逐渐下降。前者可能是因为学士学位工
科教师参与了较多的工程实践活动，也取得了一些成绩，而后者则可能是
因为他们有相对较高的获奖比例，具体原因尚需要进一步研究。

3）从职称看。

在教学能力评价方面，和博士学位工科教师一致，正高职称工科教师
选择"工程实践"的人数比例最高，为 57.2%。如前文所述，中级职称工
科教师往往从事的是通识课、专业基础课等非必修课，这些课程较专业
课、专业核心课，选课学生数相对较多而在学生评教过程中容易缺少学生的
"人情分""互惠分"，因而分别有 51.1% 和 46.9% 的中级职称工科教师选择
"教学成绩""教学研究"，均为最高，而仅有 23.9% 选择了"学生评价"。

正高职称工科教师因为在同行中学术地位较高，在用同行评价考核教
学能力过程中，同样可能存在"人情分"，这可能是 45.7% 的正高职称工
科教师选择"同行评价"的原因，但这也可能是他们认识到同行对提高自
己的教学能力的帮助确实很大。

在科研能力考核评价上，从职称视角更能说明如今科研能力评价导向
问题。正高职称工科教师在"主持横向课题数量""工程实践成就""论文
影响力"选择人数比例上均为最高，前两项可能是因为他们没有职称晋升
压力而从事了更多相关的工作，当然也可能是他们认识到工程实践、服务
社会对工科教师的重要性。后一项则可能是当前考核评价导向在从"数篇
篇"向重质量迈进。

只有"论文影响力"选择人数比例随着职称升高而递增，说明当前工
科教师科研能力考核评价中，虽已逐步开始引入社会服务内容，但由于科
研能力、社会服务以及工程实践之间存在交叉，一方面在执行落实方面不
如论文影响力明确具体，另一方面对工程实践、横向课题的重视程度也不
如论文影响力。当然，这也有可能是选择这个选项的工科教师认为对论文
的考核应该更加重视质量而非"数篇篇"，而职称越高的工科教师，这种

感受越强烈。

同时可以发现，理论上年纪高、学位高、职称高的工科教师获取科研奖励的机会更多，但选择"科研获奖"的数据并未体现这一假设。这也从侧面反映了当前科研奖励并不容易获得、在评选过程中可能存在一些与成果本身水平高低无关的因素反而起了较大的作用等情况，使得部分科研能力强的工科教师对科研奖项的认可度较低。

4）从学校类型看。

在评价教学能力方面，选择"工程实践"人数比例最多的是教育部直属高校，从其他部委所属高校到民办高校的人数比例则依次减少，最多的比最少的多了22.9个百分点，差距明显。这似乎也再次表明了部属高校工科教师已开始意识到工程实践能力对于提升工程教育质量的重要意义，自觉地希望加大教学能力考核评价中工程实践的比重。

教育部直属高校工科教师选择"教学成绩""教学研究"的人数比例也为同特征下最高，而其他部委所属高校则相反，前者排名垫底，后者也只比垫底的多了0.7个百分点而居倒数第二。地方高校工科教师最不认可"学生评价"，其次是其他部委所属高校工科教师，但二者差值也只有0.7个百分点。地方高校工科教师对"同行评价"的认可度排名为同特征下最高。

在科研能力评价方面，科研基础更好、科研能力雄厚的教育部直属高校选择"主持横向课题数量""主持纵向课题数量""论文影响力"的人数比例均为最多，前者与前文所述他们参与工程生命周期的研发设计阶段人数最多有关，后两项则可能反映了他们雄厚的科研实力；选择"主持横向课题数量"的人数比例高于"论文影响力"，这一方面可能说明了过去高校科研能力评价中重纵向轻横向的不适当性，不过另一方面可能也说明了部分高校对学术论文的质量的重视程度不够，可能仍倾向于"数篇篇"。另外，其他部委所属高校选择"主持横向课题数量"的人数比例仅为28.5%，为同特征下最低，这可能与一些高层次企业往往倾向于产研合作，而造成其他部委所属高校等其他高校工科教师认为横向课题学术性、原创性较低有关，进而表明要进一步加强贯彻落实分层次分类评价改革的必要性。

不同于其他三类高校选择"主持纵向课题数量"人数比例皆为最高，地方高校选择"工程实践成就"人数比例比选择"主持纵向课题数量"的人数比例高了2.6个百分点，表明地方高校工科教师希望根据学校办学定位和人才培养目标来设置不同的考核评价标准的强烈意愿。

民办高校工科教师更偏向于培养技能型、应用型人才，却有更多的工科教师选择了"主持纵向课题数量""论文影响力"，该两项人数比例分别达到了 41.8%、36.7%，高于"主持横向课题数量" 34.7% 和"工程实践成就" 32.7% 的选择人数比例，这究竟是说明了民办高校的工科教师对提升自己基础性研究的积极性和主动性也较高，进而需要改革相应的考核评价标准，还是其他原因，尚不得而知。

5）从学校所在地区看。

在教学能力评价方面，东北地区选择"工程实践"的人数比例最高，而华北地区和华中地区只相差 0.7 个百分点而位居倒数第一和第二。华东地区选择"教学成绩"的人数比例最高，不过其比最少的华南地区只多了 7.5 个百分点，差距不大。华北地区选择"教学研究"的人数比例最高，其比垫底的华南地区多了 12.9 个百分点。华南地区同时也最不认可"学生评价"，其比最高的西部十省少了 64.6 个百分点。另外，华东地区最为重视同行评价，其比垫底的华南地区和西部十省多了十余个百分点。

在科研能力评价方面，西部十省的特点最为鲜明，其选择"主持横向课题数量"和"论文影响力"的人数比例均为同特征下最高，但选择"工程实践成就"和"科研获奖"的人数比例又均为最低；其次是华南地区，一项最高（工程实践成就）而两项最低（主持纵向课题数量和论文影响力），这似乎说明基础科研与服务社会实现融合、互惠并不那么容易。

东北和华东地区各有一项最高，华北地区的全为中间水平。华中地区对"主持横向课题数量"最不认可，不仅同特征下低于其他地区，而且也是该地区五项内容中排名垫底的，比其选择最多的"主持纵向课题数量"的人数比例少了 21.8 个百分点，这可能反映了该地区的考核导向更为重视纵向课题。

（3）小结。

综上可以看出，在我国高校考核评价制度改革不断推进和创新的过程中，工科教师和行政人员、同一特征不同类别高校工科教师之间对教学能力、科研能力考核评价内容看法不一，对同一考核指标在考核评价中的权重也争论不休。

如，同一特征类别的工科教师在选择用工程实践来考核教学和科研能力时存在明显分歧。一方面表明需根据学校办学定位与地区特色，设置不同的考核评价标准，贯彻落实《关于分类推进人才评价机制改革的指导意见》等文件精神，既要根据不同特征类别工科教师特点制定相应考核评价体系，使其优势得到最大限度发挥，又要适当以考核评价作为抓手，推动工科教师在弱势方面得到提升以削弱"木桶效应"；另一方面显示出当前对教学能力、科研能力考核评价内容设置较为普适、粗糙、模糊，对工程实践、学生评价等指标在考核评价中的要求和定位可能指向还不够明确，仍需继续调查研究、试点实验、不断推进，发挥考核评价在引导工科教师发展、工程教育改革中"指挥棒"的作用。

7.2 师德及其考核方式

（1）师德考核的"一票否决"。

立德树人作为新时代高等教育的根本任务，要践行"培养德智体美劳全面发展的社会主义建设者和接班人"的高等教育办学初心，教师的师德师风是否优良是关键。按照"师德为先、教学为要、科研为基、发展为本"的基本要求，高校教师考核评价制度要更加注重对师德的考核，严把教师的思想政治素质关，实施"一票否决"。每一名工科教师和行政人员都要认识到师德考核的基础性、方向性作用，从思想和实践两个层面落实师德考核的"一票否决"制。但仍有 2.1％的工科教师认为在工科教师招聘要求中不应该设置师德考核内容，表明了少部分工科教师对师德师风的重要性认识还不够，他们对"师德为先"要求重要性的领悟和把握程度还需进一步提升。

工科教师对师德考核"一票否决"制的支持理解程度，对于师德考核的推进落实具有重要影响意义。工科教师招聘是工科教师队伍师德师风优良的源头，但是，在"工科教师招聘中，师德考核通过是工科教师成功被贵校录用的条件"中，有 1.8％的行政人员明确表明在工科教师招聘中对师德师风没有要求，有 4.6％的行政人员不清楚工科教师招聘中是否对师德师风有要求。可以看到，虽然我们只是调研了工科教师招聘环节对工科教师师德考核的情况，但调查结果还是在一定程度上反映了当前部分高校师德考核制度从制定到落实还有一段距离，一些高校需要尽快落实师德考核"一票否决"制，或部分行政人员要树立师德考核"一票否决"的意识，落实立德树人的根本任务。

（2）把师德纳入考核导向的情况。

1）在招聘环节。

在 6.3 节的招聘标准中，我们曾考察了招聘中应聘者对教师行业热爱程度的情况，行政人员选择"非常同意"的低占比（人数比例比 1/4 多一点）和选择"同意"的高占比（人数比例近五成，比选择"非常同意"的人数比例多了 20.1 个百分点），一方面可能说明行政人员认识到在工科教师的招聘环节，考察应聘者对教师行业的热爱程度确实是非常必要和重要的，但另一方面可能也说明了，由于这些政策的制定与实施，行政人员均需参与其中，而对于"热爱"这种情感类的"软问题"要如何考察、指标体系要如何构建，大多数的行政人员几乎没有接受过这方面的训练，要让他们来设计这样的方案可能确实是一件比较困难的事情，加之现在行政人员由于手上的事情确实太多，可能也没时间去思考要如何解决这些问题；但也可能是由于一些行政人员存在"得过且过""多一事不如少一事"的心态和想法，而不愿意去做这些事情；具体是什么原因还需要进一步研究。

不过，如果是后者，则需要进一步强化和深化行政人员的认识，加强对他们的激励；而如果是前者，则可以考虑组织心理学、认知行为学等方面的专家开发、设计一套量表、问卷等工具来分析。因为这个问题确实太重要了，需要好好应对和解决。

只有招聘那些热爱教师行业的应聘者，才能把好师德师风建设的源头，让流入工科教师队伍"水池"的新人犹如一股股充满生机、朝气和活力的"清泉"，从源头上把好师资队伍建设的关口。

2）在考核环节。

在工科教师队伍考核的导向方面，我们也设计了专门的问题在工科教师和行政人员中进行了调查。结果表明，无论是工科教师还是行政人员，均认为"以有助于促进工科教师持续保持做好本职工作的热情为导向"的考核导向，在考核工作需要改进的 7 个方面中，位居首位，这似乎说明在考核环节的导向问题对师德师风的支撑确实不够，具体详见 7.5 节。

当前，有一些高校对师德师风的考核采取"煮饺子""煮汤圆"等方式，对那些被自媒体、社交平台、网站等曝光的事件，反应非常迅速、处理也很及时，体现了非常强的应变力和执行力。这些高校对于师德师风有问题的案例的处理，无疑是正确的。但这种形式通常被认为是被动式的。

对那种主动式的监测、积极性的引导，可能还需要更周密地设计和实施。

"传道者自己首先要明道、信道。"工科教师只有始终热爱教师行业、热爱工程教育事业，才能不断追求卓越，真正做到以德立身、以德立学、以德施教。

(3) 师德考核方式的总体情况。

《关于深化高校教师考核评价制度改革的指导意见》提出当前考核评价中师德考核操作性不强，对教师从事教育教学工作重视不够、重数量轻质量的情况还比较严重。那么，当前高校主要通过何种考核方式以对工科教师师德进行考核的呢？

根据行政卷和教师卷"贵校的师德考核方式主要是"一题的回答情况，整理得表 7.3，不难看出，有 4.5% 的工科教师和 7.9% 的行政人员不清楚是否有师德考核，甚至还有高达 24% 的工科教师和 30.5% 的行政人员认为学校没有制定相应的标准。如果说信息披露以及行政职能划分等可能会导致部分行政人员不清楚是否有师德考核或是否制定相应的标准，这也可能是导致分别有比工科教师多了 3.4 个百分点和 6.5 个百分点的行政人员"不清楚是否有师德考核"和"没有制定相应的标准"的原因，但有高达 28.5% 的工科教师认为没有制定相应的标准或不清楚是否有师德考核，就足以表明当前高校对工科教师师德考核重视程度不够，师德建设长效机制尚未形成。

表 7.3　　　　　　　　　工科教师师德考核方式（%）

	没有制定相应的标准	不清楚是否有师德考核	同行评价	学生评价	领导评价	自我评价	第三方评价
工科教师	24.0	4.5	44.9	48.8	45.4	34.4	18.5
行政人员	30.5	7.9	50.0	54.8	49.8	32.1	20.1
工科教师－行政人员	−6.5	−3.4	−5.1	−6.0	−4.4	2.3	−1.6

在明确有师德考核的回答中，从教师卷和行政卷可以看到，形成了以学生评价为主，同行评价和领导评价为辅的局面。工科教师是否做到了教书和育人相统一、言传和身教相一致，是否"认认真真地培养自己、马马虎虎地培养学生"，作为工程教育教学的中心——学生，无疑是最清楚的。因此，无论是工科教师还是行政人员，都非常认可"学生评价"且排名各自的第一，也是顺理成章的，说明在这一点上，大家的做法、认可度是相同的。

同行评价则对工科教师在科研活动中学术诚信、学术志趣进行监督考核，往往更能公平准确真实地反映工科教师师德师风。领导评价往往是在聘期考核、晋升考核中涉及"德"相关的内容。尽管工科教师和行政人员对"同行评价"和"领导评价"这两项的排序并不相同，但其差值均不足6个百分点，且都比第四名——"自我评价"多了10多个百分点，说明大家对这三种方式高度一致的认可。

另外可以看到，有三分之一左右的工科教师和行政人员选择了"自我评价"。自我评价对激发教师主动性、积极性、三省吾身、见贤思齐具有积极作用，是道德发展最高也是最理想阶段，能够让工科教师将师德内化于心、外化于行，也是形成师德建设长效机制很重要的一个部分。一方面，相对于同行评价、学生评价、领导评价，选择自我评价的工科教师和行政人员明显更少，表明了当前自我评价的作用还远未得到发挥，高校对自我评价的重要性认识还不够；但另一方面也正是因为有高达38.4%的行政人员认为学校没有制定或不清楚是否有师德考核，在其他师德考核方式尚未健全的情况下，仅仅依靠自我评价，难以对教师师德师风进行管理监测，自我评价的作用得不到真正发挥，所以也就不会以自我评价为主。但这两方面都验证了目前高校师德考核与监测存在一定问题。

只有18.5%的工科教师和20.1%的行政人员选择了"第三方评价"。师德师风不仅涉及教育教学主体，更是涉及学风、社风、民风。在强调多元治理的现代治理体系建设背景下，独立的第三方评价能起到充当政府和学校之间的缓冲器、扩大社会各方利益实现机会、强化社会参与和监督的重要作用。第三方评价是加强社会问责、倒逼工科教师在教书育人、社会服务等方面提升质量、立德立身的有效方式，但在师德师风考核上，显然，当前采用第三方评价的高校还较少。一方面高校需要推进现代治理体系和治理能力建设，在保障教师学术自治、学术自由权利的情况下，尽量追求向上向善，积极引入第三方评价，调动社会参与教师队伍建设的积极性和力量。另一方面为避免陷入第三方评价困境，政府相关部门要加强师德考核第三方评价的体制和运行机制建设。

因此，要建立健全高校教师师德师风建设长效机制，使师德师风考核动态化、常态化、全面化，需要引导形成同行评价、学生评价、领导评价以及自我评价、第三方评价等多种考核方式并存的立体化、全方位师德师风考核体系。

（4）师德考核方式的交叉分析。

1）从学校类型看。

由表 7.4 可知，在五类评价中，各类高校的人数比例差距并不大，最多的差 9.1 个百分点，为"学生评价"列，最少的差 7 个百分点，为"同行评价"列，说明各类高校的认识差距总体而言并不明显。

表 7.4　　工科教师师德考核方式在各类别的差异分析（%）

特征	类别	没有制定相应的标准/不清楚是否有师德考核	同行评价	学生评价	领导评价	自我评价	第三方评价
学校类型	教育部直属	34.1	48.9	49.4	47.0	34.9	18.1
	其他部委所属	26.6	41.9	45.3	40.8	35.5	17.0
	地方	25.2	43.8	53.0	48.3	31.4	19.7
	民办	20.4	42.9	43.9	46.9	39.8	24.5
学校所在地区	东北	40.1	46.2	48.7	48.4	25.0	13.8
	华东	26.1	45.3	50.2	44.9	36.0	21.9
	华南	23.7	39.8	46.0	42.7	25.5	23.2
	华中	24.0	46.9	48.0	46.9	35.6	21.5
	华北	24.8	43.0	50.8	44.6	39.9	15.1
	西部十省	33.8	48.1	45.9	42.9	35.3	10.5

有高达 34.1% 的教育部直属高校工科教师选择了"没有制定相应的标准/不清楚是否有师德考核"，在同特征下排名第一，比最低的民办高校多了 13.7 个百分点，甚至比其他三类高校的均值也多了 10 个百分点。尽管相比其他类型高校，教育部直属高校学科相对比较多、教师数量一般要大一些、考核评价工作体系一般也更为复杂，工科教师可能更难清楚地了解到师德考核具体方式，但明显高于其他类型高校的人数选择比例在一定程度上也说明了教育部直属高校师德考核可能存在重视程度不够、宣传不到位或操作性不够强等问题。

教育部直属高校选择"学生评价"和"同行评价"的人数比例在其五类评价中排名最前，且在同特征下分列第二和第一。这可能反映了教育部直属高校目前主要关注的是工科教师学术道德等科研活动以及教师行为等方面的师德师风考核。

地方高校工科教师选择"学生评价"的人数比例是最高的，也是四类高校 20 个评价数据中唯一超过半数的，这可能与地方高校主要为教学型或教学研究型高校，因而更加关注工科教师行为方面的伦理道德有关。

民办高校多为服务型、应用型高校，其工科教师社会服务性质更加浓厚，高等教育领域外利益相关者参与高校事务更为广泛直接，这可能是其选择第三方评价来考核师德的人数比例为同特征下最高的原因之一。

不同于总体特征上选择"学生评价"的人数比例最高，民办高校选择"领导评价"的人数比例最高，为 46.9%，这是否说明了民办高校师德考核更多采用强制性、周期性的方式，师德师风考核制度还有待进一步健全和完善，还需要进一步探究。

2）从学校所在地区看。

结合工科教师招聘标准中交叉分析可知，同特征下，东北地区、西部十省选择"行业热爱"的人数比例均为最高，而在师德考核方面，同样地，东北地区和西部十省选择"没有制定相应的标准/不清楚是否有师德考核"的人数比例也高居前二位，分别达到了 40.1%、33.8%。这似乎说明了这两个地区高校只是做到了在工科教师入口关严把师德师风的要求，但在工科教师入职后则相对缺乏对师德师风考核长效机制的建设与实施，存在"重引不重育"的现象。

不同于其他地区，西部十省高校选择"同行评价"的人数比例高于其选择"学生评价"的人数比例。正如前文分析指出，通过学生对工科教师师德考核进行评价，能够更加直接、有效地反映出工科教师师德师风的真实情况，工科教师是否真正做到了以德立身、以德立学、以德施教、以德育德。这可能说明了相对于其他地区高校，西部十省的部分高校对同行监督、评价的重视，这是无可厚非的，但在学生评价方面还是应该进一步加强。西部十省高校也仅有 10.5% 的教师选择了"第三方评价"，这可能与西部十省第三方服务机构数量少、专业性不够强等因素有关。

华北和华东地区的工科教师选择"学生评价"的人数比例为同特征下前两位，也只有他们的数值在地区特征下的 30 个数据中是超过了半数的，体现了这两个地区高校更为重视发挥学生在管理中的积极作用。

相对于其他地区，"领导评价"被东北地区工科教师选得最多，这一方式在该地区所有方式中也仅比排名第一的"学生评价"低了 0.3 个百分点而排名第二，足见这一方式在该地区被重视的程度。

"自我评价"尽管在华北地区的考核方式中排名第四，但选择该方式的人数比例却是在所有地区中排序第一，其比最少的多了近 15 个百分点，是 5 个方式中差值最大的，说明该方式的地区差异明显。

"第三方评价"尽管在华南地区的考核方式中排名垫底，但该方式被选择的占比却是所有地区中的最高，比排名垫底的西部十省多了 1.21 倍。

（5）对师德方面的激励与反馈。

我们专门分别调研了工科教师和行政人员，激励与反馈对工科教师的影响主要是哪几个方面，我们共列出了 9 个选项，具体详见 10.3 节。

无论是工科教师接收到而认为的，还是行政人员发出后而认为的，排名前三的均是工资待遇、职位晋升和专业发展（只是二者的排序不同），而涉及师德师风的直接内容——道德价值观和次直接内容——学生服务和社会服务，排序均为倒数的前三（排序也略有不同）。这 6 个数据，最大的也未超过 18%，还有 3 个数据仅为个位数，甚至行政人员认为激励、反馈对工科教师师德师风的直接内容有影响的仅为 8.1%，该数值不仅是行政人员 9 个选项的最低值，而且是该问题 18 个数据的最低值，其与行政人员认为影响最大的数值（65.7%，工资待遇列）的差距高达 7.11 倍。此即说明，在对工科教师师德师风的过程管理方面，还有相当部分的行政人员做得不够。

（6）小结。

总的来看，以对工科教师师德考核方式视角入手，经过分析发现，与《关于深化高校教师考核评价制度改革的指导意见》等文件以及相关文献一致，当前高校仍然存在对教师师德师风考核评价重视不够、对师德师风的激励与反馈工作做得还不够扎实以及制度不够完善、师德师风考核操作性不够强、师德师风考核长效机制尚未建立健全等问题。

师德师风长效机制的建设离不开形成以自我评价为基础、学生评价为中心、领导评价为保障、同行评价为补充、第三方评价为监督的师德评价体系。在已对工科教师师德进行考核的高校中，考核方式虽根据高校以及所在地区不同而呈现出不同，但基本形成了以学生评价为主，同行评价和领导评价次之并兼有自我评价的局面，运用第三方评价考核工科教师师德还处于开发探索阶段。

另外，在本部分同样出现了"学生评价"这个方式，但工科教师对其认可度却很高，不仅排序第一，而且其数值也接近五成，其与行政人员的差距也只有 6 个百分点，这与 7.1 节中在评价工科教师教学能力上，同为"学生评价"的方式形成了鲜明的对比，这可能进一步突出了在对工科教师教学能力评价方面，"学生评价"这个方式存在的问题真的很严重。

7.3 考核周期

（1）总体情况。

《关于深化高校教师考核评价制度改革的指导意见》要求建立合理的科研评价周期，对教师科研评价周期原则上不少于 3 年，科研团队考核评价周期原则上不少于 5 年，以鼓励教师原始创新和聚焦国家重大需求，适应人才发展规律以及科研成果产出规律。

当前高校对工科教师聘期考核的周期设置不尽合理。从表 7.5 可知，在教师卷和行政卷中，选择聘期考核周期为 1 年和 2 年的，工科教师和行政人员的占比分别为 39.4％和 46.0％，也就是说，不低于 39.4％参与问卷调查的工科教师所在高校的考核评价周期不满足《关于深化高校教师考核评价制度改革的指导意见》要求。而过短的考核评价周期又从另一个侧面反映了当前部分高校考核评价存在较为严重的急功近利的问题。

表 7.5 **工科教师聘期考核周期（％）**

	1 年	2 年	3 年	4 年	5 年	6 年	其他
工科教师	20.4	19.0	35.4	13.7	6.9	3.3	1.4
行政人员	29.2	16.8	33.2	7.6	7.5	2.7	2.9

（2）交叉分析。

1）从学校类型看。

经过交叉分析，由表 7.6 可知，分别有高达 23.5％以及 27.6％的民办高校工科教师选择了"1 年"和"2 年"，选择聘期考核周期不足 3 年的人数比例在同特征下为最高，也是唯一选择"3 年"的人数比例低于"1 年"和"2 年"的。

表 7.6 **工科教师聘期考核周期在各类别的差异分析（％）**

特征	类别	1 年	2 年	3 年	4 年	5 年	6 年	其他
学校类型	教育部直属	25.4	16.2	35.4	9.7	8.0	3.7	1.5
	其他部委所属	11.9	20.4	38.7	19.4	5.3	3.0	1.3
	地方	23.1	19.2	34.4	11.8	7.7	2.6	1.3
	民办	23.5	27.6	21.4	15.3	5.1	6.1	1.0

续表

特征	类别	1年	2年	3年	4年	5年	6年	其他
学校所在地区	东北	24.0	17.0	36.9	11.9	5.4	2.9	1.9
	华东	19.2	23.1	32.2	13.8	7.5	3.0	1.2
	华南	16.6	24.2	28.9	15.6	8.1	4.3	2.4
	华中	16.4	21.5	35.3	14.2	8.4	3.3	1.1
	华北	18.6	13.2	40.7	15.5	7.0	4.7	0.4
	西部十省	33.8	6.8	43.6	9.8	3.0	1.5	1.5

尽管教育部直属高校中有8.0%的工科教师选择了"5年",为同特征下最高,但其选择聘期考核周期不足3年的人数比例也高达41.6%,比其他部委所属高校多了9.3个百分点。

延长聘期考核周期的目的是尊重成果产出和人才成长规律,是为了鼓励教师原始创新和聚焦国家重大需求。教育部直属高校和其他部委所属高校工科教师中选择聘期考核周期在5年及以上的人数比例与地方高校、民办高校相比,其数值差距不大,甚至在"6年"的人数比例低于民办高校的选择人数比例。这一比较结果更加凸显了当前工科教师聘期考核中的浮躁之风——既要工科教师多出成果、出好成果,又要工科教师快出成果、出快成果。

同时可以看到,民办高校工科教师选择聘期考核周期为3年以下和5年以上的人数比例均为同特征下最高,两者的极端差异究竟是反映了民办高校之间在工科教师管理理念、政策、制度方面存在较大差异,还是其他原因,尚不得而知。

2)从学校所在地区看。

西部十省高校工科教师在选择结果上呈现出明显极端值,即主要人数分布在选择"1年"和"3年"上,均位于同特征下各地区之首,其与最低数值的差距甚至高达1.06倍,地区差异不可谓不大。换言之,西部十省的高校对工科教师聘期考核周期多为1年和3年,虽然有较大一部分高校聘期考核周期达到了3年的"基础要求",但只有极少一部分高校达到了3年以上的"高阶要求"。

华南地区在选择聘期考核周期为2年的人数比例是同特征下最高的,其比最少的多了2.56倍;另外,华东和华中地区选择"2年"的人数比例均超过二成,说明在选择考核周期为2年上,地区差异显著。

西部十省和民办高校均在选择结果上呈现出"极端"或者"不平衡"的特点，可能是相对于其他高校，西部十省高校和民办高校内部办学资源、基础条件、师资实力更加不平衡有关。可以看到虽然西部十省高校在考核周期大于 3 年的选择人数比例上仅为 15.8％，为所有地区中最低，但是从聘期考核周期在 3 年以下的人数比例来看，西部十省高校工科教师的聘期考核周期并不是同特征下最短的。华东地区有 42.3％的工科教师认为自己所在高校的聘期考核周期不足 3 年，东北和华南地区工科教师选择聘期考核周期在 3 年以下的人数比例也均高于西部十省。

(3) 小结。

综上可以看出，无论是从学校类型还是从学校所在地区上看，各个类型高校、各个地区高校在聘期考核周期上存在较为明显的追求"短平快"的现象，其中尤以参与调查的民办高校、西部十省高校更为严重，过短的聘期考核周期在助长求数量的急功近利风气的同时，极为不利于工科教师投身教育教学、从事基础研究，进而能够服务国家重大需求的积极性和热情。

7.4　考核成效

(1) 总体情况。

考核的目的在于以评促建、以评促管、以评促改、以评促发展，通过聘期考核提升办学成效。因此，以聘期考核是否达到了应有目的是检验考核成效的关键。然而，从"您认为贵校的聘期考核没有达到应有的目的，必须改进"中发现，当前针对工科教师聘期考核的成效不高。

如表 7.7 所示，认为聘期考核成效令人满意的人数比例（选择"不同意"和"非常不同意"的人数比例之和），工科教师仅为 11.5％，与行政人员的 11.4％基本相当，这说明无论是工科教师还是行政人员，对工科教师的考核成效均不满意。

表 7.7　　　工科教师聘期考核没有达到应有目的（％）

	非常同意	同意	基本同意	不同意	非常不同意
工科教师	32.9	32.7	22.8	10.0	1.5
行政人员	25.6	38.4	24.5	10.7	0.7

　　而认为当前学校的聘期考核没有达到应有目的（选择"非常同意"和
"同意"）的工科教师和行政人员的人数比例分别为65.6%和64%，差别也
不明显，不过工科教师选择"非常同意"的人数比例比行政人员多了7.3
个百分点。不难看出，工科教师和行政人员都认为工科教师的聘期考核没
有达到应有的目的，而且作为考核的对象——工科教师们认为必须改进的
呼声要高一些。

　　因此，高校还应继续深化聘期考核改革，依据科学的原理和方法在聘
期考核项目、标准、实施以及结果运用等方面下功夫，以提高聘期考核成
效，达到聘期考核应有目的。

（2）交叉分析。

　　按照工科教师性别、年龄段、最高学位、职称、学校类型以及学校所
在地区进行交叉分析，如表7.8所示，以考察不同特征类别工科教师对当
前聘期考核成效不同看法。

表7.8　　　　　　工科教师聘期考核没有达到应有目的
在各类别的差异分析（%）

特征	类别	非常同意	同意	基本同意	不同意	非常不同意
性别	男	35.0	32.3	22.3	8.9	1.5
	女	29.2	33.3	23.8	12.0	1.7
年龄段	≤35	36.0	33.4	21.4	8.0	1.2
	36~45	29.4	31.8	24.3	12.3	2.2
	≥46	22.4	30.4	28.0	17.4	1.9
最高学位	博士	36.3	30.3	20.3	12.0	1.1
	硕士	29.3	31.9	26.3	10.2	2.3
	学士	32.9	39.2	21.4	5.6	0.9
职称	正高	42.4	25.9	20.1	9.7	1.8
	副高	31.8	31.9	24.3	10.2	1.9
	中级	30.1	36.0	22.7	10.0	1.2
	初级	31.4	36.4	21.2	10.2	0.8
学校类型	教育部直属	40.7	30.0	17.7	9.9	1.7
	其他部委所属	31.1	32.3	23.4	11.9	1.3
	地方	26.5	35.3	28.4	8.5	1.3
	民办	26.5	38.8	23.5	8.2	3.1

续表

特征	类别	非常同意	同意	基本同意	不同意	非常不同意
学校所在地区	东北	39.4	33.0	15.4	10.9	1.3
	华东	36.6	31.4	22.1	8.5	1.4
	华南	31.3	32.7	28.0	7.1	0.9
	华中	28.4	36.7	22.5	9.8	2.5
	华北	29.5	30.2	25.6	13.6	1.2
	西部十省	22.6	33.1	30.1	12.0	2.3

从性别上看，男性工科教师比女性工科教师认为聘期考核没有达到应有目的（选择"非常同意"和"同意"，下同）的人数比例更高，多了4.8个百分点，而且其选择"非常同意"的人数比例更是比女性多了5.8个百分点。这可能是比较来看，随着职业生涯发展，男性在学术生产力上的优势逐渐减少，即男性工科教师在学校工作期间的发展低于自己博士期间的期望，其更有可能将这种落差归因于"指挥棒"。与此同时，有研究指出男性教师教学信念高于女性教师，而目前科研导向的考核评价与男性工科教师的信念差别可能更大。

从年龄段上看，年龄≤35岁工科教师中，认为工科教师聘期考核没有达到应有目的的人数比例最高，为69.4%（比最低的多了16.6个百分点），这一比例随着年龄增长递减；他们选择"非常同意"的人数比例达36%，更是比最低的年龄≥46岁工科教师多了13.6个百分点；且他们认为达到目的（选择"不同意"和"非常不同意"，下同）的人数比例仅为个位数，这一比例随着年龄增加而增加。此即说明，年龄越小的工科教师对如今聘期考核的满意度越低。结合前文高校往往聘期考核周期偏短可知，过短的评价周期不仅助长重数量轻质量的风气，而且给予刚毕业入职工科教师极大的压力，使得年龄≤35岁工科教师忙于应付聘期考核，进而可能会使得他们难以激发自己的创新活力。

从最高学位上看，学士学位工科教师认为聘期考核需要改进的人数最多，选择"非常同意"和"同意"的人数占比高达72.1%，硕士学位工科教师最低，比最高的低了10.9个百分点。这可能与学士学位的工科教师处于学位链的底端，其职称、科研能力、收入等相对较低，且上升较为缓慢有关。

从职称角度看，尽管不同职称工科教师认为聘期考核没有达到应有目的的人数比例差距不大，最高的正高职称与最低的副高职称的差距仅为 4.6 个百分点，而且他们认为达到目的的人数比例中，最高的副高职称也只比最低的正高职称的多了 0.6 个百分点，但选"非常同意"的正高职称工科教师却比中级职称工科教师多了 12.3 个百分点，比副高职称工科教师也多了 10.6 个百分点。结合学位和职称两个维度交叉分析结果可以看出，处于同特征下两个端点的类别对于聘期考核成效的满意度明显低于处于中间位置的类别，这可能与当前考核标准的层次不合理，要么偏低，要么偏高，考核标准难以反映实际工作状况，未有效与工科教师职业发展特点相结合有关。

从学校类型上看，相比其他三种类型高校选择"非常同意"和"同意"的人数比例 63.5% 的均值，教育部直属高校的人数比例高达 70.7%。导致这一结果出现的原因可能是，虽然以研究型大学为主的教育部直属高校学科门类相对较多，但学科之间异质性更大，虽然科技人才集聚，但人才层次种类也不少，虽然研究实力厚实，但治理结构更复杂、制度惯性更大。因此，在按照学科、岗位、层次等分类评价，在扭转"五唯"考核评价标准，在考核过程及结果使用的公平、公正、公开性上，教育部直属高校需要改革的力度更大、实施的难度也更大，加之教育部直属高校作为我国高等教育强国建设的中坚力量，对其关注与期望也往往更高，从而使得当前教育部直属高校工科教师对聘期考核成效满意度明显更低。

从学校所在地区看，认为没有达到目的的人数比例最高和最低的两个地区分别为东北地区和西部十省。由前文可知，东北地区和西部十省在工科教师招聘以及对教学、科研能力考核评价等题相关选项的人数比例上，更多东北地区工科教师选择了招聘更重视留学经历、更希望用工程实践考核评价教学和科研能力、更多希望采用同行评价的方式进行考核评价，表明了该地区部分高校的工科教师评价制度中存在重"洋教师"轻"土教师"、重理论轻实践、重定量评价轻同行评价等考核评价倾向，对聘期考核激发工科教师教育教学、科学研究活力的作用有着较大负影响。

而相比之下，同特征下华北地区和西部十省的工科教师认为聘期考核达到了应有目的的人数比例又分列前二，这可能是相对于其他地区，这两个地区高校更常采用学生评价的方式对工科教师教学能力进行评价以及对其科研能力的评价更加看重横向课题和论文影响力有关，即在对工科教师教学、科研能力进行评价时，既关注工科教师成果（学生学习成果和自己的科研成果）质量，也关注工科教师的工科特点。

（3）小结。

总体而言，无论是工科教师还是行政人员，均认为考核没有达到应有的目的，他们选择"非常同意"和"同意"的人数比例之和比选择"不同意"和"非常不同意"的人数比例之和，分别多了 4.7 倍和 4.61 倍。

从工科教师的性别、年龄段、最高学位、职称，以及所处学校类型、学校所在地区等不同特征的交叉分析来看，不同类别工科教师认为没有达到应有目的的差值，有的比较大，有的并不大。但是同一特征下，工科教师选择"非常同意"的人数占比的差距却比较明显，尤其是年龄段、职称、学校类型和学校所在地区这四个特征下，选择"非常同意"的最大值和最小值之间的差值，最低的也有 12.3%，最高的则达到 16.8%。这说明同一特征下不同类别之间的差异明显。

另外，正高职称的工科教师和教育部直属高校的工科教师选择"非常同意"的人数占比均超过了四成，而且东北地区高校也接近四成。因此，要重点关注这几个特征下的工科教师，了解他们认为考核没有达到应有目的的原因究竟是什么。

7.5 考核工作的改进

（1）总体情况。

从前文工科教师考核评价等内容分析结果看，在落实工科教师师德考核以及考核评价周期、内容、成效等方面依然存在着不少问题。因此，本部分将从工科教师聘期考核角度，从工科教师和行政人员视角出发，考察当前工科教师聘期考核需要改进的方面。如何根据岗位进行聘期考核，如何加强聘期管理，实现科学有效的聘期考核，是决定岗位设置改革成功与否的关键。因此，应该主要从哪些方面入手改进工科教师聘期考核制度，以实现聘期考核应有目的就成了亟须关注的问题。

在"您认为贵校的聘期考核主要在哪些方面加以改进"的调查中，由表 7.9 可知，尽管工科教师和行政人员在七个选项上的人数占比并不一样，但这七个选项的排序竟完全相同。双方排序第四的人数占比都接近 40%，而排序第五至第七的人数占比，双方都低于 30%，说明当前聘期考核存在的问题是普遍的，工科教师和行政人员对需要改进的方面的认识是一致的，要改进的重点也非常清晰。虽然高度的一致性说明了这些往往可能是"老大难"的问题，但工科教师和行政人员形成的这种共识，也是推动问题能够顺利解决的前提条件。

表 7.9　　　　　　　　　工科教师聘期考核改进方面

	考核导向	考核周期	考核方式	考核指标	第三方考核机制	考核问责机制	考核申诉机制
工科教师（%）	46.8	38.5	44.1	40.8	27.6	22.9	13.2
排序	1	4	2	3	5	6	7
行政人员（%）	56.3	39.9	52.6	48.5	25.3	20.3	10.9
排序	1	4	2	3	5	6	7
行政人员－工科教师（%）	9.5	1.4	8.5	7.7	−2.3	−2.6	−2.3

具体来看，排名前四的四个选项选择人数比例上，行政人员均高于工科教师，其差值最大的达到了 9.5 个百分点，这一方面指出当前在考核导向、考核方式、考核指标、考核周期等四个方面的改革可能取得了一定的成效，工科教师的满意度有所上升，另一方面也可能说明了行政人员还保持了较高的问题意识与危机意识。从某种程度上讲，考核导向决定了考核的方式、指标、周期等其他方面，考核的导向对了，"指挥棒"的方向指准了，许多问题就能迎刃而解，因此选择"考核导向"的人数比例最高，也说明了当前部分高校对工科教师的考核在"以有助于促进工科教师持续保持做好本职工作的热情为导向"方面做得还不够好。

选择"考核周期"的人数比例在教师卷和行政卷中均排名第四，也在一定程度上说明了在所调查的样本中，有超过 39％的工科教师所在高校聘期考核周期不足 3 年的不合理之处。

可能是由于我国高等教育相关改革进度较晚，所以关于第三方考核机制、考核问责和申诉机制在刚刚建立的同时，其问题暴露的数量和程度都还不及聘期考核制度中早已存在的问题，也可能是由于这三个方面问题当前的重要性和紧迫性还不如前四项。因而，无论是工科教师还是行政人员，选择"第三方考核机制""考核问责机制""考核申诉机制"的人数比例都相对较低。但从这三个方面的占比看，与排名前四的占比都是行政人员高于工科教师有所不同，这三个方面的占比排序又都反过来了，行政人员占比都低于工科教师占比，说明在这些方面，工科教师比行政人员对改革的认识更加迫切。另外，从数值来看，尤其是选择"第三方考核机制"的人数比例已超过 25%、选择"考核问责机制"的人数比例已超过 20%，证明当前在这两个方面依然存在着不少的问题需要改进。

（2）交叉分析。

由于排名后三的占比都不多，我们选取工科教师卷和行政卷中选择人数占比最多的四项进行交叉分析，如表 7.10 所示。

表 7.10　　工科教师聘期考核改进方面在各类别的差异分析（%）

特征	类别	考核导向	考核周期	考核方式	考核指标
学校类型	教育部直属	54.7	40.2	45.3	43.6
	其他部委所属	45.3	36.6	42.6	38.3
	地方	41.0	38.0	44.9	41.2
	民办	35.7	40.8	40.8	35.7
学校所在地区	东北	51.6	43.3	45.8	39.4
	华东	47.6	43.9	41.5	35.8
	华南	34.1	37.4	44.1	27.0
	华中	38.2	39.6	43.6	43.3
	华北	60.5	23.6	45.0	49.6
	西部十省	44.4	35.3	48.9	62.4

1）从学校类型看。

在四个选项中，部委所属高校选择"考核导向"的人数比例最高，"考核方式"次之，选择"考核周期"的人数比例最少，这与总体情况是一致的。教育部直属高校选择"考核导向"的人数比例比其选择"考核周期"的人数比例多了 14.5 个百分点。

地方高校则是选择"考核方式"的人数比例最多，"考核指标"次之，选择"考核周期"的依然为最少。民办高校选择"考核方式"和"考核周期"的人数比例并列第一，选择"考核导向"和"考核指标"的并列最少。这两类高校的排序与总体情况不一致，但究竟是这两类高校的考核导向更符合其实际情况，还是这两类高校的工科教师认为考核方式等指标对他们而言问题更加突出，还需要更进一步的研究。

率先扭转行政效率导向的考核评价，以正确考核导向引领考核周期、方式、指标改进，对于往往作为高等教育改革试点区、排头兵的部属高校来说更为紧要。教育部直属高校除选择"考核周期"的人数比例比排名第一的少了 0.6 个百分点而"屈居第二"外，其余三项均位于所有类型高校榜首；而且其选择"考核导向"的人数比例是 16 个比例中唯一超过一半的，比最低的民办高校多了 19 个百分点，这更能说明教育部直属高校工科教师对这一问题的重视程度，说明问题的严重性和迫切性。

2）从学校所在地区看。

在四个选项中，华北地区、东北地区、华东地区高校中选择"考核导向"的人数比例较之另外三个选项的均为最多，也分列"考核导向"列的前三。华北地区选择"考核导向"的人数比例比其排名第二的"考核指标"的选择人数比例多了 10.9 个百分点，这一差值比东北和华东地区排名第一与第二的差值的和还多，而且其比最少的华南地区选择"考核导向"的人数比例多了 26.4 个百分点，这突出表现了华北地区部分高校考核导向存在的问题更为严重。

华南地区和华中地区高校工科教师选择"考核方式"的人数比例比选其他三个选项的都高，但其数值均未大于 45%。不过华中地区选择"考核指标"的仅比其排序第一的少了 0.3 个百分点，说明该地区的工科教师们对这个问题也比较看重。相比较而言，华南地区工科教师更在意考核方式和考核周期的改进，而华中地区工科教师则更希望考核方式和考核指标的改进，但华南地区选择"考核指标"的人数比例仅 27%，在 24 个数值中排名倒数第二，这似乎从侧面说明了该地区高校在这个方面可能是做得比较好的。

值得注意的是，西部十省选择"考核指标"的人数比例近三分之二，是 24 个数值中最高的，其比该选项选择人数最少的华南地区多了 1.31 倍，其比该地区选择第二多的"考核方式"选项多了 13.5 个百分点，足见该地区工科教师对"考核指标"改革的呼声之高。考核指标在所有选项中处于微观层面，而参与调查的西部十省高校中有如此多工科教师均认为应该改进工科教师聘期考核的考核指标，表明了西部十省部分高校考核指标偏离考核目标体系的情况可能较为严重。

同样，对于"考核导向"选择人数比例低于其他选项人数比例的高校，也或多或少地都存在着考核周期、考核方式、考核指标偏离考核导向，聘期考核相关制度政策落实执行不到位、评审过程完整性、严谨性不足等问题。

（3）小结。

综上所述，部分高校工科教师的聘期考核当前依然存在着缺乏科学、合理的导向等"老大难"问题，且从不同特征不同类别角度分析，工科教师评价制度中存在的问题既相对集中，又比较分散，不同地区不同高校在同一问题中存在着不同表现。因此，工科教师评价制度改革只有在尊重高等教育办学规律和工科教师切身利益的基础上，在正确导向引领下，进行综合性、系统性改革，才能真正实现以评促建、以评促改。

第8章

工科教师职称评聘

职称是教师知识水平、专业能力和业绩成果达到何种水平的重要标志，也是教师能享受何种待遇、承担何种项目最重要的标准。高校教师职称评审制度作为我国职称制度体系的一部分，为我国高校教师职称管理、人才规划与发展提供了重要的参考与支撑。

为贯彻落实《中共中央办公厅 国务院办公厅关于深化职称制度改革的意见》（中办发〔2016〕77号）和《教育部 中央编办 发展改革委 财政部人力资源社会保障部关于深化高等教育领域简政放权放管结合优化服务改革的若干意见》（教政法〔2017〕7号），进一步落实高等学校办学自主权，激发教师教书育人积极性、创造性，促进优秀人才脱颖而出，教育部和人力资源社会保障部2017年11月印发了《高校教师职称评审监管暂行办法》，将高校教师职称评审权直接下放至高校。

在高校教师职称评审权下放的背景下，如何保障工科教师职称评聘标准、评审过程以及评审结果确定全流程的科学性、合理性，是发挥职称评审制度支撑工科教师队伍建设、激发工科教师创新活力的关键一环，也是加强高等工程教育治理体系和治理能力现代化建设，推动高等工程教育内涵式发展的应有之义。但从已有文献以及高校教师职称评聘文件来看，不可否认，高校工科教师职称制度体系、评价标准、评价机制等方面还存在着一些问题亟待研究解决。为更好地了解情况，本章以调研的部分高校网站公布的相关材料进行统计和文本分析。

8.1 调研概述

按照教育部直属高校、其他部委所属高校（含省部共建高校，本章其余地方均简称其他部委所属高校)、地方高校的学校类型以及东北 (辽宁、吉林、黑龙江)、华东 (山东、江苏、安徽、浙江、福建、上海)、华南 (广东、广西、海南)、华中 (湖北、湖南、河南、江西)、华北 (北京、天津、河北、山西、内蒙古)、西北 (宁夏、新疆、青海、陕西、甘肃)、西南 (四川、云南、贵州、西藏、重庆) 学校所在地区,我们随机选取 92 所综合性、理工类高校 (具体分布详见表 8.1),并通过其公开信息 (人事处/人力资源部门户网站),查找到关于专业技术职务评聘工作的实施办法或相关文件 (由于部分高校不具备部分高级职称的评审条件,故以当地政府关于普通本科院校教师高级职务任职资格申报条件作为其对高级职称评审标准),通过分析并选取其中关于评审原则、分类设置、高级职称 (教授、副教授) (未统计破格申报) 评审条件等部分内容,绘制成表格。

　　需要说明的是,本章发现的问题、经过分析得到的结果只代表我们选中的参与调研的部分高校,不能说明未参与调研的其他高校也一定存在这些问题。由于各个高校信息公开程度不一、更新时限不同等因素,本章涉及被调研高校的内容只代表在我们的调研时点在网上获得的公开信息,不代表相应高校正在执行或其他时点的政策。未特别说明,本章所说的高校指的是我们选择的调研高校。

　　虽然部分高校工科教师高级职务评聘资料不够完整或时间较早,但在同一研究程序下,通过同类别高校之间、不同类别高校之间比较分析,仍可对当前工科教师职称评聘现状有一个大致把握。

　　本章主要关注被调研的各个高校高级职称评聘条件中关于教学、科研、国际视野、工程实践等四个方面的内容,以及是否具有工科教师分类标准,从比较各个类别高校职称评聘条件的异同出发,以达到对我国高校工科教师高级职称评聘标准大致了解的目的。

表 8.1　　　　　　　　　被调研高校分布一览表　　　　　　　　　(单位:所)

	教育部直属高校	其他部委所属高校	地方高校	小计
东北	2	2	4	8
华东	6	6	9	21
华南	1	2	4	7
华中	6	1	7	14
华北	6	6	6	18
西北	5	2	3	10

续表

	教育部直属高校	其他部委所属高校	地方高校	小计
西南	6	4	4	14
合计	32	23	37	92

8.2 分类标准

2018 年 2 月，中共中央办公厅、国务院办公厅印发的《关于分类推进人才评价机制改革的指导意见》指出当前我国人才评价机制仍存在分类评价不足、评价标准单一、评价手段趋同、评价社会化程度不高等突出问题，并提出要以职业属性和岗位要求为基础，健全科学的人才分类评价体系。

(1) 是否区分理工差异。

1）总体情况。

当前，虽然各高校职称评审分类按照工作性质与岗位要求，将教师职称评审分为教师系列、研究系列、工程师系列、实验系列、医师系列等；此外，随着分类的进一步细化，教师系列又被进一步划分为教学为主型教师、教学科研并重型教师、科研为主型教师等，但是还缺乏对学科差异的真正理解和管理变革，注重理工与人文社科之间的差别而忽视了理科与工科间的本质不同。

尽管随着新一轮科技革命和产业革命到来，理工融合的趋势愈加明显，但实践性是工程的本质属性，工科教师职称评聘在普适性导向的基础上，还应围绕工程实践活动、工程教育活动、工科教师专业发展特点等方面进一步深化教师职称评聘改革。

由表 8.2 可知，总体上看，仅有 26.1％的高校明确将工学设为单独的一类，而有 39.1％的高校仅区分了理工医（自然科学类）和人文社科或理工（不含建筑学）和其他学科，并未将工科和理科分列开来，工科教师高级职称评聘依旧和理科采用同一标准，另外 34.8％的被调查高校尚未基于学科类别对教师高级职称评聘进行分类设置，不利于尊重不同学科特点，职称评聘的导向性、激励性难以得到充分发挥。

2）从学校类型看。

通过比较三种类型学校在"单列了工学的标准""未区分理工或理工医""未按照学科分类"的学校数量占各自样本总体百分比可知，地方高校还较少考虑教师职称申报过程中的学科差异，对工科教师的工程属性关注度还不够。其他部委所属高校一直有较突出的行业属性，它们理应能较好地认识到理工科有着很大的区别，但在明确将工科单独分类的比例上，其他部委所属高校的比例却低于教育部直属高校的比例，而且其未按照学科分类的比例也为同特征下最高。

在被调查高校的材料中，教育部直属高校未按照学科分类的比例竟也高达 28.1％，尽管比其他两个类型高校都低，但近三成的占比委实不低，不过这也可能是由于我们收集到的材料不是它们正在执行的。

这既可能说明了在"唯论文、唯项目"的职称评聘考核导向和锦标赛制度的资源分配机制下，各学校之间横向分类逐步弱化，形成了以排名论一流的同质化办学局面，又表明了在职称评聘中尊重学科差异，以不同学科教师发展需求为目标改革职称评聘制度具有一定难度，其不仅关乎学校办学定位和优势属性，而且涉及资源、人事、制度环境等各种因素影响，相比较而言，当前教育部直属高校做得要好一些。

表 8.2　　　　教师职称评聘按学科分类情况一览表

特征	类别	单列了工学的标准	未区分理工或理工医	未按照学科分类
	总体情况（所）	24	36	32
	占总数比例（％）	26.1	39.1	34.8
学校类型	教育部直属（所）	10	13	9
	占教育部直属比例（％）	31.3	40.6	28.1
	其他部委所属（所）	7	7	9
	占其他部委所属比例（％）	30.4	30.4	39.1
	地方（所）	7	16	14
	占地方比例（％）	18.9	43.2	37.8
学校所在地区	东北（所）	1	4	3
	占东北比例（％）	12.5	50.0	37.5
	华东（所）	9	8	4
	占华东比例（％）	42.9	38.1	19.0
	华南（所）	0	5	2
	占华南比例（％）	0.0	71.4	28.6
	华中（所）	6	0	8
	占华中比例（％）	42.9	0.0	57.1
	华北（所）	5	7	6

续表

特征	类别	单列了工学的标准	未区分理工或理工医	未按照学科分类
学校所在地区	占华北比例（%）	27.8	38.9	33.3
	西北（所）	0	5	5
	占西北比例（%）	0.0	50.0	50.0
	西南（所）	3	7	4
	占西南比例（%）	21.4	50.0	28.6

3）从学校所在地区看。

在我们选中参与调查的高校中，单列了工学标准的，华东地区和华中地区的比例最高，均为42.9%。而华南地区和西北地区均没有单列了工学标准的高校，东北地区的比例也仅为12.5%。

在被调研高校中，"未按照学科分类"比例最高的是华中地区，高达57.1%，而华东地区是最少的，两者相差达2倍；西北地区也以50%的占比紧随其后，这两个地区的平均值比该选项另外五个地区的平均值多了0.82倍，差距不可谓不大。

在被调研高校中，未区分理工或理工医的，华南地区以71.4%高居榜首，除了华中地区没有以外，其他五个地区最低的也达38.1%，是三个类型高校分布最多的。这说明被调研的多数高校均属于未区分理工或理工医的类型，这是不利于工科教师专业发展的。

我们将单列了工学标准的24所高校按学校类型和学校所在地区进行交叉分析，详见表8.3，结合表8.1可以看出，在调研的高校中，东北、华东、西南地区教育部直属高校中，均有50%的高校对工科教师职称评聘标准单列了工学分类标准，为所有地区同类型高校中占比最高，而华中地区有高达2/3的教育部直属高校没有单列工学分类标准，为所有地区同类型高校中占比最高；华东地区其他部委所属高校中有2/3的高校单列了工学分类标准，而华北地区地方高校单列了工学分类标准的仅有1所。

表 8.3　　　教师职称评聘单列了工学分类标准的学校类型和
学校所在地区交叉分析表　　　（单位：所）

	东北	华东	华南	华中	华北	西北	西南	小计
教育部直属	1	3	0	2	1	0	3	10
其他部委所属	0	4	0	0	3	0	0	7
地方	0	2	0	4	1	0	0	7
小计	1	9	0	6	5	0	3	24

不难发现，被调研的高校中，单独设置了工科教师高级职称申报标准的高校虽然主要集中于华东和华中地区，但华中地区没有 1 所其他部委所属高校，表明在教师高级职称申报对学科差异的把握和实践程度上，这两个地区虽总体上看均好于其他地区，但华中地区的其他部委所属高校与其他地区的相比并无多大差异。

相对于部属高校，各个地区中仅按照岗位性质而未单独根据工科特点对职务评聘标准进行划分的高校主要为地方高校。

（2）分类评价的规范化。

当前基于学科差异进行职称评聘标准设置仍需进一步科学化、规范化。通过调查发现，在教师高级职称评聘标准中单列了工学类别的 24 所高校中，分别仅有 5 所教育部直属高校、5 所其他部委所属高校以及 4 所地方高校对所有岗位类型（教学为主、科研为主、教学科研并重）以及正高、副高职称都设置了工科教师的分类标准，占比并不算高。

在专业技术高级职称评聘实施办法区分了理工或理工医的 36 所高校中，也只有 9 所高校仅是对部分岗位类型、正高或副高职称评聘标准基于学科差异进行管理。如，有的高校仅在教学科研并重岗设置了工学（理工类）分类标准；有的高校仅对申报副教授条件进行了学科差异化处理；还有的高校对申报教学科研并重岗位的教授职称设定了工学分类标准，对申报教学科研并重岗位的副教授职称则并未将理工分开，而对申报教学为主岗位的教授或副教授职称则完全没有进行学科差异管理。

尽管不同高校基于其办学定位不同、所属类型不同、校情不同等决定了其在何种岗位、何种职称等级进行何种程度的学科差异化处理，但同时也反映出了现今对基于何种标准进行分类评价以及如何平衡统一性和多样性等问题的认识还需进一步深化和规范化。

（3）分类评价的体现。

无论是否单列了工学标准还是未区分理工以及是否对所有岗位类型、职称等级均实施了基于学科差异的分类评聘标准，在调查的所有高校中，教师系列高级职称评聘标准中的学科差异更多体现在科研标准或学术水准方面。如不同学科对论文数量、项目数量和经费要求等各不相同，仅有一所高校在申报教学科研并重岗副教授的条件中对理工医和人文社科教师的教学工作量提出了不同的要求。据此可以推测，由于工科的学科特征，工科教师职称评聘中关于教学、科研、社会服务等方面的标准都应和其他学科有所区分，显然在当前的工科教师职称评聘中关于这一点的认识还未落实到工科教师职称评聘的实践行动中。

（4）小结。

工程具有实践性、集成性以及创新性等特征，使得工科和人文社科、理科等学科间在科学研究、专业实践、教育教学等方面具有本质差异。不仅要区分不同岗位工科和其他学科职称评聘在科学研究、教育教学上的差异，还要针对不同一级学科各自的学科逻辑与特征，将职务评审权下放至各学院，满足工学内部不同一级学科多样化发展的需求。

总的来看，虽然当前调研的不同高校在不同岗位类型、不同等级职称评聘标准上，基于学科差异进行区分的程度各不相同，但高校工科教师职称评聘管理仍需进一步深化对学科差异的真正理解和管理变革，按照工程学科进一步进行差异分类评聘的改革力度以及改革合理性、规范性都需进一步提高，以增加对工程教育活动的特殊性、不同工程学科教师专业发展的个性关注度。

8.3　教学要求

2019 年 10 月，教育部发布的《关于深化本科教育教学改革全面提高人才培养质量的意见》（教高〔2019〕6 号）中指出，引导教师潜心育人，需突出教育教学业绩在绩效分配、职务职称评聘、岗位晋级考核中的比重，明确各类教师承担本科生课程的教学课时要求，切实落实教授全员为本科生上课的要求。因此，高级职称评聘将教学工作和教学成效作为评价工科教师教育教学能力的首要内容，是回归高校办学初心、提高人才培养质量的重要保障。

（1）对教学工作量的要求。

1）是否有教学工作量的要求。

所有被调研高校中，有 8 所高校对教师申报高级职称未提出明确的教学工作量要求或对部分岗位、部分职称申报无教学工作量要求，其中又以申报教学科研岗位、科研为主岗位无教学工作量要求的高校居多。科研为主岗的教师主要从事科研工作，对其职称评聘的教学工作量不提出明确的要求尚可理解（不过也应有教学经历的要求；如果他们要评教授职称，也应有教学工作量的明确要求），但对申报教学科研岗的教师没有明确要求就显得不那么合适了。这表明了至少在过去，部分高校对教师的考核评价轻教学的情况依然存在，教学在部分高校依然未得到应有的重视，这也从另一个侧面说明了不是所有的教授都会上讲台。

由表 8.4 可以看到，对申报高级职称岗位教师的教学工作量无明确要求的部属高校数量最多，可能是因为部属高校，尤其是教育部直属高校主要为研究型大学，所以更多教育部直属高校对申报科研为主岗位高级职称教师未提出教学工作量相关要求。尽管相对于教学为主或教学科研并重岗位教师而言，科研为主岗位教师其岗位特点不同，因而实行岗位分类管理是合乎逻辑的，但教师的天职是教书育人，科研能力强的教师往往也能给教学带来不同的视野和功效，而教学对科研又具有正向影响。因此，要落实"以本为本"，推进"四个回归"，落实教授为本科生上课的基本要求，无论是研究型大学还是教学型、教学研究型高校，对申报教授、副教授职称的教师都应当提出一定教学工作量的要求。

表 8.4　　　　对申报高级职称岗位教师的教学工作量
无明确要求的高校一览表　　　　　　（单位：所）

	东北	华东	华南	华中	华北	西北	西南	小计
教育部直属	0	0	0	0	0	1*	2*	3
其他部委所属	1*	0	0	0	1	1*	0	3
地方	0	1*	0	0	1	0	0	2
小计	1	1	0	0	2	2	2	8

说明：＊表示"对部分岗位、职称申报无教学工作量要求"。

2）对教学工作量考察的执行情况。

除部分高校无教学工作量要求外，在对教学工作量有要求的部分高校中，当前在教师职称申报中存在对教学工作量考察或执行不严的情况。

如 A 高校虽然针对申报不同职称、不同岗位制定了不同教学工作量条件，但申报教师若是不满足教学工作量要求，可用发更多论文、申请更多项目的方式进行弥补，这一规定内在的逻辑就是教学可用科研替代，教学和科研可以一手抓、一手放，这实际上是没有严格落实"教学工作中心地位"要求的。

（2）对教学效果的要求。

1）对教学效果无相关要求的情况。

为率先在新工科建设中打造"金课"，淘汰"水课"，必须狠抓教师教学成效，让极少部分教师"认认真真培养自己、马马虎虎培养学生"的日子一去不复返。在被调研的 92 所高校中，共有 8 所高校在教师系列高级职称评审标准中未提及教学效果相关要求，其中教育部直属高校 2 所、其他部委所属高校 5 所、地方高校 1 所。从学校所在地区上看，在所有教师系列高级职称评审标准中未提及教学效果相关要求的高校中，华北和西南地区最多，各 3 所，前者全是其他部委所属高校，后者则是 2 所其他部委所属高校和 1 所地方高校；西北和东北地区各 1 所教育部直属高校。

在教师申报高级职称评审条件中，与教学工作量分析结果具有一致性的是，部委所属高校对教学效果的要求比地方高校要低一些，其中又以西南地区高校教学效果要求最低，再次表明了相对于其他类别，部委所属高校和西南地区高校在教师评价中对教师教学能力、教学质量的关注度还需进一步提升。

虽然研究型大学和教学型、教学研究型大学在办学定位以及人才培养目标上存在差异，但这种差异不应该体现在有无教学工作量和教学效果的要求上。纵观国外的世界一流大学，其不仅具备世界一流的科学研究水平，而且同样具备世界一流的本科教育教学水平。因此，在教师评价中若仅有对教学工作量的要求，而无教学效果相关要求，易使教学流于形式、"水课""丛生"。

2）对教学效果有要求的情况。

进一步分析发现，在对教学效果提出相应要求的被调研高校中，有 29 所高校对教学效果提出了"量化"的要求，另外 55 所高校多为"教学效果良好""教学质量优秀"等定性描述，具体详见表 8.5。

表 8.5　　对申报高级职称教师的教学效果有要求的高校一览表　　（单位：所）

	东北	华东	华南	华中	华北	西北	西南	小计
教育部直属	0/1	1/5	1/0	3/3	1/4	0/4	4/2	10/19
其他部委所属	0/2	4/2	1/1	0/1	2/3	0/2	1/1	8/12
地方	2/2	1/8	0/4	2/5	2/3	2/1	2/1	11/24
小计	2/5	6/15	2/5	5/9	5/10	2/7	7/4	29/55

说明："/"前数字表示定量要求高校的数量；"/"后数字表示定性要求高校的数量。

表 8.5 显示，在对教学效果有要求的学校中，有 40％的其他部委所属高校对教学效果要求进行了明确量化，在所有类型高校中占比最高，这一比例在教育部直属高校和地方高校中分别为 34.5％、31.4％。

从学校所在地区上看，63.6％的西南地区高校对教学效果提出了定量要求，为所有地区中最高，仅有 22.2％的西北地区高校对教学效果进行了量化，为所有地区中最低比例，二者占比的差距近两倍。西北地区的部委所属高校中没有一所高校对教学效果提出了定量要求是导致西北地区的低比例的原因。

单纯的量化指标由于存在这样那样的弊端，难以还原教学真实场景和反映全部教学成效，因此，对于教学效果这种指标，定性的评价应该比单纯的定量评价要好。但由于量化评价无论是在操作性上，还是在客观性上均比纯定性评价更有优势，所以在所有对教学效果要求进行量化的高校中，均提出了一定的定性要求。这在一定程度上依靠"数字说话"的现在，对于把教学成效转化为硬指标、硬要求是具有积极意义的。因此，在对工科教师职称评聘中教学成效要有定性要求的基础上，还要有一定的量化要求，以更好地保障工程教育教学质量的提高。

3）对教学效果要求不够高的情况。

在我们调研的高校教师高级职称评聘资格条件中，对申报教师教学效果要求存在不够高的现状。如有 12 所（占 84 所高校的 14.3％）高校（教育部直属高校 8 所、其他部委所属高校 3 所、地方高校 1 所）仅对部分岗位、正高或副高职称提出了教学效果相关申报条件（如 B 高校只对教学为主岗位正高职称和教学科研并重岗位副高职称申报提出了教学效果要求，而对教学为主岗位副高职称、科研并重和科研为主岗位正高职称、科研为主岗位副高职称申报均未提出相应要求）。

而有的高校虽在正高、副高职称的所有岗位申报条件中均提出了教学效果要求，但其要求可能显得不够高。如 C 高校规定"应聘教师近 3 年学生评教结果平均排名应位于学院前 60％"，而同为教育部直属高校的 D 高校则规定"近 3 年本科学生评教平均排名位于本单位后 20％者不得申报"。可以看出，尽管 C、D 高校的要求均不高，但相对于 C 高校，D 高校对申报教师教学效果要求明显更低，这再次说明了部分高校对教师教育教学能力、教育教学工作的相对忽视。

从学校所在地区上看，在仅对部分岗位、正高或副高职称职务提出了教学效果相关申报条件的高校中，西北地区有 4 所高校（其中 3 所教育部直属高校和 1 所其他部委所属高校），数量最多，华北地区是教育部直属高校、其他部委所属高校和地方高校各 1 所，位居第二，西南和华中地区分别是 2 所教育部直属高校，东北地区则有 1 所其他部委所属高校。

尽管难以从不同办学定位高校关于教师高级职称申报条件对教学效果相关要求中进行比较，从而判断出哪些高校对教学效果要求偏低，但从同类型高校相关文件中可以发现部分高校存在对申报高级职称的教师教学效果要求不够高的情况。

另外，从学校所在地区的比较结果可知，不仅在教师系列高级职称评审条件中对教学效果无相关要求的高校主要集中在西南地区，而且对教学效果要求偏低的高校主要集中在西北地区，这似乎说明西部地区高等教育发展滞后于其他地区的现状，也表现在了高级教师职称评审对教师教学的要求上。

4）教学效果差异化要求的情况。

在对申报高级职称教师的教学效果差异化要求的高校的交叉分析中，详见表 8.6，不难看出，对不同岗位或不同职称，如何规定教学效果也需要进一步研究。无论是对所有岗位和职称等级做统一要求，还是基于岗位差异或职称等级分别做不同要求，抑或兼而有之，在调查的对教学效果作出相关要求的高校中，对教学效果作出混合要求的最多，即在对申报所有岗位和职称的教师提出统一要求后，再根据不同岗位和职称等级提出附加要求或不同岗位、不同职称等级之间要求均有差异，其中分别有 37.9% 和 40% 教育部直属高校和其他部委所属高校采用了混合式，在同类型高校中比例最高，即部委所属高校倾向于采用混合式对教师教学效果提出要求，地方高校则倾向于对所有职称、岗位均作统一要求。

表 8.6　　　　对申报高级职称教师的教学效果差异化要求的
高校一览表 （单位：所）

	东北	华东	华南	华中	华北	西北	西南	小计
教育部直属	0、0、0、1	4、0、1、1	0、0、0、1	2、1、0、3	1、1、1、2	0、2、1、1	2、2、0、2	9、6、3、11
其他部委所属	1、0、0、1	2、1、0、3	1、0、0、1	0、0、1、0	1、1、2、1	0、0、0、1	0、0、1、1	5、3、4、8

续表

	东北	华东	华南	华中	华北	西北	西南	小计
地方	1、0、 1、2	3、1、 2、3	3、0、 1、0	2、1、 0、4	1、1、 3、0	0、2、 1、0	1、1、 1、0	11、6、 9、9
小计	2、0、 1、4	9、2、 3、7	4、0、 1、2	4、2、 1、7	3、3、 6、3	0、5、 2、2	3、3、 2、3	25、15、 16、28

说明：第一个数字表示所有职称、岗位统一要求；第二个数字表示基于岗位类型差异要求；第三个数字表示基于职称等级差异要求；第四个数字表示混合要求。

从学校所在地区上看，东北地区、华中地区的高校更多采用混合式；华东和华南地区高校则更加青睐于统一要求；华北高校多是对申报教授和副教授提出不同的教学效果要求；西北地区更多高校采用的则是基于岗位差异的方式，即随着科研职责的增加，从教学为主岗到科研为主岗，对教学效果要求依次降低；西南地区高校呈现出"百花齐放"的态势，采用四种方式的高校数量几乎相等。

不同的是，虽然华南地区高校更多基于统一型而华北地区更多高校是基于职称等级，但这两个地区部委所属高校似乎更加倾向于使用混合型。

5）教学效果衡量的指标。

在调研的高校中，教师教学效果衡量指标较为简单，科学性还有待提升。有的高校是以学生评教分数作为教学效果衡量的唯一指标，而有的高校则是以教学主管部门或教学督导团的评价结果作为教学效果的唯一衡量指标。

由于一方面存在学生缺乏评价经验，另一方面学生对评价指标理解不透彻，存在评价不认真、评价结果不准确的现象，甚至部分学生存在对课堂教学严格的教师进行"报复式"评分的问题，所以单纯依靠学生评教分数作为教师教学效果的衡量指标明显有其局限性。这可能就能解释为何在7.1节所述的对工科教师的教学能力进行评价可以用哪些方面的调查中，工科教师对"学生评价"的极不认可，仅25.3%的被调查工科教师选择了此项，在10个指标中排名第六；然而，行政人员对"学生评价"却异常认同，高达67.2%的被调查行政人员选择了此项，在10个指标中排名第一。

我们认为，学生作为教学活动的中心，是教师教育活动的出发点和落脚点，也是教学效果最直接的体验者和收获者，在倡导"以学生为中心"的时代，教师教学效果的好坏，教学水平的高低，确实是应该以学生学习后的产出为主要的考量，学生也是最有发言权的，学生评教应该占不小的份额。但从我们调查反映出来的问题、存在的现象来看，其后面究竟是何原因值得深入地研究，也确实需要进一步的完善，行政人员要想方设法改进相关流程、内容或实施方式等方面，切实发挥这个指标的重要作用。

同时，为使教学效果衡量的指标更加多元和有效，督导评价、同行评价以及自我评价等指标相结合并赋予适当的权重，也是工科教师教学效果衡量指标改革的内容之一。

（3）小结。

综上所述，首先，从事一定的教学活动对工科教师科研能力具有显著正影响，对教学科研并重岗和科研为主岗工科教师的教学工作量和教学成效不做要求或要求过低，非但不利于推进"四个回归"，扭转重科研轻教学的评价导向，同时也不利于工科教师良性的专业发展。

其次，虽然教学工作量和教学效果于不同岗位之间、不同职称之间会有所区别，如申报教学为主岗高级职称教学工作量和教学效果的要求理应高于申报教学科研并重岗和科研为主岗的高级职称，但相对于教学为主岗，在申报其他岗位高级职称过程中，对教学工作量和教学效果要求的大幅度降低或缺乏一定的量化指标，易给申报相应职称的工科教师造成"相比科研，教学要求硬指标可适当软化"的"假象"，长此以往，教学"量"与"质"均将逐渐边缘化而成为"良心活儿"。不过我们也欣喜地看到，有少数高校（尽管这个比例很低，但总归是有的）在教师职称评审实施办法中明确提出实行教学质量"一票否决"制，对于达不到教学质量排名要求或学生评价为不合格者实行"一票否决"。这就像教学质量提升的一股新泉，也如同那星星之火，希望能呈燎原之势。

最后，采用何种方式对工科教师教学效果提出何种程度的要求，需要结合各校的人才培养要求、校情师情以及工科教师发展规律，进一步加强研究改革，提升其科学性。

8.4　科研要求

"大学者，研究高深学问者也"。科学研究作为大学第二大职能，是否拥有世界一流的研究型大学与学科，在很大程度上决定了一个国家在全球科技创新和产业竞争中的地位。高校科学研究活动极大地支撑了我国社会主义建设与发展，在国家科技三大奖通用项目中，高校获奖数占全国总数

70％以上，产出社科重大成果比例占全国 80％以上，专利申请数年均增长 20％左右，高校牵头承担了 80％以上的国家自然科学基金项目和一大批 "973""863" 项目。高校教师，尤其是高级职称教师，作为科学研究职能的直接承担者，具备一定的学术研究水准和科研实力，既是其学者身份的标记与使然，又是推动科教融合，培养创新科技人才的重要保障。

近年来，随着大学教育质量问责压力的不断传导，绩效管理意识不断扩张，以政策驱动为主导，强化激励奖惩机制，强调效率和产出，采用精确化、可计量化的量化评价模式成为当前大学内外部教育评价实践的主流，甚至唯量化。相比教学，科研由于其标准明确、易于评价，成果形成周期短且对社会影响显效等特征，所以更易受到高效率、可计算性、可预见性和非人技术对人的替代与控制的 "麦当劳化" 影响。

（1）对科研产出的要求。

从我们调查的 92 所高校可以看到，仅有 1 所高校对申报高级职称教师无明显的科研产出量的要求，有 2 所高校对申报部分岗位或副高职称的教师无科研产出量的要求，均为教育部直属高校。如，E 高校仅在正高职称申报条件中明确提出了论文、项目、科研获奖等数量和等级要求；F 高校对申报教学为主岗位的教师均未提出科研产出量的要求。

教学、科研、社会服务是高等学校的三大职能，但高校由于办学定位各异，层次和类型也不同，对三大职能的承担情况自然是不一样的；而教师由于对自身发展的定位不同，同一名教师在不同的时期，以及不同的教师对三大职能的承担情况也是不一样的。即使在研究型大学中，也只是部分教师从事教学、科学研究、社会服务等工作。然而，高达 96.7％的被调研高校在所有岗位所有职称申报条件中提出了科研成果数量的要求。所有被调研的地方高校也是如此，其比例甚至还高于部委所属高校。这种做法是否与学校的办学定位、办学目标和实际情况相一致？是契合了本校多数教师的成长规律和发展需求，还是加大了教师压力，让一些教师为了发表论文而发表论文、为了项目而项目？这除了能够提升学科排名或在同类型高校中的排名以外，对教学、科研和社会服务的长期益处究竟如何，还有待进一步研究和探讨。

从前文可知，如果说评价某项事物，采用精确化、可计量的量化评价模式在一定程度上彰显了社会、管理者对该事物的重视程度，那么通过比较被调研高校中申报所有岗位、所有高级职称中均对教学工作量和科研产出量提出了明确要求的高校数量可以发现，教师高级职称评聘实施过程中，重科研轻教学、重学者身份轻教师本职的现象依旧存在。

（2）对科研产出定性的要求。

对于科研管理，人们指责最多的就是重数量、轻质量的量化评价，今天过度量化评价走强，本质而言是非量化评价的缺位所致。不过，从我们调查的结果看，这一现象正在悄然发生改变。从我们调研的结果看，有44所被调研高校（占所有调研高校的47.8%）对申报高级职称教师的科研能力有定性要求，如表8.7所示，这个占比尽管还未过半，但总归还是有了一定的比例。

表8.7　　　　　　　　对申报高级职称教师的科研能力
有定性要求的高校一览表　　　　　　（单位：所）

	东北	华东	华南	华中	华北	西北	西南	小计
教育部直属	2	4	0	4	3	2	1	16
其他部委所属	2	5	2	0	2	0	1	12
地方	4	4	1	3	3	1	0	16
小计	8	13	3	7	8	3	2	44

将这44所高校按学校类型和学校所在地区进行交叉分析，结果表明：

1）从学校类型看。

在被调研的高校中，50%的教育部直属高校对申报高级职称教师科研能力有定性评价内容。如G高校规定"对于在教学、科研方面作出突出贡献的特别优秀的校内应聘者，经学校审批可适当放宽对其学位、履职年限的要求，但须参加学校组织的水平认定"；H高校在《专业技术职务评聘工作实施办法》中注明"确立质量优先的学术评价导向，注重学术研究内涵、实际学术贡献与影响，大力推进标志性成果评价"。

有52.2%的其他部委所属高校和43.2%的地方高校均对潜心研究、拥有原创性成果或高质量成果的教师开通了"绿色通道"，实施同行评价的代表作制度。如，其他部委所属高校I规定"重点考察近5年代表性工作成果"；地方高校J规定"如申报人工作业绩中有一项特别突出，有重大贡献或突破，经专家论证，达到相应职务的水平，可认为符合业绩条件"。

可以看到，在被调研的高校中，相对于地方高校，更多的部委所属高校，尤其是其他部委所属高校在考核评价教师科研能力方面，采用了定性和定量相结合的方式。

2）从学校所在地区看。

所有被调研的东北地区高校均在教师高级职务申报条件中对教师科研能力有定性评价，西北和西南地区高校中对教师科研能力采用定性评价方式的高校数量比例较低，分别仅为 30％和 14.3％，其中西北地区其他部委所属高校和西南地区地方高校均无对科研能力进行定性评价的相关规定。如果基于"没有达到一定量的要求就无从谈质"的逻辑，那么西部地区高校科研成果产出的质就应该不如东中部地区的。

总体而言，相对于教学工作量，被调研的各类型高校皆更为重视高级职称教师的科研产出数量，而且地方高校比部委所属高校更加重视高级职称教师科研产出数量。比较被调研高校中对科研有"量"的要求和"质"的考察高校数量可明显发现，对科研有"量"的要求的高校占比高达 98.9％，有且仅有 1 所教育部直属高校对科研没有"量"的要求，而对科研有"质"的考察的高校占比仅为 47.8％，不足有"量"的要求的高校的一半。不过综上不难看出，当前被调研的高校已逐渐在教师职称评聘中引入科研定性评价、同行评价、代表作制等非量化评价方式，以求扭转科研成果追求短、平、快的不正之风，以鼓励教师从事基础研究和原创性研究。

此外，在对申报教师科研能力有"质"的要求的被调研高校中，关于教师科研能力非量化评价的内容更多是在"附则"里规定，而不像"量"的要求在每一岗位、每一职称申报条件下都有明确注明，且清晰可见。其中还有部分高校虽实行代表作及同行评价制度，却明确要求申报正高职称的需提交 3 篇、副高职称的需提交 2 篇代表作，这似乎从侧面体现了当前教师职称评聘中关于教师科研能力评价方式和导向中还是存在一些量化的思维。

（3）小结。

综上所述，在被调研的高校里，当前工科教师高级职称申报条件中，无论高校办学层次和类型，绝大多数高校依旧采取了以量化为主导的方式对教师科研能力进行评价，且对申报不同岗位的教师均提出了不同程度的科研成果量化指标，科研管理中量化思维较为盛行。过于注重科研量的需求，对不同岗位、不同学科、不同需求的教师采取同样的量化评价方式，易使教师将科学研究的兴趣和好奇变质为任务和负担，转而追求质量不高的成果堆积，甚至加剧学术不端。

虽然部分被调研高校已经采取非定量与定量相结合的方式对教师科研能力进行多元的评价，对申报高级职称教师采取代表作评价制度，积极引入同行评议评审程序，但从公布的评聘工作相关办法来看，相对于对科研成果"量"的相关规定和条件，无论是某个学校关于科研能力"质"的评价内容，还是所有被调研高校中有关于科研能力"质"的评价高校的数量，即非定量的评价，目前仍处于从属地位。

8.5 国际视野要求

国际化是现代社会高等教育的发展趋势，也是世界一流大学的共同特征，高等教育"双一流"战略的实施明确了我国顶尖高校应尽快提升国际学术影响力和国际化办学水平的发展目标。教育大计，教师为本。教师队伍的国际化和教师的国际视野和国际化能力的提升，是高等教育国际化的基础和关键。已有研究指出，在教学科研一线上的大学教师的出国经历对其科研的前沿性、知识的深度和宽度、视野的开阔等都具有重要的影响，拥有较多的有留学经历的教师，不仅能够直接推动教学、科研向着国际化发展，而且能够和本土教师（无留学经历）进行优势互补。那么，被调研高校对教师国际视野的要求如何呢？

（1）从学校类型看。

1）没有海外经历的要求。

从被调研的 92 所高校来看，有 48 所高校对教师申报正高和副高职称所有类型岗位均无海外相关经历要求，详见表 8.8，其中教育部直属高校没有要求的占比最低，只有 37.5%，其他部委所属高校的占比为 47.8%，而地方高校的占比高达 67.6%，差别异常明显。

2）有海外经历的要求。

在对申报教师海外研修经历有要求的 44 所被调研高校中，其中有 22 所高校对申报副教授职称有海外经历要求，包括 11 所教育部直属高校、5 所其他部委所属高校和 6 所地方高校，占比分别为 34.4%、21.7% 和 16.2%。另外，有 8 所高校只对申报教学科研并重或科研为主岗位的教师有类似要求，其中教育部直属高校 4 所、其他部委所属高校和地方高校各 2 所，占比分别为 12.5%、8.7%、5.4%。

在这 44 所被调研高校中，所有高校均对工科教师提出了要求，这表明了当前高校普遍认为到海外研修是高级职称工科教师发展的重要一环，这对于促进我国工科教师队伍国际化是有利的。其中有 26 所高校只对某年龄段以下的教师提出了此要求，包括了教育部直属高校和其他部委所属高校各 9 所以及地方高校 8 所，占各自类别高校总数量比例分别为 28.1%、39.1% 以及 21.6%。如，K 高校规定"申请正高级职务，须有累计 10 个月以上的国（境）外留学（工作）经历，1967 年 6 月 30 日（时年 55 岁）及以前出生者除外"。

虽然各被调研高校对不同岗位、不同职称申报海外研修时长要求不一，但有 13 所高校规定时长可累计或有条件累计，其中有 5 所教育部直属高校（华东 3 所，西南 2 所）、4 所其他部委所属高校（华东 3 所，东北 1 所）、4 所地方高校（华东 3 所，东北 1 所），占各自类别对海外研修经历有要求的高校总数量比例分别为 25%、33.3%、33.3%，且华东地区高校有此规定的高校数量占全部 13 所的比例高达 69.2%。如 L 高校规定"单次出国（境）时间不少于 3 个月的经历方可累计"。此外，有 9 所高校规定可用担任留学生导师、参与中外合作科研任务、出席国际学术会议等条件替代研修要求，其中有 4 所教育部直属高校、2 所其他部委所属高校、3 所地方高校，占各自类别高校总数量比例分别为 12.5%、8.7%、8.1%。

由上可知，由于不同类型高校办学定位、资源禀赋等差异，被调研的地方高校未对申报高级职称教师提出海外经历相关要求的高校数量比例最高；在有海外经历相关要求的所有类型高校中，教育部直属高校基于岗位和职称以及学科差异，从而对申报高级职称教师提出差异化要求的高校数量比例均为最高；而在只对某年龄段以下的教师提出了此要求以及海外研修时长可累计或有条件累计的高校中，其他部委所属高校所占比例则均最高。

表 8.8　对申报高级职称教师的海外经历有无要求的高校一览表　（单位：所）

	东北	华东	华南	华中	华北	西北	西南	小计
教育部直属	1/1	5/1	0/1	4/2	2/4	4/1	4/2	20/12
其他部委所属	1/1	5/1	1/1	0/1	1/5	1/1	3/1	12/11
地方	3/1	5/4	1/3	0/7	1/5	1/2	1/3	12/25
小计	5/3	15/6	2/5	4/10	4/14	6/4	8/6	44/48

说明："/"前数字表示有要求高校的数量；"/"后数字表示无要求高校的数量。

（2）从学校所在地区看。

1）没有海外经历的要求。

在被调研的没有海外经历要求的 48 所高校中，无海外经历要求的高校占所在地区高校总数比例，排名前三的均超过了 70%，华北地区最高，达 77.8%，其次为华南和华中地区，各为 71.4%；而排名第四、第五的为西南和西北地区，分别为 42.9% 和 40%，东北地区仅为 37.5%，而排名垫底的华东地区则只有 28.6%，地区差异不可谓不大。华北、华南、华中这三个地区绝大多数被调研高校都对教师申报高级职称未提出海外经历要求，其中又以其他部委所属高校和地方高校为多，占三个地区没海外经历要求高校总数的 75.9%。

2）有海外经历的要求。

分别有 71.4%、60%、57.1% 的华东、西北、西南地区高校有海外经历要求而位居前三名，其中以部委所属高校为主，占比分别为 66.7%、83.3%、87.5%。华东地区高校要求最高，可能是该地区高校的国际化水平要求高，且该地区经济水平总体较高，学校也有足够的经费资助教师的国际化活动；而西部地区高校如此高的占比极可能与其地区特点有关，学校需要以明文规定、明确要求来推动教师们国际视野的提升。在有海外经历要求的高校中，只有东北地区是以地方高校为主，占比为 60%。

在有海外经历相关要求的 44 所被调研高校中，华东地区有 42.9% 的高校可累计海外研修时长，三大类型的高校中均有 60% 的高校可累计时长；50% 的华北地区高校只对某个年龄段以下的教师提出了此要求；83.3% 的西北地区高校只对申报教授的教师提出了须具备一定的海外经历要求，其中该地区所有教育部直属高校均无此项规定；75% 的西南地区高校均认可海外研修累计时长符合申报要求，其中所有其他部委所属高校和地方高校均可累计海外研修时长。

可以看到，受到地区和学校类型差异双重影响，被调研高校中，不同地区和不同类型高校在是否对申报高级职称的教师作出必须具备一定海外经历要求以及具体要求上存在一定差异。但为支撑我国高等教育国际化建设，增强教师国际化能力，有条件和有需求的高校应鼓励教师积极参与国际化活动，同时要防止出现考核评价制度将优秀人才往"外"赶的情况，对不同学科、不同岗位以及申报不同职称的教师作出符合教师发展需要、教育教学需要的具体政策。可累计的海外研修时长既保证了教师们有足够的时间又展示了政策的灵活性，让教师们"错峰"出国研修，在"一个萝卜一个坑"的地方，不失为一个不错的选择。

(3) 对海外研修质量的要求。

虽然有 44 所被调研高校均对教师海外经历提出了或多或少、或高或低的要求，但对教师海外研修、国际交流合作质量、成效有要求的高校少之又少。仅有 12 所高校有"海外高水平学术机构的学术研修经历"类似要求，其中有 6 所教育部直属高校（华东、华中和华北地区各 2 所）、2 所其他部委所属高校（华东和西南地区各 1 所）、4 所地方高校（东北、华南、华北、华东地区各 1 所），占各自类别高校总数量比例分别为 18.8%、8.7%、10.8%。而有且仅有 2 所高校明确规定需经考核合格才能算作具有海外经历，均为地方高校。

要求教师具备海外经历，是为了拓宽教师国际视野，分享国际知识溢出效应红利，以服务教学、科研和社会服务三大职能。虽然从规定了海外经历要求的各类型高校数量以及各高校海外经历时长等具体要求上看，尚不足以体现当前教师高级职称评审中是否存在为了追求排行榜排名要求教师们一定要海外连续研修一年才有资格的现象，或是盲目引进具有海外经历的教师的现象，但从有高达 72.1% 的被调研高校均缺少教师海外研修质量相关要求可看出，教师高级职称申报中关于海外经历的现状极易使教师把海外经历当作攀爬职称链的阶梯，从而造成有研修无收获、有经历无体验、海外研修走马观花的情况出现。而这也似乎让人产生了疑问：在没有对教师海外交流质量提出要求的情况下，却对教师海外经历提出明确的要求，是否说明当前一些高校对教师海外经历"表面光环"的过于热衷，这对于教师们国际视野的提升是否真的有益？

(4) 小结。

综上所述，相比教学、科研条件相关要求，各被调研高校在海外经历要求上差异性更大，对不同岗位、不同职称、不同教师群体在时长及累计方式、替代条件上要求各异。在教师申报职称时，给予具有海外经历教师优先权，对鼓励教师参与国际活动、到国（境）外交流学习、推进高等教育国际化具有正向影响；不过这个优先权的权重需要各高校在充分调研之后再决定。

同时，虽然相对于人文社科教师，海外经历对于工科教师而言更加重要，但工科教师群体内不同教师有不同的现状和需求，有必要根据不同工科教师具体情况，增加海外经历要求的弹性，如可用联合科研、指导留学生、赴境外参加国际会议并作报告等形式替代海外研修，海外研修经历时长可累计等。

另外，究竟应该把具有海外经历作为工科教师职称申报的优先条件，还是将其作为工科教师职称申报的"死要求"，也宜多加考量。

因此，除了要结合高校本身办学定位、资源条件以及教师需求制定相关办法以外，更要进一步加强对教师国际活动参与质量的考核，结合学科发展情况，制定详细的海外交流规划，防止出现为了具有海外经历而去海外，收获很小、达不到学校要求的情况。

8.6　工程实践要求

为了让作为大学教师和准工程师集合体的工科教师胜任培养卓越工程师的工作，ABET和CEEAA都对工科教师的工程实践能力、工程实践经历提出了要求。然而，我国高校工科教师的工程实践经历普遍较短，且较缺乏参与重大工程设计与研究经历。工程实践经历的缺乏、工程素质的羸弱难以满足工科教师队伍建设的要求。职称作为教师水平、责任、身份的一种标记，工程实践经历理应作为具有准工程师性质的工科教师参与职称评聘的基本要求之一，以此引导工科教师深化对工程实践经历重要性的认识，增强其参加相关工程实践活动、推动科研成果转化与应用的外部动机。但从我们的调研情况看，事实并非如此。

（1）从学校类型看。

从调查结果可知，高达76.1%的被调研高校的教师评聘标准中对教师工程实践经历没有要求。只有不到24%的高校在《专业技术职务评聘实施办法》中对教师参与工程实践训练或到企业挂职提出了要求，其中有6所教育部直属高校、4所其他部委所属高校、12所地方高校，占各自类别高校总数比例分别为18.8%、17.4%、32.4%。

而在这22所高校中，有5所高校只是对申报副高职称提出了工程实践要求，其中有2所教育部直属高校和3所地方高校。如，地方高校M规定"申报讲师、副教授职称评审，应具有学院认定的半年以上工程实践经历"。还有3所教育部直属高校只是对申报个别岗位的教师提出了工程实践要求，即从我们调研的所有在《专业技术职务评聘实施办法》中对工科教师参与工程实践训练或到企业挂职提出了要求的教育部直属高校均只是对申报部分岗位或职称的工科教师提出了要求。

也就是说，当前绝大多数被调研高校对申报高级职称的教师均未提出工程实践经历要求，而在提出了相关要求的高校中，地方高校数量最多、占比最大，其他部委所属高校数量又少于教育部直属高校。

（2）从学校所在地区看。

在被调研的高校中，35.7%的华中地区高校在《专业技术职务评聘实施办法》中对教师工程实践经历或到企业挂职有要求，占比最高，其余依次为华北、西北、华东、华南、东北和西南地区的高校，其比例分别为27.8%、20%、19%、14.3%、12.5%和7.1%。在所有地区中，华中地区高校最看重工科教师工程实践经历，而西南地区高校对工科教师工程实践经历的要求最少。

虽有23.9%的被调研高校对教师申报高级职称或部分岗位、部分职称提出了工程实践经历要求，但普遍存在着要求过低或要求明显偏"软"的现状。如，提出了明确具体、有时长要求的工程实践经历条件的高校仅有14所，其中有4所其他部委所属高校（华南、华北、华东、西北地区各1所）和8所地方高校（华北地区2所、华东地区3所，东北、华中、西北地区各1所），2所教育部直属高校（华中和华北地区各1所）。

可以看到，在对教师申报高级职称时提出了工程实践经历相关要求的被调研高校中，除了教育部直属高校，其他部委所属高校和地方高校均提出了明确具体、有时长要求的工程实践经历条件。这也从另一角度表明了相对于另外两种类型高校而言，教育部直属高校对工科教师工程实践能力的要求要低一些。如，地方高校 N 规定"年龄在 45 周岁及以下的理工类专业教师必须参加三个月及以上工程训练"；其他部委所属高校 O 要求申报正高职称的教师具有 1 年以上的工程实践经历，而申报副高职称的教师则要有半年以上的工程实践经历。部分高校则将教师是否具备工程实践或企业挂职锻炼经历作为软性要求、任选项或加分项，如，教育部直属高校 P 规定申报教学科研岗的教师应该"积极参加提升工程实践能力相关的学习培训"；另一所教育部直属高校 Q 规定"具有企业挂职锻炼经历者视同学术研修经历"；地方高校 R 将具备"双师型"教师素质折算成科研分数。这样的规定看似使工科教师职称评聘标准充满弹性，但对于工程实践能力普遍偏弱的工科教师而言，无疑给其选择避开工程实践训练或是到企业"挂虚职"提供了"合法性"依据，将不利于发挥考核评价促进工科教师工程实践能力提升"指挥棒"的作用。

（3）对工程实践训练效果的要求。

与对国际视野的相关规定类似，当前被调查高校职称评聘中对教师工程实践训练效果缺乏必要的考核规定。在被调研的92所高校中，有且仅有5所高校有提及关于工程实践训练效果或企业挂职工作表现要求，其中教育部直属高校和地方高校各2所、其他部委所属高校1所。如，其他部委所属高校S规定"申报正高职称的教师须具有连续一年及以上由学校派出在企业挂职或在机关及所属事业单位挂职（含借调）的工作经历，工作表现得到肯定"。S高校有如此明确的时长、去向单位和效果的要求，这是非常难能可贵的。

而之所以只有5所高校明确提出了工程实践训练的考核要求，主要原因可能包括以下两点。一是高校对工科教师工程实践能力提升的重视程度不够，这一点从只有15所高校提出了明确具体的工程实践经历要求便可看出；二是对工程实践经历的效果考核难度大，高校往往难以直接亲历工科教师工程实践过程，从而难以把握工科教师工程实践经历是否真的达到了相关要求。

也正是因为对工程实践认识不够重视，对相关文件精神领会不够深刻、落实不够到位且没有把工程实践作为一级指标来进行考核评价等，所以导致了相对教学、科研、国际视野等教师职称职务申报相关要求，对教师工程实践经历提出了清晰明了的工程实践经历要求的被调研高校占比仅5.4%，产生了重科研成果轻工程实践经历的现象。显然，这将不利于提升工科教师，尤其是科研能力强的工科教师到企业挂职、参与工程训练和成果转化的积极性，加之缺乏对教师参与工程实践活动的质量监控，导致到企业挂职、校企合作等流于形式的比例并不低，社会服务质量还有待进一步提升。

（4）小结。

工程实践能力作为工科教师的三大核心能力之一，并没有在被调研高校工科教师的职称评聘中得到应有的重视。从我们调查的结果看，对工程实践没有要求的学校不少，而在有要求的高校的文件中，对工程实践的效果有明确要求的又更少。

　　只有在工科教师职称评聘条件中提出去行业、企业进行工程实践的基本要求，适当提高应用型研究成果的考核比重，适当提升横向课题的影响因子，采取合理的手段和方法加强工科教师工程实践效果的考核，才能以此保障我国工科教师在具备较强的教学能力和科研能力的同时也具有相当的工程实践能力，促进工科教师三大核心能力的持续提升，进而能够通过与企业联合科研、参与社会服务，推动科研成果转化以及技术创新，服务于区域经济发展。

第三篇

工科教师专业发展的激励与支持

第 9 章

工科教师专业发展模型

处于不同职业发展阶段的工科教师核心能力发展重点是不同的,工科教师考核评价制度的设计也只有依据工科教师专业发展的规律及其需求,才能真正实现以评促建、以评促发展的目的。也就是说,工科教师专业发展是其能力提升和工科教师管理的出发点和落脚点,是师资队伍建设最重要的内容之一。

但我国关于工科教师专业发展方面的研究并不多见。在新时代,工科教师角色、任务的演变使得其专业发展表现出新的内涵和模式。为此,需要正视新时代工科教师专业发展所表现出的新特点,重新思考新时代工科教师专业发展的内涵并重构发展模式,为我国建设成为工程教育强国打造符合要求的新型工科教师队伍。基于此,本章将尝试探索工科教师专业发展的内涵与模型。

9.1 教师与教师专业发展内涵

(1) 教师内涵。

根据教师内涵在我国各朝代的演进,可将教师的内涵发展划分为五个阶段(详见表 9.1),通过从教师内涵演进出发,为了解教师专业发展提供新的视角。

表 9.1　　　　　　　　我国古代以来教师内涵发展的阶段

阶段	时间	主要内涵	主要标志
教师成词	宋朝之前	舶来品	主要存在于佛教翻译作品中
教师学术化	宋朝—元朝	学术研究者、著书者	运用的范围仍限于宗教

续表

阶段	时间	主要内涵	主要标志
教师行政化	元朝—清朝	官员	教师专门官职的出现
教师职业化	1911—1949 年	以师为职	《教员延聘实施细则》的制定与实施
教师专门化	1949 年至今	教育家、学者	《中华人民共和国教师法》的颁布

从表 9.1 不难看出，在宋朝之前，教师内涵发展处于教师成词阶段。这一阶段教师一词只是舶来品，主要存在于佛教翻译作品中。

第二个阶段是宋朝到元朝，教师表现出学术化发展。这一时期教师一词得到更大的认可，教师开始担任学术研究者、著书者等角色，但其活跃范围仍限于宗教。

第三个阶段是教师行政化阶段（元朝到清朝）。在元朝，教师专门官职的出现标志着教师内涵的行政化演进。19 世纪末的京师大学堂（当时的国立最高学府和中央最高教育行政机关）则是教师行政的又一佐证。20 世纪初，《壬寅学制》的颁布，不仅是旧中国教育史的一个重大转折点，也为辛亥革命时期教师的职业化奠定了基础。

第四个阶段是教师职业化阶段。1917 年，时任北京大学校长蔡元培对北大进行改革，其主要措施之一是延揽人才、优化师资，并制定《教员延聘实施细则》，完善聘任制度，优化教师队伍。这一时期的教师主要由具备高深学问的人所担任。

第五个阶段是中华人民共和国成立后的教师专门化阶段（专门化，主要是体现在教师培养体系专门化，也正是这一体系巩固了教师职业的地位，加深了与其他行业的区别）。这一阶段的标志性事件是 1994 年，我国正式施行《中华人民共和国教师法》。该政策将教师视为履行教育教学职责的专业人员。

（2）从教师内涵演进看教师专业发展。

教师内涵由成词、学术化、行政化、职业化走向专门化过程中，教师一词被赋予了更多的含义与属性，教师内涵变得更为复杂。教师内涵在一定时期具备一定的表征，这种表征不是说教师单纯具备某种内涵，而是某一内涵在一定时代背景下占据主导地位。学术化、行政化、职业化与专门化的演进过程也给教师专业发展一定的启示，如教师专业发展学术性质的优先性等。教师内涵演进的复杂性也说明了教师专业发展的组织复杂性以及结构的多样性。

教师专门化正逐渐地深化和加强。20 世纪 30 年代，学位制度的引进从横向角度将教师划入不同的专业领域，从纵向角度则加深了教师专业的等级性。从大学学科布局及其发展来看，教师专门化已经成为常态，并且这种常态正不断地被深化。教师的类型从以前的综合型进一步被划分为教学为主型、科研为主型、教学科研并重型等。同时，我们也应看到，在教师专门化进程加速的同时，教师也在不断分流，教师专业发展也应同步发展。

（3）教师专业发展的内涵。

国外学者对教师专业发展的界定可以划分为五种类型。一是将教师专业发展视为学习过程，也就是教师在其职业生涯中的学习过程。在这个过程中，教师将紧随着对教学有影响的社会、经济、技术的迅猛发展来更新知识、提升技能或者所需的教学能力（Rakwichitkul，2017）。二是将教师专业发展等同于有效学习。Darling-Hammond 和 Hyler（2017）将有效教师专业发展视为结构化专业学习。这种结构化专业学习有助于促进教师实践训练之后的改变以及提升学生的学习成果。三是将专业发展视为一种活动。在 OECD 组织开展的 TALIS 调查中，教师专业发展被看作一种可以提高教师个人知识、技能与专业和其他特征的活动。专业学习协会的执行董事斯蒂芬妮·赫什（Stephanie Hirsh）也将教师专业发展视为一种活动。四是将教师专业发展视为提高学生学习成果的方法。克劳福德（Crawford）将教师专业发展看作促进学生学习以及培养学生科学观的一种手段。五是其他的定义。比如有的学者将教师专业发展视为维持科学教学高标准的重要机制，也有的学者将其看作教师持续的学习经验。

当前，我国高校教师专业发展存在着两种争论，一种是强调学科专业发展，另一种则强调教育发展。学科专业发展论认为高校教师应该注重学科能力发展，提升教师科研水平。教育发展论则认为教师应该接受有关教育、教学知识的训练，以提升教师的教学水平。不难看出，这两种争论的背后依旧是高校教师对学科与专业、科研与教学关系处理的问题，以及教师热情、精力的天平向谁倾斜的问题。然而，无论是学科专业发展与教育发展相平行，还是二者结合实现一体化（即科研支撑教学，科教融合），教师专业发展都应该既强调教师的科研又强调教师的教学，坚持科研与教学"两手抓、两手都要硬"的道理，如同人的两条腿一样，缺失任何其一，人的功能、能力就会受限。

从国内外现有研究来看，学界对教师专业发展的界定存在不同的认识路径以及解释。尽管如此，教师专业发展表现出以下共性。第一，教师专业发展的主体为学校教师。第二，教师专业发展涉及教师的学习。第三，教师专业发展中的专业指代教师学科知识、教学知识、教学技能等等。第四，教师专业发展的目的指向教师教学能力的提升以及学生学习成果的提升。第五，教师专业发展具备组织性、系统性等特点。与此同时，这些共性也揭露了当前教师专业发展的不足与缺陷，比如说，教师专业发展研究主要针对学校教育教师，而非学校教育教师专业发展则很少涉及。

9.2　从专业认证的角度看工科教师的专业发展

工程教育专业认证是工程教育质量保障的一种手段。认证机构在对认证单位进行认证申请时对工科教师也提出了认证要求。世界各国以及组织的认证机构对工科教师的认证要求也存在着不同的路径与认识。以美国、德国、日本、英国等发达国家以及欧盟为例：美国、日本和欧盟对工科教师专业认证主要以教师为主体；德国对工科教师专业认证主要从学生出发；而英国则是从工程师角度出发对工科教师作出要求。不同的认证角度也造成了各个国家在认证具体内容上的差异性。

美国工程技术评审委员会（ABET）分别从工科教师能力标准和工科教师职责范围对教学型教师与服务型教师（又称行政职员）提出了要求。德国学科专业认证协会（ASIIN）根据学生学习计划对教师质量和数量提出要求。日本技术人员教育认定机构（JABEE）则从教师数量、教师之间合作、教师发展以及教师评价活动对认证单位提出了要求。欧洲工程教育认证联盟（ENAEE）对工科教师的认证要求与欧洲高等教育质量保障协会（ENQA）标准保持一致，对工科教师的要求主要从认证机构教师能力保证、认证机构教师招聘的透明度以及教师发展的公平性得以体现。

英国对工科教师的要求可以从英国工程师委员会对特许工程师（Chartered Engineer，CEng）、注册工程师（Incorporated Engineer，IEng）的要求以及英国专业标准框架（The UK Professional Standards Framework，UKPSF）来进行总结归纳。英国专业工程能力标准（The UK Standard for

Professional Engineering Competence，UK-SPEC）分别从知识与理解
（knowledge and understanding），过程、系统、服务以及产品的设计与发
展（design and development of processes，systems，services and prod-
ucts），责任、管理或领导力（responsibility，management or leadership），
交流和人际技能（communication and inter-personal skills）以及专业承诺
（professional commitment）对特许工程师、注册工程师提出要求。英国专
业标准框架则从教学与专业发展活动（areas of activities）、核心知识
（core knowledge）以及专业价值（professional values）对教师提出要求。

通过演绎、归纳美国、德国、日本、英国和欧盟等发达国家和组织的国
际工程教育认证机构对工科教师的要求可知，美国、德国、日本、英国以及
欧盟对工科教师专业发展的要求主要体现在教学、学科、持续专业发展、工
程、服务、交流、管理和领导以及工程伦理等 8 个方面（详见表 9.2）。

表 9.2　美国、德国、日本、英国以及欧盟工程教育认证标准对
工科教师专业发展的要求

工科教师专业 发展的责任	内容
教学	具备学科专业知识、熟悉教学法、教学工具并进行教学评价； 尊重个性化学习需求以及文化差异、为学生提供平等的学习机会
学科	各个项目的教师需具备一定的资格，并拥有足够的权力进行学科指导、制定和实施学科评估并持续改进学科
工程	结合并运用一般和专业工程知识，理解并优化运用现有的和新兴的技术； 运用适当的理论和实践方法来设计、开发、制造、建设、投入使用、经营、维护、报废回收并再次循环工程程序、系统、服务和产品； 运用适当的理论和实践方法来分析工程问题并提供解决方案
交流	能够准确地用本国语言进行书写、交流并精通一门及以上外语
管理和领导	进行人员、资源以及任务规划以及经费管理； 领导工作人员实施、高效完成工程项目并不断提高工程质量
工程伦理	遵守专业标准的个人承诺，坚守对社会、职业和环境的义务
服务	进行师生互动、学生建议和咨询、学校服务活动、与行业和专业从业人员以及学生雇主的互动
持续专业发展	熟悉并参与学科专业发展活动、教育学研究以及专业实践评估活动

从专业认证角度看，工科教师专业发展可以归纳为三个方面。第一，
工科教师学科、教学发展（学科知识、学科设计、学科实施评估能力、教

学方法、教学工具等等）。第二，工科教师工程能力发展（工程能力、交流、管理和领导、工程伦理以及服务能力发展）。第三，工科教师持续专业发展。

9.3 新工业革命对工科教师专业发展的挑战和需求

新工业革命对工科教师专业发展提出了挑战。随着工业革命的不断深化，科技快速发展，行业部门加速产生，流水线的大批量使用更是加剧了产业、行业人才的专门化。这些需求又反过来进一步深化和加剧了学校教师的专门化。这种分化可具体表现为教师岗位、教师类别、教师所学学科门类的专门化。并且这种专门化，与日益复杂的、不断演进中的教师内涵形成一个共同体。这个共同体一方面表现为教师内涵的不断丰富，另一方面表现为教师专门化。就工科教师专业发展而言，新工业革命比以往任何时候都更为注重和强调工科教师的双重身份——教师和工程师。此时，工科教师专业发展不仅需要满足教师专业发展的需求，还需要体现工程师发展需求。此外，工科教师面临着专门化挑战。这种专门化挑战意味着工科教师专业发展的不断分化。

新工业革命对工科教师专业发展提出了需求。这种需求表现为面向新工业革命的工科教师专业发展内涵应该更为丰富和深刻。教师内涵的不断延展和包容可以从两个方面来体现。

第一，跨学科。也就是教师跨学科意识与能力以及跨学科知识整合经历。在教师方面，工程教育界新星欧林工程学院通过不设置学术系部，打破学科壁垒，吸引卓越教师。麻省理工学院则试图通过工程教育转型行动融合学科专业。可见，新工业革命下的工科教师应该具备跨学科意识与能力以及跨学科知识整合经历。

第二，工程内涵。专业认证视角下，教师的工程能力是一项最基本的能力，也是工科教师的一项必备能力。并且由前文论述可知，工科教师工程能力的重要程度不亚于教师学科、教学能力的发展。因此，新工业革命对工科教师专业发展内涵的第二个要求便是体现"工程"。由此，未来的工科教师不仅需要应对教师专门化带来的挑战，更需要满足教师内涵的丰富性以及延伸性，也就是将工科教师专业发展内涵拓展到教师跨学科经验、知识整合经验以及工程层面。

9.4　国内外教师专业发展模式研究现状

（1）国内教师专业发展模式研究现状。

教师专业发展模式为人们解决真实教师教育情景问题提供了思路。然而，即便如此，我国教师专业发展模式与国外教师专业发展模式研究仍然存在一定的差距。这种差距具体可以体现在我国学者、研究机构对教师专业发展模式研究的不重视、本土研究的匮乏、研究视角不够丰富等方面。

国内关于教师专业发展模式的研究严重缺乏。在知网、Web of Science、ERIC（全球最大的教育数据检索库）数据库中以"教师专业发展模式""Teacher Development Mode（或 Faculty Development Mode）""Teacher Professional Development Mode（或 Faculty Professional Development Mode）"为关键词检索我国关于教师专业发展模式研究的文献，从 1999 年至 2017 年 12 月共 204 篇，其中来自知网的文献 146 篇，来自 Web of Science 的文献 6 篇，来自 ERIC 的文献 52 篇。对这些文献进行分类，详见表 9.3。

表 9.3　我国关于教师专业发展模式研究的文献分布一览表

研究视角	研究内容	篇数	小计
涉及学科专业	英语	69	85
	语文	7	
	社会学、体育、信息化、化学、数学、美术、医学、病理生理学、航海	各 1 篇	
教师专业发展模式	国外教师专业发展模式	13	42
	国内教师专业发展模式	29	
某一视角下	信息技术	29	65
	校本	11	
	理论（人性假设、生涯混沌等）	6	
	培训方式	7	
	合作行动研究、社会分工、行动科学、评估、隐喻研究、教师主观评价、行动研究	7	
	反思教学	2	
	职业教育	3	
职业	职称与职位评价	1	1
案例研究	教师信念、教师文化	各 1 篇	2

续表

研究视角	研究内容	篇数	小计
对比研究	教师与教师教育模式	1	1
伦理文化	道德、文化	各1篇	5
	动机、教师身份、应用研究	各1篇	
其他	素养	1	3
	教师情感	2	
合计			204

从表9.3可知，我国教师专业发展模式还有很大的发展空间。从研究视角来看，我国教师专业发展模式主要关注学科角度下教师专业发展、国内外教师专业发展模式研究以及某一视角下教师专业发展模式研究，而职业视角、案例研究、对比研究以及伦理文化层面的教师专业发展模式研究则偏少。从研究内容来看，我国教师专业发展模式研究主要集中在英语教师专业发展模式研究，其次为国内教师专业发展模式研究与信息技术视角下的模式研究。但单就研究内容来看，我国教师专业发展模式已经呈现出极大的短板。加之每个研究内容的发表文章数量也不足以支撑我国教师专业发展模式的进一步研究。并且研究内容的不够丰富、偏少的研究数量也进一步阻碍了我国教师专业发展模式的本土化发展。

基于以上论述以及文献检索研究，我们可以清晰地认识到我国对教师专业发展模式研究还存在认知上不重视、行动上不够积极等问题。而在新工业革命的大背景下，教师专业发展模式不可能依旧一成不变。在本来先天研究不足的现状中，我们更应该深化教师专业发展模式研究，为我国师资队伍建设出一份力。

（2）其他国家和地区教师专业发展模式的研究。

其他国家和地区关于教师专业发展模式研究与实践呈现出各自的特点。美国更加注重教师专业发展标准以及政策制定而相对忽视教师专业发展的实施与实践。日本政府认为新任教师的行为与习惯将贯彻其职业生涯一生，因此较为注重通过对新任教师进行培训以保证教师专业发展。

英国教育部2017年6月颁布了教师专业发展标准。该标准指出教师专业发展应该基于学生学习成效提高、基于强有力的证据以及专门知识，教师专业发展形式包括合作、教师不断挑战自身专业能力，以及教师专业发展应该是长期的、持续的过程而不是短时间的。

印度教师专业发展模式正在积极寻求转变以及重新搭建理念和框架来缩短教育政策与教师实践之间的差距，以提高教师发展质量。

尽管其他国家和地区教师专业发展模式的研究存在差异，但根据教师专业发展模式的特征转变，教师角色由被动型学习参与者、学习主体向学习主导者再到多重角色转变，我们可以将这些教师专业发展模式归纳为传统型、过渡型、问题解决型以及在线型等四种教师专业发展模式（详见表9.4）。

表 9.4　　　　　　　　　　不同教师专业发展模式一览表

教师专业发展模式		特征	主要形式	教师角色
传统型	培训与指导模式，奖励模式等	强调从上而下的培训设计，教师主要学习教学技巧	讲座、研讨会等	被动型学习参与者
过渡型	以教师为中心型，反思型，合作型等	强调教师在专业发展中的主动性	个人反思、研讨会、合作式学习	学习主体
问题解决型	真实性专业学习模式，社区学习模式，合作行动研究型模式等	强调教师在真实教育情景中学习、解决教师专业发展过程中呈现的问题	情景式教学、合作式学习	学习主导者
在线型	正式和非正式型	打破时间、空间限制，给予教师更多的专业发展机会	慕课、翻转课堂等在线网络学习平台	学习参与者、学习主体以及学习主导者

1）传统型教师专业发展模式。

传统型教师专业发展模式主要是对教师进行课堂实践培训，包括讲授、案例研究、讨论等。教师以学习者身份参加，接受教学培训。该模式主要包括培训与指导模式、奖励模式等。该模式能够在短时间内提高教师教学技能且培训效果显著。因此，该模式受到政府、学校、教师们的青睐并不断地发展壮大。

随着时代的发展，传统型教师专业发展模式逐渐暴露出自己的缺点。首先，培训模式同质性问题突出，培训内容、形式千篇一律，不能对教师的反馈及时作出反应。其次，该模式过于注重从上而下的决策制定，教师并未参与传统型教师专业发展模式设计。教师在培训过程中也仅扮演着被动学习者的角色，忽视了教师的学习者和教育者的双重身份，不能展现教师自主性。除此之外，该模式更是遭受着来自自身缺陷（培训内容游离于教育改革之外）以及外部环境变化的挑战。

2）过渡型教师专业发展模式。

过渡型教师专业发展模式的划分依据是教师角色开始由被动参与者转向主导者。这一角色过渡过程中，教师主要扮演学习主体的角色。学习主体的转变意味着教师在专业发展过程中拥有更大的自主权，教师专业发展权力得到更大的释放。

与此同时，该模式也更为注重教师自身在专业发展中的主动性，主要包括以教师为中心型、反思型以及合作型等教师专业发展模式。这些模式中，教师主动性的发挥主要体现在教师主动参与教师专业发展、教师主动进行专业发展反思以及开展教师间合作。

因此，过渡型教师专业发展模式具备以下特点：教师是专业发展的中心，学习的主体，注重调动教师专业发展积极性等。

3）问题解决型教师专业发展模式。

问题解决型教师专业发展模式中教师角色开始转变为学习主导者，主要包括真实性专业学习模式、社区学习模式、合作行动研究型模式等。

这些模式具备三个特征：一是强调教师专业发展的情景式；二是注重教师专业发展的实践性；三是注重教师专业发展中的问题解决。该模式主要以情景式学习和合作式学习等方式进行。

真实性专业学习模式由 Webster-Wright（2009）提出，他认为教师专业发展存在范式转化，即以传递与评估教师专业发展项目为中心向以理解和支持真实性专业学习为中心的转化。该模式认为教师在整个职业生涯中通过真实的学习情景解决真实的问题，强调教师由教向学的转变以及教师职业生涯学习的整体性。

社区学习模式，也被称为学习者共同体模式。该模式致力于教师共同体的学习对教师专业发展问题的解决，有助于提升教师专业发展的满意度。社区学习模式通过描述、解释和引导教师专业发展的方式来解决教师学习的困境。社区学习模式的演变模式有舒尔曼模式，包括教师学习共同体模式以及合作性专业学习社区模式。

合作行动研究型模式将设计、实施、行动研究评价中的教师小组合并起来，并提供解决当前教师课堂需求的专业发展机制。该模式结合行动研究中的项目设计、实施和评估，旨在为教师提供满足需求的专业发展机制。

　　4）在线型教师专业发展模式。

　　信息技术的发展萌生了在线型教师专业发展模式。该模式打破了传统型、过渡型以及问题解决型教师专业发展模式对时间以及空间的硬性要求，主要有正式与非正式型在线教师专业发展模式。

　　正式与非正式的区别主要在于教师的参与属于个人私下学习还是学校组织学习。在该模式中，教师主要通过慕课、翻转课堂等在线网络学习平台进行学习，教师的角色更为多样化，教师不仅是学习参与者，而且是学习的主体以及主导者。该模式开展的形式更多地融入信息技术元素，主要开展形式有慕课、翻转课堂等。

　　由以上论述可知，世界各国及地区教师专业发展都在积极寻求有效的教师专业发展模式。但是无论这种教师专业发展模式如何演变，其大致可以划分为传统型、过渡型、问题解决型以及在线型教师专业发展模式。在对这些模式进行划分的同时，我们也应该注意到教师专业发展模式在逐渐地强调教师在专业发展中的主体性以及主导性角色，专业发展的持续性、合作性、实践性以及问题解决。

第 10 章

工科教师激励与反馈

在工科教师职业生涯的每一个成长阶段，给予其应有的、及时的激励，对工科教师的成长和发展是很重要的。同样，工科教师能够获得及时有效的反馈，对其改善绩效、自我定位都具有积极作用。完善、优异的激励与反馈工作能够不断激发工科教师创造活力和工作热情，提高育人质量和创新水平，因而教育部《关于深化本科教育教学改革全面提高人才培养质量的意见》中也提出要完善教师激励体系。

但关于教师激励与反馈的相关研究较少，尤其是鲜见工科教师激励与反馈工作的研究，且有研究指出当前实行的是市场化或者世俗化的激励方式和手段。基于此，本章将从工科教师激励与反馈工作开展主体、内容及其频次以及激励与反馈工作对工科教师的影响、工科教师对激励与反馈工作的认可度、激励与反馈工作的改进等几方面入手，考察当前工科教师激励与反馈工作是否满足新时代工科教师队伍建设需求。

10.1 激励与反馈工作开展主体及频次

（1）总体情况。

由表 10.1 可知，无论是学院/学部领导，还是教学、科研、人事、教师发展等部门，行政卷的数据均有一个异常大的值，呈现出非常明显的从波谷快速到波峰又迅速降到另一个波谷的形态，且不同频次之间极差巨大。相比之下，工科教师卷的数据则均匀得多，极差也均低于 1 倍。这说明不同行政部门对工科教师这个群体的激励、反馈工作开展的情况其实是比较均衡的，但同一部门不同行政人员或不同部门行政人员对该项工作开展的情况或相互了解的情况就存在较大偏差，有时甚至可能出现对同一事件重复激励、反馈的情况。

表 10.1　　　工科教师激励与反馈工作开展主体及频次（%）

类别		学院/学部领导		教学部门		科研部门		人事部门		教师发展部门	
		工科教师	行政人员	工科教师	行政人员	工科教师	行政人员	工科教师	行政人员	工科教师	行政人员
从未		10.2	7.0	13.1	17.6	13.3	14.8	17.2	18.8	16.3	16.1
约 2 年 1 次	超低频	11.5	10.1	9.7	17.6	10.0	22.2	10.7	14.6	10.6	14.5
每年 1 次	低频	16.1	13.0	14.4	37.2	14.4	37.0	13.8	37.5	13.7	38.7
每年 2 次	中频	14.0	44.9	13.8	11.7	13.5	14.8	12.4	10.4	13.3	17.7
每年 3～6 次		15.8	18.8	14.9	8.5	14.9	7.4	13.5	14.6	14.7	8.1
每年 7～11 次	高频	12.0	8.7	12.8	3.2	12.4	3.7	12.5	0.0	11.6	0.0
平均每月一次		9.9	2.9	11.2	2.7	9.3	0.0	9.2	2.1	9.9	3.2
平均每月 2 次及以上	超高频	10.6	1.4	10.2	1.6	12.2	0.0	10.7	2.1	9.9	1.6

从工科教师接收到来自不同部门的激励、反馈频次看，相对于另外四个行政部门，行政卷中选择"从未""超低频"和"低频"的学院/学部领导的人数比例比另外四个部门都低，四个行政部门这三个频次之和最高的为 74%，最低的也高达 69.3%，比学院/学部领导的高了一倍多，教师卷中选择"从未"的学院/学部领导的占比也是最低的；而选择"中频""高频"和"超高频"的，无论是教师卷还是行政卷，其占比则比另外四个部门的几乎都要高。此即说明，相对于其他四个行政部门，学院/学部领导对工科教师的关注度要高一些。而这反过来又说明了作为工科教师教学、科研、培训工作的主管部门，教学部门、科研部门以及教师发展部门均存在着与一线工科教师交流、沟通不够的问题，其对工科教师的激励、反馈工作需要加强。

从四大部门行政卷的数据看，选择"中频""高频"和"超高频"这三者的人数比例之和，最低的为 25.9%，最高的也仅 30.6%，这就说明行政人员给予工科教师的激励、反馈频次偏低。不过相比较而言，教师发展部门是这四大部门中最高的，这从另一个方面说明了该部门也在致力于工科教师相关能力的提升。

激励、反馈工作致力于激发工科教师对本职工作的热情。每一名工科教师兴趣爱好、能力禀赋上的不同，使其位于不同的岗位且其工作重心处于教学、科研、工程实践"三角模型"中不同位置。因此，有主要从事教学活动的工科教师，也有主要从事科研活动或工程实践活动的工科教师，从而使得问卷调查结果中，各个部门给予工科教师激励、反馈频次存在差异。

由于"教学自我"与"科研自我"是现代大学教师专业自我的核心构成，教学部门与科研部门对工科教师激励、反馈的频次也就自然高于人事部门与教师发展部门。40.6%的工科教师收到的来自教师发展部门的激励、反馈频次低于每年 2 次，高于教学部门的 37.2%和科研部门的37.7%，体现出当前高校更加注重工科教师专业发展的产出、结果，而缺乏对工科教师专业发展过程的关注与支持。

最后通过教师卷和行政卷的数据对比可知，在某些选项上两者差异悬殊，如"学院/学部领导"列下，选择"每年 2 次"的工科教师和行政人员人数比例分别为 14.0%、44.9%，"教学部门"列中，选择"每年 1 次"的工科教师和行政人员人数比例相差了 22.8 个百分点。工科教师和行政人员对同一问题同一选项的巨大差异，侧面表现出当前工科教师激励、反馈工作机制尚未建立健全，相关部门和机构关于工科教师激励、反馈工作的开展的有序性还需要进一步加强。尤其是 21.5%的工科教师认为科研部门给予了其每月 1 次及以上的激励、反馈频次，而选择该选项的行政人员却为 0；同样的情况也发生在了"每年 7～11 次"选项上，在"人事部门"和"教师发展部门"列中，工科教师选择的人数比例分别为 12.5%和11.6%，而此时行政人员依然为 0，凸显出了工科教师和教师管理人员之间的交流沟通不够，双方未形成共同的激励、反馈认知，专业化的激励、反馈工作还远未形成。

（2）交叉分析。

我们将工科教师接收到的激励、反馈频次及发出主体与工科教师的性别、年龄段、最高学位、职称、在校时长、学校类型及学校所在地区进行交叉分析。结果表明：

1）从性别看。

由表 10.2 可知，女性工科教师接收到来自学院/学部领导（43.0%）、教学部门（42.4%）、科研部门（43.0%）、人事部门（46.2%）、教师发展部门（45.0%）的激励、反馈频次为从未、超低频和低频的人数比例之和均分别高于男性工科教师的 34.8%、34.3%、34.8%、39.2% 和 38.1%。但在接收到的激励、反馈频次为平均每月 1 次及以上等极端值上，21.4% 的女性工科教师接收到的激励、反馈来自学院/学部领导，21.3% 来自教学部门，分别有 21.8%、20.1% 和 20.6% 来自科研部门、人事部门和教师发展部门；而男性工科教师的人数比例则依次为 20.0%、21.4%、21.2%、19.8% 和 19.3%。在选择"每年 2 次""每年 3~6 次""每年 7~11 次"的人数比例上，无论是学院/学部领导还是其他四个行政部门，均为男性大于女性。因此，除了平均每月 1 次及以上外的其他频次，无论是学院/学部领导还是其他四个行政部门，他们对女性工科教师的激励、反馈频次都明显低于男性，呈现出非常明显的性别差异。尤其是在"从未"选项上，从未对女性激励、反馈的频次无一例外都比男性的多。

表 10.2　　　　　激励与反馈工作开展主体及频次
在工科教师性别的差异分析（%）

激励、反馈发出主体	类别	从未	约 2 年 1 次	每年 1 次	每年 2 次	每年 3~6 次	每年 7~11 次	平均每月一次	平均每月 2 次及以上
		超低频	低频	中频		高频		超高频	
学院/学部领导	男	9.7	10.1	15.0	14.9	16.6	13.6	9.4	10.6
	女	11.1	13.9	18.0	12.2	14.4	9.1	10.7	10.7
教学部门	男	11.8	9.6	12.9	14.1	15.8	14.4	11.1	10.3
	女	15.3	10.1	17.0	13.2	13.2	9.9	11.4	9.9
科研部门	男	11.5	9.7	13.6	14.5	15.4	13.6	8.8	12.4
	女	16.5	10.7	15.8	11.1	13.9	10.2	10.1	11.7
人事部门	男	14.5	11.3	13.4	13.7	14.1	13.2	8.8	11.0
	女	22.1	9.6	14.5	10.1	12.4	11.2	10.2	10.2
教师发展部门	男	14.1	10.2	13.8	13.5	16.9	12.2	9.9	9.4
	女	20.3	11.2	13.5	12.9	10.9	10.6	9.9	10.7

在平均每月 1 次的极端值上，除了教师发展部门给予男女工科教师的激励、反馈频次相同以外，其他的则是女性略高于男性，但差距不大，最大的才多 1.3 个百分点。说明在这种极端频次上，对女性工科教师的关注度略高一些，但与男性的差距并不明显。

从激励、反馈动作发出主体来看，由于教书育人是教师的天职，教学部门和工科教师之间打交道的机会和次数更多，因此教学部门给予男女工科教师的激励、反馈频次最高。而在接收到的激励、反馈频次为平均每月2次及以上方面，无论是男性工科教师还是女性工科教师，皆是"科研部门"行的人数比例最高，在该频次列的10个数中位列前二。在"超高频"选项上，教学部门对女性工科教师、教师发展部门对男性工科教师的占比均为个位数，为该列10个数据的倒数第一和第二。在工科教师接收到的激励、反馈频次较低的情况下，少部分工科教师接收到大量来自科研部门的激励、反馈，突出表现了当前高校对部分工科教师科研绩效提升的高度重视。

2）从年龄段看。

由表10.3可知，在工科教师接收到的激励、反馈频次为从未、超低频和低频的人数比例方面，32.5%的年龄≤35岁工科教师接收到的激励、反馈来自学院/学部领导，而36～45岁和年龄≥46岁工科教师对应比例分别为45.3%、50.4%；而"教学部门"行中，年龄≤35岁、36～45岁、年龄≥46岁工科教师的人数比例分别为31.9%、43.8%、53.5%；"科研部门"行中，这三个年龄段的人数比例分别为31.6%、47.2%、52.8%；"人事部门"行中，这三个年龄段的人数比例分别为33.3%、54.0%、62.1%；"教师发展部门"行中，这三个年龄段的人数比例则分别为33.6%、50.5%、59.6%。

表 10.3　　　　　　　激励与反馈工作开展主体及频次
在工科教师年龄段的差异分析（%）

激励、反馈发出主体	类别	从未	约2年1次	每年1次	每年2次	每年3～6次	每年7～11次	平均每月一次	平均每月2次及以上
			超低频	低频	中频		高频		超高频
学院/学部领导	≤35	7.6	9.9	15.0	13.6	17.0	14.1	11.2	11.6
	36～45	13.8	14.0	17.5	16.4	14.0	8.1	7.5	8.6
	≥46	16.8	14.3	19.3	9.3	13.0	9.3	8.1	9.9
教学部门	≤35	9.1	9.0	13.8	14.0	16.4	14.2	11.9	11.6
	36～45	19.7	10.1	14.0	14.7	12.9	10.5	10.3	7.7
	≥46	20.5	13.7	19.3	9.9	9.9	9.9	9.3	7.5
科研部门	≤35	8.0	9.2	14.4	13.2	15.8	14.7	11.2	13.6
	36～45	22.4	10.3	14.5	14.7	14.5	7.5	6.8	9.4
	≥46	23.0	14.9	14.9	12.4	9.9	10.6	3.7	10.6

续表

激励、反馈发出主体	类别	从未	约 2 年 1 次	每年 1 次	每年 2 次	每年 3~6 次	每年 7~11 次	平均每月一次	平均每月 2 次及以上
			超低频	低频	中频		高频		超高频
人事部门	≤35	10.2	9.9	13.2	13.7	15.8	14.6	9.6	12.9
	36~45	27.9	11.0	15.1	10.7	10.3	8.6	9.2	7.2
	≥46	33.5	14.9	13.7	8.7	7.5	9.3	6.8	5.6
教师发展部门	≤35	9.7	10.4	13.5	14.5	16.6	12.2	11.8	11.3
	36~45	26.1	10.1	14.3	12.1	13.6	9.4	7.5	7.0
	≥46	32.9	13.0	13.7	8.1	5.6	13.7	4.3	8.7

　　在接收到的激励、反馈频次为平均每月 1 次及以上的人数比例方面，22.8%的年龄≤35 岁工科教师接收到的激励、反馈来自学院/学部领导，而36~45 岁和年龄≥46 岁工科教师对应比例分别为 16.1%、18.0%；"教学部门"行中，年龄≤35 岁、36~45 岁、年龄≥46 岁工科教师的人数比例分别为 23.5%、18.0%、16.8%；"科研部门"行中，这三个年龄段的人数比例分别为 24.8%、16.2%、14.3%；"人事部门"行中，这三个年龄段的人数比例分别为 22.5%、16.4%、12.4%；"教师发展部门"行中，这三个年龄段的人数比例则分别为 23.1%、14.5%、13.0%。

　　两组数据显示，随着工科教师年龄的增加，其接收到的无论是来自学院/学部领导，还是教学、科研、人事、教师发展四大部门的激励、反馈频次越来越低（除"学院/学部领导"行中，年龄≥46 岁工科教师选择平均每月一次及以上的总人数比例比 36~45 岁工科教师选择人数比例高1.9%）。在"从未"选项中，学院/学部领导和四大部门都无一例外地对年龄≤35 岁工科教师"青睐有加"，除人事部门的达到了两位数，但也仅为 10.2%，其余全是个位数；而他们对 45 岁以上工科教师从未进行激励、反馈的人数比例则又无一例外地全部为最大的，这两个年龄段的差距低则一倍多，高则两倍多。

　　作为我国工科教师队伍生力军的青年工科教师尽管在职业角色、资源禀赋、话语体系和价值选择等方面存在着诸多职场困境，学院及相关部门加大对青年工科教师的资源投入，更加关注青年工科教师教学科研活动以及专业发展情况，对其有更多的激励、反馈使其积极发挥创造力，这无疑是对的，但当前在教学、科研、工程实践一线的工科教师中，绝大多数是大于 35 岁的,且 45 岁以上的这部分工科教师要么已进入职称的最高级多年,要么处于职称上不去的困境而往往更易陷入职业倦怠期。因此,在激励、反馈工作方面,学院/学部领导和四大部门除了要适当向青年工科教师倾斜,还要提高对大于 45 岁工科教师的激励、反馈频次,尤其是对于那些进入职业倦怠期的,要有针对性地建立激励竞争机制,以激发他们的活力和创造性。

在所有给予工科教师激励、反馈的五大主体中,相比其他主体,科研部门给予年龄≤35 岁工科教师的激励、反馈频次最高,这应该是与该年龄段工科教师的精力重心在科研上有关,这与我们之前提出的该年龄段为科研为重阶段是一致的。教学部门给予 36~45 岁工科教师激励、反馈频次最高,人事和科研部门紧随其后,基本与我们此前提出的教学、科研并重阶段一致。年龄≥46 岁工科教师由于在学校工作时间往往更久,与学院/学部领导接触时间更长、沟通交流机会更多,所以学院/学部领导给予年龄≥46 岁工科教师的激励、反馈频次最高。教学部门的激励、反馈频次排名五大主体第二,位居四大部门之首,这与我们之前提出的该年龄段为教学为主阶段是一致的。

3) 从最高学位看。

由表 10.4 可知,在工科教师接收到的激励、反馈频次为从未、超低频和低频的人数比例方面,43.8% 的博士学位工科教师接收到的激励、反馈来自学院/学部领导,而硕士和学士学位工科教师对应比例分别为 29.2%、41.3%;"教学部门"行中,博士、硕士、学士学位的工科教师的人数比例分别为 44.4%、29.1%、38.0%;"科研部门"行中,这三个学位的人数比例分别为 47.0%、27.9%、37.7%;"人事部门"行中,这三个学位的人数比例分别为 52.9%、30.1%、40.4%;"教师发展部门"行中,这三个学位的人数比例则分别为 52.6%、27.6%、41.0%。

表 10.4　　　　　　激励与反馈工作开展主体及频次在工科教师最高学位的差异分析(%)

激励、反馈发出主体	类别	从未	约 2 年 1 次	每年 1 次	每年 2 次	每年 3~6 次	每年 7~11 次	平均每月一次	平均每月 2 次及以上
			超低频	低频	中频		高频		超高频
学院/学部领导	博士	14.4	12.7	16.7	12.7	15.4	8.4	8.3	11.3
	硕士	6.8	9.1	13.3	14.9	17.5	15.8	11.0	11.6
	学士	7.7	13.4	20.2	14.8	13.4	12.2	11.0	7.4

续表

激励、反馈发出主体	类别	从未	约2年1次	每年1次	每年2次	每年3～6次	每年7～11次	平均每月一次	平均每月2次及以上
			超低频	低频	中频		高频		超高频
教学部门	博士	19.9	9.6	14.9	13.4	13.3	8.6	10.0	10.4
	硕士	8.7	8.8	11.6	13.5	17.0	17.6	11.1	11.6
	学士	7.4	11.9	18.7	15.1	13.9	12.2	13.9	6.8
科研部门	博士	20.1	11.0	15.9	11.6	12.1	9.4	7.6	12.3
	硕士	9.3	8.2	10.4	15.0	17.8	14.2	10.7	14.4
	学士	6.8	11.6	19.3	14.8	14.8	14.8	10.1	7.7
人事部门	博士	27.4	12.1	13.4	11.3	10.6	8.3	6.7	10.1
	硕士	10.8	8.0	11.3	13.2	16.1	17.6	10.5	12.4
	学士	8.3	12.8	19.3	13.4	14.5	11.3	11.9	8.6
教师发展部门	博士	28.3	11.6	12.7	10.0	12.0	8.1	7.1	10.1
	硕士	8.4	8.2	11.0	16.3	19.5	14.9	11.3	10.5
	学士	6.8	13.1	21.1	14.2	11.3	12.5	13.1	8.0

在接收到的激励、反馈频次为高频和超高频的人数比例方面，28%的博士学位工科教师接收到的激励、反馈来自学院/学部领导，而硕士和学士学位工科教师对应比例分别为38.4%、30.6%；"教学部门"行中，博士、硕士、学士学位工科教师的人数比例分别为29%、40.3%、32.9%；"科研部门"行中，这三个学位的人数比例分别为29.3%、39.3%、32.6%；"人事部门"行中，这三个学位的人数比例分别为25.1%、40.5%、31.8%；"教师发展部门"行中，这三个学位的人数比例则分别为25.3%、36.7%、33.6%。

两组数据显示，在五大主体给予的从未、低频和超低频激励、反馈中，硕士学位的工科教师全部处于谷底，而在五大主体给予的高频和超高频激励、反馈中，他们又无一例外地"一花独放"，拔得头筹，学士学位的均排名第二，博士学位则无一例外地全部垫底。这是两组让人费解的数据。按理说，从工科教师队伍整体水平提升的角度出发，处于学位链底端的学士学位工科教师应该是被关注最多的群体。然而，在"从未""低频"和"超低频"选项中，学士学位工科教师获得的激励、反馈比硕士学位工科教师多，差距低则8.9个百分点，高则13.4个百分点，而在"高频"和"超高频"选项中，学士学位工科教师比硕士学位工科教师又少了，其差距介于3.1到8.7个百分点之间。这一多一少，更是拉大了二者的差距。参与问卷调查的工科教师学位为学士的占比尽管最低，但也达 20%。因此，这五大主体要注意根据不同学位工科教师的不同特点实施相对均衡的激励、反馈，以促进工科教师队伍水平的整体提升。

4) 从职称看。

由表 10.5 可知，在工科教师接收到的激励、反馈频次为从未、超低频和低频的人数比例方面，正高职称工科教师接收到五大主体的激励、反馈，来自教学部门的最低，为 34.6%，紧随其后的是学院/学部领导的 34.9%，科研部门以 37.1%居中，教师发展部门以 42.5%位居第二，而人事部门则以 42.8%拔得头筹；副高职称工科教师接收到五大主体的激励、反馈，排名前三的与正高职称的相同，其占比分别为 39.3%、37.4%和 36.7%，来自教学部门和学院/学部领导的分别为 36.3%和 34.8%，排序与正高正好相反；对中级职称工科教师而言，来自人事、教师发展部门的激励、反馈一样多，以 44%并列第一，来自学院/学部领导的以 42.5%位列第三，来自教学和科研部门的则分别以 39.5%、39.3%排名垫底；对初级职称而言，教学部门以 37.2%又一次垫底，人事部门则以 42.4%再次位居第一，教师发展部门以 39%紧随其后，科研部门和学院/学部领导则以 38.2%并列第三。

表 10.5　　　　　激励与反馈工作开展主体及频次
在工科教师职称的差异分析（%）

激励、反馈发出主体	类别	从未	约 2 年 1 次	每年 1 次	每年 2 次	每年 3~6 次	每年 7~11 次	平均每月一次	平均每月 2 次及以上
			超低频	低频	中频		高频		超高频
学院/学部领导	正高	10.1	10.1	14.7	13.3	17.6	11.5	6.8	15.8
	副高	9.8	11.4	13.6	13.8	16.7	13.1	10.9	10.8
	中级	11.0	11.7	19.8	13.5	13.4	11.5	10.7	8.5
	初级	8.5	14.4	15.3	18.6	18.6	9.3	6.8	8.5
教学部门	正高	11.2	9.7	13.7	15.1	15.1	9.7	9.4	16.2
	副高	13.6	9.5	13.2	12.2	15.2	14.2	11.5	10.5
	中级	14.4	9.5	15.6	14.2	14.0	12.0	12.9	7.4
	初级	7.6	12.7	16.9	17.8	16.1	15.3	5.9	7.6
科研部门	正高	13.3	11.2	12.6	14.0	14.0	10.4	7.2	17.3
	副高	13.9	9.9	12.9	12.8	14.4	12.2	9.8	13.1
	中级	13.5	9.0	16.8	12.9	15.2	12.5	10.5	9.6
	初级	8.5	13.6	16.1	20.3	17.8	11.0	5.1	7.6

续表

激励、反馈发出主体	类别	从未	约2年1次	每年1次	每年2次	每年3~6次	每年7~11次	平均每月一次	平均每月2次及以上
			超低频	低频	中频		高频		超高频
人事部门	正高	18.0	11.9	12.9	13.7	13.3	8.3	6.1	15.8
	副高	17.8	10.1	11.4	10.9	13.9	13.9	10.2	11.8
	中级	17.3	10.5	16.2	12.0	12.7	13.5	10.3	7.4
	初级	11.9	12.7	17.8	20.3	15.3	8.5	5.1	8.5
教师发展部门	正高	17.6	11.2	13.7	10.8	15.8	6.5	8.6	15.8
	副高	17.7	10.5	9.2	13.6	14.9	12.8	11.5	9.8
	中级	15.6	10.8	17.6	11.8	14.7	12.7	9.5	7.3
	初级	9.3	8.5	21.2	23.7	11.0	11.0	5.9	9.3

在接收到的激励、反馈频次为高频和超高频的人数比例方面，五个主体全部对副高职称工科教师的激励、反馈频次最多，来自学院/学部领导的为 34.8%，来自教学、科研、人事和教师发展部门的依次为 36.2%、35.1%、35.9%和 34.1%；其次为正高职称，来自五大主体的依次为 34.1%、35.3%、34.9%、30.2%和 30.9%；初级职称均为最低，来自五大主体的依次为 24.6%、28.8%、23.7%、22.1%、26.2%。也就是说，中级职称和初级职称的工科教师，尤其是职称最低的初级职称工科教师受到的激励、反馈频次低，在学校受到的关注度不够。

在接收到的激励、反馈频次为平均每月一次及以上的人数比例方面，五个主体则全部对正高职称工科教师的激励、反馈频次最多，来自学院/学部领导、教学、科研、人事和教师发展部门的依次为 22.6%、25.6%、24.5%、21.9%和 24.4%；其次为副高和中级职称，初级职称仍然均为最低，来自五大主体的依次为 15.3%、13.5%、12.7%、13.6%、15.2%。也就是说，在这个高频次，五个主体皆不由自主地、按职称从高往低减少了关注度。而且，初级职称工科教师获得的与正高职称工科教师的差距，来自科研和教学部门的，高达近 1 倍，而来自学院/学部领导的差距最低，但也近 0.5 倍。

而对正高职称工科教师的高度关注，在超高频上表现得更加明显，相对于其他职称工科教师，五大主体对其激励、反馈的频次，比排名第二的副高职称多了 0.32~0.61 倍，比垫底的初级职称更是多了 0.7~1.28 倍，类似"一花独放"。

从工科教师队伍水平整体提升的角度，处于职称链底端的中初级职称，尤其是初级职称的工科教师，在面临更多职业困境的情况下，如此缺乏五大主体的激励、反馈，将可能会让他们更容易产生与行政人员的分歧，这实在不利于建立能调动中初级职称工科教师教育教学热情、科学研究积极性的激励竞争机制。

在高频次激励中，相对于其他四个主体，教学部门对正高职称工科教师激励、反馈的频次是最多的。早在"质量工程一期"，"教授上讲台"就被提出来，2006 年 10 月，教育部高教司司长就指出教授一定时间不上讲台将摘帽；2018 年在成都召开的新时代全国高等学校本科教育工作会议上，教育部部长要求"高等教育战线要树立'不参与本科教育的教授不是合格的教授'的理念"。因此，各高校领导、教学部门可能尤为关注教授为本科生上课、参与本科教育制度的推进、落实情况是导致这一现象出现的原因之一。

5）从在校时长看。

由表 10.6 可知，在接收到的激励、反馈频次为从未、超低频和低频的人数比例方面，在校 10 年以上工科教师的数值在五大主体给予所有类别教师中全部最大，来自学院/学部领导、教学、科研、人事和教师发展部门的依次为 54.5%、54.9%、56.7%、55.5% 和 60.8%；而 3～5 年的则全为最小，来自五大主体的依次为 32.3%、31.8%、30.2%、33% 和 32.1%；6～10 年的除教学部门为 32% 排名第三外，另外四个主体均为第二，依次为 35.5%、35.8%、41.3% 和 40.7%。也就是说，在校时长 2 年以内和 10 年以上的工科教师，从未受到和受到低频和超低频的激励、反馈频次都高，而后者尤甚，其与相同主体最低值之间的差距低的有 22.2 个百分点，高的则达 28.7 个百分点。而在从未获得激励、反馈频次的人数比例上，五大主体无一例外地给予 10 年以上工科教师的数值均为最大，且其与该选项相同主体数值最小的差距低则 1.84 倍，高的达到 3.19 倍，差距非常显著。

在接收到的激励、反馈频次为高频和超高频的人数比例方面，五个主体全部对在校 3～5 年工科教师的激励、反馈频次最多，来自学院/学部领导的为 37.9%，来自教学、科研、人事和教师发展部门的依次为 39.7%、41.6%、39.6% 和 37.7%；其次为 6～10 年的，来自五大主体的依次为

34.9％、37.7％、33.7％、35.4％和31.3％；10 年以上均为最低，来自五大主体的依次为 21.4％、22％、22.5％、18.2％和20.1％。也就是说，在校时长 2 年以内和 10 年以上的工科教师受到的高频和超高频激励、反馈频次低，在学校受到的关注度不够，而后者尤甚，其与相同主体最高值之间的差距低的有 0.77 倍，高的则达 1.18 倍。

表 10.6　　　　　　　　激励与反馈工作开展主体及频次
在工科教师在校时长的差异分析（％）

激励、反馈发出主体	类别	从未	约 2 年 1 次	每年 1 次	每年 2 次	每年 3～6 次	每年 7～11 次	平均每月一次	平均每月 2 次及以上
			超低频	低频	中频		高频		超高频
学院/学部领导	0～2 年	10.1	9.8	14.5	16.8	17.0	14.3	9.4	8.1
	3～5 年	6.3	10.2	15.8	12.8	17.0	13.5	12.3	12.1
	6～10 年	8.1	11.0	16.4	14.7	15.0	11.8	10.1	13.0
	10 年以上	19.4	16.6	18.5	11.3	12.9	6.3	6.0	9.1
教学部门	0～2 年	11.0	10.1	14.5	14.3	17.0	13.4	10.7	8.9
	3～5 年	8.1	9.1	14.6	11.8	16.8	15.6	13.0	11.1
	6～10 年	10.7	8.9	12.4	18.7	11.5	13.5	12.1	12.1
	10 年以上	27.6	11.3	16.0	11.3	11.9	6.0	7.8	8.2
科研部门	0～2 年	10.1	9.8	15.7	14.1	18.3	13.6	7.8	10.5
	3～5 年	7.4	9.6	13.2	11.6	16.7	14.9	12.5	14.2
	6～10 年	11.0	9.8	15.0	18.4	12.1	11.2	9.2	13.3
	10 年以上	31.0	11.3	14.4	11.0	9.7	7.2	5.6	9.7
人事部门	0～2 年	11.4	11.6	12.5	14.1	19.2	13.4	8.9	8.7
	3～5 年	9.6	9.5	13.9	12.6	14.9	14.6	11.8	13.2
	6～10 年	17.9	10.1	13.3	13.0	10.4	13.5	9.8	12.1
	10 年以上	27.3	12.2	16.0	9.1	6.3	6.3	4.4	7.5
教师发展部门	0～2 年	10.3	10.3	16.6	13.6	17.9	13.2	9.2	8.7
	3～5 年	9.3	9.8	13.0	14.9	15.3	14.0	13.0	10.7
	6～10 年	17.3	10.7	12.7	13.0	15.0	8.6	11.5	11.2
	10 年以上	36.4	12.2	12.2	10.0	9.1	7.8	3.8	8.5

在校时长 2 年以内的工科教师由于对学校的部门、环境、同事等都不熟悉，理应得到更多的关心和帮助，但他们所受到的关注度，即五大主体给予他们激励、反馈频次为高频和超高频的数值，都只比在校 10 年以上的工科教师高，而比在校时长 3～5 年和 6～10 年这两个在校时长段的工科教

师都低。格兰诺维特（Granovetter）提出，认识时间的长短、互动的频率、亲密度和互惠性服务内容四个因素可以测量关系强度。可以推测，由于在校时长 2 年以内的工科教师和学校其他人员认识时间较短，从而影响了其和激励、反馈行为发出主体之间的关系强度，而较弱的关系强度反过来影响了双方的互动频率。而这说明了五大主体可能存在"熟人效应"，也就是说，对不熟悉的人关注度不够。

而随着在校时长的增长，新鲜感的降低以及工科教师和行政人员之间的熟悉，且部分工科教师和行政人员会认为给予激励、反馈透露出的信息或多或少是对该教师近期工作的警示，各部门理所应当认为已足够了解这些工科教师的工作情况以及碍于情面，反而忽视了对老教师的激励、反馈工作，这一点从在校时长超过 10 年的工科教师获得从未、超低频和低频激励、反馈的人数比例远高于其他时长段工科教师人数比例便可看出。在校时长为 6～10 年工科教师接收到的激励、反馈频次内部差异性明显，再次显示出随着在校时长的增长，越来越多的工科教师接收到的激励、反馈频次将越来越低，在校时长和接收到的激励、反馈频次将呈现出倒 U 形。这又说明了五大主体可能存在另一种"熟人效应"，即对非常熟悉的人关注度不够。而这些"熟人效应"的存在，说明了五大主体对工科教师激励、反馈工作的开展可能是"对人"而非"对事"。

在校时长 0～2 年的工科教师中，有 65.6％的工科教师接收到大于等于每年 2 次的激励、反馈来自学院/学部领导，高于其他主体，表明了学院/学部领导对新进工科教师的关心、照顾。从激励、反馈频次为平均每月一次及以上的人数比例上看，除对在校时长 3～5 年的工科教师排名相对靠后外，教学部门对其他在校时长的工科教师的激励、反馈频次都比另外四个主体的多，尽管有的差距不大，但四个均为第一表明高校教学部门开始逐渐注重激励全体工科教师全身心投入教学工作并给予适当反馈，以提升教育教学质量。

6）从学校类型看。

由表 10.7 可知，在接收到的激励、反馈频次为从未、超低频和低频的人数比例方面，民办高校工科教师的数值在五大主体给予所有类别教师中全部最低，来自学院/学部领导、教学、科研、人事和教师发展部门的依次为 28.5％、24.5％、27.5％、32.6％和 29.6％；教学部门和教师发展部门给予其他部委所属高校激励、反馈频次的数值为最大，与此同时，教育部直属高校则均以 0.2 个百分点的差距"屈居"第二，但学院/学部领导、科研和人事三个部门的频次数据则是教育部直属高校位居第一；地方高校则以两个 38.7%（学院/学部领导和科研部门激励、反馈频次的数值）位居第二，其余三个部门的数值均为第三。也就是说，除民办高校的数值最低外，另外的排名则比较无序。而且，同一主体的最大、最小值的差距不算太大，介于 0.38 倍到 0.57 倍之间。这说明民办高校的五大主体对工科教师的激励、反馈工作付出的努力可能更多一些。

表 10.7　　　　　激励与反馈工作开展主体及频次
在学校类型的差异分析（%）

激励、反馈发出主体	类别	从未	约2年1次	每年1次	每年2次	每年3~6次	每年7~11次	平均每月一次	平均每月2次及以上
			超低频	低频	中频		高频		超高频
学院/学部领导	教育部直属	11.2	12.4	15.8	12.8	14.0	10.9	9.0	13.8
	其他部委所属	10.8	10.2	15.7	15.7	16.0	12.5	10.2	9.1
	地方	8.8	12.6	17.3	13.2	16.9	11.1	10.9	9.2
	民办	7.1	7.1	14.3	15.3	20.4	20.4	8.2	7.1
教学部门	教育部直属	14.1	10.6	13.6	14.8	12.4	12.1	9.5	12.8
	其他部委所属	16.0	8.9	13.6	13.8	11.9	12.5	12.5	9.6
	地方	9.8	9.8	17.3	12.0	18.4	12.4	12.2	8.1
	民办	6.1	9.2	9.2	16.3	18.4	23.5	10.2	7.1
科研部门	教育部直属	16.7	11.2	13.1	12.9	12.8	10.9	7.8	14.5
	其他部委所属	13.8	7.2	14.3	15.5	14.7	11.1	10.9	12.5
	地方	10.5	11.5	16.7	12.2	16.7	13.5	9.6	9.4
	民办	4.1	11.2	12.2	13.3	19.4	22.4	7.1	10.2
人事部门	教育部直属	20.4	11.6	13.3	11.1	12.8	9.2	8.7	12.9
	其他部委所属	20.4	9.6	10.6	12.6	12.5	14.2	9.2	10.9
	地方	12.0	10.7	17.7	14.1	14.3	13.5	9.8	7.7
	民办	6.1	11.2	15.3	11.2	19.4	17.3	10.2	10.2
教师发展部门	教育部直属	17.9	11.1	12.9	12.8	12.9	9.5	10.2	12.6
	其他部委所属	21.5	8.9	11.7	12.5	14.7	11.7	10.2	8.9
	地方	10.9	11.3	17.5	14.1	17.1	13.0	8.3	7.7
	民办	5.1	13.3	11.2	16.3	14.3	16.3	14.3	9.2

在接收到的激励、反馈频次为高频和超高频的人数比例方面，五个主体全部对民办高校工科教师的激励、反馈频次最多，人数比例依次为

35.7％、40.8％、39.7％、36.7％和39.8％；而地方高校则全为最低，人数比例依次为31.2％、32.7％、32.5％、31.2％和29％；教育部直属高校则是三个第二（来自学院/学部领导、教学和教师发展部门的）和两个第三，相应地其他部委所属高校则是三个第三和两个第二。而且，同一主体的最大、最小值的差距更小，介于0.14倍到0.37倍之间。而在超高频方面，教育部直属高校的频次则"一花独放"，五大主体所给予的全部为最多，同一主体的最大、最小值的差距较大，介于0.54倍到0.94倍之间。这说明地方高校的五大主体对工科教师的激励、反馈工作需要改进的幅度相对要大一些。

综合从未、超低频、低频、高频和超高频的数据来看，教学部门对教育部直属高校、地方高校和民办高校等三类高校工科教师的激励、反馈频次位居五大主体之首，其他部委所属高校则是科研部门的激励、反馈频次最高，这是否从另一个侧面说明了其他部委所属高校重科研轻教学的势头并没有得到很好地改善，还是其他原因，尚不得而知。

7）从学校所在地区看。

由表10.8可知，在接收到的激励、反馈频次为从未、超低频和低频的人数比例方面，五大主体在不同地区给予工科教师频次数值的排序具有高度的相似性：西部十省的数值除教师发展部门排在第二外（高达53.4％，也只比排在第一的东北地区少了2个百分点），其余四大主体给予在所有类别教师中均为最高，低的有51.2％，高的则达62.3％；东北地区的数值介于48.1％到55.4％之间，正好四个第二、一个第一；华北地区的数值介于40.3％到51.1％之间，除学院/学部领导给予的比华中地区少了0.1个百分点居于第四外，其余四大主体给予的均为第三；华中地区的数值介于38.2％到42.2％之间，正好四个第四、一个第三；华东地区的数值介于28.3％到30.7％之间，均为倒数第二；而华南地区的数值则全部最小，介于20.9％到25.1％之间。同一主体的最大、最小值的差距明显，低则1.07倍，高则1.59倍。

在接收到的激励、反馈频次为高频和超高频的人数比例方面，五大主体在不同地区给予工科教师频次数值的排序仍然具有高度的相似性，且与从未、超低频和低频的排序几近相反：华南地区的数值介于44.1％到46.4％之间，全为第一；西部十省的数值介于18.8％到24.8％之间，全部垫底；华东地区的数值介于38.3％到42.1％之间，均为第二；华中地区的

表 10.8　　　　　　　激励与反馈工作开展主体及频次
在学校所在地区的差异分析（%）

激励、反馈发出主体	类别	从未	约2年1次	每年1次	每年2次	每年3~6次	每年7~11次	平均每月一次	平均每月2次及以上
			超低频	低频	中频		高频		超高频
学院/学部领导	东北	15.7	14.4	20.2	12.2	11.2	8.0	7.4	10.9
	华东	8.1	7.3	13.2	12.3	19.2	16.2	13.2	10.5
	华南	5.2	7.6	12.3	12.3	18.5	16.6	12.8	14.7
	华中	9.5	14.2	16.7	17.5	16.0	11.3	7.6	7.3
	华北	10.1	11.6	18.6	16.7	14.0	7.8	8.5	12.8
	西部十省	14.3	20.3	17.3	14.3	12.8	8.3	6.0	6.8
教学部门	东北	19.9	13.1	15.1	13.5	13.5	7.1	6.1	11.9
	华东	8.5	7.9	11.9	12.1	17.4	16.6	15.0	10.5
	华南	7.1	4.3	9.5	13.3	19.4	17.5	15.6	13.3
	华中	9.8	11.3	17.1	16.7	13.1	14.5	10.2	7.3
	华北	17.8	11.2	17.1	15.1	11.6	7.8	10.1	9.3
	西部十省	21.1	11.3	18.8	12.8	11.3	10.5	6.8	7.5
科研部门	东北	17.0	12.5	19.6	9.6	13.5	8.7	6.1	13.1
	华东	9.3	6.5	12.8	13.2	17.2	15.4	12.3	13.4
	华南	7.1	9.0	6.6	16.6	15.6	17.5	9.5	18.0
	华中	10.9	10.9	16.7	15.6	14.9	14.5	8.0	8.4
	华北	17.8	12.4	14.7	14.3	12.8	8.5	8.9	10.5
	西部十省	25.6	12.8	15.8	13.5	12.0	4.5	8.3	7.5
人事部门	东北	25.6	12.8	15.7	11.9	11.2	6.4	6.1	10.3
	华东	10.9	8.5	11.3	12.6	16.0	14.8	15.0	10.9
	华南	4.7	6.6	12.8	10.4	20.4	19.4	7.6	18.0
	华中	14.2	13.1	14.9	15.3	12.0	13.5	8.4	8.7
	华北	24.0	12.4	14.3	13.2	10.1	8.9	7.8	9.3
	西部十省	33.8	12.0	16.5	9.0	8.3	12.0	2.3	6.0
教师发展部门	东北	26.6	13.1	15.7	10.3	11.2	6.7	6.7	9.6
	华东	9.9	7.7	13.0	12.6	18.6	15.0	13.8	9.5
	华南	3.8	8.1	10.0	14.7	18.0	19.4	11.8	14.2
	华中	11.6	12.7	16.0	17.1	14.9	11.3	8.7	7.6
	华北	25.2	11.6	14.3	11.2	10.5	7.0	9.3	10.9
	西部十省	28.6	12.8	12.0	16.5	11.3	7.5	3.8	7.5

数值介于 26.2% 到 32% 之间，除学院/学部领导给予的居于第五外，其余四大主体给予的均为第三；东北地区的数值介于 22.8% 到 26.3% 之间，除

学院/学部领导给予的比华中地区多了 0.1 个百分点居于第四外，其余四大主体给予的均为第五；华北地区的数值介于 26% 到 29.1% 之间，除学院/学部领导给予的居于第三外，其余四大主体给予的均为第四。同一主体的最大、最小值的差距比从未、超低频和低频的略小，但差距仍然不小，低则 0.87 倍，高则 1.41 倍。这说明不同地区的五大主体，在对本地区工科教师的激励、反馈工作方面，差异较为显著。

8）不同激励、反馈实施主体对不同特征类别工科教师激励、反馈次数。

将"从未""约 2 年 1 次""每年 1 次""每年 2 次""每年 3～6 次""每年 7～11 次""平均每月一次""平均每月 2 次及以上"分别赋值为 0、0.5、1、2、4.5、9、12、24 后，再用这些值与不同特征类别工科教师在每一频次的选择人数比例相乘、再求和，得到不同激励、反馈实施主体对不同特征类别工科教师每年激励、反馈次数。以东北地区工科教师接收到来自教师发展部门的激励、反馈次数为例，按照此计算方式，最后可知，每年教师发展部门给予东北地区工科教师的激励、反馈次数为 4.6 次（＝$0 \times 0.266 + 0.5 \times 0.131 + 1 \times 0.157 + 2 \times 0.103 + 4.5 \times 0.112 + 9 \times 0.067 + 12 \times 0.067 + 24 \times 0.096$）。

我们将不同激励、反馈实施主体对不同特征类别工科教师激励、反馈的次数进行交叉分析，详见表 10.9，结果表明：

表 10.9　不同激励、反馈实施主体对不同特征类别工科教师激励、
反馈次数的交叉分析　　　　　　　　（单位：次/年）

特征	类别	学院/学部领导	教学部门	科研部门	人事部门	教师发展部门
性别	男	6.1	6.3	6.4	6.0	5.8
	女	5.8	5.7	6.0	5.6	5.6
年龄段	≤35	6.6	6.7	7.1	6.7	6.5
	36～45	4.9	5.1	4.9	4.5	4.5
	≥46	5.2	4.7	4.9	3.7	4.5
最高学位	博士	5.6	5.5	5.7	4.9	4.9
	硕士	6.8	6.9	7.3	7.0	6.6
	学士	5.4	5.6	5.6	5.7	5.7
职称	正高	6.9	7.1	7.0	6.3	6.5
	副高	6.3	6.3	6.5	6.3	6.0
	中级	5.5	5.5	5.8	5.3	5.2
	初级	5.1	5.2	4.9	4.8	5.2

续表

特征	类别	学院/学部领导	教学部门	科研部门	人事部门	教师发展部门
在校时长	0～2 年	5.7	5.9	6.0	5.7	5.7
	3～5 年	6.8	6.8	7.4	7.0	6.6
	6～10 年	6.6	6.6	6.4	6.2	6.0
	10 年以上	4.5	4.4	4.5	3.0	4.0
学校类型	教育部直属	6.5	6.3	6.4	6.0	6.1
	其他部委所属	5.8	6.0	6.5	6.0	5.5
	地方	5.8	5.8	5.8	5.4	5.3
	民办	5.9	6.3	6.6	6.4	6.5
学校所在地区	东北	5.2	5.3	5.7	4.7	4.6
	华东	6.8	7.0	7.3	6.9	6.5
	华南	7.8	7.9	8.2	8.3	7.8
	华中	5.0	5.4	5.5	5.4	5.1
	华北	6.0	5.2	5.4	4.9	5.3
	西部十省	4.2	4.6	4.2	3.6	4.0

从性别看，五大主体对男性工科教师激励、反馈次数均多于女性工科教师，但两者差距只介于 0.2～0.6 次/年。男性和女性工科教师接收到的激励、反馈中，均是来自科研部门的激励、反馈最多，而来自教师发展部门和人事部门的较少，这些都反映了当前高校关于工科教师的激励、反馈工作重结果轻过程、重科研轻发展的现状。

从年龄段看，在五大主体中，年龄≤35 岁的工科教师接收到的激励、反馈次数均为所有年龄段中最多，而且其比同部门对另一年龄段工科教师激励次数多出来的差值最大的竟接近一倍，差距不可谓不大。这些都充分说明了高校对青年工科教师的关注和重视。但相比之下，科研部门给予的激励、反馈次数最多，而教师发展部门最少。一般地，青年工科教师刚进校后，教师发展部门是应该会经常组织一些他们要参加的培训的，但教师发展部门的排名依然垫底，尽管与排名第一的差距只有 0.6 次/年，不过这似乎还是表明了高校对青年工科教师的激励还是以科研激励为主。相对于年龄≤35 岁的工科教师，大于 36 岁的工科教师每年接收到的激励、反馈次数较少，尤其是年龄≥46 岁的工科教师每年只接收到了 3.7 次来自人事部门的激励、反馈，这可能与这部分工科教师职业发展步入成熟期、发展较为稳定且已有明确的发展规划有关。

从最高学位看，无论激励、反馈实施主体有何不同，硕士学位工科教师每年接收到的激励、反馈次数均最多，博士学位工科教师每年接收到的来自教学部门、人事部门、教师发展部门的激励、反馈次数均最少。尤其是在人事部门和教师发展部门给予的激励、反馈次数方面，博士学位工科教师接收到的激励、反馈次数远低于其他学位的工科教师，这些现象后面的原因还需要更深入地研究。

从职称看，五大主体给予工科教师的激励、反馈次数，基本上符合职称越高的工科教师，接收到的激励、反馈次数越多。相对于高级职称工科教师，中初级职称工科教师在各校的占比可能较大，进而影响了每一位中初级职称工科教师接收到的激励、反馈次数。而究竟应该是持续推进"促优保优"激励还是"全面提升"的激励，值得各高校相关部门根据自身情况仔细研判。值得注意的是，教学部门给予正高职称工科教师的激励、反馈次数最多，这是否说明了高校对正高职称工科教师从事教学工作的重视程度很高，"以本为本"逐渐深入人心？若是，将有利于我国工程教育教学质量的提升。

从在校时长看，在校时长 3～10 年的工科教师接收到的来自五大主体的激励、反馈次数明显多于在校时长 2 年以下和 10 年以上的工科教师。相对于在校时长超过 5 年的工科教师，在校时长不足 5 年的工科教师接收到了更多的科研部门的激励、反馈，表明了高校对新进工科教师的科研情况更为关注。在校时长 0～2 年的工科教师是刚入职的"青椒"，理应得到五大主体更多的关注，但在四个年龄段中，五大主体对这些"青椒"的激励、反馈均排名倒数第二，不知是否确实存在"熟人效应"？

从学校类型看，教育部直属高校工科教师接收到的来自学院/学部领导的激励、反馈次数最多。教育部直属高校和民办高校的工科教师接收到的来自教学部门的激励、反馈次数并列第一，说明这两类高校更加重视工科教师的教学工作。民办高校工科教师接收到的来自科研、教师发展、人事三个部门的激励、反馈次数均比其他类型高校要多，教学部门与教育部直属高校并列第一，学院/学部领导排在教育部直属高校之后，为第二，这说明了可能是民办高校的五大主体相关工作做得相对较好。

从学校所在地区看，在五大主体给予的激励、反馈次数中，华南地区工科教师远多于其他地区，而西部十省接收到的激励、反馈次数均为最少。总体上看，东北、华中、华北、西部十省四个地区工科教师每年接收到的激励、反馈次数明显少于华南和华东两个地区。

(3) 小结。

综合本节的数据不难看出，华南、华东地区高校的工科教师获得的激励、反馈最多，西部十省和东北地区则最少。华南、华东地区的经济相对发达，高等教育水平也相对较高，而西部十省和东北地区经济相对没有那么发达，高等教育水平也相对较低。这似乎说明工科教师获得的激励、反馈频率与所在地区的经济发达程度和高等教育水平有较大关联。这可能是在经济发达、高等教育水平高的地区，无论哪个主体，他们对工科教师的激励、反馈工作重要性的认识程度更加到位、更加深刻，付出的努力自然就更多，故而使得所在地区工科教师受到的激励、反馈频率更高。

不过西部十省和东北地区究竟是因为这些地区的经济不够发达、高等教育水平不那么高而使得这些高校的五大主体存在认识不够到位的情况，导致了这些地区高校工科教师获得的激励、反馈最少，还是因为五大主体工作的重心不在于此或是其他原因，也有待进一步研究。

10.2 激励与反馈内容及频次

(1) 总体情况。

心理学指出，动机是激发并维持一个人行为的基础，当外界存在着足够强烈的刺激时，将使个体自觉朝着期望目标作出目标行为。由表 10.10 可知，在"您接收到（给予）的激励与反馈，频次最高的是"的调查中，通过对比教师卷和行政卷的回答情况，虽然两份问卷在某些选项上人数比例差距较大，但无论是工科教师还是行政人员，均把"学生评教""科研进展""学生成绩""同事关系"分列激励、反馈内容频次最高的前四，且排序也完全一致，反映了大多数高校对工科教师激励、反馈内容主要体现在这四个方面。

表 10.10　　　　　　　　　激励与反馈内容

内容	工科教师		行政人员		两者差值（%）
	百分比（%）	排序	百分比（%）	排序	
学生成绩	41.9	3	37.8	3	4.1
学生评教	54.4	1	59.8	1	−5.4

续表

内容	工科教师		行政人员		两者差值
	百分比（%）	排序	百分比（%）	排序	（%）
同事关系	36.2	4	23.4	4	12.8
科研进展	42.8	2	49.3	2	−6.5
专业发展	25.9	5	19.7	6	6.2
工程实践	20.2	6	20.1	5	0.1
工资待遇	17.6	7	18.5	7	−0.9
工作环境	9.3	8	7.4	9	1.9
继续教育问题	6.4	11	4.4	10	1.6
家庭	7.3	10	1.3	11	6.0
职位晋升	9.3	8	15.1	8	−5.8
其他	1.4	12	1.3	11	0.1

分别有 54.4% 的工科教师和 59.8% 的行政人员选择了"学生评教"，皆为所有选项人数比例第一，超过了"科研进展"的比例分别为 11.6% 和 10.5%，显示出当前高校以及行政人员对学生评教结果的重视程度。结合前文调查结果，尽管工科教师对当前他们所在高校的"学生评教"工作并不买账，但不管他们接受与否，这项工作还要继续，只是行政人员反馈频次如此之高是为了提高学生评教的效益而向工科教师调研，以营造贯彻落实"以学为中心"教育理念的氛围，还是其他原因，我们现在尚且不知。

与此同时，教师卷和行政卷中，选择"工程实践"的人数比例的排序虽然有差别，但人数比例均较低；选择"专业发展"的人数比例排序分别为第5、第6，选择"继续教育问题"的人数比例排序分别仅第11、第10。这表明无论是工科教师接收到的，还是行政人员给予的，对于工程实践活动的激励与反馈频率都很低。而教师培训和教师专业发展、继续教育三者紧密相关，教师培训和继续教育都是为了促进其专业发展，而培训又是教师专业发展、继续教育的重要形式之一，说明当前还存在不少的高校对工科教师培训的激励、反馈频率低的情况。高校对专业发展和工程实践激励、反馈的缺失，不利于工科教师的"工科化"发展。不过这有可能说明高校相关问题不那么突出，故而排名靠后，甚至垫底，也有可能是相对于学生评教、科研进展、学生成绩等方面的情况，这几个方面确实不那么被重视。

另外还可以发现，包括继续教育问题在内，事关工科教师切身利益的内容（工资待遇、工资环境、家庭、职位晋升）的激励、反馈都较少，说明激励、反馈内容的设计偏"硬"，缺少人文关怀。长此以往，一方面会使工科教师把激励、反馈视作监管、监察自己工作的冰冷的行政手段，从而弱化激励、反馈致力于激发教师热爱本职工作的作用；另一方面难以拉近教师之间、教师和行政人员之间的距离，进而营造良好的工作氛围。通过计算工科教师和行政人员对于同一激励、反馈内容选择的人数比例差值可知，"工程实践""工资待遇""工作环境""继续教育问题"的差值均小于 2%，这种一致性进一步验证了当前激励、反馈工作中关于这些内容的缺少。对于如"同事关系"等两者差值较大的内容，可能是工科教师和行政人员对于哪些激励、反馈行为属于对同事关系的激励、反馈等问题存在不同见解，又反映了激励、反馈工作的规范性、科学性需要加强。

（2）交叉分析。

我们将工科教师和行政人员选择排序前六位的激励、反馈内容与工科教师的性别、年龄段、最高学位、职称、在校时长、学校类型、学校所在地区进行交叉分析，详见表 10.11，结果表明：

表 10.11　频次高的激励、反馈内容在各类别的差异分析（%）

特征	类别	学生成绩	学生评教	同事关系	科研进展	专业发展	工程实践
性别	男	41.7	52.6	37.5	45.0	25.7	21.1
	女	42.2	57.6	34.0	38.9	26.2	18.6
年龄段	≤35	43.7	53.3	39.7	41.6	30.0	21.8
	36～45	38.2	55.5	31.1	46.7	19.5	17.3
	≥46	40.4	59.0	28.0	40.4	16.8	18.0
最高学位	博士	39.6	53.6	32.7	49.9	21.4	17.1
	硕士	38.5	53.1	37.9	40.4	28.6	23.5
	学士	53.1	58.8	40.4	32.9	30.0	20.2
职称	正高	49.3	56.8	33.5	45.0	22.7	19.8
	副高	33.2	52.6	34.9	44.5	26.3	20.8
	中级	44.8	53.3	39.6	43.1	27.1	19.3
	初级	61.0	65.3	33.9	26.3	25.4	22.0
在校时长	0～2 年	50.8	47.9	35.6	37.1	24.8	19.9
	3～5 年	41.8	57.2	41.4	45.1	31.2	22.5
	6～10 年	36.9	54.5	35.2	45.2	27.1	19.9
	10 年以上	35.1	58.6	29.2	44.2	16.6	16.9

续表

特征	类别	学生成绩	学生评教	同事关系	科研进展	专业发展	工程实践
学校类型	教育部直属	48.0	55.5	35.3	45.0	25.9	18.6
	其他部委所属	33.6	50.4	37.2	44.9	27.4	21.3
	地方	44.0	56.4	35.9	41.2	23.9	19.7
	民办	39.8	60.2	38.8	26.5	27.6	26.5
学校所在地区	东北	50.6	48.1	34.9	42.3	22.1	13.1
	华东	41.1	57.3	38.5	43.9	31.2	22.9
	华南	39.8	54.0	40.3	39.3	26.1	23.7
	华中	37.8	55.6	37.5	40.4	25.1	21.8
	华北	37.2	53.1	32.6	50.4	22.9	22.1
	西部十省	45.1	59.4	29.3	36.1	22.6	14.3

1）从性别看。

在男性比女性多的三个方面，差距介于 2.5 到 6.1 个百分点之间，而在女性比男性多的三个方面，差距介于 0.5 到 5 个百分点之间。尽管差距不大，但更能说明高校对女性工科教师激励、反馈的内容主要侧重于教育教学方面，且给予了女性工科教师专业发展情况更多一些的关注，而更在意男性工科教师科研进展以及工程实践情况。这可能与传统上社会对男性的期望更强调竞争性和任务定向，而对女性则更强调情感和表达有关。

相比较而言，科研的竞争性、问题导向性更强，而教学则需要更多的情感、沟通。而且，女性工程师人数较少，且为工程场域中的从属者。也就是说，传统上教师职业中女性更多，而大量的工程师和工科教师主要是男性，由于在观念、行为等方面的文化差异，同性交往往往比异性交往更加使人自然，女性工程师和女性工科教师的缺乏，使得现有女性工科教师缺少与其他工程师或工科教师非正式交往的机会，从而使得女性在男性主导的科学研究、工程实践领域内获得的机会更少、面临的困境更多。

因此，当前高校的激励、反馈并没有从逆转这一局势的角度出发，反而是在非男性主导的领域给予女性工科教师更多的激励、反馈，在某种程度上并不利于她们的职业发展和个人需求的满足。

2）从年龄段看。

"学生成绩"是年龄≤35 岁这个年龄段的工科教师选择人数比例最高，这可能与他们入职做教师时间不长，对学生成绩的评定方式方法、学生成绩提交时效性等存在一些需探讨、解决的问题有关；"学生评教"呈现出随着年龄增大，激励、反馈频次越高的态势，这可能与年龄偏大的工科教师授课数量偏多有关，也可能与他们对所授课程学生评教结果的合理性或如何使用有疑问有关；"同事关系"呈现出随着年龄增大，激励、反馈频次越低的态势，这可能与工科教师在校时间长短、与其他同事有一个熟悉的过程，关系也需要磨合有关；"科研进展"是 36～45 岁这个年龄段的工科教师选择人数比例最高，可能与他们的职称评定压力有关，也可能与他们还没有评上正高职称但又处于科研、创新的"瓶颈"有关。

"专业发展"呈现出随着年龄增大，激励、反馈频次越低的态势，这可能与国家要求完善青年人才评价激励措施，加强对中青年教师专业发展支持体系建设有关，这说明虽然当前高校对工科教师专业发展激励、反馈频率低，但他们可能已开始逐步重视工科教师专业发展对于师资队伍建设以及教育教学质量提升的重要意义。

年龄≤35 岁工科教师选择"工程实践"的占比达到 21.8%，排名第一，这可能与"卓越计划—期"实施，以及自 2016 年我国加入《华盛顿协议》以来，对工科教师工程实践能力的关注度陡然提升，为了弥补青年工科教师工程实践能力不足的缺陷，高校也逐步开始注重年龄≤35 岁工科教师工程实践情况有关。但在新工业革命和新经济转型交汇之际，工程知识、工程技术颠覆性创新频出，知识半衰期不断减少的时代背景下，36～45 岁和年龄≥46 岁的工科教师中，分别只有 19.5%、16.8%选择了"专业发展"，这不利于其知识和能力结构的更新，也不利于新时代工科教师队伍水平的整体可持续提升。

3）从最高学位看。

学士学位工科教师选择"学生成绩""学生评教""同事关系""专业发展"的人数比例均为同特征下最高，而选择"科研进展"的人数比例则为同特征下最低，为 32.9%。而结合前文五大主体的激励、反馈次数比较的结果，教师发展部门和科研部门对学士学位工科教师科研方面的激励、反馈更高，但从他们实际接收到的情况来看，选择"科研进展"的学士学位工科教师却最少，表明高校虽然关注学士学位工科教师的科研情况，但可能更多的是关注其科研投入或科研产出，而对其科研进展或过程的激励、反馈还不够。

"专业发展"呈现出随着学位升高，激励、反馈频次越低的态势，博士学位的最低。这可能与存在主观上认为学历较低的工科教师比高学历的工科教师能力基础要稍显薄弱，在专业发展过程中的障碍会更多的认识有关，为了把不同学位工科教师的专业发展工作都做好，学历越低其接收到的关于专业发展的激励、反馈频率就越高。但学位高低更多的是一种对过去经历丰富与否的评估方式，不具备对工科教师当下以及今后从事工程教育教学和研究的胜任力以及专业发展实际情况的解释力。因此，高校对工科教师的专业发展进行激励、反馈要本着实事求是的态度，以能力为导向以及灵活多变为原则。

仅有 17.1% 的博士学位工科教师选择了"工程实践"，为该类别中最低。博士学位工科教师更多遵循的是"从学校到学校"的发展模式，即博士毕业后直接进入高校任职，往往更加缺乏工程实践经验。若是缺乏对博士学位工科教师参加工程实践活动的激励、反馈，在教学科研为主的考核评价导向下，博士学位工科教师到企业参与工程实践活动的积极性将更难以得到充分激发；这也可能说明了相关高校希望处于学位链顶端的工科教师把精力和重心更多地放在除工程实践外的其他地方。

4）从职称看。

相对于其他职称工科教师，初级职称工科教师接收到的激励、反馈内容更多是关于教学方面，选择"学生成绩"和"学生评教"的人数比例分别高达 61% 和 65.3%，而对于"科研进展"方面的激励，则呈现出非常明显的职称越高所受激励、反馈越多的现象。初级职称工科教师选择"科研进展"的人数比例仅为 26.3%，就算是只比初级职称高一个级别的中级职称，其所接收的激励、反馈也比初级职称猛增了 16.8 个百分点。相比较而言，初级职称工科教师的科研能力和科研水平应该是最低的，在科研方面理应受到足够多的关注和激励，但事与愿违，这是不利于他们专业发展的。

对高级职称工科教师科研方面激励、反馈频率最高，也从另一个侧面反映出当前高校工科教师激励、反馈导向仍然为"长板原理"，仍坚持"保优促优"。无论是对工科教师个体的全面发展而言，还是对于整个工科教师队伍或工程教育教学共同体建设来讲，在加大对工科教师优势领域进行激励、反馈的同时，也要尽可能减少"木桶原理"的负面影响，使每一位工科教师教学、科研、工程实践能力都能全面发展，以满足实际专业发展和教育教学需要。

在六个激励、反馈内容中，"学生评教"在各个职称中均是最高的，其次是"学生成绩"（但副高职称的除外），这一结果与在"您收到以下人员或者机构的工作激励与反馈频率是"的调查结果是一致的。

"工程实践"的选择人数比例在各个职称中均是垫底，相比较而言，初级职称最多，中级职称最少，但二者的差距也仅 2.7 个百分点。这说明行政人员对不同职称工科教师给予的该方面的激励与反馈频次差别不大，但由于在六个内容中排名最低，说明要提升工科教师的工程实践能力，还有很长的路要走。

5) 从在校时长看。

在六个内容中，"学生评教"在各个在校时长段均是最高的，这一结果与前文的结果是一致的。

"学生成绩"呈现出随着在校时长的增加，激励、反馈频次降低的态势。0~2 年的高达 50.8%，比最少的 10 年以上的多了 15.7 个百分点。这与前文年龄段的特征一致。

对于在校时长 3~5 年的工科教师，总体而言，六个内容中，除"学生成绩""学生评教"和"科研进展"排名第二外，但后两个与排名第一的差距仅 1.4 和 0.1 个百分点，其余三个均为第一。这说明在校时长为 3~5 年的工科教师是被关注最多的群体。

尽管在校时长为 0~2 年的工科教师在"学生成绩"中独占鳌头，但在"学生评教"和"科研进展"两项上却排名最低，说明行政人员对他们的关注度，一方面倾向性非常明显，另一方面也存在被忽略的地方，毕竟，对刚入职的年轻教师而言，他们的很多方面应该得到足够多的关注。另外，也可能是这部分工科教师聘期考核刚开始，尚未进入聘期考核最后一年，因而部分高校对和聘期考核密切相关的"学生评教""科研进展"的关注度不够，这进而从另一个侧面反映出了部分高校聘期考核强管理重结果、弱价值轻过程的弊端，聘期考核考察工科教师最后的教学、科研折算分数，而缺少过程管理，聘期考核的长效机制似乎还远未建立。

而对于在校时长 10 年以上的工科教师而言，尽管在"学生评教"中拔得头筹，但在除"科研进展"外的另外四个方面全部垫底，说明他们是最容易被行政人员忽视的一个群体。

6) 从学校类型看。

在六个内容中，"学生评教"在各种高校类型中均是最高的，说明不同类型高校行政人员对这项工作的重视。

民办高校在"学生评教""同事关系""专业发展"和"工程实践"中

排名均为第一，但选择"科研进展"的人数比例仅为 26.5%，远低于其他三类高校选择人数比例的均值 17.2 个百分点，这可能与民办高校办学定位以及民办高校科研基础薄弱、工科教师科研能力总体上相对其他类型高校较低有关。

其他部委所属高校工科教师选择"学生成绩"和"学生评教"等关于教学的激励、反馈内容人数比例为同特征下最少，与排名第一的差值分别为 14.4% 和 9.8%，差别较为明显。

教育部直属高校在"学生成绩"和"科研进展"方面排名第一，而在"同事关系"和"工程实践"中排名最后，反映出部分教育部直属高校行政人员的"重心"较为突出，倾向性较为明显。

7）从学校所在地区看。

在六个内容中，"学生评教"在六个地区高校中只有五个是最高的，与前几个分类呈现的排序是不一致的，但在东北地区，"学生评教"也只比排名第一的"学生成绩"少了 2.5 个百分点而排名第二，说明总体而言，不同地区高校行政人员还是非常重视这项工作的。

相对于其他地区，西部十省高校激励、反馈内容主要为教学方面，其工科教师选择"学生评教""学生成绩"的人数比例分别为同特征下第一和第二，而"同事关系"和"科研进展"均为倒数第一，"专业发展"和"工程实践"也排在倒数第二，这说明了西部十省高校行政人员对教学方面的偏爱。

华南地区工科教师选择"同事关系"和"工程实践"的人数比例为所有类别中最高，这可能与该地区高校更加关注工科教师之间正式与非正式关系的建立，以营造良好的软环境，以及他们对工科教师工程实践能力的提升比较关注有关。

华北地区的"学生成绩"排序最低，"学生评教"也位于倒数第二，但"科研进展"却高居第一，说明重科研、轻教学在该地区部分高校的行政人员中表现突出。

华东地区在"专业发展"中排序最高，"工程实践"也排序第二，说明该地区在关注工科教师的工程实践能力提升的同时，也非常注重他们的专业发展，注重工科教师的全面发展。

东北地区在"学生成绩"中排序第一，但同时在"学生评教""专业发展"和"工程实践"中全部垫底，且"工程实践"的比例与本组最高的差距达 0.81 倍，不仅说明该地区部分高校的行政人员对相关工作重视与不重视的区别度比较明显，同时对该地区高校工科教师工程实践能力提升的关注，以及对他们专业发展的关心程度还有待进一步提升。

（3）小结。

综合本节可以看出，当前还有不少高校对工科教师激励、反馈的内容设计和发生频次，主要还是围绕教学、科研等具体的事务性工作展开，而对于工科教师的工作环境、继续教育等"软"指标关注度还不够，人文关怀也不够。长此以往，这势必会让工科教师认为激励和反馈工作是对他们的监督和管理，而不是对他们自身内心深层次需求的促进和发展。这势必将无形之中逐渐增加工科教师的心理负担，进而不利于工科教师队伍的可持续良性发展。

10.3　激励与反馈工作对工科教师的影响

（1）总体情况。

激励、反馈除了有助于增加工科教师对工作的满意度和持续投入本职工作的热情，还会对工科教师其他诸如工资待遇、专业发展、职位晋升、人际关系等方面产生影响。同样，对工作的满意度和持续投入本职工作的热情与工资待遇的提高、人际关系的改善等又会相互作用。

由表 10.12 可知，在教师卷"在您看来，您收到的激励与反馈在哪些方面会对您产生影响"的调查中，一线工科教师认为，他们所收到的激励与反馈将对自己的专业发展、工资待遇、职位晋升产生较大的影响，在九种因素中依次排名前三。在行政卷"在您看来，贵校工科教师所收到的激励与反馈在哪些方面会对其产生影响"的调查中，排名前三的因素与工科教师的是一样的，但排序不同，依次是工资待遇、职位晋升和专业发展。

表 10.12　　　激励与反馈在哪些方面会对工科教师产生影响

	工资待遇	专业发展	职位晋升	人际关系	教学质量	科研水平	学生服务	道德价值观	社会服务
工科教师（%）	43.6	46.3	42.9	33.2	37.8	31.9	17.8	14.9	8.7
排序	2	1	3	5	4	6	7	8	9
行政人员（%）	65.7	48.7	62.4	21.0	41.7	34.9	12.2	8.1	8.7
排序	1	3	2	6	4	5	7	9	8
二者差值（%）	−22.1	−2.4	−19.5	12.2	−3.9	−3.0	5.6	6.8	0.0

虽然无论是一线工科教师还是行政人员，都认为激励与反馈将对工科教师的职业生存（专业发展、工资待遇、职位晋升等方面）带来影响，但行政人员比工科教师选择的人数比例更大，也就是说行政人员认为激励、反馈对工科教师的影响要更大，且激励、反馈对工资待遇和职位晋升的影响程度两者选择人数比例差值接近，在 20％左右徘徊。而行政卷中虽然选择"专业发展"的人数比例排所有选项第三，但与"工资待遇"和"职位晋升"两个选项选择人数比例均值 64.05％差了 15.35 个百分点。工科教师和行政人员均认为激励、反馈对工科教师学生服务、道德价值观、社会服务的影响相对小。

如果说行政卷中，行政人员认为激励、反馈对工资待遇、职位晋升产生的影响远大于专业发展、人际关系等方面，其可能会减少关于专业发展、人际关系的激励、反馈内容，而增加其认为激励、反馈能产生重大影响方面的内容，这一点从"您给予的激励与反馈，频次最高的是"的调查中平均只有 21.6％的行政人员选择"同事关系"和"专业发展"便可看出；那么教师卷中，工科教师关于每个选项的选择人数比例反映了当前激励、反馈对相关方面的实际影响，选择"人际关系""教学质量""科研水平"的人数比例均较低，这一方面可能说明激励、反馈对职业生存的影响的确大于对人际关系、教学质量、科研水平的影响，另一方面可能因为行政人员主观上认为激励、反馈对三者的影响不如职业生存，所以其激励、反馈可能主要是围绕职业生存而非其他方面内容而设计，设计上的不同使得激励、反馈造成的实际影响偏重于职业生存。

选择"学生服务""道德价值观"和"社会服务"三个方面的工科教师和行政人员人数比例都很低。正是因为激励、反馈工作对于"软"内容的忽视，正如 7.2 节所述，对于工科教师师德师风的关注度不够，这势必就难以激发工科教师高层次的需要和动机，故而只能对工科教师职业生存等基本需要产生影响，难以促进工科教师师德师风的长效建设。

同时，比较工科教师和行政人员在同一选项上选择的人数比例差值，可以发现，工科教师选择人数比例更高的选项为"人际关系""学生服务""道德价值观"。由于工科教师是激励、反馈行为的实际接受者，因而可以看出，激励、反馈工作能够增加教师之间、教师和行政人员之间的亲密度，能够激励教师积极投入服务学生、服务社会的工作，能够引导教师不断自我完善。显然，当前过于关注工作任务、职业生存的激励、反馈制度，还未能充分发挥其作用。

（2）交叉分析。

我们挑选了表 10.12 中排名前六的因素进行了交叉分析，详见表 10.13。

1) 从性别看。

女性工科教师选择"教学质量"的人数比例比男性工科教师高了 4.7 个百分点。除此之外，在其他五个方面，男性工科教师均比女性工科教师的人数比例高。这说明相对于女性工科教师，男性工科教师认为激励、反馈对工资待遇、专业发展、职位晋升、人际关系、科研水平的影响更大。这也可能是女性工科教师接收到的激励、反馈内容中，关于教学方面内容的频率更高（这也与 10.2 节中关于女性工科教师的论述相似），而诸如科研水平、人际关系等内容频率比男性工科教师更低所致。

2) 从年龄段看。

"工资待遇"和"人际关系"呈现出随着年龄增大而选择比例降低的态势。这可能是对于青年工科教师，工资待遇是保证生活质量的重要因素，人际关系则是到校不久后需与其他同事协调、处理好相互关系的重要内容。

"职位晋升"和"科研水平"均是 36～45 岁工科教师的首选，这可能是相对于其他年龄段工科教师，36～45 岁工科教师处于职业发展上升期，其对科研成果、能力提升的需求更加旺盛，有的需要评高级职称，有的则希望能在管理岗位贡献自己的光和热。

"教学质量"是年龄≥46 岁工科教师的首选，且呈现出随着年龄减小而选择比例降低的态势，其比最低的多了 15.7 个百分点，差距明显。该年龄段工科教师认为激励、反馈对其教学质量的影响最大，远超过激励、反馈对职业生存的影响。这一结果可能与不少的年龄≥46 岁工科教师已处于职称链顶端，其专业发展较为成熟，已进入科研反哺教学时期，其工作重心往往向教书育人、培养青年教师倾斜，而对工资待遇、职位晋升、人际关系等的关注度并没有中青年工科教师那么密切有关。

3) 从最高学位看。

相对于其他学位工科教师，学士学位工科教师认为激励、反馈对工资待遇和专业发展的影响大，占比为所有类别中最高，而且后者还要多一些。这可能与他们处于学位链的底层，工资基数不大，专业发展空间有限有关。

博士学位工科教师认为激励、反馈对职位晋升、教学质量和科研水平的影响更大，占比也均为所有类别中最高。职位晋升更多地属于前景需要，即博士学位工科教师往往成就动机较为强烈，对自己教学能力、科研能力以及职业前景抱有较高期望。

而处于中间地位的硕士学位工科教师，除了人际关系这一项排名第一、科研水平排名第二外，其余四项全部垫底，表明了在高校，这种中间状态的学位很可能让这些工科教师在一段时间后变得在教学、科研等方面的精力投入不足，而将主要精力投入与同事之间关系的维护上，这将很可能不利于他们的个人发展。

4）从职称看。

同特征下，初级职称工科教师选择"工资待遇"和"专业发展"的人数比例最高，正高职称工科教师次之，副高职称工科教师则均为最低。初级职称工科教师的选择与学士学位工科教师相同，这可能是因为多数初级职称的工科教师，其学位更可能是学士。

正高职称工科教师选择"教学质量"和"科研水平"的人数比例是本类别中最高的，而且这两个因素均呈现出随着职称的降低，其占比也降低的态势。由于职称和学位具有一定的相关性，高级职称工科教师往往具有研究生学历，所以基于学位和职称的交叉分析结果呈现出一定的相似性。一方面，因为学士学位、初级职称工科教师接收到关于专业发展的激励、反馈内容频率比博士学位、高级职称工科教师更高，而博士学位、高级职称工科教师接收到关于科研进展的激励、反馈内容频率又更高，所以两种类别的工科教师认为激励、反馈内容对专业发展、科研水平产生的影响不同；另一方面，学士学位、初级职称工科教师选择"专业发展"和博士学位、正高职称工科教师选择"教学质量"的人数比例分别为同特征下最高，可能是在平时的工作中，这部分工科教师更加容易忽略专业发展、教学质量方面的问题，适当而及时的激励、反馈能够对促进专业发展和教学质量提升产生"雪中送炭"的效果，因而工科教师会认为激励、反馈对这些方面产生了更大的影响。

副高职称工科教师认为激励、反馈对人际关系的影响最大，中级职称工科教师也以低了0.8个百分点紧随其后，这可能与他们更加关注与同事关系的维护，投入更多精力到其中有关；这也可能是因为有不少这两个职称的工科教师，其学位是硕士，因而呈现出与硕士学位工科教师相似的选择。

中级职称工科教师认为激励、反馈对职位晋升的影响最大，这是一个有点费解的现象。

5）从在校时长看。

"专业发展"在各在校时长段的差距很小，最多的与最少的之间的差距仅为 1.5 个百分点，相比较而言，在校时长 0～2 年的选择人数略多。

"工资待遇"和"人际关系"是在校时长为 3～5 年的工科教师的首选，占比比其他在校时长段的都高。在校时长为 6～10 年的工科教师认为激励、反馈对职位晋升的影响最大。

"教学质量"和"科研水平"均为在校时长超过 10 年工科教师的首选，为同特征下最高，但他们认为激励、反馈对人际关系具有影响的则仅有 22.3%。这可能与他们更容易做到潜心研究、用心育人有关，所以他们认为激励、反馈对教学质量的影响远大于对职业晋升、工资待遇等影响。

同样，在校时长和工科教师年龄具有相关关系，大多数年龄≥46 岁工科教师在校时长均超过 10 年，因此，基于年龄段和在校时长的交叉分析结果也具有一致性。与职称、学位分析类似，在校时长不足 6 年、年龄<46 岁的工科教师因其接收到的激励、反馈关于专业发展、同事关系内容更多，而在校时长≥6 年、年龄≥46 岁工科教师接收到的激励、反馈关于科研进展的内容更多，所以更多在校时长不足 6 年、年龄<46 岁的工科教师认为激励、反馈对专业发展、人际关系影响更大，而更多在校时长≥6 年、年龄≥46 岁工科教师认为激励、反馈对科研水平影响更大。

6）从学校类型看。

教育部直属高校选择"工资待遇""专业发展"和"教学质量"的工科教师人数比例最高。前文分析认为，教育部直属高校学院/学部领导、教师发展部门开始扭转重科研轻教学的不利局面，选择"科研水平"的人数比例在同特征下排名第三，说明教育部直属高校对本校教学质量的提高和工科教师的专业发展更加关注。

其他部委所属高校工科教师选择"职位晋升"和"科研水平"的人数比例最高，且他们选择"教学质量"的人数比例最少，这与 10.2 节中相关内容非常相似，这似乎可以从另一个侧面说明该类型高校重科研轻教学的现象还需要进一步扭转。

民办高校工科教师认为激励、反馈对人际关系的影响最大，而对工资待遇、专业发展、职位晋升和科研水平这四项的影响均为最低。

7) 从学校所在地区看。

同特征下，在选择"工资待遇""专业发展""职位晋升"的总人数比例上，东北地区工科教师最高，说明他们可能更加关注激励、反馈对其职业生存带来的影响。不过这里有个让人费解的现象——在10.2节中，东北地区工科教师选择接收到"专业发展"的激励、反馈频次在同特征下垫底，而在这里却最多。这究竟是说明他们不收到关于专业发展的激励、反馈则已，而一旦收到，对他们的影响就会非常大，还是其他原因，尚需进一步研究。

经济较为发达的地区，工科教师的地位与收入可能均较高，其面对的职业生存压力可能更小，所以华南地区工科教师比东北地区工科教师更少关注激励、反馈对职业生存的影响。也正因为如此，华南地区工科教师才会更多地把激励、反馈看作是增加教师和行政人员交流、改善人际关系的机会。

激励、反馈工作除了增加工科教师的热情，本质更是为了提升教学质量和科研水平。所有地区中，华北地区工科教师认为激励、反馈有利于其教学质量和科研水平提升的人数比例最高，而华南地区则为最低，表明了华北地区高校的激励、反馈主要是关于工科教师教学和科研质量提升的内容。也许是因为华南地区工科教师过多关注激励、反馈对人际关系改善的作用，且面临较小的职业生存压力，所以其并未感受到激励、反馈对其教学质量和科研水平的影响。

(3) 小结。

综上所述，工科教师对"激励与反馈在哪些方面会产生影响"因其自身特点、需求，以及行政人员所处岗位不同而不同，这是很正常的，但综合10.2节和本节的内容能够发现另外的现象——激励、反馈的频次与工科教师的"获得"并不成比例。

对工科教师的学生评教、学生成绩激励、反馈的频次排名均分列工科教师和行政人员的第一位和第三位，但工科教师认为对其教学质量的影响却均位列第四位；对科研进展的激励、反馈频次均位于工科教师和行政人员的第二位，而工科教师和行政人员认为对其科研水平的影响则分列第六位和第五位，反差强烈。

而在专业发展、工资待遇和职位晋升方面，行政人员给予的激励、反馈频次不仅排序第六、七、八名，甚至占比高的未达两成，低的也仅15.1%，但工科教师认为对他们的影响却位列前三，而且从数值上看，工科教师获得的比行政人员给予的，其差距低则 1.35 倍，高则 1.84 倍，反差显著。唯一接近的就是同事/人际关系方面，先后的排序接近，数值差距也仅 0.42 倍。

这究竟是要调整激励、反馈的频次，还是要改变激励、反馈的方式、方法，目前尚不得而知。但这是值得深入研究的问题，毕竟教学和科研是高校的基础和重要任务，教学质量和科研水平的提升也是工科教师和高校非常紧要的工作。

表 10.13　　　　激励与反馈对工科教师产生的几方面影响
在各类别的差异分析（%）

特征	类别	工资待遇	专业发展	职位晋升	人际关系	教学质量	科研水平
性别	男	44.6	47.0	43.2	34.9	36.1	32.7
	女	41.7	45.0	42.4	30.2	40.8	30.5
年龄段	≤35	44.5	45.5	43.5	37.5	35.9	28.0
	36～45	42.8	49.6	45.4	28.3	37.3	39.0
	≥46	39.8	42.2	31.7	18.6	51.6	37.3
最高学位	博士	46.1	47.9	44.0	30.6	40.3	40.4
	硕士	38.9	42.3	41.2	35.8	34.4	27.1
	学士	47.2	50.7	43.0	33.8	39.2	23.4
职称	正高	47.1	47.8	41.7	30.2	38.8	36.3
	副高	40.1	43.5	42.4	34.3	38.1	33.9
	中级	45.2	47.7	44.4	33.5	37.2	28.6
	初级	47.5	51.7	42.4	32.2	36.4	26.3
在校时长	0～2 年	41.2	47.0	40.5	35.1	30.9	23.9
	3～5 年	45.3	46.0	42.8	37.2	39.1	33.2
	6～10 年	44.4	46.7	48.7	34.3	35.4	34.9
	10 年以上	42.9	45.5	40.1	22.3	47.6	37.6
学校类型	教育部直属	50.4	50.8	42.6	33.4	43.3	31.3
	其他部委所属	40.9	43.4	43.6	34.7	32.1	34.2
	地方	39.5	44.9	42.7	30.3	38.0	32.5
	民办	35.7	41.8	41.8	37.8	34.7	20.4
学校所在地区	东北	54.8	55.4	48.4	27.9	29.5	29.5
	华东	40.7	42.9	44.9	34.0	42.3	30.0
	华南	37.9	37.0	34.6	40.3	28.0	29.9
	华中	39.6	47.6	38.9	34.5	38.5	29.1
	华北	44.6	46.5	43.0	30.6	44.2	41.1
	西部十省	42.9	48.9	43.6	33.8	42.1	36.1

10.4 对激励与反馈工作的认可度

(1) 总体情况。

无论是在教师卷"您认为本校的激励与反馈工作还有待改进"还是在行政卷"贵校的激励与反馈工作还有待改进"的调查中，详见表 10.14，虽然工科教师与行政人员皆认为其工作单位的激励与反馈工作需要改进，选择"非常同意""同意"的人数比例均超过了 74%，但是行政卷中，选择"不同意"和"非常不同意"的人数比例仅为 2.8%，而教师卷中的人数比例则多了 1 倍多。这说明，行政人员比工科教师更希望其工作单位能够改进激励与反馈工作。

这可能与长期以来我国高等教育内部形成了从上至下的政策驱动与政策依赖路径有关，也可能是因为高校是行政逻辑主导、职务终身制以及人才"单位所有制"，使得高校缺乏强有力的激励、反馈机制，工科教师对高校激励、反馈工作不了解，认为激励、反馈工作并不如考核评价制度对选聘、任用、薪酬等发挥的作用大，因而对其期望偏低，重视程度也不够，所以工科教师对激励、反馈工作改革力度和效度持怀疑态度，从而认为与其投入资源"多一事"对激励、反馈工作进行改进，不如"少一事"以维持现状。

表 10.14　　　　　激励与反馈工作还有待改进（%）

	非常同意	同意	基本同意	不同意	非常不同意
工科教师	40.8	35.2	18.2	4.5	1.3
行政人员	33.4	50.9	12.9	2.2	0.6

(2) 交叉分析。

我们将"非常同意"和"同意"合并为"需要改进"，将"基本同意""不同意"和"非常不同意"合并为"不需要改进"进行交叉分析，详见表 10.15。

1) 从性别看。

虽然女性工科教师内部接收到激励、反馈次数的"贫富差异"大，接收到的激励、反馈关于科研进展与工程实践的内容少，且女性工科教师认为激励、反馈有利于提升其对本职工作满意度和热情的人数比例低于男性工科教师，但分析结果显示，男女工科教师认为当前激励与反馈工作需要改进的人数比例差距却很小，女性只比男性多了 0.9 个百分点。这表明了工科教师是否认为激励、反馈工作需要改进，不仅取决于激励、反馈工作实际运行状态，而且受到工科教师对激励、反馈工作的期望以及激励、反馈主体对激励、反馈工作的熟悉程度等主观因素的影响。

2）从年龄段看。

年龄≤35 岁的工科教师中认为激励与反馈工作需要改进的人数比例最高，而 36～45 岁的工科教师最低。也就是说，比较而言，36～45 岁的工科教师对当前激励、反馈工作是同特征下满意度最高的。这既可能与当前激励、反馈工作开展特点和 36～45 岁工科教师需求更加符合有关，也和工科教师本身对激励、反馈工作的期望以及参照标准有关。

3）从最高学位看。

博士学位工科教师选择"需要改进"的人数比例最高，比最低的多了 10 个百分点，也许是由于博士学位工科教师接收到的激励、反馈中，关于同事关系、工程实践、专业发展的内容频率低的原因造成的，但也有可能是他们接收到的职位晋升、教学质量和科研水平等高频激励、反馈让他们感受到了不舒适。

4）从职称看。

同特征下，选择"需要改进"的人数比例最多的是正高职称工科教师，而同为高级职称的副高职称则垫底，说明是否需要改进与工科教师的职称高低并无必然联系。这一方面表明影响工科教师对激励、反馈工作满意度的因素较多且这些因素相互作用；另一方面说明了当前激励、反馈工作还存在着较多的问题，无论工科教师具备何种群体特征，其对激励、反馈工作满意度都较低。

5）从在校时长看。

这部分数据呈现出在校时长越长，认为激励、反馈工作需要改进的人数比例越高的特点。在校时长和对激励、反馈工作的了解程度存在相关关系，即在校时间越长，对激励、反馈工作中存在的问题感受越深，这可能导致了该结果的出现。同时，这可能也说明了行政人员对此项工作的惯性过大，其改良的速度没有达到工科教师在校时长增长的速度。

6）从学校类型看。

同特征下，教育部直属高校、其他部委所属高校工科教师中认为激励与反馈工作还有待改进的人数比例分列前两位，而民办高校则排名垫底，比最多的少了 19.6 个百分点。从数据上看，尽管民办高校的数据占比并不低，接近三分之二，但他们的数值却远低于总体均值，似乎说明民办高校该项工作相对于其他三类高校做得更出色一些，这既可能与民办高校办学规模、办学性质使得激励与反馈工作的开展比多元化、巨型大学顺畅，也可能与民办高校该项工作开展的频率更高以及激励、反馈内容更加贴合办学目标与特色有关。

7）从学校所在地区看。

东北地区、华北地区工科教师选择"需要改进"的人数比例在所有地区中排名前二，而西部十省和华南地区的则排名最后。华中、西部十省和华南这三个地区工科教师中选择"需要改进"的人数比例均低于总体的均值 75.2%，而东北、华北、华东三个地区则均高于总体均值。

(3) 小结。

激励与反馈工作是否还有待改进，既与工科教师和行政人员对激励与反馈的观念、认识相关，也与激励与反馈工作开展的实际情况和工科教师期望之间的关系有关。激励与反馈作为一项关系全局的系统性工作，其改进需要综合施策、全面布局，不仅要考虑到工科教师公平感、获得感是否得以实现，还要考虑其他客观因素，不仅关乎激励与反馈工作本身，更要考虑内外部环境及其互动。

表 10.15　激励与反馈工作还有待改进在各类别的差异分析（%）

特征	类别	需要改进	不需要改进
性别	男	75.7	24.3
	女	76.6	23.4
年龄段	≤35	77.0	23.0
	36~45	73.5	26.5
	≥46	76.4	23.6
学位	博士	80.4	19.6
	硕士	70.4	29.6
	学士	77.4	22.6
职称	正高	77.3	22.7
	副高	74.4	25.6
	中级	77.2	22.8
	初级	76.3	23.7

续表

特征	类别	需要改进	不需要改进
在校时长	0～2 年	69.1	30.9
	3～5 年	78.4	21.6
	6～10 年	78.4	21.6
	10 年以上	78.7	21.3
学校类型	教育部直属	82.5	17.5
	其他部委所属	75.1	24.9
	地方	70.9	29.1
	民办	66.3	33.7
学校所在地区	东北	84.6	15.4
	华东	75.9	24.1
	华南	66.4	33.6
	华中	72.4	27.6
	华北	79.5	20.5
	西部十省	72.2	27.8

10.5　激励与反馈工作的改进

（1）总体情况。

从前文分析可知，当前高校对工科教师的激励与反馈工作还存在着同特征下不同类别或同类别间工科教师接收到的激励、反馈次数差异明显，尚未针对不同特征类别工科教师特点和需求建立激励竞争机制，对工科教师工程实践活动以及培训激励、反馈频率低等问题，且有 76％的工科教师和 84.3％的行政人员认为激励与反馈工作还有待改进。

除了数据分析出的问题，在有关激励与反馈工作宏观层次等方面，工科教师和行政人员认为激励与反馈需要改进的地方有哪些呢？ 教师卷和行政卷"要改进对工科教师的激励与反馈，您觉得主要应包括以下哪些方面"的调查结果详见表 10.16。

无论是工科教师还是行政人员，他们对从哪些方面改进激励、反馈工作的认识高度一致，尽管二者之间在人数比例上有一些差距，但排序是完全一致的。这说明从这些方面去改进，应该能够将激励、反馈工作做得更好，同时也反映了当前这些问题存在的真实性、严重性。

表 10.16　　　　　　　主要应从哪些方面改进激励与反馈工作

	要能使工科教师持续做好本职工作	激励与反馈机制建立	激励与反馈的保密性	激励与反馈观察机制	增加激励与反馈活动	建立申诉机制	建立问责机制
工科教师（%）	57.7	48.2	33.2	43.7	20.6	19.8	13.6
排序	1	2	4	3	5	6	7
行政人员（%）	67.9	59.0	24.7	41.0	22.3	18.6	15.3
排序	1	2	4	3	5	6	7
二者差值（%）	10.2	10.8	−8.5	−2.7	1.7	−1.2	1.7

在这七个方面，行政人员的重心相对突出一些，其最大值与最小值的差值高达 52.6%，而工科教师的则只有 44.1%，少了 8.5 个百分点。另外，行政人员排名第二的比第三的多了 18 个百分点，说明他们更偏向于排名前二的这两个方面；而且，其排名前二的平均值高达 63.45%，比另外五项的均值多了 1.6 倍，而工科教师排名前二的平均值为 52.95%，只比其另外五项的平均值多了一倍。

激励与反馈要能使工科教师持续做好本职工作，成为工科教师和行政人员的首选，而且，行政人员的愿望更为迫切，其人数比例高达 67.9%，比工科教师多了 10.2 个百分点。这说明当前对工科教师的激励、反馈的导向可能存在一定的问题，没有充分发挥激励与反馈工作的正向引导和反向激励作用，使工科教师持续做好本职工作的作用还未充分体现，仍需要以此为出发点和落脚点，不断改进激励与反馈工作。

另外，行政人员与一线工科教师皆认为，高校需要建立一定的激励与反馈机制，尽管排名皆为第二，但行政人员的人数比例仍然比工科教师的多了 10.8 个百分点，说明部分高校对工科教师激励、反馈的机制确实需要进一步建立和完善。

激励与反馈内容的保密性是否需要注意？尽管二者都排在第四，但行政人员的人数比例却比工科教师低了 8.5 个百分点，说明工科教师更在意保密性问题，而行政人员则显得相对不那么在意。这可能与部分工科教师认为自己接收到激励与反馈，在某种程度上是对自己近期工作的一种善意的警告或在其他教师眼中易造成自己总被"约谈"的现象，因此主观上更不希望泄露激励与反馈的内容，甚至是激励与反馈动作本身。

从前文分析不难看出，当前激励、反馈的频次主要集中于每年 3～6 次及以下的中低频，激励、反馈频次为"从未"的还有相当大比例，而且激励、反馈的内容主要集中于学生成绩、学生评教和科研进展等教学和科研方面，而对于工科教师的专业发展和工程实践方面的激励排名均较低，但无论是工科教师还是行政人员，选择"增加激励与反馈活动"的人数比例均排在第五，且人数比例仅五分之一左右。这一方面说明大家安于现状的心态，另一方面也说明了部分工科教师和行政人员对激励、反馈工作可能真的存在不那么重视的情况。

"建立申诉机制"和"建立问责机制"的人数比例排名均为倒数一、二。这两个排名最后的原因可能有——如果工科教师认为自己接收到的激励、反馈不合理，学校若有相应的申诉机制和配套的问责机制，他们中的部分人可能会选择申诉，但也有部分教师会淡化此事而不去申诉；学校若还没有建立相应的机制，则老师们可能没法申诉，或老师们可能会因为投入的时间、精力等成本过高而放弃申诉；而如果学校的激励、反馈工作做得足够好，工科教师们也不会去申诉，不过实际情况似乎并不是这样。

"增加激励与反馈活动"侧重于从"量"上进行优化，而"建立申诉机制""建立问责机制"则是从位于激励与反馈工作制度层面的下游环节进行改进。当前工科教师和行政人员对"量"和激励与反馈工作下游环节改进的关注度低、积极性也不够高，这可能与当前激励与反馈前端环节存在结构上的问题还较为严重有关，不对激励与反馈导向、机制、保密性等进行改进，仅仅增加激励与反馈活动的数量或急于求成去完善申诉与问责机制，是难以实现激励与反馈工作的预期目标的。

（2）交叉分析。

我们把主要应从哪些方面改进激励与反馈工作结合学校类型和学校所在地区进行了交叉分析，详见表 10.17。

1）从学校类型看。

除地方高校选择"要能使工科教师持续做好本职工作"和"激励与反馈机制建立"，以及"增加激励与反馈活动"和"建立申诉机制"这 4 个选项与总体排序不一样外，学校类型下的其余 24 个选项的排序均与总体排序一致。

不同于其他三类高校，地方高校工科教师选择"激励与反馈机制建立"的人数比例比"要能使工科教师持续做好本职工作"的人数比例还多 1.9 个百分点，即建立机制比激励与反馈的导向选择的人数更多，表明了在地方高校，激励与反馈机制的建设问题可能更为迫切，也可能是他们对这个导向的认识还不够深入；同时，他们选择"建立申诉机制"的人数比例也为同特征下最高，这似乎说明部分地方高校工科教师对本校的激励、反馈结果的公平性、合理性有一定的不满。

同特征下，教育部直属高校工科教师选择"要能使工科教师持续做好本职工作"的人数比例最高，其比最低的民办高校多了15.7个百分点，其他部委所属高校和地方高校的选择人数比例居于其间依次递减，这说明部分部委所属高校，尤其是部分教育部直属高校的激励、反馈工作导向存在一定的问题；不过，也有可能是他们认为导向的确定还可以做得更好。

民办高校工科教师选择"激励与反馈的保密性""激励与反馈观察机制"和"建立问责机制"这三项的人数比例在同特征下最高，这可能是相对于其他类型高校，他们认为这三项更应该改进。

其他部委所属高校工科教师选择"增加激励与反馈活动"的人数比例为所有类型高校中最多，这可能与其他部委所属高校工科教师接收到激励、反馈次数较少有关。

2）从学校所在地区看。

在"要能使工科教师持续做好本职工作"选择人数比例方面，华南地区最低，东北地区更高。前文分析结果显示，华南地区工科教师中认为激励、反馈工作需要改进的人数比例最低，而东北地区最高。这似乎说明了做好激励、反馈导向工作后，能够显著提升工科教师对激励、反馈工作的满意度。也正是因为华南地区高校在激励、反馈导向工作上做得较好，所以其选择"激励与反馈机制建立"的人数比例同样为所有类别中最低，反之，东北地区为最高。

西部十省工科教师中选择机制相关（激励与反馈机制建立、建立申诉机制和建立问责机制）的人数比例明显更高，突出体现了西部十省高校在激励与反馈机制的建立健全方面需要进一步加强。

东北地区、华北地区、西部十省的工科教师中，认为当前激励、反馈工作存在的问题主要在导向和机制建立两个方面，而华东地区、华南地区、华中地区的工科教师则认为导向和观察机制更需要改进。综合比较来看，东北地区、华北地区、西部十省工科教师中认为激励、反馈工作需要改进的人数更多，即这三个地区高校的激励、反馈工作可能存在的问题更多，因而也就更加需要优先改进导向、机制建立等前端活动。

(3) 小结。

综上可以看出，七个因素中只有激励与反馈的导向方面，不同类型高校之间选择人数比例，最多最少的差值为 15.7%，且在不同地区上，这个差值达到了 23.1%，而另外六个因素的差值均不大，介于 2.6% 到 6% 之间，这进一步说明激励与反馈工作的导向确实需要改进。

另外，由于各类型、各地区学校校情不同，在各选项的选择人数比例上呈现出略微不同的特征，激励与反馈工作改进的突破点应结合各个学校的实际情况，以系统观出发进行改进。

表 10.17　　　主要应从哪些方面改进激励与反馈工作
在学校类型和学校所在地区的差异分析（%）

特征	类别	要能使工科教师持续做好本职工作	激励与反馈机制建立	激励与反馈的保密性	激励与反馈观察机制	增加激励与反馈活动	建立申诉机制	建立问责机制
学校类型	教育部直属	64.7	48.0	33.7	44.8	18.7	18.6	12.8
	其他部委所属	58.7	45.5	32.1	41.1	23.2	19.2	15.3
	地方	49.6	51.5	33.5	44.7	19.7	22.2	12.2
	民办	49.0	48.0	34.7	46.9	22.4	18.4	16.3
学校所在地区	东北	67.6	56.4	28.8	38.5	19.6	14.4	11.2
	华东	58.1	47.0	37.2	49.2	19.4	17.4	11.9
	华南	44.5	39.3	38.4	46.4	19.4	20.9	15.6
	华中	52.4	45.8	31.3	48.4	21.5	23.6	14.9
	华北	61.6	46.5	34.5	37.6	23.6	22.1	15.1
	西部十省	57.1	55.6	21.8	33.8	21.8	27.1	16.5

第 11 章

工科教师培训

在 2012 年的"质量工程"二期中，教育部启动了第一批国家级教师教学发展示范中心的建设，从此吹响了各地、各校重视教师教学发展中心建设的号角。2018 年 1 月，中共中央、国务院发布《关于全面深化新时代教师队伍建设改革的意见》，提出要从培训方式、培训内容、培训管理制度等方面推进教师培养的供给侧结构性改革。为此，在 2019 年 10 月《教育部关于深化本科教育教学改革全面提高人才培养质量的意见》（教高〔2019〕6 号）文件中，又进一步强调要加强教师发展中心建设，完善教师培训体系，推动教师培训常态化。

十年过去了，各地各校的教师教学发展中心建设情况怎样？中心的"存在感"如何？成效又如何？为此，本部分立足于工科教师培训，从培训内容、培训对象、培训组织情况、培训效果、参训情况和参训意愿、对培训的激励与反馈情况、资助体系、培训工作的改进等八个方面出发，分析工科教师培训存在的问题，以期工科教师培训的开展能够真正解决参训教师面临的发展问题，进而促进工科教师专业发展。

11.1　培训内容

（1）总体情况。

今天的教师发展已经大大拓展，成为一个提高教师教学、科研、服务能力的有关观念、方法和实践的综合性框架，教师培训的内容和模式也应该随之丰富和发展。从问题"您参加过的工科教师培训主要包含哪些内容"的调查结果来看，详见图 11.1，当前工科教师培训逐渐开始突破传统只专注教师教学能力提升的局限。

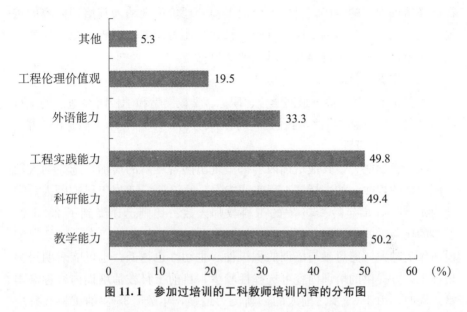

图 11.1　参加过培训的工科教师培训内容的分布图

在参加过工科教师培训的 1 391 名工科教师中，选择"教学能力"的工科教师最多，"工程实践能力"和"科研能力"次之，另外还有 33.3％的工科教师选择了"外语能力"，形成了以教学能力为主体，科研能力和工程实践能力双翼齐飞，外语能力为辅的培训内容格局。

尽管选择教学能力培训的工科教师最多，但占比刚过半，比排名第二、三，选择"工程实践能力"和"科研能力"的人数比例分别仅多了 0.4 和 0.8 个百分点，这一方面说明要么是工科教师对教学能力提升的培训参加不够，而将时间用了一部分到科研和工程实践的培训上，要么是培训组织方提供的相关培训数量不够，另一方面也说明了高校和工科教师们极为重视科研能力，尤其是工程实践能力，对这两种能力提升的紧迫感也很强。

工程伦理价值观是工程素质的重要内容，虽不能直接形成工程实践能力，但对工程实践能力的长效提升有着重要作用，也会使工科教师、工程师的能力朝着正确的方向去应用。然而，仅 19.5％的工科教师选择了"工程伦理价值观"，表明当前高校、工科教师对工程伦理价值观重要性的认识不到位，重视程度也不够。这有可能表明当前高校教师教学发展中心等部门组织的相关培训不够，也有可能是教师参加的相关培训不够。不过在当下，前者的可能性似乎更大；加之由于相关的要求并不明确，工科教师在选择培训内容的时候，自然不会把工程伦理价值观纳入其培训内容的重要选项。工科教师培训不仅要重视工科教师能力发展，更要重视工科教师伦理价值观、师德师风建设，以"师德为先"。

(2) 交叉分析。

为了解不同年龄段、最高学位、职称、学校类型和学校所在地区的工科教师对同一个问题的看法，我们进行了交叉分析，详见表 11.1。结果表明：

1）从年龄段看。

除了教学能力，其他培训内容都呈现出随着年龄的增加，选择的人数比例递减的规律。如选择"工程实践能力"的年龄≤35 岁工科教师人数占比为 45.5%，而年龄≥46 岁的工科教师人数占比则迅速降到了 25.5%，最多的比最少的多了近一倍，而"外语能力"更是多了 1.15 倍。这既可能说明年龄越大，愿意参与培训的积极性、主动性也越低，也可能表明过去培训主办方提供的培训内容可选择性较少，目前工科教师培训内容逐渐丰富。同时，由于 35 岁之前人的创新能力最强，年龄≤35 岁的工科教师应该以科研为重，所以其选择"科研能力"的人数比例也最高，达到了 44.5%，比另外两个年龄段的分别高了 7.2 和 17.8 个百分点。

在选择"工程伦理价值观"的工科教师人数比例方面，年龄≤35 岁工科教师仍然最多，比另外两个年龄段的分别高了 1.9 和 6.7 个百分点。这说明虽然总体上工科教师培训对工程伦理价值观的强调还不够，但年轻教师近年来对工程伦理价值观的重视程度却越来越高。

但年龄≤35 岁工科教师选择"教学能力"的人数比例低于 36~45 岁的工科教师，这是否说明了近些年重科研轻教学的趋势已影响到了青年工科教师对培训内容的选择，还需进一步探究。

2）从最高学位看。

硕士学位的工科教师参加教学能力培训的积极性不够，仅有 31.4% 的硕士学位工科教师选择了"教学能力"，远低于另外两个学位均值 16.2 个百分点。但他们对外语培训的需求最高而博士学位工科教师最低，可能与硕士学位的工科教师要评职称需要解决外语能力的要求有关。结合前文发现硕士学位工科教师参加国际会议的人数比例最高，比博士学位工科教师还多了 1.7 个百分点，而比学士学位工科教师更是多了 11.5 个百分点。这也可能是他们对外语培训需求高的原因。

由于博士学位工科教师科研基础较好，所以其参加科研能力的培训相对最少，这是合理的。有不少的博士毕业生是毕业后就到高校担任教师，导致其缺乏工程实践经历和工程师背景，本身工程实践能力较弱，但参加过针对工程实践能力培训的人数比例却是 3 个学位类型中最低的，仅为 35.4%，这是不利于工科教师队伍整体工程素质的提升的。

3）从职称看。

由于中初级职称工科教师在科研能力发展需求上更强烈，所以加强他们科研能力培训（44.45% 的中初级职称工科教师选择了"科研能力"，比高级职称均值高了 7.15 个百分点）是合理的。但同时也应加强高级职称工科教师的教学能力培训（高级职称工科教师中有 42.6% 选择了"教学能力"，低于中初级职称均值 2.95 个百分点），以为"教授给本科生上课"制度更好地落实提供强有力的支撑和保障。

"新工科"建设要求更加重视实践育人，同时随着大学知识生产逐渐具有社会性、市场性，大学科研职能也将逐步在社会服务中凸显和强化，因此工科教师培训中除了要逐步提升对高级职称工科教师工程实践能力培训力度（当前仅 39.75% 的高级职称工科教师选择了"工程实践能力"），更要使工科教师们能够将教学能力、科研能力、工程实践能力融会贯通，共同服务于工程教育教学。

高级职称工科教师出国交流访问的机会更多，因此适当加强对其外语能力的培训是合理的。

4）从学校类型看。

相对于其他三类高校，教育部直属高校工科教师最重视教学能力培训，有 51.1% 的工科教师选择了该选项，为所有类型中最高，从侧面说明了教育部直属高校在落实教育部的相关要求方面认识更加到位，措施也相对最为得力；而民办高校工科教师也很重视教学能力的培训，排名第二，则可能与这类学校的办学定位是以教学为主有关。

地方高校工科教师选择"科研能力"的人数比例在同类型中最高，比其选择"教学能力"的也多了 8.8 个百分点，这说明了他们对科研能力提升的重视，但从另一个侧面也反映了地方高校对科研的重视。

民办高校工科教师选择"工程实践能力"的人数比例在同特征下最高，其对教学能力的关注也在同特征下排名第二，对科研能力和外语能力的提升关注最少，这应该与民办高校更侧重培养技能型人才、服务于区域发展的办学定位有关。

教育部直属高校多属于研究型大学，其工科教师更多应该以教学能力和科研能力提升为主，兼顾工程实践能力提升。从长远来看，教育部直属高校还应加强对工科教师工程伦理价值观的培训，以促进其工程实践能力的持续提升。同样，地方高校更多属于教学为主或应用型高校，在对工科教师进行培训时，应更多地结合学校办学定位来设计培训内容。

5）从学校所在地区看。

西部十省在"教学能力"选项上"一花独放"，其占比比排名最低的华南地区多了一倍多，但另外四项均为最低，占比最少的"工程伦理价值观"选择人数比例仅为9%，反差极大。这一方面说明该地区的工科教师对教学能力提升的重视程度尤其高，对教学能力提升的需求也非常迫切，但从另一个侧面也反映了他们对自己多方面能力的综合提升做得不够好。

华东地区工科教师选择"科研能力"的人数比例在同特征下最高，而选择"教学能力"的排倒数第二，这一方面可能是他们认为自身的教学能力基本能满足教学需求，另一方面也说明可能该地区高校对科研的要求更高。该地区选择外语能力培训的最多，比其他地区的平均值高10.9个百分点，这可能与其地理位置和经济特点有关，该地区的工科教师国际交流、合作的频度比较高。

选择"工程伦理价值观"的人数比例总体都不高，但地区间分布极不均匀。华东地区与华南地区的高校选择人数比例分列第一、二位，两者的差值也仅0.4个百分点，但比排名最低的多了一倍多，这说明对这种"软"能力的注重和培养，可能与当地的经济发达程度有关。

相对于其他地区，华南地区选择"工程实践能力"的人数占比最高，但选择"教学能力"的人数比例最低。该地区选择"教学能力"的人数比例比选择"科研能力"的人数比例低了11.8个百分点，比选择"外语能力"的人数比例也低了4.7个百分点。这可能是该地区工科教师对自己教学能力自信的体现，对工程实践能力提升迫切需求的体现，但也可能是该地区高校对教学的重视程度需要进一步提升。

（3）小结。

综上所述，当前工科教师培训内容的丰富性、综合性逐步提升，总体上也基本形成了一体两翼一补充的培训内容格局。但针对不同职称、年龄段、学位的工科教师，不同地区、不同类型的高校，培训内容的合理性、适切性仍需进一步提升和加强。

目前，关于工科教师工程伦理价值观的培训内容偏少，对教学能力的培训力度还需加大，且针对不同类别工科教师特点展开针对性培训、培训内容个性化做得还不够。各高校要根据本校的实际情况、办学定位等引导工科教师合理地参加相关的培训，以促进他们多方面能力的综合提升。

表 11.1　　教师培训主要包含的内容在各类别的差异分析（%）

特征	类别	教学能力	科研能力	工程实践能力	外语能力	工程伦理价值观
年龄段	≤35	40.5	44.5	45.5	30.7	17.3
	36～45	44.7	37.3	36.6	24.8	15.4
	≥46	38.5	26.7	25.5	14.3	10.6
最高学位	博士	48.0	35.4	35.4	22.4	14.9
	硕士	31.4	41.3	42.7	33.4	19.0
	学士	47.2	51.0	50.1	26.7	13.1
职称	正高	47.1	36.7	38.8	26.3	17.3
	副高	38.1	37.9	40.7	29.2	17.5
	中级	41.1	45.7	41.3	28.1	15.2
	初级	50.0	43.2	49.2	17.8	9.3
学校类型	教育部直属	51.1	40.9	41.1	25.7	15.3
	其他部委所属	34.3	37.4	39.8	28.9	17.5
	地方	37.4	46.2	41.2	28.8	15.4
	民办	41.8	33.7	49.0	24.5	16.3
学校所在地区	东北	51.6	39.4	39.1	21.2	12.8
	华东	35.6	44.3	42.3	35.2	19.4
	华南	27.5	39.3	48.3	32.2	19.0
	华中	41.1	42.2	45.1	27.3	16.0
	华北	45.0	41.1	37.2	20.5	15.1
	西部十省	55.6	30.1	30.1	20.3	9.0

11.2　培训对象

（1）总体情况。

2016 年 8 月《教育部关于深化高校教师考核评价制度改革的指导意见》（教师〔2016〕7 号）发布，规定要将教师专业发展纳入考核评价体系并且要落实每 5 年一周期的全员培训制度。但在我们的调查中，在培训应该主要面向哪一部分工科教师这一问题上，目前还存在着不同的观点。

由表 11.2 可知，从入职时间看，认为培训应该针对入职不到 3 年的工科教师的人数最多，其次是入职不到 1 年的，再次是入职不到 5 年的，这三者中最高与最低之间的差距近 10 个百分点。

从年龄看，认为培训应该针对 35 岁以下的工科教师的人数最多，其次是 40 岁以下的工科教师，再次是 30 岁以下的工科教师，这三者中最高与最低之间的差距高达 10.9 个百分点。

从教学效果排名看，认为培训应该针对教学效果排名后 10% 的工科教师的人数最多，其次是后 5% 的，再次是后 8% 的，但这三者中最高与最低之间的差距仅 0.9 个百分点。

因此，综合来看，当前工科教师认为培训应该主要针对入职不到 3 年、年龄小于 35 岁的工科教师，以教学效果排名作为参训依据方面，工科教师对于应该针对教学效果排名靠后的百分比还存在着一定分歧。

表 11.2　　　　　　　　　工科教师培训主要针对人群（%）

从入职时间看，教师培训应该针对哪类教师群体	
入职不到 1 年的工科教师	21.2
入职不到 3 年的工科教师	29.8
入职不到 5 年的工科教师	20.2
入职不到 8 年的工科教师	12.4
入职不到 10 年的工科教师	9.2
入职 20 年以上的工科教师	3.6
入职 25 年以上的工科教师	1.4
其他	2.4
从年龄看，工科教师培训应该针对哪类教师群体	
30 岁以下的工科教师	24.3
35 岁以下的工科教师	35.2
40 岁以下的工科教师	25.9
45 岁以下的工科教师	9.7
55 岁以上的工科教师	2.6
其他	2.3
从教学效果排名看，教师培训应该针对哪类教师群体	
排名在后 3% 的工科教师	14.0
排名在后 5% 的工科教师	19.4
排名在后 8% 的工科教师	19.0
排名在后 10% 的工科教师	19.9
排名在后 15% 的工科教师	7.7

续表

从教学效果排名看，教师培训应该针对哪类教师群体	
排名在后 20% 的工科教师	6.5
排名在后 25% 的工科教师	8.5
其他	5.0

（2）交叉分析。

为了更好了解同一特征下不同类别工科教师关于培训对象的认识情况，且鉴于工科教师在入职时间和年龄上选择培训应该针对入职时间不到3年、年龄小于35岁的工科教师的人数比例与排名第二、三位的选项差距较大，而在教学效果排名上，选择培训应该针对教学效果排名后5%、8%、10%的人数比例差距很小，因此，将"入职不到3年的工科教师""35岁以下的工科教师""排名在后5%的工科教师""排名在后8%的工科教师""排名在后10%的工科教师"与工科教师的性别、年龄段、最高学位、职称、学校类型、学校所在地区进行交叉分析，详见表11.3。

1）从性别看。

男性工科教师更认为培训应该针对入职不到3年的工科教师，其人数比例比女性工科教师的多了3.7个百分点；而女性工科教师则更认为培训应该针对年龄在35岁以下的工科教师，其人数比例比男性工科教师多了2.9个百分点。而在教学效果方面，男性工科教师更倾向于排名在后8%的工科教师，而女性工科教师则更倾向于排名在后10%的工科教师。

相对于入职时间、年龄，以教学效果排名作为工科教师是否参加培训的依据更具灵活性、动态性、适切性，能够根据每一次教学效果排名，有针对性地对工科教师开展培训，是动态的、按能力需求，而不是静态的、按"身份""标识"进行培训。因此，无论其入职时间长短、年龄大小、职称高低，任何一名工科教师都可能会因在教学效果考核中排名靠后而参加培训。相对于教学效果排名后5%，培训针对教学效果排名后10%所涉及的工科教师范围更广，工科教师参加培训的可能性越大，对每一名工科教师必须参加培训的要求越高。所以可以认为，选择教学效果排名后10%的工科教师在一定程度上比选择教学效果排名后5%和教学效果排名后8%的工科教师参训积极性更高。基于此，女性工科教师中选择"培训针对教学效果排名后10%的工科教师"的人数比例最高，而男性工科教师则是选择"培训针对教学效果排名后8%的工科教师"的人数比例最高，因而相对于男性工科教师，女性工科教师参训积极性更高。

2）从年龄段看。

年龄≤35岁的工科教师在"培训针对入职不到3年的工科教师"和"培训针对35岁以下的工科教师"两个选项上的选择人数比例均为同特征下最高，即年龄≤35岁的工科教师希望加强对自己所在年龄段以及入职时间区间的工科教师培训力度，表明了年龄≤35岁工科教师具有较高的参训意愿。

随着年龄递增，希望培训针对教学效果排名后5%和后8%的人数比例递减，而希望培训针对教学效果排名后10%的人数比例递增。由于年龄较大的工科教师，大多数已具备高级职称、教学经验丰富，理论上其教学效果排名往往可能比较靠前，所以从教学效果这一层面看，年龄>35岁的工科教师同样具备较高的参训意愿。

3）从最高学位看。

同特征下，博士学位的工科教师最认为培训应该针对入职不到3年的工科教师，而硕士学位的工科教师在这一选项上的选择人数比例则最低；学士学位的工科教师最认为培训应该针对年龄在35岁以下的工科教师，博士学位的工科教师在这一选项上的选择人数比例最低，但三种类别的工科教师选择人数比例差距不大，极差仅为0.9个百分比。

与硕士、学士学位工科教师相比，由于博士学位工科教师科研能力往往较强，且科研能力和教学能力呈现出相互促进作用，因此有理由认为，相同年龄段的具有博士学位的工科教师在教学效果排名中可能更为靠前。在学位为博士、硕士、学士工科教师中，博士学位工科教师在"培训针对教学效果排名在后5%的工科教师"和"培训针对教学效果排名在后8%的工科教师"中的选择人数比例均为同特征下最低，而在"培训针对教学效果排名在后10%的工科教师"中的人数比例为最高，表明了博士学位工科教师培训的积极性和主动性。

4）从职称看。

中级职称工科教师选择工科教师培训应该针对入职不到3年的工科教师的占比最高。而相对于正高职称，其他职称类别的工科教师更倾向于工科教师培训应该针对年龄小于35岁的工科教师，尤其是副高职称的，占比高达37.1%，比排名垫底的正高职称的多了6.2个百分点。尽管大多数正高职称工科教师年龄均大于35岁，但近年来一些高校为吸引高水平青年人才，入校就将他们聘为正高职称，可能他们由于科研考核等压力而不太愿意花更多时间参加培训。不过，不太认可年龄"一刀切"的做法，也可能是一个原因。毕竟在按教学效果排名后10％的教师参加培训的选项上，正高职称工科教师的选择人数占比是最高的。

同理，职称越高的工科教师，其教学效果排名越高的可能性越大，但随着职称升高，选择"培训针对教学效果排名后10％的工科教师"的人数比例递增，和前文分析一样，在教学效果排名方面所体现的数据也表明了高级职称工科教师的参训意愿较为强烈。

5）从学校类型看。

从入职时间看，在所有类型高校中，教育部直属高校最倾向于培训应该针对入职不到3年的工科教师，而民办高校则在这一选项上的人数比例最低；从年龄看，教育部直属高校在"培训针对35岁以下的工科教师"选项上的人数比例依然最高，但仅比并列第二高的地方高校和民办高校选择人数比例多了0.1个百分点，且其他部委所属高校的选择人数比例也仅比教育部直属高校低了1.6个百分点。相对于入职时间，不同类别高校工科教师在年龄上的选择人数比例差距更小，表明了当前各类型高校工科教师培训均主要针对年龄小于35岁的工科教师展开。

至于培训效果方面，教育部直属高校工科教师中，选择培训应该针对教学效果排名后10％的人数比例最高，而其他部委所属高校工科教师则是选择后5％的人数比例最高，地方高校和民办高校工科教师均是选择培训应该针对教学效果排名后8％的人数比例最高，但地方高校工科教师选择后10％的人数比例仅比选择后8％的人数比例低了1.5个百分点，低于民办高校工科教师0.1个百分点。

综合来看，教育部直属高校工科教师参训积极性最高，其次是地方高校工科教师，而其他部委所属高校工科教师参训积极性最低。

6）从学校所在地区看。

在"培训针对入职不到3年的工科教师"选择人数比例方面，西部十省选择人数比例最高，而华南地区选择人数比例最低，两者选择人数比例竟然相差了12.2个百分点。

在"培训针对35岁以下的工科教师"选择人数比例方面，选择人数比例最高的华东地区比最低的西部十省多了8.9个百分点，再次表明了工科教师在培训对象年龄维度上的一致性最高，即年龄小于35岁的工科教师应该参加培训。

东北地区和华东地区工科教师中，均是选择教学效果排名后5%的人数比例最高，但前者选择后10%的人数比例与选择后5%的人数比例相差更小；华南地区和华中地区工科教师中，均是选择教学效果排名后8%的人数比例最高，但后者选择后10%的人数比例与选择后8%的人数比例相差更小；华北地区和西部十省工科教师中，均是选择教学效果排名后10%的人数比例最高，但前者选择后10%的人数比例更高。因此，工科教师参训积极性由高到低依次是华北地区、西部十省、华中地区、华南地区、东北地区、华东地区。

（3）小结。

工科教师对培训的积极性较高，逐步开始基于自我发展需要，由"要我培训"向"我要培训"转变，但工科教师培训的参训对象，当前尽管也有一些高校执行的是动态的标准，但毕竟是少数，而且我们也认为不宜用当前多数高校采用的"一刀切"模式，即按入职时长或年龄为标准。

因此，我们建议：针对新入职的工科教师，可以用入职时长（根据我们的调查，多数老师倾向于3年，我们认为可以参照这个数据）为标准；但对于其他的常态化培训，应以工科教师教学效果考核排名为主要依据（根据我们的调查，多数老师倾向于排名后5%～10%，我们认为可以参照这个数据），形成动态参训机制，以促进工科教师知识的更新和能力的提升。

表 11.3　教师培训应该主要针对哪些人群在各类别的差异分析（%）

特征	类别	培训针对入职不到3年的工科教师	培训针对35岁以下的工科教师	培训针对教学效果排名在后5%的工科教师	培训针对教学效果排名在后8%的工科教师	培训针对教学效果排名在后10%的工科教师
性别	男	31.1	34.2	18.7	20.1	19.2
	女	27.4	37.1	20.6	17.2	21.1
年龄段	≤35	31.1	37.9	23.3	21.4	18.4
	36～45	26.8	30.7	13.2	15.8	21.9
	≥46	29.8	30.4	11.2	12.4	24.2
学位	博士	32.6	35.0	13.9	11.0	22.7
	硕士	26.3	35.1	23.4	25.2	17.8
	学士	30.6	35.9	23.1	23.7	18.1

续表

特征	类别	培训针对入职不到3年的工科教师	培训针对35岁以下的工科教师	培训针对教学效果排名在后5%的工科教师	培训针对教学效果排名在后8%的工科教师	培训针对教学效果排名在后10%的工科教师
职称	正高	29.9	30.9	13.7	12.2	21.6
	副高	27.4	37.1	20.0	19.5	20.7
	中级	32.7	35.9	21.5	19.6	19.3
	初级	28.8	31.4	18.6	28.8	14.4
学校类型	教育部直属	32.5	35.8	17.5	14.8	21.0
	其他部委所属	28.1	34.2	21.9	20.2	18.3
	地方	29.5	35.7	19.2	21.8	20.3
	民办	23.5	35.7	17.3	24.5	20.4
学校所在地区	东北	31.1	32.4	18.9	9.6	17.3
	华东	32.0	39.7	24.7	22.1	19.0
	华南	20.9	33.6	18.5	26.5	20.9
	华中	30.9	33.5	18.2	23.6	19.3
	华北	28.3	35.7	12.8	15.1	24.0
	西部十省	33.1	30.8	17.3	15.8	21.1

11.3　培训组织情况

（1）相关政策。

具有活力的教师发展政策是高等教育机构发展的关键。但调查表明，17.35%的工科教师声称自己没有参加过工科教师培训，而高达24%的行政人员不清楚或者不认为学校建立了工科教师必须参加培训的制度和政策，或许是这些工科教师没参加过相关培训的主要原因。

（2）组织机构。

教师发展中心是高校教师培训组织的最有力机构。因此，高校应普遍建立教师发展中心，以完善教师培训和专业发展的机制。

早在2012年，"质量工程"二期就提出建设30个国家级教师教学发展示范中心，以此来引导各高校建设、建好本校的教师教学发展中心。但10年过去了，在"教师发展中心组织工科教师培训的频度"这道题中，却仍然还有6.9%的工科教师认为学校没有教师发展中心，而且从工科教师认为学校没有教师发展中心的学校类型分析发现，来自教育部直属高校的甚至高达 7.5%。这说明，要么是某些高校的教师发展中心宣传力度不够，使得部分工科教师确实不知道有该机构，要么是某些高校可能确实还没有该机构。

新时代的工程教育对工科教师教学能力、科研能力和工程实践能力提出了新要求，通过参加教师发展中心组织的培训，是教师更好更快地适应环境变化的重要途径。然而，在"教师发展中心组织工科教师培训的频度"这道题上，选择"教师发展中心没有组织过类似培训""不清楚教师发展中心组织过类似培训"的工科教师的人数比例高达 29.3%。这可能说明某些高校教师发展中心在宣传、培训内容的设计和组织、实施等方面的工作可能确实需要加强和改善，也需要开展内容丰富、形式多样的培训来惠及更多的工科教师。

(3) 组织培训的频度。

在参加了教师发展中心组织的培训中（剔除了"教师发展中心组织工科教师培训的频度"这道题中的"没有教师发展中心""教师发展中心没有组织过类似培训""不清楚教师发展中心是否组织过类似的培训"三个选项的样本），总体而言，各校教师发展中心开展的工科教师培训频度都很低，详见表 11.4。"平均每年 1 次"的占比最高，且呈现出随着频度的增加，占比不断下降的态势。

表 11.4　　教师发展中心组织工科教师培训的频度（%）

频度	低频			中频		高频		超高频	
	平均每年 1 次	平均每年 2 次	平均每年 3 次	平均每年 4 次	平均每年 5 次	平均每年 6 次	平均每年 8 次	平均每年 10 次	平均每年 12 次及以上
占比	20.6	14.2	8.6	4.6	3.5	3.9	2.4	2.3	3.8

(4) 交叉分析。

我们把组织培训的频度与学校类型、学校所在地区进行了交叉分析，详见表 11.5。

1）从学校类型看。

四个类型的高校占比最多的均在低频，均超过了四成，且最大最小的差值仅 5.1%，说明各高校组织的培训都不太多。不过尽管比例都不高，但总体而言，地方高校、民办高校的教师发展中心组织的工科教师培训频度更加倾向于低频和高频，它们在这两个频度的占比均排名前二；而其他部委所属高校的工科教师选择"中频"（其比最低的多了 3.33 倍）和教育部直属高校选择"超高频"的人数比例分别位于同特征下榜首。

部委所属高校往往资源更多，因而组织的培训往往更多，但又因为规模更大，所以也更难经常组织大规模的培训，即选择"高频"的人数比例较低。但对于少部分教育部直属高校的工科教师而言，学校能为其提供充足的培训资源，其参加培训的机会也就远远大于其他的，这可能是他们选择"超高频"最多的部分原因。

2）从学校所在地区看。

华北地区工科教师选择"低频"的人数比例比西部十省的少了 0.1 个百分点而位居第二，但他们选择"中频"的人数比例却位居第一。华东地区工科教师选择"低频"的人数比例最少，其比最高的低了 9.3 个百分点，但是他们选择"中频"的人数比例却只比排名第一的少了 0.6 个百分点而位居第二。华南地区工科教师选择"低频"的人数比例位居倒数第二，而且他们选择"中频"的人数比例排名第三，他们选择"超高频"的人数比例只比排名第一的少了 0.2 个百分点而位居第二。这似乎说明，相对于其他地区，华南、华东、华北地区高校为工科教师开展的培训相对要多一些，这可能与这些地区的经济水平或高等教育水平，以及这些地区高校相关部门管理人员的认识程度有关。

西部十省工科教师尽管选择"低频"的人数占比最高，但他们选择"超高频"的工科教师人数比例位于所有类别第一，可能表明了西部十省高校组织的工科教师培训频度虽然较低，但其在资源有限的情况下，采用了重点发展、优选激励的逻辑，对部分工科教师投入了远超平均水平的培训资源。

表 11.5　　　　　教师发展中心组织工科教师培训的
频度在各类别的差异分析（%）

特征	类别	低频	中频	高频	超高频
学校类型	教育部直属	42.2	6.9	5.9	8.6
	其他部委所属	41.3	10.4	5.9	4.7
	地方	46.4	8.4	7.1	5.1
	民办	46.3	2.4	6.1	3.7

续表

特征	类别	低频	中频	高频	超高频
学校所在地区	东北	44.8	5.2	4.4	4.4
	华东	38.3	9.9	6.3	5.3
	华南	41.8	9.2	6.0	7.6
	华中	46.1	6.7	9.2	6.7
	华北	47.5	10.5	6.0	7.0
	西部十省	47.6	4.9	4.9	7.8

（5）小结。

综上所述，关于培训的组织方面，部分高校主要存在以下需要改进的问题：对工科教师必须参加培训的制度和政策，要么需要进一步制定和加强，要么需要进一步宣传和推广；部分高校的教师教学发展中心"存在感"还有待进一步提升；部分高校针对工科教师培训的频度，处于平均每年3次及以下的低频占比仍然非常高，这个现状对工科教师能力的持续提升和发展是不利的。

11.4 培训效果

（1）总体情况。

教师培训的目的在于提升教师的能力，本部分将关注教师培训对工科教师教学能力、科研能力、国际化能力提升的帮助，以了解当前工科教师培训是否达到了预期的效果。

通过问卷调查结果发现，72.1%的行政人员认为培训有助于提升工科教师的教学能力，在所有有助于提升教学能力的途径中，选择人数比例最高；认为培训有助于提升工科教师的科研能力的占比为56.2%，在提升科研能力的途径中，选择人数比例排名第三。然而，只有47.5%的工科教师选择了通过培训来提升自己的教学能力，低于选择科研活动和工程实践活动的人数比例；仅37.0%的工科教师认为培训能够提升自己的科研能力，选择人数比例仅排第五。

综上，在针对工科教师教学能力和科研能力提升方面，相对于行政人员，无论是从人数比例的数值还是相对其他途径的人数比例排名来看，工科教师对培训效果的认同度更低，表明了工科教师培训效果需要进一步提升。

（2）交叉分析。

我们把对教学能力、科研能力培训的效果与工科教师的年龄段、最高学位、职称、学校类型和学校所在地区进行交叉分析，详见表 11.6。

1）对教学能力培训效果的分析。

进一步分析发现当前的培训对不同类别的工科教师教学能力提升效果的差异较大。

从年龄段看，36～45 岁工科教师培训中关于教学能力提升的内容最多，且过去工科教师培训更加专注于对教育教学能力的提升，同时年龄越大，选择通过培训来提升教学能力的人数比例越高，有 52.2％的年龄≥46岁工科教师选择了培训，比年龄≤35 岁工科教师选择人数比例多了 5.9 个百分点。因此，究竟是由于更多的 36 岁及以上工科教师选择通过培训来提升教学能力，从而导致了针对这部分年龄段工科教师培训时教学能力提升方面培训内容的增加，还是由于培训主要针对教学能力提升且富有成效，从而使得更多年龄≥36 岁工科教师选择了通过培训来提升教学能力，还需更多深入地分析。

结合前文分析结果，当前参加培训的工科教师群体主要为中青年工科教师，而年龄≤35 岁的工科教师对培训的认可率是最低的，这似乎进一步表明了当前工科教师培训的效果有待进一步提升。

从最高学位看，相对于拥有博士和学士学位的工科教师，硕士学位的工科教师明显不认为教师培训对自己的教学能力提升有帮助，仅有 37.9％的硕士学位工科教师认同培训效果，比最高的博士学位工科教师低了 15.8个百分点。

从职称看，副高职称的工科教师选择教师培训来提升教学能力的人数比例为 39.9％，明显低于同特征下其他类别的工科教师，与正高和初级职称工科教师的差距更是高达 16.9 个百分点。这个差距与学位特征下的相似，这可能与有不少的硕士学位工科教师的职称不是正高有关。

从学校类型看，教育部直属高校的工科教师明显更希望通过培训来提升教学能力，选择该项的人数比例为 59.1％，这一比例尽管不是很高，还有较大的提升空间，但比其他部委所属高校工科教师的还是高了 22.3 个百分点，差距不可谓不大。第一批教师教学发展示范中心中，教育部直属高校有 25 个，占了全国 30 个的 83.3％。这一方面说明这些中心在教师培训方面做了扎实的工作，另一方面也说明了当初建设教师教学发展示范中心的初衷得以有力地落实。同样，这也有可能与我国近年来一直强调要实现高等教育的内涵式发展、提高人才培养质量的要求正逐渐得以落地有关。

从学校所处地区来看，东北地区的工科教师选择培训提升教学能力的人数比例最高，近六成，比最低的华南地区的多了 0.71 倍；西部十省的选择人数比例也超过半数，排名第二；华南地区是唯一占比未达四成的，说明了当前工科教师教学能力提升培训效果的地区差异非常明显。

2）对科研能力培训效果的分析。

与教学能力培训类似，关于科研能力的培训效果还需进一步提升的同时，当前的培训对不同类别的工科教师科研能力提升效果的差异较大。

从年龄段看，40.2％的选择人数比例说明了年龄≤35 岁的工科教师比其他年龄段的工科教师更认可培训对科研能力的提升，这有可能与教师培训内容的逐年丰富以及培训更主要针对新入职教师有关。

在同特征下，学士学位的工科教师和低级职称的工科教师都比其他类别的工科教师更希望通过培训来提升自己的科研能力，表明对于科研基础能力较弱的工科教师而言，相比其他途径，实施具有计划性、针对性的教师培训将更能提升这部分工科教师的科研能力。

而对于具有一定科研能力但又不能满足自身发展需求的副高职称工科教师来说，当前的培训方式或培训内容显然难以让这部分工科教师满意，他们中仅有 31.2％的工科教师认为培训对其科研能力的提升有帮助，为同特征下最低。

从学校类型上看，除了其教师发展中心发展相对较完善以外，长期的科研优势使得教育部直属高校相比其他类型高校在培训中能利用的资源更多，从而使得教育部直属高校的工科教师选择通过培训提升自己科研能力的人数比例最高，比最低的地方高校的多了 12.8 个百分点。

从学校所处地区来看，和教学能力培训一样，东北地区的工科教师更认可教师培训对科研能力提升的帮助，比最少的华北地区的多了 14.2 个百分点，华北地区也是唯一占比未达三成的，说明了相对于其他地区，东北地区高校对科研能力的培训工作为更多的工科教师认可。

结合前面培训内容的结果来看，正因为准确把握了年龄≤35 岁的工科教师职业发展规律，加大了对其科研能力的培训力度，所以年龄≤35 岁的工科教师更认可培训对科研能力提升的帮助；同样，教育部直属高校的培训内容更加贴合其办学定位以及工科教师特点，注重对工科教师的教学能力培训，因此教育部直属高校的工科教师对教学能力培训的效果更加认可；若从硕士学位工科教师、副高职称工科教师以及其他部委所属高校的工科教师和华南地区工科教师的教学能力、科研能力的培训效果和培训力度看，不难发现，只有对相应能力培训达到一定强度，才能保障其培训效果。

结合表 11.5 和表 11.6 可知，在排除了选择"学校没有教师发展中心""教师发展中心没有组织过类似培训""不清楚教师发展中心组织过类似培训"的工科教师后得知：在同一特征下，虽然其他部委所属高校工科教师选择"低频"的占比最少，而且选择"中频"的最多，但是其工科教师认为培训有助于教学能力和科研能力提升的人数比例分别仅为 36.8% 和 32.3%，比排第一的分别低了 22.3 和 12.3 个百分点，分别位列倒数第一、第二，表明该类型高校工科教师培训的效果需加强，同样的问题也出现在了华北地区高校中。相反，东北地区工科教师虽然选择"低频"的占比位列倒数第三，而且选择"中频"及以上的最少（相对于最多的少了近七成），但其工科教师认为培训对自身教学能力、科研能力提升有帮助的人数比例分别为 59.9%、42.9%，均为最高。这究竟是说明了当前部分高校的培训效果不好，即参加培训越多，越不认可对其教学能力和科研能力的提升，还是其他原因，尚需进一步研究。

3）对国际视野和国际化能力培训的效果分析。

只有 24% 的工科教师参加过国际化的相关培训，行政人员中只有 32.9% 的人在题"贵校有哪些国际化项目"中选择了国际化的相关培训，选择培训的工科教师和行政人员的人数比例在所有选项中均只列第五。随着国际化交流活动成为高等教育的第五大职能，这要求工科教师具备一定的国际视野和国际化能力，不难看出，当前高校针对工科教师的培训中，还较少关注工科教师国际视野和国际化能力的提升，难以体现工科教师国际化能力培训效果。

另外结合表 5.5 的交叉分析还可发现：年龄≤35 岁的工科教师参加国际化相关培训的人数比例最高，达 34.1%，说明了青年工科教师们比较注重参加相关的培训以助力于其国际视野和国际化能力的提升；教育部直属高校的工科教师中有 35.9% 的教师选择国际化相关培训，这一比例高于其他类型高校；由于区域经济发展原因，华东地区高校的国际化培训开展情况要好于其他地区高校，可能是由于工科教师们认为相关培训对其能力提升有帮助、有效果，所以有高达 40.3% 的华东地区工科教师选择了这一选项，远高于均值 9.88 个百分点。

(3) 小结。

综上所述，在当前工科教师培训总体效果需进一步提升，对国际化能力培训明显不足，且针对不同特征不同类别工科教师教学、科研能力培训效果差异明显的情况下，如何在保障工科教师培训频度的基础上，能够增加培训的针对性、有效性，是当前各高校及教师发展中心应该关注的重要问题。

表 11.6 工科教师教学能力、科研能力培训效果在各类别的差异分析（%）

特征	类别	教学能力	科研能力
年龄段	≤35	46.3	40.2
	36~45	48.5	30.5
	≥46	52.2	33.5
最高学位	博士	53.7	33.4
	硕士	37.9	35.0
	学士	52.8	48.1
职称	正高	56.8	41.4
	副高	39.9	31.2
	中级	50.1	38.6
	初级	56.8	52.5
学校类型	教育部直属	59.1	44.6
	其他部委所属	36.8	32.3
	地方	46.2	31.8
	民办	41.8	40.8
学校所在地区	东北	59.9	42.9
	华东	43.7	40.7
	华南	35.1	32.2
	华中	46.2	35.6
	华北	49.6	28.7
	西部十省	50.4	35.3

11.5 参训情况和参训意愿

(1) 总体情况。

有 68.4% 的工科教师同意或非常同意培训能够激发其保持继续从事本

职工作的热情，进一步表明了参加工科教师培训能够激发工科教师创造活力，更有助于工科教师专业发展，从而提升工程教育质量。

但是，有 17.4% 的工科教师未参加过工科教师培训，这不仅不利于工科教师的专业发展，而且容易使整个工科教师队伍成为"一潭死水"，难以保持生机活力。进一步分析也发现，在未参加过培训的 292 名工科教师里，有高达 33.6% 的工科教师并不希望参加工科教师培训，反映了部分工科教师出现了一定的职业倦怠，与前文分析结果显示的工科教师参训积极性较高相比，说明了工科教师队伍中存在着参训主动性两极分化情况。如何在维持现有工科教师参训主动性同时，激发不愿参加培训以及未参加过培训的工科教师积极性，应成为当前工科教师培训的重点工作之一。

（2）交叉分析。

我们把工科教师参训情况和参训意愿与工科教师的年龄段、最高学位、职称、学校类型和学校所在地区进行交叉分析，详见表 11.7，结果显示：

1）从年龄段看。

年龄越低，其参训率越高。年龄≤35 岁的工科教师中未参加过培训的人数比例最低，最高的比其多了 1.7 倍，这体现了青年工科教师的职业发展特点和应有的活力热情，表明了我国针对工科教师的培训体系建设逐渐完善。

但是年龄≥46 岁工科教师的低参训率（未参加过培训的人数比率最高，为 34.8%）和高不愿参训率（11.2%，比最低的多了 1.24 倍）更应值得关注，在知识半衰期明显加快的新工业革命时代，不仅需要构建全员培训制度，还要通过完善的激励政策保持一批老教师的专业发展热情，消解职业倦怠。

2）从最高学位看。

学位越高的工科教师，其未参加过培训的人数比例越高，没参加过培训的博士学位工科教师比学士学位工科教师多了 8.3 个百分点，但参加培训的意愿在各学位之间的差距仅 0.4 个百分点，并未表现出明显的相关关系。

3）从职称看。

初级职称工科教师未参加过培训的人数比例只有 13.6%，比排名第一的副高职称工科教师低了 4.5 个百分点，而且他们不愿意参加培训的占比也最低，此即说明了初级职称工科教师是最愿意参加培训的。

6.8% 的正高职称工科教师不愿意参加培训，排名第一，似乎表明他们参加培训的积极性最低。这究竟是由于正高职称的工科教师未能正视培训的积极作用以及正确看待工科教师培训，还是其他原因，尚需进一步研究。

4）从学校类型看。

其他部委所属高校的工科教师不仅未参加过培训的人数比例最高，是这四类高校中占比唯一达两成的，而且其不愿参加培训的工科教师人数比例也最高，为 7.2%，这似乎说明其他部委所属高校的工科教师最不愿意参加工科教师培训，但原因究竟是要他们参加的培训内容不合适，还是时间冲突，或者其他原因，尚不得而知。

教育部直属高校工科教师尽管未参加过培训的占比排名第二，但他们不愿意参加培训的人数比例仅为排名第一的 60%，说明了教育部直属高校工科教师的参训积极性最高。

5）从学校所在地区看。

西部十省的工科教师未参加过培训的占比最高，但是其愿意参加培训的工科教师人数比例也为最高，反映出了西部十省的高校应该加强培训体系建设或者改进培训内容或其他相关政策，以满足工科教师的培训需求。华北地区也出现了相似的情况。

而华南和华中地区高校工科教师未参加过培训的人数比例排名垫底，但这两个地区的工科教师不愿意参加培训的占比却是排在前二的。这种高未参加过培训比例和高不愿意参加培训率反映了这两个地区工科教师的培训可能存在较多的问题。

(3) 小结。

总体上有近 18% 的工科教师未参加过培训，而在年龄段、最高学位、职称等不同特征的内部差距方面，除年龄段的最大最小相差 1.7 倍，为最明显以外，其他几个特征下差距最大的为 0.71 倍，差距最小的则为 0.27 倍，相对不太明显。

同样的特点也出现在了不愿参加培训的问题中，年龄段特征下的差距仍然高达 1.24 倍，而另外 4 个特征的差距最大的为 0.67 倍，最小的则仅 0.07 倍。

综上所述，年龄≥46 岁或某些地区工科教师的高未参加率和高不愿参加率，是当前需要重点关注的问题。

表 11.7　工科教师参训情况和参训意愿在各类别的差异分析（%）

特征	类别	未参加过培训	不愿参加培训
年龄段	≤35	12.9	5.3
	36～45	21.7	5.0
	≥46	34.8	11.2
最高学位	博士	21.1	6.0
	硕士	15.6	5.6
	学士	12.8	5.9
职称	正高	16.9	6.8
	副高	18.1	5.6
	中级	17.4	5.8
	初级	13.6	5.1
学校类型	教育部直属	16.4	4.3
	其他部委所属	20.0	7.2
	地方	15.8	6.2
	民办	16.3	6.1
学校所在地区	东北	19.9	6.1
	华东	16.0	5.7
	华南	12.8	6.2
	华中	13.1	6.9
	华北	22.5	5.0
	西部十省	22.6	4.5

11.6　对培训的激励与反馈情况

（1）总体情况。

　　教师培训和教师专业发展、继续教育三者紧密相关，教师培训和继续教育都是为了促进其专业发展，而培训又是教师专业发展、继续教育的重要形式之一。因此，对工科教师的专业发展情况和继续教育问题的激励与反馈情况能够间接反映出当前各方对工科教师培训的重视程度。

　　但是，在"您接收到的激励与反馈，频次最高的是"这道题中，选择"专业发展情况"的工科教师只有 25.9%，而选择了"继续教育问题"的则是低至 6.4%。行政卷中，在"据您所知，贵校对工科教师激励与反馈的内容，频次最高的是"这道题中，选择"专业发展情况"和"继续教育问题"的行政人员则分别仅有 19.8% 和 4.6%，比工科教师的人数比例还低。以上数据说明当前还有部分高校对工科教师培训的激励与反馈频率低的情况，这不仅将影响高校对工科教师培训的投入，而且会降低工科教师参加培训的积极性以及参加培训的效果，这似乎从另外一个层面印证了为何部分工科教师的培训效果不佳、工科教师参训意愿不强。

（2）交叉分析。

我们把工科教师接收到的专业发展情况、继续教育问题激励与反馈频率与工科教师的年龄段、最高学位、职称、学校类型和学校所在地区进行交叉分析，详见表11.8，结果表明：

1）从年龄段看。

由于国家要求完善青年人才评价激励措施，加强对中青年教师专业发展支持体系建设，培训项目也主要是针对中青年教师开展，所以虽然总体上对工科教师专业发展情况和继续教育问题激励与反馈频率仅为25.9%和6.4%，但无论是专业发展情况，还是继续教育问题，相对于年龄≥46岁的工科教师，45岁及以下的工科教师中选择"专业发展情况"和"继续教育问题"的人数比例都更高，尤其是年龄≤35岁工科教师选择"专业发展情况"的占比达到了30.0%。这说明虽然当前高校对工科教师培训激励与反馈频率低，但明显已开始逐步重视工科教师培训对于师资队伍建设以及教育教学质量提升的重要意义。

仅有3.7%的年龄≥46岁工科教师选择"继续教育问题"，比其他两个年龄段的均值低了近一倍。尽管相对于其他两个年龄段工科教师而言，年龄≥46岁工科教师专业成熟度更高，因而参加的培训、继续教育更少，但在创新驱动、快速迭代的时代背景下，对任何一名活跃在工程教育、工程研究一线的工科教师来说，终身学习对支撑高等工程教育强国建设、创新驱动发展战略等一系列国家战略都具有重大意义。

2）从最高学位看。

同样，由于人们会主观上认为学历较低的工科教师比高学历的工科教师能力基础稍显薄弱，在专业发展过程中的障碍会更多，所以学历越高，其接收到的关于专业发展和继续教育问题的激励与反馈频率就越低。在"专业发展情况"选择人数比例上，博士学位的最低，学士学位的最高，且比博士学位多了8.6个百分点；在"继续教育问题"选择人数比例上，仍然是博士学位最低，仅为5.0%，学士学位的最高，比博士学位的多了近0.8倍。不过10.2节中博士学位工科教师在科研进展方面获得的激励与反馈比学士学位的多了 17 个百分点，或许是造成这个现象的原因，这似乎就说明了高校比较注重让高学位的工科教师多关注科研。

然而，学位高低更多的是一种对过去经历丰富与否的评估方式，不具备对工科教师当下以及今后从事工程教育教学和研究胜任力以及专业发展实际情况解释力。因此，高校对工科教师专业发展和继续教育进行激励与反馈的原则应是在保证实事求是、以能力为导向以及有针对性的前提下，有足够的灵活性。

3）从职称看。

虽然相比于高级职称的工科教师，中低级职称工科教师在接收到的关于专业发展和继续教育的激励与反馈频率上并未表现出明显不同，但是仅从正高职称工科教师选择"专业发展情况"和"继续教育问题"的人数比例来看，仍然可以发现一些问题。

从表 11.8 可知，由于高级职称工科教师专业发展成熟度更高，所以22.7％的正高职称工科教师选择了"专业发展情况"，在所有类别中排名最低；但是 22.7％的数值和其他职称工科教师数值相比差距并不大，比职称最低的初级职称的只少了 2.7 个百分点，而比排名第一的中级职称的也仅少了 4.4 个百分点；而且排名第二的副高职称的占比也只比排名第一的中级职称的占比少了 0.8 个百分点，表明了高校并未因为其专业发展成熟度更高就完全忽视对高级职称工科教师专业发展持续改进的关注度。

以上似乎体现了当前对高级职称工科教师专业发展的激励与反馈工作做到了重点和整体的平衡。但是正高职称工科教师在"继续教育问题"一列 7.9％的数值却是比其他职称工科教师选择"继续教育问题"的人数比例都高。而此时副高职称却排名垫底，比正高职称少了近一半的选择人数比例。这足以表明当前高校缺少对工科教师专业发展、继续教育激励与反馈的相关制度，在对工科教师进行相关激励与反馈的过程中缺乏科学合理的标准和原则，即并未结合不同职称工科教师特点做到重点和整体的平衡。

4）从学校类型看。

四种类型高校选择"专业发展情况"的人数比例整体都不高，最高的和最低的二者的极差也只有 3.7％。但在继续教育问题的激励与反馈频率上，可以看到民办高校的工科教师选择该选项的人数比例明显偏低，仅为

4.1%，比排名第一的地方高校少了 42%。作为高等教育经济发展观的直接产物，民办高校做到了以最快的速度、最灵活的形式兴办大批不同规格和层次的专业，培养大量社会转型发展所急需的人才。然而，提高对民办工科教师专业发展、继续教育激励与反馈频率，加大对民办高校工科教师培训力度，则是提升我国民办高校办学质量的必要条件。

5）从学校所在地区看。

华东地区的工科教师接收到的关于专业发展情况的激励与反馈频率最高，其关于继续教育问题的激励与反馈频率也排名第二，侧面表明华东地区的高校较重视工科教师培训。与之相对的是，东北地区高校工科教师选择"专业发展情况"以及"继续教育问题"的人数比例，分别排在所有地区中的倒数第一和倒数第二，说明了东北地区高校对工科教师培训的激励与反馈频率低，对该工作的重视程度有待提升。

（3）小结。

无论是最高学位、职称、年龄段还是其他背景特征，都只是一种浅层的信息传达标记，并不能代表工科教师深层的、真实的"画像"。高校对工科教师专业发展和继续教育进行激励与反馈时，应该遵循数据、信息、知识和智慧的 DIKW 模型，即能够在广泛收集工科教师发展相关数据基础上，结合其背景信息通过分析，最终将其转化为管理知识，进而促进工科教师智慧的提升。

高校对工科教师专业发展、继续教育情况激励与反馈频率低，尤其是对于年龄大于 35 岁、学位和职称较高以及民办高校的工科教师更是如此，同时各个地区之间对工科教师培训激励与反馈力度也存在着较大差异，即使是在同特征下选择"专业发展情况"和"继续教育问题"人数比例最高的类别，其数值依然不能满足相关政策理念对加强工科教师培训以及激励与反馈的要求。因此，对工科教师培训的激励与反馈频率还需进一步加强。

表 11.8　　工科教师接收到的专业发展情况、继续教育问题的
激励与反馈频率在各类别的差异分析（%）

特征	类别	专业发展情况	继续教育问题
年龄段	≤35	30.0	6.7
	36~45	19.5	6.8
	≥46	16.8	3.7

续表

特征	类别	专业发展情况	继续教育问题
最高学位	博士	21.4	5.0
	硕士	28.6	6.7
	学士	30.0	8.9
职称	正高	22.7	7.9
	副高	26.3	5.5
	中级	27.1	6.8
	初级	25.4	6.8
学校类型	教育部直属	25.9	6.5
	其他部委所属	27.4	6.2
	地方	23.9	7.1
	民办	27.6	4.1
学校所在地区	东北	22.1	5.4
	华东	31.2	7.3
	华南	26.1	8.1
	华中	25.1	4.7
	华北	22.9	6.6
	西部十省	22.6	6.0

11.7　资助体系

(1) 总体情况。

由前文可知，大多数高校的工科教师培训主要针对年龄小于 35 岁或入职时间不到 5 年的工科教师，而这一部分青年教师往往由于家庭、收入等关系需要承担沉重的经济负担，若是学校缺少完善的工科教师培训资助体系，会使得部分愿意多参加培训的青年工科教师心有余而力不足。

但调查结果显示，仅有 61.5% 的行政人员认为学校有完善的工科教师培训资助体系，也只有 66.1% 的工科教师认为学校有教师培训资助政策。虽然有 53.7% 的行政人员认为教师不用承担培训费用，但却只有 25.1% 的工科教师选择了"不用承担培训费用"这个选项，41.4% 的工科教师还是承担了 1%～30% 的培训费用，承担了 30%～50% 培训费用的为 12.2%。这可能是学校相关政策信息披露程度不够，另外还有 17.4% 的工科教师未参加过培训，使得参加问卷调查的工科教师不清楚学校有工科教师培训资助体系等，也可能是学校对工科教师培训的财力投入不够，或者是缺少必要的培训资助政策支持，导致工科教师培训资助体系建设不完善，使得政策落实不到位。

（2）交叉分析。

我们把资助体系与工科教师的学校类型和学校所在地区进行交叉分析，详见表11.9，结果表明：

1）从学校类型看。

四种类型的高校拥有教师资助政策比例差距不大，教育部直属高校的工科教师中，有近七成的人认为学校有教师培训资助政策，其人数比例最高，但比最低的民办高校的只多了7.5个百分点；但教育部直属高校的工科教师选择"教师参加培训承担的费用比例为1%~30%"的占比较其他类型学校也是最高的，比最低的多了12.2个百分点。

其他部委所属高校的工科教师选择"教师不用承担培训费用"的人数比例高达53.7%，而其他三类高校的平均值仅为25.7%，差距非常显著；同时，该类型高校的工科教师承担1%~30%的培训费用的占比也低于其他类型高校，综合来看，在承担培训费用方面，其他部委所属高校在减轻教师负担方面是做得最好的。

2）从学校所在地区看。

东北和华东地区的高校有教师培训资助政策的比例更高，均超过了70.0%，而华南地区的高校则最低，最高的比最低的多了11.6个百分点。

尽管不同地区高校工科教师不用承担培训费用的占比都不高，均低于35%，但不用承担任何培训费用人数比例最高的华南地区比最低的华北地区多了1.46倍，也比该特征下其他五个地区的均值多了0.84倍。尽管华南地区工科教师承担1%~30%的培训费用的占比为所有地区中最低，但由于该地区工科教师不用承担费用的占比最高，因而该地区对工科教师的资助是做得很好的（不用承担费用和承担1%~30%的费用的占比之和近3/4）。

（3）小结。

值得注意的是，结合前文工科教师培训效果的分析结果，工科教师中选择"教师不用承担培训费用"的人数比例越高，其对教学能力、科研能力的培训效果越不认可。

虽然其他部委所属高校的工科教师或华南地区的工科教师中，不用承担培训费用的人数比例都是同一特征下最高的，可以看出相关高校对工科教师培训的投入最多，但是在工科教师培训效果分析中，其认可培训对于教学能力、科研能力有帮助的人数比例却是较低的。

这进一步表明，由于缺乏相应完善的工科教师培训资助政策以及培训资助体系建设的不完善，仅仅依靠资源依赖，而不从结构（即培训体制机制、内容、方式等）方面进行调整，将难以保障资源边际效益递增以及工科教师培训效果的提升。

因此，如何从"投入—过程—产出"的角度提高工科教师培训绩效，是摆在工科教师培训资助体系改革面前的首要难题。

表 11.9　　　　工科教师培训资助政策及承担培训费用情况在各类别的差异分析（%）

特征	类别	有教师培训资助政策	教师不用承担培训费用	教师参加培训承担的费用比例为 1%～30%
学校类型	教育部直属	69.7	25.1	41.4
	其他部委所属	62.6	53.7	29.2
	地方	66.5	27.8	38.4
	民办	62.2	24.2	40.9
学校所在地区	东北	70.8	24.1	42.1
	华东	70.0	18.4	59.2
	华南	59.2	34.9	39.1
	华中	62.9	17.6	47.6
	华北	64.0	14.2	51.2
	西部十省	62.4	20.7	42.9

11.8　培训工作的改进

既然我国高校教师培训工作的系统性和科学性有待提升，而且前文分析也表明当前工科教师的培训工作也需要进一步改进和加强，那么当前工科教师都希望从哪些方面来改进工科教师培训呢？

（1）总体情况。

在工科教师卷"您认为工科教师培训工作最应该在哪些方面加以改进"的调查中，由表 11.10 可知，当前的培训方式是高校工科教师认为最应该改进的方面，排序最高，培训内容和培训体制机制分别排在第二、第三位，说明对这三个方面的改善尤为重要。而对于培训考核，以及是否要建立培训问责体系和提高培训资助比例，其占比不算高，后两者的占比更是在五分之一附近徘徊，排序也依次递减，可能是这三个方面当前的安排还比较合理，也可能是前面几个方面当前的问题太突出，现在还没有到解决这些问题的时候。

但是结合 11.7 节可以看到，当前工科教师培训资助体系还远未健全，工科教师仍需承担较多的培训成本。至少从培训资助上看，当前选择"提高培训资助比例"的人数比例最低（除"其他"外），并不是因为其安排比较合理，而是和工科教师培训存在的其他问题相比，关于工科教师培训资助比例的问题还不是工科教师当前关注较多的方面，足以表明工科教师培训在方式、内容和体制机制等方面存在问题的严重性。同时也显示出当前工科教师培训存在的问题更多地体现在结构上，而不是资源投入方面，而结构的完善离不开政策制度的引导支持，工科教师培训资助体系建设的不完善也是结构问题的具体体现之一。

表 11.10   工科教师培训工作最应该在哪些方面加以改进（%）

	培训体制机制	培训方式	培训时间	培训内容	培训考核	培训问责体系	提高培训资助比例	其他
工科教师	37.5	51.1	36.6	47.7	32.4	21.0	17.8	5.2
排序	3	1	4	2	5	6	7	8

工科教师是培训的主体，只有充分尊重并尽可能满足参训工科教师的需求，工科教师参加培训的积极性才能得到最大程度的释放，效果才会得以进一步的提升，也才能实现培训的预期目的。

(2) 交叉分析。

我们把工科教师认为培训工作应该改进的几个方面与工科教师的年龄段、最高学位、职称、学校类型和学校所在地区进行交叉分析，详见表11.11，结果表明：

1）从年龄段看。

选择"培训方式"和"培训内容"的人数比例在各个年龄段的占比均为第一、第二，且呈现出随着年龄增大占比增多的态势，尤其是"培训方式"的选择人数比例。这可能与当前培训方式的设计和培训内容的组织更符合青年工科教师有关，也可能是当前的形式和内容更新速度不够快或幅度不够多，年龄越大由于之前参加类似的培训多了而不喜欢，也可能是当前的形式和内容较新，年龄大的工科教师对新的形式或内容的适应性需要进一步加强。

由于当前工科教师主要是针对刚入职的青年教师，且由前文分析结果可知，年龄≤35 岁工科教师参训意愿较强，而且选择"培训体制机制"的人数比例也低于另外两个年龄段的，这可能与当前工科教师培训体制机制较好地适应了该年龄段工科教师职业发展的需求有关。

年龄≤35 岁工科教师选择"培训时间"和"培训考核"的占比比其他年龄段的都大，可能这两个方面也确实需要改进。而年龄≤35 岁工科教师选择"提高培训资助比例"的占比较其他年龄段都要低，仅 15.5%，这可能是培训方式、内容、时间和考核等方面的问题对于他们来说更加突出，以至于现在还没到改进这个问题的时候，或是他们可能认为这个问题当前还没有那么严重。

2）从最高学位看。

"培训方式""培训内容"和"培训体制机制"是博士学位工科教师选择最多的，且前面两项的占比均超过 50%，也是三个学位工科教师中选择的人数比例最高的。结合表 11.1 的分析结果以及前一段分析，正是由于在博士学位工科教师参加的培训中，较少培训关于科研、工程实践、外语以及工程伦理价值观等内容，因而其更希望改进培训内容；不过这也有可能是他们参加了很多关于教学能力方面的培训，但他们觉得并没达到应有的目的，因而认为需要改进培训内容，毕竟他们选择参加教学能力培训的比例也将近 50%。

硕士学位工科教师在"培训时间"和"培训考核"上选择的人数比例比其他学位的都要高，这可能与他们想进一步提升学位，或是要花更多的时间用于教学、科研能力的提升以促进自己的发展有关。

"提高培训资助的比例"在各个学位段的占比均未超过五分之一，不过学位越高，越希望提高资助比例。这可能与他们参加的培训较多有关。

3）从职称看。

正高职称工科教师选择"培训方式"和"培训内容"的人数比例均超过了 54%，在所有类别中均为最高，再一次表明当前工科教师培训方式和内容就不同工科教师的特点针对性不够的问题。结合表 11.1 的结果可知，正高职称工科教师接受培训内容中，关于科研能力和工程实践能力的内容较少，这说明了他们可能希望在培训内容中增加科研能力或工程实践能力提升的内容，也有可能是希望更新自己参加得多的培训的相关内容。

在"培训体制机制"的选择人数比例上，正高职称的最多，而副高职称的最低，两者的差值达 12.9%，"培训方式"的选择比例上也是正高职称的最多而副高职称的最低，但在"培训考核"上则是正高职称最低，副高职称和初级职称并列第一。在这三个问题上，中级职称除了在"提高培训资助比例"上占比排名最低外，其他五个问题均居中。初级职称的问题相对集中，除了"培训考核"并列第一外，在"培训时间"上排名也是第一，而在"培训内容"上排名最后，与排名第一的差距也达 10.8 个百分点。

4）从学校类型看。

47.9% 的教育部直属高校的工科教师希望改进工科教师培训体制机制，人数比例远多于其他类型高校。教育部直属高校的其他问题也很集中，选择"培训方式"和"培训内容"的人数比例也排名第一，而在"培训考核"上排名最低。从前文分析结果可知，由于大多数工科教师培训积极性较高，而教育部直属高校教师发展中心组织工科教师培训的频度在所有类型高校中最低，"供求失衡"可能是导致此结果出现的原因之一。

不同于总体上选择"培训方式""培训内容""培训体制机制"的人数比例分列前三，其他部委所属高校和地方高校工科教师选择"培训时间"的人数比例比选择"培训体制机制"的分别多了 6.1 和 8.1 个百分点。民办高校工科教师则是选择"培训内容""培训方式""培训考核"的人数比例分列前三。

对于"提高培训资助比例"的选择人数比例，各类型学校之间的差异比较大，民办高校的比其他三类学校的都多，其比最少的地方高校多了将近一半。

5）从学校所在地区看。

与其他地区相比，华南地区高校在培训体制机制、培训方式、培训内容和提高培训资助比例等四个方面选择的人数比例最低，其与最高的差距小的也有 10.1 个百分点，差距大的更达 20.7 个百分点；但在培训时间和培训考核这两个方面，选择的人数比例却是最高的，比最低的分别多了 15.2 和 13.7 个百分点，呈现出"冰火两重天"的态势。

华北地区除"培训时间"选择的人数比例最低外，其他五个方面均居中,而华东和华中地区更是在六个方面全部无极值出现,表现不温不火。

东北地区高校占比近三分之二的工科教师认为最应该改进的是培训方式,其次是培训内容,再次是培训的体制机制,占比也接近一半,且都比其他地区高出不少。

而西部十省高校的工科教师认为培训内容最应该改进,人数比例高于其他地区;而且可能由于整体经济实力偏弱,他们对于"提高培训资助比例"的选择人数比例也位居同特征下的榜首。

(3) 小结。

总体上看,对工科教师培训的改进主要是先做好培训方式、培训内容、培训体制机制等三方面的工作,这是大多数工科教师均认为最需要改进的方面,说明这三方面当前存在的问题更为严重和紧急。

从交叉分析发现,对于特定类别工科教师而言,培训时间、培训考核等问题同样比较突出,表明了工科教师培训存在的问题既比较集中,又根据工科教师自身、学校的类型及其所处的地区等情况的不同而呈现出不同的表现特征,问题较为分散。

工科教师培训作为一个系统,具有整体性、复杂性、相关性等特征,在某一个环节做得够好,并不能使工科教师培训的效果就能达到预期目的,各高校在开展工科教师培训改革的过程中,一定要在加强顶层设计的前提下,充分听取利益相关者的意见,综合施策。

表 11.11　　　　工科教师培训最应该从哪方面
改进在各类别的差异分析(%)

特征	类别	培训体制机制	培训方式	培训时间	培训内容	培训考核	提高培训资助比例
年龄段	≤35	35.5	48.7	40.7	43.9	34.2	15.5
	36~45	40.4	52.6	31.6	54.2	28.7	22.1
	≥46	42.9	62.7	23.6	54.0	31.1	20.5
最高学位	博士	43.0	57.4	32.3	53.0	29.0	19.9
	硕士	30.2	44.6	42.0	41.8	35.3	16.6
	学士	40.1	50.4	35.3	47.8	34.1	15.7
职称	正高	46.4	54.3	35.3	54.0	26.6	21.9
	副高	33.5	49.3	37.5	47.7	33.9	16.7
	中级	36.5	51.6	35.9	45.5	33.2	16.4
	初级	44.9	51.7	38.1	43.2	33.9	21.2

续表

特征	类别	培训体制机制	培训方式	培训时间	培训内容	培训考核	提高培训资助比例
学校类型	教育部直属	47.9	53.7	33.4	50.6	31.7	18.9
	其他部委所属	32.6	50.9	38.7	44.3	30.4	18.1
	地方	31.2	50.6	39.3	47.4	35.0	15.0
	民办	31.6	38.8	31.6	49.0	35.7	22.4
学校所在地区	东北	46.5	61.9	35.3	53.5	22.8	17.6
	华东	37.2	46.8	39.1	44.1	34.6	16.0
	华南	23.7	41.2	45.0	40.3	36.5	14.7
	华中	34.2	50.2	36.7	43.6	36.0	17.8
	华北	41.1	55.4	29.8	53.1	33.3	20.2
	西部十省	39.1	51.1	30.1	56.4	31.6	24.8

需指明的是，本书以自我报告的形式进行问卷调查，虽然数据反映了填写问卷的老师们当时真实的认知和行为结果，但其客观性、可比性受限，这是本研究设计的不足之处。

第四篇

对策和建议

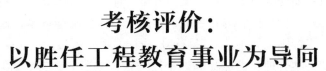

第 12 章

考核评价：
以胜任工程教育事业为导向

12.1 **合理使用"牛鼻子"，充分发挥考核评价的导向作用**

根据资源依赖理论，资源是高校这一组织能够得以存在和发展的基础。作为最重要的资源之一，高校收入为高校的发展提供了坚实的物质支撑。由于资源总量不足，在过去的几十年，我国对教育的投入不是太多，占 GDP 的比例直到 2012 年才首次突破 4%，其中分到高等教育领域的占比就更低，这就造成长期以来都是"僧多粥少"的局面。并且，我国绝大多数高校均为公办，高等教育市场化发展不健全不充分，社会捐赠、校友筹款等渠道的通畅程度不够，高校的收入主要依赖财政拨款。因而高校收入便是引导高校发展以及引领其发展方向、影响其发展重点的"牛鼻子"。

我国早已成为世界第二大经济体，尽管受到了新冠肺炎疫情的冲击，但中国的 GDP 总量在 2020 年仍然成功突破了 100 万亿元。近年来，我国也持续加大对教育的投入，2019 年全国教育经费总投入首次突破 5 万亿元大关，2020 年更是达到了 5.3 万亿元，增长幅度达 5.65%，比 GDP 的增幅还高了近 1.5 倍。然而，我国 2020 年对高等教育的投入不到 1.4 万亿元，增长幅度比全国教育经费总投入的增幅低了 1.66 个百分点；而 2020 年我国高等教育毛入学率达到了 54.4%，比 2019 年增加了近 3 个百分点，而且 2020 年全国普通高等学校生均教育经费总支出为 37 241 元，比上年下降 3.78%。也就是说，对高校的经费投入，仍然存在"僧多粥少"的现象。这无疑又强化了资源这个"牛鼻子"的作用。

中国高等教育整体已进入世界第一方阵，随着我国高等教育进入普及化阶段，就需要建成更加合理、类型齐全、体系完备的高等教育体系，也需要建成形式更加多样、内容更加丰富的考核评价指标体系，而继续过于倚重科研的指标则无异于是对考核评价指标的"异化"。

随着新公共管理、锦标赛等理论渗透进高等教育领域，在强调竞争、问责的理念下，考核评价便与资源挂钩，考核评价便以载体或外显的方式，对高等教育发展发挥着全面的导向作用。

在我国高等教育逐渐走向社会中心、市场深处，学生、教师、企业、政府均成为高等教育利益相关者的条件和背景下，需要从源头上、从资源配置方式的改革出发，只有在合理使用资源这一"牛鼻子"的前提下，才能有效改革考核评价以充分发挥其导向作用，才能建设满足新时代需求的工科教师队伍和多样化的工程教育体系。

（1）改革高校考核评价，建设多样化工程教育体系。

"唯论文、唯项目、唯帽子、唯奖项、唯牌子、唯学位点"的高校考核评价导向，导致了我国高校类型结构相对单一，形成了研究型高校优于应用型高校、应用型高校高于职业技能型高校的"金字塔"，即由于研究型高校凭借其科研优势，赢得了政府的大量资源，依靠资源驱动，使得研究型大学取得了先发优势，进而又能吸引更多的高水平人才，而这些高水平人才在科研为主的导向下产出更多的项目、论文，争取更多的奖励、帽子，这就使得其他高校也竞相效之。如，在教师招聘方面，一些应用型高校非"双一流"高校不进、非"海归"不给编制的现象被报道得越来越多；长江学者、杰青，甚至院士的引进任务也已不再是研究型高校的"专属"；也有越来越多的技能型高校明确表示非博士不招、非名校博士毕业不给编制；"非升即走"已不再是研究型高校的"专属"教师招聘政策；对于那些近年来要上职称的教师，不论是新入职的，还是"老队员"，青基、面上已成硬性规定，SCI 也是必备要求。所有这些无疑又在高等教育内、外强化了"唯论文、唯项目、唯帽子、唯奖项、唯牌子、唯学位点"的高校考核评价导向。破除这一恶性循环的关键便是资源这一"牛鼻子"，而在所有资源中，经费的重要程度始终是排名第一的。为此，我们建议：

1）政府资源配置要适当增加教育教学、社会服务方面的内容和权重。

经过二十余年的发展，我国公立大学收入虽已摆脱由财政拨款独挑大梁的情形，却陷入了以政府和学生及其家庭为来源主体的二元化困境，大学常年处于资源依赖的被动地位，收入来源多元化进程任重而道远（我国绝大多数高校收入来源中拨款收入占比均超过了六成，如 2018 年广东某高校预算总收入为 49.37 亿元，但财政拨款金额就达到了 42 亿元，拨款收入占比高达 85.07%，而美国公立大学 2017 年政府拨款收入占比为 7.59%，私立大学仅为 0.11%）。简言之，当前我国高校发展依然依赖政府的资金供给，政府的拨款对于高校有着极大的引导性作用。一旦政府的政策目标不够丰富或实施的考核评价也比较单一，极易使得高校办学产生"唯"的导向。

政府在资源配置的时候不能以有无"帽子人才"或有多少"帽子人才"为依据，除了以科研的成果或排行等为依据外，还要适当增加教育教学、社会服务方面的内容和权重。我们欣喜地看到，科技部、教育部、工程院等国家部委及学术机构明文规定要"破五唯"，职称、评奖不能"SCI 至上"，不能滥用人才帽子，也不能过度强化"帽子人才"的"帽子效应"等等，这些都对引导高校"以本为本"有着举足轻重的作用。我们相信在不久的将来，我国高校现存的不良导向将得到极大扭转。

要让好的政策更快落地，我们建议要充分利用现代信息技术，实现人工智能、区块链、大数据、云计算等与教育教学、人才培养、社会服务的融合，增强教育质量、育人成效、社会服务效益的可评估性。根据高校研究型、应用型、技能型的不同定位，对教学、科研、社会服务等职能赋予不同的权重，不同类型的高校在各自的赛道角逐，并根据各自的贡献对不同类型高校给予相当的资源配置，以鼓励不同定位的高校在各自赛道提高质量、办出特色、提高水平。

政府对高等教育科研的投入主要是鼓励教师从事基础性、前沿性、开创性的研究，资源配置不能只是根据科研成果数量、经费数量等数字符号，更要与成果的经济价值、社会利益、育人成效等方面挂钩，经费投入改革还需要其他相关政策相配套，重视问责。

2）高校要拓宽经费收入渠道。

尽管 2020 年我国有 10 所高校预算收入超百亿元，但我国高校的科研事业收入、经营收入和捐赠收入体量仍然较小，这就导致了虽然《中华人民共和国高等教育法》赋予了我国高校法人地位，保障了高校的自主权，高校可通过其他途径筹措资金来支撑自身发展，但由于高校仍然依赖于政府的引导性经费投入，以致绝大多数高校都希望依靠科研、项目、学位点来获取政府的拨款，高校仍然遵循着过去的办学逻辑。因此，长远来看，只有高校拓宽资金收入渠道，形成政府、社会、企业、校友等多方收入来源，并且后三者有足够大的比重时，高校才能真正不再依赖政府的经费供给，也不必再仅仅按照政府的考核评价逻辑办学。

如，研究型高校仍然可以遵循政府考核评价的办学逻辑，充分利用自身高水平科研平台和人才聚集优势大力助力国家基础理论研究和国家科技重大创新项目发展建设，国家也应投入足够的经费以保证研究型高校开展这些研究；应用型高校主要从事社会发展和科技应用等方面的研究，其经费来源除了一定的国家投入外，更多的还是来自企业和社会的资金，使得应用型高校主要接收来自社会的考核评价；技能型高校主要是提高全民受教育程度，保证我国有更多的高素质劳动者，因而国家和企业的投入占主导，社会和校友捐赠为辅助。换言之，在经费收入渠道多样化方面，研究型高校以国家投入、校友捐赠、企业资助和社会来源为"四轮驱动"；应用型高校以国家投入、社会和企业资助三足鼎立，再辅以较大数量的校友捐助；技能型高校则以国家和企业为主，社会和校友捐助为辅。如此，高校之间各美其美、美美与共，在经费收入多样化后，便能实现"条条大路通罗马"，而不再过度依赖于政府以及科研导向的考核评价。

为了获得不同来源的不同资源，高校也必须提高相应的成果质量，如为了提升校友捐赠收入，各高校必须提升教学质量，更好地服务于学生的成长成才，使学生有更多获得感，更多的学生在成长成才之后方可更好地反哺"母校"。长此以往，我国高校在资源充足、来源丰富的前提下，便能够根据自身优势和愿景，结合需求和竞争，找准适合的发展道路，选择最佳的考核评价体系，"唯论文、唯项目、唯帽子、唯奖项、唯牌子、唯学位点"的高校考核评价便能够逐渐消解，多样化的工程教育体系也能慢慢建立。

（2）改革对高校、对教师的资源配置方式。

1）对高校的资源配置要紧靠发展定位。

以人才培养定位为基础，我国高等教育总体上可分为研究型、应用型和职业技能型三大类型。研究型高等学校主要以培养学术研究的创新型人才为主，开展理论研究与创新，学位授予层次覆盖学士、硕士和博士，且研究生培养占较大比重。而应用型和职业技能型高校的人才培养定位不仅各自特色鲜明，更是与研究型高校截然不同。

　　虽然教学、科学研究、社会服务是高等学校的三大职能，但并不能够把这三大职能用相同的标准去衡量每一所高校、每一个院系，乃至每一名教师。高校、院系的定位不同、发展历史轨迹各异、办学层次与类型不同等，都会使得它们对于三大职能的承担情况不一样。

　　因此，对高校这个层面的资源配置不能看这所高校有多少三大奖，有多少"帽子人才"，是否名牌大学，有无博士点或有几个博士点，等等。无论是部委所属高校，还是地方高校或民办高校，均应根据发展定位来确定资源配置方式。

　　2）对院系的资源配置要紧靠其发展的历史脉络和前景定位。

　　学校对工科的要求和任务，自然需要各工科院系和工科教师来完成。根据上一段对高校资源配置的逻辑，在院系层面上的资源配置，还要结合学科属性以及区域经济、技术发展需要。

　　当前工科既包含了改造升级后的传统工科，也有面向人工智能、物联网、新能源等新兴工科和交叉学科。同样，传统工科，如机械工程、土木工程等，其发展历史、演变逻辑、现实需求又有些许差异。在问产业、问学生、问技术发展需求的新工科背景下，不同学科都具有不同的发展定位。因此，对院系的资源配置，也要紧靠其发展的历史脉络和前景定位。

　　3）对工科教师的资源配置要以热爱工程教育事业为导向。

　　同理，对工科教师资源的配置也不能一味看他们申请了几个国家自然科学基金，是否主持了国家重点研发计划项目，发表了多少篇 SCI 论文，是否获得了国家级、省部级奖励，是不是"帽子人才"，等等。2021 年中央人才工作会议要求"不要都用一把尺子衡量"人才。不同教师个体具有不同的资源禀赋、职业发展旨趣以及处于不同的学位、职称、职业发展周期、研究方向及进程位置上，工科教师的定位自然不同，就算是同一名教师，其在不同专业发展阶段、不同职业生命时期，其从事的工作也不尽相同。因此，他们对于三大职能的承担情况也就应该不一样。按照这样的逻辑来进行资源配置，是导向出了问题。因此，必须也要改变对工科教师资源配置的导向。

　　导向涉及价值取向和价值选择，决定了从招聘、考核、评价等一系列政策的设计和制定，是做好工科教师队伍建设工作最本质的要求，也是整个政策里面最核心的内容。

　　工科教师把自己所做的事情看作一份工作、一个职业或是一项事业，这在其步入工作以后的数十年，有着非常重要的、基础的、关键性作用。工科教师的专业发展能够得以持续的根本和内生发展的动力，就是工科教师对社会主义教育的热爱，对教书育人、科学研究、服务社会的热爱。由于资源配置的导向就是整个工科教师队伍建设的"水龙头""总开关"，因此，工科教师资源配置的导向就应该是以热爱工程教育事业为导向。

比如在招聘阶段，对应聘者是否热爱教师行业、热爱工程教育事业的考察，可以侧重考察他们对教书育人的认识、职业生涯发展规划以及师德师风等内容，并将其作为能否成为工科教师的必要条件，实行"一票否决"制。通过考察应聘者关于教书育人的认识作为考察其是否教师行业、热爱工程教育事业的内容之一时，可以设计关于教书育人的态度量表，让应聘者进行测试。

在考核评价阶段，高校要严格执行《关于规范高等学校 SCI 论文相关指标使用 树立正确评价导向的若干意见》等相关文件的要求和规定，扭转当前科研评价中存在的 SCI 论文相关指标片面、过度、扭曲使用等现象，规范各类评价工作中 SCI 论文相关指标的使用，突出品德、能力导向，克服"唯论文、唯帽子、唯职称、唯学历、唯奖项"倾向，切实推行代表作评价制度，注重标志性成果的质量、贡献和影响。要从知识、时间和价值三个维度正确认识教师的成果，即从知识的生产、传播、转化运用等不同过程全面评价基础科学、技术科学与工程技术等不同类型科研活动及不同层次科技知识的科学价值、技术价值、社会价值、经济价值、市场价值等不同价值。也正因为如此，对工科教师的考核评价不能仅限于 SCI、论文与项目、科学研究、学术价值，还要包括成果转化、教学成果、育人成效、社会影响等其他方面。

因此，需要对不同二级学科、不同岗位的工科教师的考核评价指标赋以多样化的权重，帮助工科教师树立长远的发展目标，进而引导他们形成符合自己特点的、良性的专业发展轨迹，促进工科教师更好地发展。同时，也不把发表论文、获得专利、荣誉性头衔、承担项目、获奖等情况作为教师申报发展性项目（对教师发展具有明显促进作用）的必要条件。

唯有真正发挥考核评价的建设、导向功能，才能真正实现敬才、爱才、惜才，激发人才的创造活力。以热爱为导向，是破除"唯学历、唯名校、唯帽子"等人才评价痼疾的有效途径，只有真正破除评教师等于评科研，评科研等于比论文、拼项目，比论文等于拼 SCI 的顽疾，只有当工科教师真正把"得天下英才而教育之"作为人生一大追求，工科教师必能做到教而不厌、诲人不倦，工科教师这个职业才能真正集教育教学、科学研究、工程实践、文化传承、创新创业等于一体，工科教师职业的内涵也更加丰富、更加出彩，才能让工科教师把这个职业当成事业来追求，其对工程教育事业的热爱才会持续迸发。

4）要以绩效理念进行资源配置。

绩效是业绩和效率的统称，包括活动过程的效率和活动的结果两层含义。绩效不仅看重最终的静态成果，也注重对过程及其效率的关注。在活动过程及其结果中，无论是效率，还是业绩，都离不开发展，更离不开增长。没有发展，就没有增长，更没有业绩和效率可言。因此，绩效性评价正是评价的发展性原则的重要体现和应用，绩效理念也是发展性理念的重要体现和应用。

因此，在资源配置时，不能仅根据高校、院系或教师过去取得的成就，以此衡量其当下和未来的贡献，否则会对广大非重点高校、院系和"非帽子"教师积极性造成损害，使他们感觉到明显的"天花板效应"，久而久之也就只能放弃追求卓越或自身发展的愿景；高校会转为按指标办学、唯科研和牌子办学，院系会转为按指标、排名办学，唯学位点办学等，而工科教师就会马马虎虎教学，进而丢了教学是高校之所以为高校的这个根本。

在资源配置时，贯彻绩效理念就是要关注高校、院系、教师的发展效率。如，根据对不同岗位的要求，比较某位教师在其第一个聘期内和第二个聘期内教育教学、科学研究、社会服务活动的成绩和效果，以此判断资源配置的效率。对于长时间处于某个职称的教师，若出现明显的绩效下滑，则可进入观察期，以供下一轮资源配置时参考。从活动的结果来看，绩效理念下的资源配置要切实反映被评价者的贡献和付出。

高等教育组织具有复杂性，其组织目标具有模糊性、多样性，且目标之间相互联系又冲突，而高等教育组织的复杂性，使得教师职业同样具备复杂性。因此，在对高校、院系、教师进行资源配置时，有时难以准确反映被评价者的实际贡献和付出。基于此，在对高校、院系、教师进行资源配置时，要"耳听六路，眼观八方"，既要根据评价结果、资源现状、历史经验等来进行资源配置，也要倾听被评价者以及与资源配置具有利益相关的各方主体的声音，使资源配置真真切切地反映高校、院系和工科教师实际的付出和贡献。

12.2 加强师德考核操作性，落实"一票否决"

教育部发布的《关于建立健全高校师德建设长效机制的意见》（教师〔2014〕10号）指出要健全师德考核，师德考核不合格者年度考核应评定为不合格，并在教师职务（职称）评审、岗位聘用、评优奖励等环节实行"一票否决"。这无疑是正确的，因此，要制定合适的方法、采取更加合理的手段，以全面落实师德师风"一票否决"制。

（1）加强师德考核操作性和科学性。

加强师德考核操作性和科学性是高校师德建设长效机制的核心要素。调查表明，考核方式虽根据高校类型以及其所在地区不同而呈现出不同，但基本形成了以学生评价为主，同行评价和领导评价次之并兼有自我评价的局面，运用第三方评价考核工科教师师德还处于开发探索阶段。要建立健全高校工科教师师德师风长效机制，使师德师风考核动态化、常态化、全面化，就需要引导学生、同行、领导（行政）、第三方以及他们自己的多元评价主体，采取定性和定量相结合的考核方式建立立体化、全方位的师德考核体系。

工科教师应定期或不定期对自己的师德师风进行自省，以养成自律的、良好的道德行为习惯；这既是师德师风考核的方式，同时也是考核的目标，理应成为重要的考核内容，不过对于这种自省式的考核评价要如何实施、操作才能保证其效用，尚需进一步研究，但建议以非量化的形式进行。

学生评价可以采取学生评教的方式，对任课教师在教育教学活动中的师德师风以量表的形式进行量化的评价。对于学生评价的内容以及实施方式，为避免出现前文工科教师对学生评教的极度不认可的情况，需要各个学校结合本校实际进行有针对性的、专门的调研和设计。

同行评价主要是同一个系（教研室）的同事之间的监督与学习、交流，在经过教师本人同意的情况下，可对优秀教师自评材料进行公示，树立良好的师德师风榜样。

领导（行政）评价主要指由工科教师所在学院的领导以及教学、科研等行政部门的主要行政人员，在年度考核、职称评审中，以量表的形式进行量化评价。

第三方评价则主要采取工程教育利益相关者和社会监督的方式，前者主要是评价与自己有联系的工科教师，而后者则是对存在师德师风不端的工科教师进行曝光或举报。

不同类型、不同地区高校在基本要求一致的前提下，可根据实际情况，在不同评价方式选择上有所侧重。如有工程实践岗或工程实践活动多的工科教师，他们与行业、企业的联系更为频繁，因而可适当加大工程教育利益相关者、第三方评价的权重。

对于同一种评价方式，在不同高校或者是同一所高校的不同工科专业的具体应用，要根据各个学校或者各个专业的具体情况做进一步深入的研究，以增强考核评价方式的适用性。

同时，在高等教育现代化的过程中，如何利用信息技术，收集教师师德相关数据和信息，设定不同层级的阈值并进行正、负激励和反馈也是加强师德考核的可操作性，落实"一票否决"的重要举措之一。

（2）明确师德内涵。

需要明确师德考核的范围，即师德具体内涵。师德涵盖的范围较广，既包括了学术道德、职业伦理道德，也包括了言行规范、思想政治品德等，既涉及学术造假、徇私舞弊等重大不良影响，也涵盖日常工作中诸如言行不得体等行为。各高校、院系需要以《高等学校教师职业道德规范》（教人〔2011〕11 号）、《教育部关于建立健全高校师德建设长效机制的意见》（教师〔2014〕10 号）以及《新时代高校教师职业行为十项准则》（教师〔2018〕16 号）等文件为师德考核内容和参照标准，制定更加详细、明确的师德考核内容。

在明确了师德考核范围即具体内涵后，要围绕师德内涵，明确并持续宣传师德师风既是"红线"又是"高压线"的要求。这一要求也是在教师职业周期都一直都伴随其左右的，因此要将此要求落实到工科教师职业发展的全周期。

（3）加强师德师风考核全过程建设。

全过程包括了事前、事中、事后三个阶段。事前，也就是在教师招聘阶段，一方面要核查他们在应聘前的学习、工作、生活中的言行和遵纪守法情况等，并将师德作为教师能否应聘的必要条件，另一方面在教师入职前还可实行师德承诺制度，教师均应签订承诺书，明确师德行为规范并划定负面行为底线。同时，在入职宣誓中也要加入师德师风内容。

事中，也就是入职后，一方面要加强宣传和学习，利用多样化的宣传载体，定期或不定期推送师德师风先进和反面典型，反面典型警醒，先进典型激励，做到"内化于心、外化于行"。同时，将师德师风学习制度化、常态化，除了利用典型案例进行学习以外，还可以"微课"、典型案例分析等形式对师德师风相关内容进行碎片化学习。通过制作师德师风在线学习平台，对在职的工科教师理论学习课时数、考核成绩等提出一定的要求；而每一位新入职的工科教师同样需要完成在线学习目标，只有学完所有必修课程并通过考核，才能上岗。另外，利用大数据对工科教师在线学习中存在的普遍问题、重点问题进行分析，采取集中或单独的形式，对他们进行进一步培训。

另一方面要成立师德师风建设和监督小组，实行重点监督和随机抽查相结合。重点监督主要涉及年度考核、聘期考核、职称评聘等关键节点，对工科教师的师德师风进行重点考核；随机抽查则由师德师风建设和监督小组专员，通过课堂观察、当面谈话、侧面了解等方式在课堂内外对任何一名工科教师进行抽查。

事后则可参照德国学术不端调查处理程序，在确认教师是否存在师德问题之前，充分尊重利益相关者，逐步从非正式形式过渡到正式程序，一旦情况属实，坚决实施"一票否决"并给予其他相应的处理。

12.3 破除"项目化"思维，改革科研能力考核评价

（1）破除"项目化"思维。

要落实职称评聘中对教师科研胜任力的真正考核，需要破除"项目化"思维。我国高等教育政策长久以来实施的是重点建设和优选激励逻辑，通过设立诸如"211工程""985工程""2011计划"等项目来发展高等教育，由于科研指标相对标准化，也更加容易量化，因而科研成果在很多时候成为这些项目"中标"，进而获取更多资源的主要指标。这充分激发了高校的科研创新潜能，对于提升我国科研实力无疑起到了巨大的促进作用，对于促进我国高校改革和高等教育发展也起到了非常重要的作用。

在此之后，"有进有出，打破身份固化，不搞终身制"的"双一流"

建设方案出台并实施，这是对"一次冠名、长期可用"制度的改进和提升，但制度惯性和路径依赖的存在，使得以"项目化"思维为核心的锦标赛体制依然在高等教育领域内游走。

不少高校为了挤进"双一流"建设名单，获取"锦标"，按照排行榜、评估指标办学，有的甚至与自己的办学定位相去甚远、失去自己的特色，"人才大战""排名竞争"也趋于白热化。

为争取更多的项目、希望持续地获取更多的资源，一些高校在自己的考核、评职称等指标中自然、不自然地就增加了科研的权重以及量化的指标，才会出现一些高校在教师评职称的时候"数篇篇"。科研被如此重视，而教学又难以量化且具有明显滞后性，完成科研指标不仅会赢得同行、院系、领导认可，又能在评职称、考核、获奖方面占据有利地位，进而赢得大量稀缺资源，因而使得高校的部分教师更加"喜欢"科研、偏重科研。伴随着思维定式和路径依赖，在高校、教师中就形成了唯科研、重科研的风气。

郭于华认为，"学术研究不是打仗，只须有正常宽松的学术环境和自由独立的学人"，也对当前"项目制运作，斗狗式管理"的逻辑进行了批判。由于我国高等教育特定的历史发展逻辑，大学学术也身陷一种"项目化"的治理情结中，即"项目化"思维主要体现于科研的"项目化"并左右了教师职称评聘的价值选择。教师主持了多少国家级项目、省部级项目，决定了其是否能在聘期考核、职称评聘中获得"锦标"。除了将项目作为"一般等价物"来衡量教师胜任力和学术水平高低以外，更是将各级各类人才制作包装成"项目"。除了国家部委人才计划，省级人才计划层出不穷。正是当前"项目化"思想观念作祟，在高校资源配置和职称评聘结果紧密联系的背景下，才导致了"唯论文、唯帽子、唯项目、唯奖项"等情况愈演愈烈。

（2）实施以胜任力为导向的科研能力评价。

考核评价要真正实现以工科教师胜任力为工作方向的目标，首先就需要破除"项目化"思维，轻论文、项目、帽子的数量而重其质量，同时也要评价其学术兴趣、学术能力、学术道德，要能胜任具有工程特性的工科教师的科研工作。

其次，改革科研能力考核评价方式。《关于进一步弘扬科学家精神加强作风和学风建设的意见》《关于深化项目评审、人才评价、机构评估改革的意见》和《关于规范高等学校 SCI 论文相关指标使用 树立正确评价导向的若干意见》（教科技〔2020〕2 号）等文件均反复强调要探索建立科学的评价体系，改革科研能力考核评价方式，营造高校良好创新环境。此外，根据调查结果，分别有 44.1% 和 40.8% 的工科教师认为需要改进考核评价方式和指标。因此，在破除"项目化"思维后，亟须改革科研能力考核评价方式，以提升他们对工程教育事业热爱程度，让科研评价回归学术初心。

当前我国教师考核评价中，基于分类方式的弹性设置过于粗放，可替换性指标设置改革步伐偏小，教学业绩对传统科研业绩的可替换性微弱。由于工程是指运用科学理论、技术手段和实践经验来改造世界、创造财富的创造性实践活动，所以工科教师科学研究活动理应具有实用性。也就是说，不同于其他教师所开展的科学研究，工科教师科学研究活动在"求真"的基础上，还要"求用"，要具有一定的经济、社会价值。

因此，科研能力的评价要摆脱约等于科研评价，科研评价约等于论文评价、项目评价的范式陷阱，积极应对已经到来的学术评价范式的转变，即科研评价的民主化，探索论文、项目、专利及其转化、工程产品、学术创业、技术标准等多样化的科研能力评价指标。

一方面，可以引入利益相关的多方代表，将作为服务对象的社会相关单位、人员纳入评价主体的范围之中，将知识生产的利益相关者，特别是科学研究的资助者和"客户"引入评价主体中来。

另一方面，在评价方式上，可以采取"先同行后外行"或"同行＋外行"的评价方式。前者是先由同行来评价科研成果的创新性、学术性，再由外行（其他利益相关者）来评估科研成果的影响力；而后者则更加强调同行和外行相互协商的过程，同时对科研成果的"真"和"用"进行评价。

无论采取何种方式，引入利益相关多方代表参与工科教师科学研究评价活动，目的均在于一是促使他们树立"大科研观"，积极参与科研成果转化，跳出"出版或死亡"的科研评价范式；二是要淡化科研业绩计量思维，树立科研绩效理念。科研业绩主要是指科研活动的直接产出，如科研成果的数量、质量与竞争力，包括学术论著、影响因子、学术获奖等指标，而科研绩效主要是指产出与科研投入之间的比较关系，即科研绩效理念关注的是科研投入和产出两方面的情况。在科研绩效理念下，为了追求科研效益，无论是行政人员还是工科教师，都不能仅把目光停滞于最终的科研成果，还需要关注工科教师前期的投入以及过程中资源的利用率。工科教师或行政人员可以借助信息管理系统，记录科研投入、过程信息，对教师及其团队的科研进行实质等效的评价，以此淡化以数论文篇数为主要特征的科研业绩计量思维，增加科研评价的弹性。

再次，破除"SCI至上"。一方面要以中国的高水平期刊来建立具有中国特色的索引，即中国科学和工程引文索引（Chinese Science & Engineering Citation Index，简称CS&ECI），并赋予这个索引足够高的地位，切实引导工科教师、工程师、研究人员等把相关论文"写在祖国大地上"。另一方面更要建立健全科研能力考核评价分类体系，体现基础科学、技术科学与工程技术等不同类型科研活动及不同层次科技知识的差异性，体现不同学科领域知识成果的差异性。要根据学校办学定位与地区特色，设置不同的考核评价标准，切实贯彻落实《关于分类推进人才评价机制改革的指导意见》等文件精神。

最后，调查表明，有超过40％的工科教师和行政人员认可工程实践是评价工科教师教学能力、科研能力的重要内容。因此，一方面可以在现有考核评价体系中适当增加关于工程实践相关的考核内容和考核指标；另一方面，也可以探索建立某些重要指标，以此替换现有教学、科研、社会服务相关指标，实现等值替换。无论采用哪种方式，目的均在于打通教学、科研、工程实践的壁垒，在减轻工科教师压力、增强考核评价弹性的同时，也能推动工科教师从事更多有意义、有价值的研究活动，促进工科教师实现核心能力整体发展。

(3) 设置灵活的科研能力考核周期。

工科教师这个职业是工科教师将其作为事业的基础，应该作为工科教师的"港湾"，考核评价要注意不能把工科教师的兴趣转变为被动的任务，不能让工科教师感受到"港湾"里只有指标、考核和压力。在教育部颁布的《关于深化高校教师考核评价制度改革的指导意见》文件里也要求建立合理的科研评价周期，以鼓励教师原始创新和聚焦国家重大需求，适应人才发展规律以及科研成果产出规律。因此，要根据不同的岗位情况设置符合工科教师发展特点的考核周期。

对不同学校不同岗位的工科教师科研能力进行考核评价时，对于教学科研型工科教师，可以参照教育部的文件要求，一般为3年；对于以基础性研究为主的工科教师，其考核周期可以为 4～5 年；对于以应用性研究为主的工科教师，其考核周期可设置 2 个：一为成果产出考核，一般为 1～2年，二为成果检验考核，主要指研究的成果被企业采用、生产、出售等情况的考核，一般为 3～5 年。这种灵活的考核评价周期，可以避免因为增加了工科教师某类型考核的内容而加大他们的负担，背离了考核评价促进工科教师对本职工作持续热爱的初衷。

对于某些不便于调整考核评价周期的高校来说，可以参照新加坡国立大学考核周期设定办法。新加坡国立大学主要对教师实行两种考核周期，分为每年一次的例行考核（小考）和职称考核（大考），小考和大考的导向、方式、指标、流程以及结果应用均不同，较好地结合了过程监督、持续改进和优选激励，使得教师在考核评价中保持了较好的松紧张力。因此，部分有条件的高校亦可设置由系主任牵头、学院审查的每年小考，让工科教师以轻松灵活的方式展示自己一年的工作成果、状态以及未来的计划和困难，院系领导、同侪之间相互交流、支持、学习，而大考则可仍旧以固定时间的聘期考核为主。

12.4　精细化管理，改革教学能力考核评价

（1）破除精确化思维。

精细化管理的第一点就是要破除精确化思维。过去无论是对高校还是对教师的考核评价均较为忽视对教学的考核评价，出现此现象的原因很大程度上在于教学活动过于复杂，评价者认为对教学的考核评价难以实施精准测量，难以用精确、结构化的指标反映高校或教师的教学能力，学生学习成果往往和高校或教师之间的付出、能力难以建立必然的因果关系，且具有较长的滞后期。但随着大数据时代的来临，大数据思维要求我们在对教学能力进行考核评价时，转变追求结构化数据、因果关系的精确化思维。

在对教学能力进行考核评价时，一方面需要"宽容"数据的非结构化。正如当前大数据的收集与分析一样，教学能力虽然不像科研能力一样可以用论文数量、项目经费等结构化数据进行量化，但其依旧可以产生大量的结构化和非结构化数据，如教师的教案、学生的作业、学生的课堂表现、学生的问题分析和解决情况以及学生的课程评价和能力产出等，这些

大数据足以充分反映教师的教学能力。另一方面，以"相关"代替"因果"。正因为教学成果和诸多因素有关，教师教学能力和学生学习成果之间不是一一对应的因果关系，而是与教师教学能力、教学团队合作、人才培养顶层设计、学生努力程度、学生的激励与监督机制等均相关，所以不能仅仅根据教师个人教学时数和学生对该教师的教学打分来对教学能力进行评价，应实行除了教师自评、学生评价、同行评价、督导评价等多种形式相结合的教学质量综合评价外，同时赋以教学过程大数据分析结果以足够的比重，采取定性和定量相互结合的方式。

正因为评价者往往认为对教学能力难以进行精确化测量，对教学能力的测量存在较大误差，所以才需要对教学能力进行经常性的、多维度的、多主体的考核评价，以实时反映教师在教学活动中的付出，而不是仅仅根据年度或聘期考核时，只依据教师的授课量、学生评价分数就敲定教师教学和教学效果的考核评价结果，忽视教师在课前课后的辛勤付出。也正因为采取了经常性的、多维度的、多主体的考核评价，所以不仅能够真正贯彻过程性评价、发展性评价的理念，边收集数据边分析、边分析边指导教师改进，而且避免了只对教师进行结果性评价时，花费大量的成本对大量的非结构化数据进行分析。

(2) 实施以证据为导向的教学能力评价。

有学者指出，教学同行评价作为教学评价最合适的做法，其所涉及的工作效率、所涉及的人际关系、所需要的经费数额和所耗用的时间长度都使得这种设计难以实行。因此，精细化管理的第二点便是在考核评价中，实施以证据为导向的教学能力评价。

证据导向教育理念是指在教育活动过程中重视可靠教育证据的教育理念，其最初用于评价学生的学习成果，强调重视关于评价程序相关的证据收集、证据展示。可利用区块链技术搭建教学评价平台，教师可公开上传备课过程中准备的所有支撑材料，如教学日历、教案、课件、文献等，并将学生参与学习过程中的情境，以视频、图片进行上传（可由教学管理部门从课堂实录系统抽取并上传），制作为教学评价证据，供学生学习、相关管理部门和同行循证。另外，依然可以结合学生评教分数和教师教学工作量完成情况，对教师的教学情况和教学效果有一个初步了解；而教师通过平时的证据积累，在考核评价时调取证据，便可做到有理有据。

以证据为导向，也正好符合了强调收集教学非结构化数据、进行经常性和多维度、多主体的考核评价理念。正是因为要关注大量非结构化数据，才使得教师教学能力的证据更加殷实、丰富；正是因为要进行经常性的考核评价，才能够对证据进行即时分析，第一时间反映教师的教学成效和有待发展之处。

（3）设置灵活的教学能力评价周期。

精细化管理的第三点主要体现在对教学能力评价周期方面。教学是一项具有较强滞后性的工作，其活动产出除了较快产出的上课学时数、教改项目、论文以外，更为主要地体现为具有较强时滞性的学生学习收获以及教师教学能力的提升。

因而，对教师教学能力的评价，一方面可以学生在校学习周期为限，通过毕业生评价其学习收获，进而对教师的教学能力进行评价，并赋予毕业生评价较大的权重，以此鼓励他们潜心教书育人。与此同时，采用毕业生评价的方式，还可避免学生评价中产生的以保住自身利益为目的的师生之间"共谋的沉默"。

另一方面，可实施毕业后的校友教学质量调查，即对毕业3~5年的学生发放问卷进行调查或访谈，简要调查其对在校学习时期所学课程的收获、感受等。

最后一个方面是，可通过建立教师教学能力发展体系，以某一时长（如3~5年）为周期，考核教师教学能力的发展情况。要说明的是，对教学能力考核评价设置较长的考核周期，与前述的经常性考核评价应该是互为补充的，即根据考核评价内容设定合理的考核评价周期，如实施经常性的考核评价，以督促激励教师能够及时改变教学策略、调整教学方法、更新教学内容以适应新形式、应对新时代的挑战；实施3~5年为周期的考核评价，更加关注教师教学基本功的提升和学生的成长成才情况。

12.5　设为一级指标实行分类评价，加强工程实践能力建设

（1）将工程实践能力设为一级指标。

为胜任工程教育范式从"科学范式""回归工程"转变为"融合创新"对工科教师提出的新要求，工程实践能力已然成为工科教师的三大核心能

力之一。前文调查发现，虽然有 47.9% 的工科教师和 48.7% 的行政人员选择了希望用"工程实践"来评价工科教师的教学能力，有 43% 的工科教师和 45.6% 的行政人员选择了"工程实践成就"来评价工科教师的科研能力，表明工科教师和行政人员都开始有意识地希望将工程实践纳入考核评价内容，这对于提升工科教师的工程实践能力来说是有利的，但从前文我们对 92 所高校职称评聘条件调研的情况看，绝大多数高校的条件缺少对工程实践能力的明确要求，很少有将工程实践作为工科教师的考核评价指标并与评职称直接挂钩的，更是鲜见将工程实践作为工科教师考核评价一级指标的。这不仅不利于发挥考核评价制度对提升工科教师工程实践能力的"指挥棒"作用，还有可能会导致部分工科教师不清楚自己应该朝哪个方向前进。

在问卷调查结果出来后，我们就对 16 位工科院校的校领导、工程教育专家进行过访谈，值得欣慰的是，他们对工科教师的工程实践能力非常看重，在把教学能力、科研能力和工程实践能力进行考核时分别赋权重这个问题上，大多数的受访者认为可按照 4∶3∶3 的权重赋值，也有认为可以按照 4∶4∶2 的权重赋值的。这充分说明，校级领导和工程教育专家们已经认识到工程实践能力对工科教师的重要性。不过，从调查来看，这个认识目前还没有在高校的广大行政人员和工科教师中得以贯彻。

因此，高校可以将工程实践与教学、科研并列为对工科教师进行考核评价的一级指标，将其作为职称评聘的明确要求，如大连理工大学要求在企业实践半年以上的教师才可申请提升副高级以上职称，这样不仅可以加强行政人员，也可以加强工科教师对工程实践能力的重视程度，以引导工科教师提升工程实践能力。

同时，为避免在反复强调工程实践能力重要性会导致部分工科教师难以把握教学、科研、工程实践之间的度，造成顾此失彼的情况，高校应根据本校的实际情况制定其权重，从而引导工科教师有序并有效地提升工程实践能力。

另外，要根据工程实践的特点，对不同学校不同岗位工科教师的工程实践能力设定不同的考核评价周期，以避免因为增加了考核内容而加大工科教师的负担，使得他们为了考核而疲于奔命，为了完成指标而忽视质量等，背离将工程实践设为一级考核评价指标的初衷。

（2）设立工程实践岗。

《分类推进人才评价机制改革的指导意见》已于 2018 年实施，因此，我们要尊重工科教师群体的独特性，对他们的工程实践能力进行分类评价。当前绝大多数高校都设立了教学为主型、教学科研并重型、科研为主型三大类岗位。为促使教师更注重工程实践，落实将工程实践能力设为一级指标实行分类评价并与职称评聘挂钩，可单设工程实践岗。

对工程实践岗位教师的教学方面的考核评价权重仍然可与其他岗位的相同，但对工程实践的考核评价占比可根据各高校的情况和不同职称确定为 25%～40%。

同时，对申报工程实践岗的工科教师需要提出关于工程实践明确具体的要求。一方面要明确规定，无论职称高低，只要是申报工程实践岗，均要拥有一定时长相关行业企业的工程实践经历；另一方面，要根据申报职称的高低，结合学校办学定位和学科特色，对工程实践经历的时长、完成的工作、取得的成绩和产生的效益提出不同的具体要求。

另外，更为重要的是，工程实践岗位的职称评聘方式要显著区别于教学为主型、教学科研并重型、科研为主型等三大类岗位，价值选择上要以求"实用"为主导，更加注重社会效益和经济价值，实施方式上要引入企业、用户、同行等工程实践利益相关者，更加注重引入社会评价。对于不满足工程实践岗位相关职称评聘要求的申报者，则实行岗位变更机制或退出机制。

12.6 合理参与国际化活动，胜任国际化办学的时代要求

2018 年 9 月 10 日，习近平总书记在全国教育大会上指出，要扩大教育开放，同世界一流资源开展高水平合作办学。尤其是在新时代，更是对工科教师队伍的国际视野、国际化交流能力以及跨国（境）教学研究能力提出了新挑战和新要求。

在前文调查的 92 所高校中，47.8% 的高校在教师职称评聘要求中，对申报者的国际视野、出国（境）研修、学习经历提出了明确要求，将其国际经历作为申报职称必要条件，这对于我国高校面向国际化办学，参与国际合作，提升国际话语权，进而促进我国高等教育内涵发展具有重要

意义。

闵韡的研究认为，"海归"在 SCI/SSCI 产出上的优势只存在于人文社科领域，且仅限于部分具有独特经历的教师，在理工农医领域"海归"并无优势，这一方面体现了论文并不等于科研能力，另一方面也对"海归"教师一定就比本土教师科研产出更多、重留学经历轻"土博士"的观点"驱魅"。这些现象，不仅违背了高等教育国际化发展的规律，也背离了我国高等教育要实施国际化战略的初衷，这是难以真正使得工科教师具备提升我国国际学术影响力和国际化办学水平胜任力的。

因此，工科教师职称评聘中对国际视野、国际化能力的考察，应要求工科教师合理参与国际化活动，对申报者的海外经历也不能简单地"一刀切"，要以胜任国际化办学的时代要求为标准。为此，我们建议做好以下四点：

第一，要制定明晰、完善的国际化发展政策。有超过 37% 的工科教师认为学校应该制定明晰完善的教师国际化发展政策。政策大致可以分为引导性政策和支持性政策。引导性政策主要涉及考核评价、激励等，即在职称评聘期间，对积极参加国际化活动，有较强国际视野的工科教师考核给予一定的倾斜，根据其出国（境）访学时间，适当减少工作量，但要加强对其国际化活动质量的评估。引导性政策的制定要根据实际情况来确定对工科教师参与国际交流活动的激励程度。如出于学科发展需求，需要工科教师到国（境）外进行持续一年以上的研修，在对其研修收获进行考核合格的基础上，应该在职称评聘中给予适当倾斜；对于在国际会议上作学术报告的工科教师，则可根据会议规模和层次进行物质奖励；可以在对留学生培养质量进行考察的基础上，以大于培养国内学生工作量的方式，适当减少工科教师教学工作量，以此鼓励工科教师参与国际学生培养工作。在政策支持上，主要解决合理分配资源的问题。合理主要包含了两个方面，一方面是适当提高资源资助比例，扩大资源来源渠道；另一个方面是对不同的教师人群分配不同的资源数量，以提高资源利用率。68.9% 的工科教师只获得了 45% 及以下的补助比例。因此，高校可通过设立相应基金，以加大对工科教师参加国际化活动的资金支持。

第二，多途径促进工科教师积极参加国际化活动。主要指要在行政手续、报销、考核评价等方面为工科教师精简流程、消除多头审批、加强过程管理等，减少其在这方面精力的耗费。例如，在行政手续、报销方面，可以设立行政事务综合服务中心，简化相关行政手续，在配备专业化的管理服务人员的基础上，尽可能使工科教师从整理各种发票、跑遍多个部门盖章等零碎又费神的事务中解放出来，去一次中心就可以解决相关问题，让工科教师将更多的精力投入教学、科研活动中。在工科教师考核评价方面，要注重对工科教师的过程评价，制定科学合理的评价周期以及扭转"唯数量"的评价标准，分散工科教师的压力，防止工科教师一到结题或考核等特殊时期就倍感压力。在减轻工科教师心理负担方面，可以模仿英国大学设置 Tea Time，让工科教师们在工作之余能够静下来，享受校园风光，缓解压力的同时也能给他们更多的灵感。当工科教师从心灵和身体上都感受到"减负"后，才更能有时间审视自身的专业发展需求，有了需求，其参加国际化活动的积极性和主动性就自然提升了。

第三，加强与境外高校的合作。从前文调查结果看，加强和境外高校合作是拓宽工科教师国际视野最有效的途径，同时也能提升工科教师双向交流的频率。国际化已经成为高等教育发展的时代潮流，中国教育，特别是高等教育应以世界情怀和全球担当开阔眼界、拓宽思路，努力成为构建人类命运共同体的实践者、贡献者和先行者。因此对于一流大学来讲，要将国际化纳入学校发展战略之中，积极和境外高校合作办学，开展合作科研项目，主动承办或主办国际学术会议，在"走出去"的基础上"引进来"。对于一流学科建设高校或其他高校优势学科而言，则可以将国际化纳入院系发展或学科发展战略之中，以对外交流和国际合作实现学科发展。国际交流不仅是留学生的规模和国际课程的数量，如有 40.3% 的工科教师希望学校主办或承办国际会议，通过参加国际性学术会议或在会议作报告，与境外教师加强学术交流，表明了师资的交流、研究的合作、文化的互动同样是提升大学国际影响力和实力的一部分。

第四，利用好有限的资源，合理参与国际化活动。一方面要破除工科教师参加国际化活动，资源分配和工科教师资历挂钩的现状，资源应向国际化能力提升需求强的工科教师，尤其是那些自身职称还较低的青年工科教师倾斜；另一方面，合理参与国际化活动不能重国际经历而轻体验，要以成果和效果为驱动，加强对参加国际化活动的工科教师国际化能力的评估。此举是为了了解工科教师国际化能力现状和需求，在对其进行资源支持的过程中做到更有针对性，做好前馈控制；为此，各高校需要结合自身及相关学科在国内、国际上的相对位置，在参与什么国际化活动、与谁合作、到哪里参与、如何参与等问题上进行比较分析。另外，对工科教师国际化要求的条件中，须明确参与国际化活动的目的以及要求。根据预期目的，注重考察工科教师在国际化交流中取得的实际成果和效果。以成果和效果为驱动，一方面海外研修时长的设置（如一年或半年以及是否可以累计）要依据成果产生的一般规律而定；另一方面当他们研修回国之时，需要对其成果进行考察，同时，对参加完国际化项目的工科教师，在回来后的一段时间内，对其参加的国际化活动的效果进行考查，对其国际化能力再次进行评估，通过前后测对比判断其学习或交流效果，根据工科教师的评估表现来决定下一次资源分配情况。

"中国已经可以平视这个世界了。"① 国际化活动、国际交流最为重要的是要在充分树立学术自信的基础上，以平等自信的姿态积极参与。"办好中国的世界一流大学，必须有中国特色"，"世界上不会有第二个哈佛、牛津、斯坦福、麻省理工、剑桥，但会有第一个北大、清华、浙大、复旦、南大等中国著名学府。我们要认真吸收世界上先进的办学治学经验，更要遵循教育规律，扎根中国大地办大学"。② 只有坚定道路自信、理论自信、制度自信、文化自信，在制定具体的职称评聘要求时，才能真正破除依附心理，才能结合工科教师发展需要和实际情况对工科教师的国际经历提出要求。

---

① "'大思政课'我们要善用之". 人民日报，2021 - 03 - 07.
② 习近平：青年要自觉践行社会主义核心价值观——在北京大学师生座谈会上的讲话（2014 年 5 月 4 日）. 人民日报，2014 - 05 - 05.

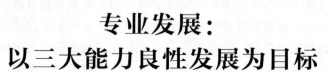

第 13 章

专业发展：
以三大能力良性发展为目标

13.1 "融合创新型"专业发展的新模型

（1）新模型内涵。

麻省理工学院 2018 年发布的《全球一流工程教育发展现状》指出，工程教育进入了快速和根本性变革时期，最好的工程教育不限于世界一流研究型大学和小而精学校。为维持工程教育强国和领导地位，美国工程教育早已提前布局。2008 年，美国土木工程师学会研究出版了《面向 21 世纪的土木工程知识体系：为未来土木工程师做好准备》。2012 年，美国电气和电子工程师协会（IEEE）出版了《无线电工程知识体系指南》。2016 年12 月，美国国家科学院、工程院和医学院发布《21 世纪的信息物理系统教育》。2017 年 10 月，麻省理工学院又提出了"新工程教育转型"。所有这些既是对工程教育的布局，也是对工科教师队伍的挑战。而我国在应对工程教育强国建设对工科教师队伍专业发展提出的专门化挑战，丰富和延伸教师专业发展内涵的需求的同时，需要对工科教师专业发展作出新阐释。

工科教师作为教学学术者、科学研究者和工程实践者，需要多样化的专业发展。如前所述，面向工程教育强国建设的工科教师不仅任务多种，其工作内容也多样；且"融合创新"是面向新工业革命的工程教育范式，有鉴于此，我们认为面向工程教育强国的工科教师专业发展同样也指向"融合创新"，即"融合创新型"工科教师队伍专业发展（见图 13.1）。

总体而言，面向工程教育强国的工科教师队伍专业发展是要面向学术

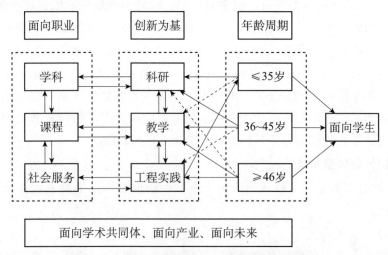

图 13.1 "融合创新型"工科教师队伍专业发展

共同体、面向产业和面向未来的。其内涵可解释为：

1) 面向职业——注重内生发展而非外在驱动。教学、科研、工程实践是工科教师三大能力，因此包括这三个内容的面向职业就是工科教师专业发展的题中之义。学科知识点构成课程的内容，课程又展示学科建设的成就；社会服务的需求会丰富课程的内容，课程还要不断更新内容才能反映和满足社会服务的需求。工科教师职业发展不仅指向其职业素质、职称、职业成就等方面，还包括他们开展的有关教育学和心理学知识、学生知识学习等方面的活动。

2) 创新为基——注重过程而非结果。工科教师所从事的教学、科研和工程实践活动都必须以创新为其基础和出发点。科研的创新成果会促进学科的进步，教学的创新成果会深化课程的改革和专业教学质量的提升，而工程实践的创新成果则会大幅度提高工科教师的社会服务水平。

3) 年龄周期——不同年龄段重心各异。工科教师专业发展在不同的年龄段其发展重心是不一样的。第一阶段是 35 岁及以前，被称为科研为重阶段。当前，大多数工科教师的进校年龄多处于 30 岁左右，且多是从高校直接到高校。相关研究表明，在 35 岁以前，人的科研能力、创新能力是最强的。因此，这个阶段的工科教师应该以科研为重，进一步提升科研水平，提高职称。但与此同时，需要参加助教、听课、教研室研讨等相关教学工作，并且要参与工程实践活动，积累工程相关知识，培养工程素养。

第二阶段在 36～45 岁左右，被称为教学、科研平衡发展阶段。这个时期，工科教师的科研有了一定水平，教学能力因为前期的积淀也得以提升，需要独当一面从事教学和科研工作。如果精力容许，也需要参加工程实践活动。第三阶段从 46 岁左右开始，被称为反哺教学阶段。由于此前从事了大量的教学工作，45 岁以后的工科教师，其教学经验更加丰富，而且也有相当数量的工科教师职称已为正高，这时他们应该花更多的精力来处理教学的问题、带刚进校的青年教师等，并参加工程实践活动。

（2）新模型特点。

"融合创新型"工科教师队伍专业发展新模型特点主要表现在以下三个方面。

1）"三纵三横"。

如前所述，该模型的"三纵"分别是面向职业、创新为基和年龄周期，"三横"则是学科与科研、课程与教学、社会服务与工程实践。

2）真正体现教学中心地位。

教学是高校工作的中心，是圆心，这是大家都有的共识，但要落实在每位教师身上并不容易。在我们构建的模型中，课程是面向职业这条主线的中心，教学是创新为基这条主线的中心，课程又是教学的核心内容，因此，整个"三纵三横"的中心就非教学莫属。这就从根本上真正体现和落实了工科教师专业发展中教学的中心地位。

3）真正落实以学生为中心。

学生是大学之所以为大学最本质的要素。因此，高校以学生为中心，既是题中之义，又是国内外教改的热点和难点。在我们构建的模型中，以学生为中心的落实体现在两个方面，一是就每一位工科教师而言，其人生的三个年龄段均需与学生打交道，教师的专业发展了，水平提高了，学生自然就受益了；二是教学处于中心地位，教学的受益人就是学生，因此学生就处于中心。这就可以从根本上保证以学生为中心理念的落实。

13.2 基础与应用并重，促进教学能力可持续发展

（1）夯实基础，加强教学基本功建设。

2018 年 9 月教育部《关于加快建设高水平本科教育全面提高人才培养

能力的意见》（教高〔2018〕2号）指出要全面提高教师教书育人能力，提升教师教学能力。能力即做事的本领，要促进工科教师教学能力可持续发展，夯实其教学本领、教学基础，加强其教学基本功建设是第一步。

1）正确认识教学能力。

要提升教学基本功，需要了解什么是教学能力，教学能力结构是什么，即只有正确地认识教学能力，才能找准提升的方向。现有文献中对教学能力的构成有着丰富的研究，如有学者认为教师教学能力包括教学设计能力、教学过程掌控能力、教学评价能力以及教学媒介运用能力等；研究型大学教师教学能力包括学识基础与素养、内容开发与拓展、教学反思与研究、课堂组织与监控、教学表达与交往、角色情感与倾向以及学术魅力与品格。

我们认为，教师教学能力指的是为了实现教育目的和培养目标，教师在知识、技能、态度和情感上的综合体现，涉及如何教、如何学以及教与学互动的内容。在如何教方面，教学基本功包括了对教学的定义、教学方法、课程设计、教学目标等方面的知识，也要求教师们在表达能力、板书能力、知识组织能力上有所发展；在如何学方面，教师们需要具备关于什么是学习、学生特点、学习方法、教育学与心理学等的基础知识，要能够认识学习、了解学生需求；在教与学互动方面，教学基本功体现在课程管理、交流沟通、教学评价能力、因材施教能力方面。只有从教与学的整体角度去认识教学能力，才能找准教学能力提升方向。

由于大部分工科教师没有师范背景，且不同教师教学基础和教学基本功不同，要夯实的就不只是教育学、心理学知识。因此，不同基础的教师需要基于对教学能力和自身情况的认识，有针对性地从教、学、教学互动三个方面提升教学能力。

2）充分发挥教师教学发展中心的作用。

教学是关于人与人对话、互动、相长的活动，尤其是对于非师范类的教师，要加强其教学基本功建设需要充分发挥高校教师教学发展中心的作用，让全校教师在对话互动中实现"教教相长"。

首先，工科教师需要与名师对话互动。高校教师教学发展中心可邀请教学名师或相关专家开设面向工科教师教学能力提升的专题课程，课程可分为线上和线下两种，方便校内工科教师在有需要的时候按照自己情况进行选择，让工科教师通过课程与名师对话互动，从而提升其教学基本功。

其次，工科教师需要与同侪对话互动。教师教学发展中心应多举办教学讲座和竞赛，通过经常性的讲座和竞赛，能够为热心于教学能力发展的工科教师提供更多交流学习、展现自己的机会，使其在切磋"教艺"的过程中有所收获和成长。

最后，工科教师需要与自己对话互动，在教学反思中不断提升自己的教学基本功。一方面工科教师需要在教学实践中总结教学经验，运用从教学名师、同事那里学到的知识、经验、方法和技巧，来审视自己的教学活动，反思自己的教学活动；另一方面教师教学发展中心应扩大对微格教学场地、设备、人员的投入，使工科教师能够通过微格教学找准自己的教学短板。

3）进一步加强基层教学组织建设。

加强基层教学组织建设，全面提高教师教书育人能力，是推动高等教育高质量发展的必然要求和重要支撑，这也是保障院系自主权真正得以落实的关键。正如前文提到的，教学能力包括了教、学、教与学三个方面，其内涵丰富、结构复杂，且不同学科、不同基础的工科教师面临的教学能力发展情况不同。

高等教育作为底部厚重的以学术型为主的多元巨型组织，落实由广大教师组成的基层教学组织、学术权力下放，是激发大学办学活力的重要因素。但张应强、邬大光等的研究表明，70年来我国高校的教研组（室）或学系等基层教学/学术组织调整，基本上没有进入院系设置研究的范围，在办学实践中也没有得到足够的重视。由于特殊发展历史，我国大学长久以来以顶层设计、政策驱动为发展模式，行政依赖严重而缺少学术自治、教授治学的传统。

因而，在高等教育"放管服"改革以及强调现代大学治理体系和治理能力现代化建设的背景下，加强基层教学组织建设，提高基层教学组织的教学学术治理能力显得尤为关键。工科教师教学基础的夯实和教学基本功的加强也离不开基层教学组织的建设。

2019年《教育部关于深化本科教育教学改革全面提高人才培养质量的意见》（教高〔2019〕6号）中明确指出高校要以院系为单位，恢复、加强系、教研室等基层教学组织的建制与建设，释放并激发课程模块教学团队、课程组等基层教学单元的生机与活力。在2021年7月，教育部高等教育司更是明确提出开展虚拟教研室试点建设工作并将遴选首批400个左右的虚拟教研室进行试点建设，其目的是希望"建强基层教学组织，引导教师回归教学、热爱教学、研究教学，为高等教育高质量发展提供有力支撑"，其原则是要求高校要"协同打造精品教学资源库、优秀教学案例库、优质教师培训资源库等，推动互联互通、共建共享"。此举进一步凸显了基层教学组织的重要性。

基层教学组织和教学单元的主要功能必须由"教学"这一核心任务所规定，那就是：开展教学活动、参与教学研究、推动教学改革，其共同特征为教师群体以独立单元的方式，围绕共同的教学、教研或者教改目标开展交流、探讨与合作。尤其是在工程教育领域，教学理念、教学模式、教学方法的更新改进层出不穷，工科教师队伍又"先天不足"，尤其需要通过经常性的基层教学活动来加深对新理念、新模式、新方法的理解。

要通过进一步弘扬并创新基层教学组织的"老带新""传帮带"机制，在基层教学组织对新进、开新课、新开课的工科教师进行不断的培训，让他们通过在基层教学组织中学习、交流、实践、再交流、再学习、再实践的循环往复过程，进而促进工科教师队伍教学基础的夯实、教学基本功的加强。

（2）反哺教学，推动产科教融合。

科教融合、产教融合、理实融合作为培养人才的三个有机联系、不可或缺的着力点，通过科研、工程实践反哺教学，推动工科教师产、科、教融合，同样是提升工科教师队伍教学能力的关键。我们的调查同样发现，在"您认为以下哪些方面有助于您提升教学能力"题中，工科教师将科研活动、工程实践活动分别排了第一、二位。

1）以科研活动反哺教学。

首先，需要工科教师转变教学观念，将教学看作一种学术。正如教育部发布的《关于加强新时代教育科学研究工作的意见》（教政法〔2019〕16 号），鼓励教师增强教研意识，积极探索教育教学研究新途径和新方法。只有工科教师们意识到教学本身具有学术性、创新性，其才能够真正认识到科研和教学两者之间的联系。否则，他们只会认为教学是一种重复性、机械性活动，只需要将事先准备好的知识，按部就班、年复一年的灌输给学生便可。

其次，当工科教师们把教学视作一种研究活动，并认为教学能力和科研能力有着相通之处后，便会积极将科研成果引入教学活动中。将科研成果引入教学活动，不仅指将物质化、外显化的科研成果引入教学内容，以此更新教学内容，赋予教学内容前沿性、创新性，也指将科研过程中的心得体悟、科研思维、方法等引入教学过程中，如可以将科研方法中的观察法、实验法等运用于实际教学中，通过设计观察提纲，了解到学生在课堂上的行为特征及其与教学内容、方式的联系，以此改进教学、帮助学生更好地发展。

最后，科研反哺教学，离不开教学的主动作为，即要让学生早入课题、早进实验室、早参与科研活动。科教融合的本质就是在"科研—教学—学习"的过程中进行知识的创新、传授、传播和传承，使师生在学术共同体进行互动式学术探究，取长补短、开拓进取。有了学生参与科研活动，才能真正形成科教融合，教师们也能更加了解学生，以更好地思考如何用科研来促进学生"最近发展区"的演进。师生通过在教学中、科研中的互动、交流、成长，工科教师自然能够深入了解学生、了解学习，其对于如何教、如何学、如何教学互动也更加清楚。

2）深化产教融合。

《国务院办公厅关于深化产教融合的若干意见》（国办发〔2017〕95号）中指出要深化产教融合，促进教育链、人才链与产业链、创新链有机衔接。产教融合背景下，教师们可通过积极参与工程实践活动，以此促进教学能力提升。

一方面当前工程教育教学以产业需求为导向，工程教育教学供给侧将面临整体性、系统性改革，工科教师通过丰富的工程实践经历，可以更好地了解产业需求。他们通过参与工程实践活动，通过聆听企业声音，对于产业需求的把握将明显提升，也更加清楚企业对当前工程教育和毕业生的评价，而这将反过来帮助工科教师们更好地把握人才培养方向，在教学时能够更有针对性地引入教学内容、选择教学模式，也能够更好地指导学生，引导和帮助学生明确学习的方向。

另一方面产教融合背景下，要求企业参与人才培养环节，高校与行业、企业深度合作培养人才。不同类型高校、工科专业应根据自己的办学定位和特点，主动与本专业、行业的大中型企业，甚至是龙头企业建立联系，在培养理念凝练、培养方案修订、课程体系建设、实验实习环节完善等方面，积极寻求企业的支持与合作。工科教师可以利用其在参加工程实践活动中吸收的企业资源来反哺教学。如教师们可以邀请企业的工程师共同参与到教学工作中，并向工程师请教生产中遇到的新问题、合作关于生产性实习实训等方面的事宜，通过企业人员的指导，工科教师能够及时发现自己引入的工程案例或开展的实践教学活动中的不足。

3）教学、科研、工程实践三种能力相互反哺。

在科教融合和产教融合背景下，工科教师教学、科研、工程实践三种能力是相互联系、相互贯通的。

工科教师通过参加工程实践活动，能够帮助其了解行业企业痛点和需求，对于相应的工程技术和理论在工程实践中的应用和不足会更加清楚，而这将引导他们更好地申请发明专利、开展应用性研究以及与企业工程技术人员一道解决技术问题，这些科研成果不仅可以作为教学内容传授给学生，还可以教导学生在参与企业实际工程项目时，如何将工程实践需求提炼为科研课题，培养学生发现问题、提出问题、转化问题和解决问题的能力。

在这个过程中，工科教师不仅能够增强其对教学目标的把握能力、提升其因材施教能力，而且做到了言传身教、教学相长，较之于之前教、科、产三者分离，不仅教学能力，其科研、工程实践能力均会得到相互的反哺。

（3）优化政策，满足可持续发展需求。

1）政策的优化要以需求为导向。

首先，工科教师队伍教学能力提升政策要紧扣国家对工程教育教学需要、面向行业产业实际人才需求、结合学校办学定位和校情师情。创新驱动发展、"互联网＋"等国家战略相继实施，新经济、新业态对工程教育也提出了新的需求，教育部近年来也印发了《关于加快建设高水平本科教育全面提高人才培养能力的意见》（教高〔2018〕2号）、"卓越工程师教育培养计划2.0"等一系列文件，对高校提高人才培养质量提出了新的要求。这些都是我国高校进一步推动工程教育教学改革，提升教学质量，优化校级方面工科教师队伍教学能力提升政策的机遇。

其次，要尊重工程教育的职业特殊性，切实符合工程教育发展需求。工程教育的职业特点中实践性因素占比远超过其他教师类型。基于此，工科教师队伍教学能力提升政策的制定应该尊重高校教师之间的异质性。

最后，要以工科教师个人教学能力发展需求为导向。一方面，根据教师专业发展的内涵，工科教师的专业发展可以划分为三个阶段，即科研为重阶段，教学、科研平衡发展阶段以及反哺教学阶段。如在科研为重阶段，工科教师的角色就相对偏重三项能力中的研究、探索能力，在教学、科研平衡发展阶段则更注重综合能力，而反哺教学阶段则偏向转型、教学能力。所以，处于不同专业发展阶段的工科教师，其教学能力现状以及提升的需求是不同的，教学能力提升政策就要从工科教师专业发展的角度来制定。另一方面，不同特征不同类别工科教师，其学科专业知识、教学策略、教育学和心理学应用能力不同。因此，要加强经常性的教学诊断，用以把握每一名工科教师教学能力的薄弱之处，从而进行有针对性的提升。

2）政策的优化亟须反馈机制。

在如何实现工科教师教学能力提升需求为导向的问题上，高校应该构建工科教师队伍教学能力提升需求反馈机制。该机制主要包含需求和反馈两个部分。需求机制指的是工科教师教学能力提升的政策应该反映工科教师教学能力提升的需求，并尽可能做到个性化。因此，校级工科教师队伍教学能力提升政策应该注重政策的包容性以及实时性，其中包容性主要指该政策能够涵盖不同层次不同类型的工科教师；实时性主要指政策能够根据国家、时代以及社会的需求及时作出调整与变化。

反馈机制体现的是工科教师队伍教学能力提升政策的动态性。首先，工科教师群体每年都在进行新老的更替，因此，这个群体是动态变化的；其次，工科教师自身的经验在逐年积累，能力在逐年变化，因此，他们自身因素也是动态变化的；最后，国家、学校对教学质量、教学效果的要求是不能降低的，但工科教师们所接触的学生却是每年在变化的，而且不同时代的学生特质是不完全一样的，因此，他们的外部因素也是动态变化的。

正因为工科教师队伍教学能力是不断发展的以及教育质量的提升对工科教师们教学能力的需求也是不断变化的，所以高校可以在现有的工科教师队伍教学能力提升体系上，通过转变职能的手段，构建工科教师教学能力提升反馈通道。高校可通过定期对工科教师队伍教学能力进行考核评价，通过教学竞赛、研讨交流、督导访谈、自我报告等形式收集工科教师队伍教学能力相关信息，对这些信息进行分析整理，将所得内容进一步纳入校级工科教师队伍教学能力提升政策。

在对通过培训、自我提升途径来提升教学能力的认可度方面，工科教师均低于行政人员。教学能力的提升需要工科教师们在教学活动中实践、学习、交流、互动，因而无论是通过培训还是自我提升来提升教学能力，都需要准确把握工科教师们教学能力提升需求，并给予精准、及时的反馈，而由于工科教师队伍教学能力提升需求是动态变化的，所以反馈机制的建立健全对于提升培训效果具有重要意义。

3）政策的优化要以满足教学能力可持续发展需求为目标。

国际上，教育可持续发展研究已经具备一定基础。早期的研究中，教师的可持续发展能力由三部分构成即教学、回顾与展望以及网络式工作。后来，基于该研究，部分研究者进一步根据三项能力四方面对教师的可持续发展能力作出解释。

以当前工科教师队伍较为薄弱的教育学、心理学知识为例，基于教育可持续发展能力项目，应融教育学、心理学于工科教师专业发展中，实现工科教师队伍教学能力可持续发展。在不同专业发展阶段，均要融入教育学和心理学相关理论。如在科研为重阶段，教育学和心理学知识在主要帮助工科教师们认识自我、调节关系的同时，让其对教育学、心理学有一定了解和兴趣；在教学、科研平衡发展阶段，则要激励他们主动学习更多关于教学心理学以及教学论方面的知识并运用于课堂教学实践；而在反哺教学阶段，则要引导他们把前两个阶段积累的教育学、心理学理论、知识等与学科专业知识、科研素材、工程实践等相结合，形成有特色的教学方法，展现自己独特的教学魅力。

工科教师队伍教学能力要实现良性、可持续发展，还可以创新教学培训项目和教学竞赛为抓手，实现理论和实践的统一。一方面，高校应该多开展与教学相关的活动，丰富工科教师知识结构，工科教师知识结构是工科教师教学能力提升的要素，并将教学培训项目中表现优秀的工科教师教学案例进行整理，汇编成集并推广。另一方面，要引导工科教师去接触、深究教育学、心理学，在工科教师教学培训中既要鼓励工科教师将教育学、心理学知识融合于教育教学之中，同时培训者也要运用教育学、心理学帮助教师成长，即所谓"言传身教"。

另外，创新教学竞赛一方面要明确高校工科教师教学竞赛的目的，做好顶层设计，即教学竞赛不是评项目、比头衔、拼出身，而是给不同层次、不同学科的教师提供切磋教学技艺、交流教学艺术、磨炼教学技能的平台。另一方面，可针对大多数学科教师教育学、心理学知识储备和实践运用能力不足的问题，以工程、医学、人文、社科等学科交叉形式，成立团队竞赛模式，并奖励教师将教育学与心理学知识运用于教学之中。通过团队竞赛形式，不同学科教师之间不仅可以形成跨学科合作，而且工科教师还可通过交流合作，向教育学、心理学教师取经。

13.3 研究与转化并要，促进科研能力良性提升

（1）基础研究与应用研究相结合。

工程是指运用科学理论、技术手段和实践经验来改造世界、创造财富的创造性实践活动；与科学不一样，工程中大量的内容属于造物，即创造和建构人工实在（包括设施、装备、产品等人工集成物）的物质实践活动。因此，显著区别于纯科学家，工科教师既需要从事基础研究，认识、掌握、创造科学理论，也需要从事应用研究，从而改造世界、创造经济社会价值。

基础研究方面，一流的科研能力目标包括"有文章、有声音、有地位、有名次"："有文章"是指在所从事的学科领域国际主流学术刊物作为"常作者"发表论文，能进入主编、副主编、编委、审稿人队伍；"有声音"是指在所从事学科领域国际主流学术会议上有大会特邀报告、邀请报告、分会报告，作为大会主席、组委会成员、学术委员会成员、分组主持/主席参加会议；"有地位"是指能成为发达国家的外籍院士，在国际、国内相关重要的组织中担任理事长、理事、协会主席、委员等；"有名次"是指国际、国内的一些重要奖励上有名次，能拿大奖。

每一位工科教师均需要根据自身情况，向"四有"标准有选择地看齐。如，研究型大学研究型岗位的工科教师应该向"四有"标准中的高标准看齐，但"有文章"应该是所有工科教师均需要达到的标准。对于当前发文积极性不高的工科教师，其不仅应该认识到"有文章"这一基本标准，更应该认识到从事一定的科研活动，对于其教学、工程实践以至个人发展都具有积极影响。论文选题的发现、提炼、转化，对工科教师的批判思维、发现问题的能力有极大的帮助，而论文写作过程对其逻辑思维和表达能力的提升，能够迁移到教学过程中，帮助他们更好地组织教学、表达思想等。但是，要求每一位工科教师均需要有文章、从事一定的基础研究，并不意味着"为了文章而文章、为了发文而科研"以及追求数量而忽视质量，否则就只会浪费众多学术资源而导致"垃圾进垃圾出"的局面。

毕竟，以论文为展现方式的研究成果应该具有发现性、高深性、思想性。

吉川弘之和内藤耕创造性地提出并定义了"第 1 种基础研究"和"第 2 种基础研究"，并将"第 1 种基础研究"定义为通过对未知现象的观察、实验、理论计算，发现、解释并形成其普遍理论（法则、原理、定理等）；"第 2 种基础研究"指为了特定的社会经济需求性，将已确立的多种理论（法则、原理、定理等）进行综合，通过不断重复观察、实验及理论计算，引导出与具有规律性与普遍性的研究手法、研究结果相关的知识及实现研究目的的具体步骤。简言之，基础研究和应用研究具有内在一致性，无论是从基础研究内在逻辑，还是从工程的内涵、特征来看，工科教师都要进行一定的基础研究，也要从事应用研究。

不同于基础研究，应用研究的范畴比较广，从新技术、新工艺、新产品的研发到生产过程中的技术更新或新技术应用，以及机械设备使用或维护、服务、供给工作的完善等都属于应用研究的范畴，其成果表现形式包括但不限于横向项目、专利、标准、报告、实物等。根据运用科学理论的程度以及与市场的密切程度，应用研究中的市场性、技术性、实用性等有所区分，因而工科教师同样需要根据办学定位、职业规划、能力禀赋等选择应用研究的种类。

总之，工科教师的工程性要求他们将基础研究和应用研究相结合，既需要关注前沿性、基础性的科学理论和知识创造发现，也需要参与工程实践活动，将科学理论和知识运用于工程实践中，服务于社会和经济的发展，通过从事应用研究，也有利于工科教师们从实践中发现科学原理、技术创新的方向。

(2) 内外交流与协同合作同驱动。

美国著名政治学家和社会学家李普塞特（Lipset）说过："只懂得一个国家的人，他实际上什么国家都不懂"。同理，工科教师在进行科学研究的过程中，也只有越过自己科研的固定思维、领域、边界，才能够更好地认识自己所处的圈子、领域、共同体与其他圈子、领域、共同体的共性和个性，因而才能够加深自己对自己从事的科学研究的认识，从而更好地开展科研活动、促进科研能力的提升。科学研究作为一种开放性系统，也只有走出"象牙塔""舒适圈"，才能实现与外部的信息和能量的交流。因此，工科教师科研能力的提升，需要加强校内外、境内外的交流以及合作，主要涉及的便是通过加强与企业交流合作、国际交流合作来共同驱动他们科研能力的提升。

关于通过与企业加强交流和合作来提升科研能力，工科教师已经有了很好的认识和了解，调查中发现工科教师认为工程实践活动对自身科研能力提升帮助作用最大。这里所说的工程实践活动是工科教师和企业开展的双向交流活动，而不是他们单方面的学术商业化行为。工程实践活动是指产学双方主要以知识双向动态流动的方式进行交互学习和知识创新的过程，包括联合研发项目、合同研究、企业实践以及专业咨询与顾问等。

随着知识生产模式从"模式 1"向"模式 2"转变、"大科学"时代的来临以及"后学院科学"的兴起，工科教师通过加强与企业的交流与合作，不仅符合科研范式转型、大学研究机构角色、企业与大学科研契约关系、大学科研成果传播方式、大学科研评价方式转型等相关趋势和理念要求，而且有利于寻求新数据、新观点、新知识和新技能，使研究成果得以改进或更易于应用到实践；发现新的研究问题和研究工具，拓展研究领域；获取外部资源用以改进科研条件。正是通过和企业进行交流与合作，工科教师能够拓宽自己的科研领域，了解应用研究，从而实现基础研究与应用研究的结合。除此之外，通过校内外交流与合作，还会给工科教师带来一种信号效应，即对外展现自身的科研实力，从而通过交流与合作吸引更多的潜在资源和学习交流机会。

不同于校内外的企业交流与合作，工科教师对于国际交流合作对科研能力提升的认可度较低，这可能与国际交流合作所耗费的时间精力更多、交流合作活动缺乏质量保障体系、对教师跨文化能力要求更高有关。

因此，首先需要对工科教师进行合理"减负"，使其具备更多的时间精力参加国际交流合作。沈红的研究表明，2014 年大学教师花在教学、研究、服务与管理的周均时间总计为 45 小时，比 2007 年增加了 5 小时，51％的人认为总体工作"超负荷"，另外 16％的人感到"严重超负荷"。"减负"不光要减轻教师们身体上的负担，更侧重于减轻教师们的心理负担。青年教师尤其容易面临的一个问题是，他们会因为无法将参与国际化活动所耗费的工作量转化为考核所需积分而在绩效加薪、聘期考核甚至职称评聘方面处于不利地位，类似的情况会给教师带来极大的心理负担，使得教师有心提升国际化能力，却无力承担参加国际化活动带来的利益损失代价。为此，建议高校要制定清晰的国际化相关政策，给予教师制度保障，将参加国际化活动并考核合格的内容纳入考核评价体系，为教师适当提高一定的费用补助比例，使教师参加国际化活动能放开手脚而无后顾之忧。

其次，要建立国际交流合作质量保障体系。国际交流合作质量保障体系可分为三个部分，一是在工科教师参与国际交流合作之前，需要采用教师自我评估、院校评估相结合的方式，对这些工科教师的科研能力现状和发展规划、参加国际化交流合作目的和计划等进行评估，做到他们有能力、有需求、有目的地参加国际交流合作；二是加强事中和过程性评估，要求工科教师们在国际交流合作中要有所收获、有新成果、有新想法；三是通过前后测对比，对参加完国际化交流合作的这些工科教师科研能力再次进行评估，判断其学习或交流效果，是否达到了预期目标。

最后，加强对工科教师的跨文化能力培训。国际交流合作的效果不仅取决于工科教师科研能力的强弱和交流合作规划的合理性、科学性，也取决于他们跨文化交流、合作、竞争能力。工科教师只有能够真正融入国际学术环境，才能实现信息和能量的互动融合创造。因此，对工科教师的培训不能仅仅关注对其国际学术能力和外语能力的培训，还要加深他们对东道国的文化、宗教、信仰、法律规范等的认识和理解。

（3）专利申报与科研能力互支撑。

1）转变观念，重视发明专利。

需要从组织和个人两个层面出发，改变当前高校教师科研评价体系对专利认可度一般的现状。

从组织层面看，一方面应用型高校办学定位决定了其应更加关注社会发展、科技应用、技术创新服务，另一方面发明专利申报活动对地方高校、民办高校工科教师能力提升促进作用显著。因此，应用型高校应推动工科教师队伍考核评价向应用型转型，适当加大对工科教师工程实践素养、技术创新能力等考察的力度。虽然研究型高校以开展理论研究和创新为主，但由于研究型高校学科门类齐全、基础研究实力强的优势，决定了其不可能也不应该游离于技术创新服务之外，加之发明专利申报活动对部属高校工科教师能力提升具有促进作用，所以研究型高校不应当完全忽视工科教师发明专利的申报情况，就如斯坦福大学之于硅谷。

从个人层面看，工科教师要主动参与发明专利申报活动。一方面因为发明的研究和发现的研究、教学的研究、综合的研究均是工科教师的科研能力的有机组成。另一方面，对于恪守其内敛的"学术人"姿态，从而不愿参与发明专利申报活动的那些工科教师，我们的研究或许可以打消他们担心注入太多工具理性会影响其教学、科研能力提升的忧虑。因此，主动参与发明专利申报活动，对于发明专利的申报和教师能力提升均具有重要作用。

2）重视成果转化，申报"有效专利"。

重视发明专利，不等于为了专利而专利，忽视成果转化。因此，在重视发明专利的同时，要加强科研成果的转化和落地，解决科技和经济"两张皮"的问题，其中的关键便是要激励工科教师们申报"有效专利"，从源头提升成果转化效率和质量。

自 2015 年始，全国人大和国务院陆续修订和颁布了《中华人民共和国促进科技成果转化法》《实施〈中华人民共和国促进科技成果转化法〉若干规定》及《促进科技成果转移转化行动方案》，形成了从修订法律条款、制定配套细则到具体行动部署的科技成果转化"三部曲"。法律政策的完善，为工科教师申报"有效专利"，助力成果转化提供了一定的外在条件。新的政策和法律划定了政府和大学的权利配置，大学享有了全部的职务成果转化自主权，因而学校首先应该建立合理的科技成果转化的处置和收益制度，以充分调动工科教师申报"有效专利"的积极性，使其能够从专利的转化落地中感受到实惠，能够得到合理的收益。否则，工科教师在申报专利时，便只会选择快捷、短视的"为专利而专利"的行为。

其次，加强专业化科技成果转化服务机构建设。可成立专门的机构，如技术开发与转化促进中心等类似的机构，为工科教师申报发明专利提供技术咨询、政策解读、程序讲解等全流程的专业服务，既能从成果转化角度出发，规范工科教师发明专利申报活动，帮助工科教师产生最佳创意，也能大大降低他们获权一项发明专利所消耗的精力。

再次，对工科教师专利申请进行全程评估，防止"僵尸专利"的产生。在开展服务的过程中，评估教师申报专利的合理性、有效性、实用性，对不满足申报"有效专利"要求的工科教师及时纠偏。

最后，鉴于科学合理的考核评价制度的重要性，要引导工科教师申报"有效专利"，除了要考核教师专利数量，还要围绕专利产出活跃度、技术强度、技术贡献度等因素构建评价指标体系。

3）创新教师管理，以专利申报促进工科教师能力提升。

在重视专利、提升专利质量的基础上，还要通过创新变革，才能真正促进发明专利申报活动和工科教师能力提升良性互动。

首先，要充分利用工程实践岗位。前文研究发现，由于发明专利申报活动对工科教师能力提升的促进作用呈现出明显的边际效用递减趋势，当他们投入精力＞5 时还会对其科研能力提升产生负影响，因此，为更好地发挥高校在产学研技术创新体系中的作用以及避免工科教师投入过多精力至发明专利申报活动，可以由工程实践岗位的教师主要从事工程实践、专利创造活动。一方面当前工科教师工程实践能力不足，工程实践岗可更有效地提升工科教师工程实践能力，且从事工程实践活动有助于教师科研能力提升，在一定程度上可抵消发明专利申报活动对科研能力提升可能造成的抑制作用。另一方面，专利与产业关联度、社会需求契合度以及高校和企业交流程度均有紧密关系，工程实践岗位教师在与行业企业交流合作的过程中，从事知识产权开发、管理、转化等，更有利于工程实践和专利创造活动良性互动。

其次，如将发明专利纳入工科教师考核评价内容，则需根据学校类型、岗位、职称等制定合理的考核评价制度。为此，一方面是对发明专利获权数量的要求应因学校类型、岗位而异。在不对工科教师能力提升产生负影响的前提下，对民办高校工科教师的要求应高于对部属高校、地方高校的要求；另以部属高校教师为例，由于工科教师 5 年内投入 6 精力会对科研能力提升具有负影响，所以不同于教学岗，对科研岗教师要求应略低一些。另一方面，对于采用计分形式对工科教师进行考核评价的高校，针对发明专利申报活动对不同职称工科教师能力提升"促进作用最大"和"促进作用消失"两个节点，在"峰值"前，赋予发明专利的分值可依次递增，以鼓励工科教师继续投入精力从事发明专利申报活动，而在"峰值"后，赋予发明专利的分值则宜递减，当工科教师已获权相应数量的发明专利后，可不再赋分，防止出现为专利而专利、忽视能力发展需求的情况。

13.4　认识与引育并举，打造工程实践能力提升新局面

（1）树立正确的工程实践观。

工程实践观将影响主体的工程实践行为，进而影响其工程实践能力的提升。然而，有 41.4％的参与调查的工科教师不同意高校教师应该与企业共同进行项目研究或产品研发；只有 22.3％和 27.9％的参与调查的工科教

师和行政人员认为工程实践能力提升可通过到企业挂职来实现，54.7%的参与调查的工科教师认为去企业兼职可以提升工程实践能力；只有37.1%和43.5%的参与调查的工科教师和行政人员认可工程伦理培养对工程实践能力提升具有促进作用。结合前文研究表明，工程教育利益相关者还没有树立正确的工程实践观。

马克思主义实践观认为，实践是认识的来源，是认识发展的根本动力，是检验认识正确与否的唯一标准。工程是创造性的实践活动，实践自然就是其最基本的底色。所谓正确的工程实践观，就是要充分认识实践对工程项目管理、研发设计、实际操作能力培养以及对工程思维、工程意识养成等方面的决定性作用，要切实落实在与实践相关的各项工作和活动中。实践不只是对相关文件精神的领会，还需要对教师到企业兼职兼薪、企业参与人才培养等相关规定和要求创新性地加以落实；不只是对工程知识、工程技术的学习，也需要发挥工程文化、工程伦理的导引作用；不只是服务工程一线的研发设计或在实验室开展的研究，同时也包括了生产、制造、维护和回收等发生在工程一线的活动，是贯穿于工程全生命周期的。教师只有在真实的工程场景中，积极参与行业企业的各种工程实践活动，实现"做中学、学中做"，才能切实提高自身的工程实践能力。

为此，首先要深化工程教育利益相关者对什么是工程实践能力、为何要提升工程实践能力以及如何提升工程实践能力的认识，要深入理解和把握工科教师教学能力、科研能力和工程实践能力的相互关系。

其次，教育行政主管部门、高校也要重视工程实践能力，将工程实践能力纳入工科教师质量标准、提出明确要求。

最后，在提升工科教师工程实践能力的活动中培养他们正确的工程实践观。工科教师只有通过参与真实工程全生命周期的各阶段，才能切实提高其项目管理能力、研发设计能力和实际操作能力，并将它们彼此联系和有机结合起来；在面对真实的社会文化和伦理冲突时，他们才能真正认识到工程文化和伦理培养的重要性，进而实现对其工程思维、工程意识、工程文化和工程伦理的培养。

(2) 严把招聘入口关，打造优势互补的工程实践团队。

招聘具有工程背景的人才和加强培训是工科教师队伍工程实践能力提升的两个关键环节，引育并举是打造工科教师队伍工程实践能力提升新局面，推动工科教师队伍工程实践能力良性发展的关键。

过去高校在人才引进上对工科教师的工程实践能力几乎没什么要求。但在"工科教师招聘中最应该看重应聘者的哪几类经历"的调查中，有53.4%的参与调查的工科教师和54.2%的行政人员选择了"工程实践经历"，表明高校已开始注重从源头上改善工科教师队伍工程实践能力不足的现状。

首先，在工科教师引进的标准上，要围绕工科教师核心能力，突出工程教育职业的特殊性，适当加大工程实践能力在招聘中的比重，围绕工程实践能力设计引进标准，如将是否具有行业企业工作经历、主持工程型课题数量、参与工程全生命周期的阶段和频率等作为重要标准。

其次，在引进工科教师的人选上，除了引进具有工程实践经历的国内外高校毕业生或教师，还可通过长聘或短聘等方式适当加大从行业企业引进高水平、高职称工程技术人才的比重和力度，打造校企通道，优化工科教师队伍结构。这主要包括以下两个方面的内容：

一方面高校要根据学科定位、师资队伍建设方向以及教育教学需要从企业引才。如，在需要培养土木工程专业学生工程实践能力，使其熟悉土木工程知识原理和工具技术在真实工程场景中运用情况时，便可面向土木行业企业引进实干型人才；需要拓宽学生经济核算、市场营销、成本控制等相关知识面而又缺少相关师资时，便可引进企业中的金融管理相关人才。通过引入具有丰富工程实践经历、熟悉工程技术开发应用和市场创新规律的人才，有利于改善工科教师队伍学缘结构、知识结构、能力结构。同时，不仅要通过学生评价的方式，考察引进的企业人才教学态度、教学能力、教学效果等方面的内容，而且要从在职工科教师的视角出发，考察企业人才的融入程度。

另一方面，从企业引才不是临时性的、应急性的，应该是稳定的、系统的且纳入发展战略规划中的。因此，校企双方可以以制度、契约的形式打通校企通道，使得双方人员能够有序、双向流动。可以先由校企中参与双向流动积极性高的工科教师和企业人员实行第一步，在小范围的交流中逐步构建形成交流机制，规范双方的责权利；之后，通过学生实习实训、企业人员的继续工程教育以及校企研发人员科研合作等形式，扩大交流的形式和范围，在实践中对交流机制持续改进，满足双方的利益诉求；最后以此以点带面打造制度化的一校一企的人员交流引进通道。

最后，高校要针对现有工科教师工程实践能力的现状，优化引进标准、拓宽招聘渠道，引进具有不同背景、经历的人才，形成老中青、产学研多元的工科教师队伍。另外，由于不同年龄段、职称、来自不同企业的工科教师在工程项目管理、研发设计和实际操作上具有各自的比较优势，因而可将新进教师、新进企业人才与现有工科教师拉通来组建含不同性别、年龄、学历、职称的优势互补的工程实践教师团队，以整体提升工科教师队伍的工程实践能力。

(3) 完善相关培训政策，促进工科教师工程实践能力提升。

引是关键，育是核心，高校更应加强对引进工科教师和本校现有工科教师的培育，从引育并举、注重实效的角度出发，以推动工科教师队伍工程实践能力良性发展。

首先，要明确将工程实践能力作为培训的基本内容，并使工程实践能力培训内容紧密结合教育教学、科学研究的实践需求。

其次，要丰富工程实践能力培训模式，以工程实践平台为依托，针对不同特征、不同类别工科教师工程实践能力软肋，实行全员、全职业周期有针对性的培训。

再次，要加强对工程实践能力培训效果考核，尤其是要协同企业对工科教师挂职锻炼考核，并将考核结果和工科教师职称评聘挂钩，严禁形式主义。

最后，针对通过不同渠道引进的工科教师具有不同的能力基础和特点，高校在对工科教师进行培育时，应遵循"大工程"理念系统提升工科教师工程实践能力，不仅包括对新进工科教师工程实践能力、教学能力的培育，对引进的企业人才的教学能力、科研能力的培育，还应包括对本校现有工科教师工程实践能力的培育。

(4) 引教入企，丰富工科教师工程实践经历。

由于工程集实践性、综合性、创新性于一体，所以企业而非学校才是培养工科教师工程实践能力的主要场所，到企业进行工程实践活动是提升工程实践能力最有效的途径之一，且行业企业是愿意工科教师到企业参与工程产品全生命周期的，以充分利用他们的学术前沿优势。

工科教师通过到企业进行工程实践活动，在提升自己创新能力的同时，还有利于开展校企协同育人，加快科研成果转化，对其教学能力和科研能力的提升帮助同样巨大。然而仅有 22.3% 的参与调查的工科教师愿意到企业挂职。调查表明，年龄为 35 岁以下、华南地区的工科教师具有企业实践经历的人数占比较高，但他们对到企业进行工程实践活动认可度却较低。由此说明，除了工科教师需要深化认识，意识到到企业挂职不仅可以提升工程实践能力之外，更主要的是改变工科教师到企业进行工程实践活动的模式，切实丰富工科教师的工程实践经历。

因此，首先校企合作的内容和形式应随不同类型的高校而不同。不同层次类型的高校应针对不同的办学定位与不同类型的企业开展多种形式的合作，让工科教师到最合适的岗位丰富自身的工程实践经历。

其次，要发挥高级职称工科教师参与校企合作的积极性。应以工程实践团队为依托，充分发挥高级职称工科教师"领头羊"的作用，与企业技术人员共同解决技术难题，提升解决复杂工程问题能力。

最后，要纠正工科教师到企业"挂"职的错误现象，避免他们"走出实验室，走进办公室"。到企业挂职应要求工科教师到生产一线去，实施跨部门轮岗制度，增强他们的参与度。应鼓励工科教师遵循全周期、全流程的工程逻辑，真正站在企业的立场去进行实践活动，获得真正的工程实践体验。工科教师到企业挂职除了丰富自身工程实践经历外，还要学习工程文化、工程伦理知识，也要与国内外卓越工程师进行面对面交流。这种发生在企业一线的工程实践，是以真实的工程问题为环境，"干中学"更能丰富工科教师工程实践经历，更有效提升他们的工程实践能力，也就更能促进其工程实践能力良性发展。

13.5 化解核心能力之间的矛盾，实现教学、科研、工程实践能力良性发展

当前工科教师教学、科研、工程实践能力之间并未表现出相互促进的关系。这其中既有客观原因，也有主观因素。因此，从客观原因角度出发，我们提出工科教师能力发展模型，以最大程度促进教师核心能力发展；从主观因素角度出发，则尝试化解活动和能力之间存在的矛盾。

(1) 构建基于精力分配和全职业周期的教师能力发展模型。

能力是抽象的，工科教师能力的提升离不开从事具体的活动。如图 13.2 所示，将工科教师职业发展划分为入职培训、前期（≤35 岁）、中期（36～45 岁）、后期（≥46 岁）等 4 个阶段并作为横坐标，且每一阶段都以

提升一种能力为主，纵坐标表示教师精力分配情况。人的精力都是有限的，且用于工作（从事教学、科研、工程实践等工作）的精力投入也是比较稳定的，所以我们将其假定为在不同职业发展周期的总量是相同的。

首先，由于工程实践活动对教学、科研能力提升都为负影响，且社会服务质量取决于工科教师的教学和科研能力，所以我们认为工科教师职业发展周期都应以教学或科研能力提升为主、工程实践能力提升为辅。其次，因为工科教师为非师范专业且大多数教师在入职前并无教学经历，所以入职培训阶段应该以教学能力提升为主，将绝大多数精力投入教学活动（网格区域）中。考虑到工程实践活动对教学能力提升具有负影响，科研活动对教学能力为促进作用，所以在工科教师职业发展第一阶段的精力分配上，科研活动（斜线区域）应多于工程实践活动（白色区域）。

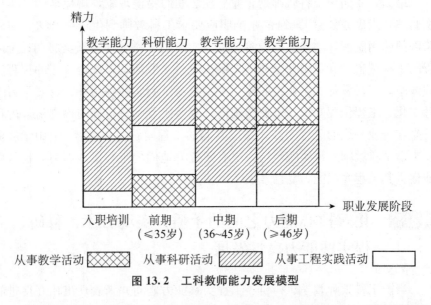

图 13.2　工科教师能力发展模型

由于在 35 岁以前，人的科研能力、创新能力是最强的，对科研能力、科研成果需求也最旺盛，因此工科教师职业发展前期应致力于提升科研能力，主要从事科研活动，投入工程实践活动的精力也要多于教学活动，以抵消从事教学活动对科研能力提升的负影响。同时，由于在入职培训阶段具有了一定教学能力，所以这又对工科教师从事科研活动、提升科研能力具有促进作用。要特地说明的是，较少从事教学活动意指尽量不要让这部分教师独立承担过多的教学工作，应该多跟随有经验的老教授，从事助教工作或联合授课，由老教授更多地讲授基础理论部分，年轻教师则适当介绍前沿知识并观摩、学习老教授的教学工作。

职业发展中期和职业发展后期的工科教师均应该以从事教学活动、提升教学能力为主，将主要精力用于教育教学和人才培养中，其次将次要精力投入科研活动中，而由于从事工程实践活动会对教学能力的提升产生负影响，所以从事工程实践活动的精力应该最少。可以看到，职业发展中、后期和入职培训精力分配情况相似，但因为有了之前的积淀，处于职业发展中、后期的工科教师会经历一个反哺期，即教学能力提升效率会大幅度地提高。步入职业发展后期的工科教师，此时应充分利用其较强的教学能力和科研能力，从事大量的教学活动，帮助学生、青年教师更好成长，真正成为一名教育家。

最后，考虑到随着工科教师职业发展，其教学能力呈现出递增的趋势，因此，虽然入职培训、中期、后期都是以从事教学活动为主，但在具体的精力分配上存在细微不同，即工科教师职业发展后期教学能力最强，可适当降低从事教学活动的精力分配比例。

要加以说明的是，该部分提出的能力发展模型与 13.1 节中提出的专业发展新模型是既有联系又有区别的，主要表现在以下两个方面。一是专业发展新模型是面向工科教师队伍而构建的，针对不同年龄段的工科教师指出其各个阶段的发展重心倾向，而能力发展模型是面向工科教师个体而构建的，从个体精力分配视角提出不同阶段在教学、科研、工程实践的精力分配情况；二是专业发展新模型是面向学术共同体、面向产业、面向未来的，在此基础上，能力发展模型更加注重以工科教师个体的能力发展为导向，且在此导向下对专业发展新模型中的年龄周期进行了扩充，引入入职培训这一阶段，以更好地促进工科教师能力发展。

（2）处理"客观""主体间""主观"三种关系，化解活动与能力之间的三对矛盾。

能力和能力之间的相互促进转化是建立在工科教师长期从事各种活动基础之上的。因此，化解了活动和能力之间的矛盾，就能最大程度促进能力和能力之间良性互动。工科教师三大核心能力之间的矛盾主要体现在教学活动与科研能力、工程实践活动与教学能力、科研活动与工程实践能力这三对活动与能力之间的矛盾上。要改变某一秩序，必须处理好"客观""主体间""主观"的关系。我们认为化解以上三对矛盾，同样需要分别着重从这三方面出发。

1）教学活动与科研能力之间矛盾的化解。

化解教学活动和科研能力之间的矛盾，需要以学生这个"客观"存在为中心，即工科教师在教学和科研活动中，都要更加注重引入"学生"这一"客观"元素。

传统教学以教师为中心、课堂为中心、教材为中心，侧重于知识传授，更多的是一种重复性、简单劳动。教什么、怎么教都由教师说了算，学生游离于教学活动之外，教师一个人大包大揽，耗费无数时间精力的同时，教师科研能力的提升也受到了很大影响。因此，通过改革传统教学模式，可以改变当前教学活动对科研能力负影响关系。随着"互联网＋"的普及，教师、课堂和教材已经不是学生单一获取知识的来源，学生的思维和学习方式都会更加灵活而富有创造性，学生对更高质量教育的需求更加强烈。"以学生为中心"更是成了工程教育认证的三大理念之一。这些将倒逼工科教师改革传统教学理念和模式，研究性学习、项目式教学、翻转课堂等教学理念或模式随之兴起。传统教学活动中知识创造和发现的成分逐渐增加，工科教师带领学生不断学习探索，全新而富有挑战性的教学活动将无形中提升其科研能力。

过去的科研活动是封闭的，科研的育人功能被漠视，尤其是本科生更是难以接触到教师的科研活动。正是由于科研范式趋于封闭，科研能力越强的教师，越是孤独的前行者，从而和更加注重师生互动、师师互动的教学活动也就渐行渐远。在开放式科学时代，要求大学改变科研范式，而首要的就是引入"学生"这一"客观"存在。

为此，首先要带领学生了解科研、参与科研。工科教师除了要开设各种讲座，向学生介绍自己的研究成果，让学生感受到科研以及学者的魅力，还要将科研项目转化为教学项目，让更多优秀本科生了解并参与科研，通过本科生科研拉近自己和学生的距离。

其次，要为了学生而科研，开展更多的教研项目。在实际教学活动中开展科研，提升自己的教学学术能力，也是提升自身科研能力的一种途径。在教学活动中开展科研，能最大限度地将工科教师科研成果运用于教学活动。

最后，在开放式科研范式下，工科教师要随时考虑到学生的需求。如在进行科研时，要有意识地将过程中获得的新体验、新思想、新知识带入课堂教学中，在拓宽学生思维的同时，也是在和学生分享科研带来的快乐。工科教师只有在教学和科研中，随时做到心中有学生，"以学生为中心"，教学和科研的中心就会汇聚于"学生"这一点上，两者之间的矛盾也就自然化解。

2）工程实践活动与教学能力之间矛盾的化解。

"主体间"靠的是许多个人主观意识之间的连接网络。因此，要化解工程实践活动和教学能力之间的矛盾，就需要构建由教育链、人才链、产业链、创新链有机衔接的区域网络系统。

过去，各主体之间仅为单一线性连接关系，如高校、企业、中介服务机构遵循的是"基础研究—应用研究—技术开发—产品创新"的创新链，各个主体之间联系较少且缺乏合作共赢的深层次联系。在教育链、人才链与产业链、创新链有机衔接，多主体互动的区域网络系统内，各个主体都将是教育链、人才链、产业链、创新链的重要节点，彼此之间构成合作共赢的生态系统，各种资源将沿着不同链条相互碰撞、集聚，从而建立大量正式或非正式的联系。每一个主体都更加开放，能够充分利用外部资源，促进自身的进化。

如图 13.3 所示，一旦某高校或企业成了该网络系统的一个节点，它将可以通过这个网络与其他企业或高校建立联系。以高校 1 和企业 A 为例。教育链的产生，不仅为该高校和该企业之间的联系开辟了新的渠道，也使得该高校和企业通过这条渠道，与其他企业或高校建立联系。假设企业 A 与高校 1 的校企创新链"堵塞"，一方面企业 A 可通过承担更多的育人责任，多途径参与高校 1 的育人过程，依靠实习、实训、课程教学等教育链或依托其人才优势的人才链与高校 1 建立联系；另一方面，企业 A 还可通过自己与高校 2、高校 3 的创新链，再连接高校 2、3 与高校 1 的创新链，进而迂回打通自己与高校 1 的创新链；企业 A 甚至还可以通过自己与企业 B、C 的创新链，再连接企业 B、C 与高校 1 的创新链，再次迂回打通自己与高校 1 的创新链。同理，对于其他链的"堵塞"，相关高校或企业也可依靠这个发达的网络，以其他高校或企业为中介继而和其他企业或高校建立联系，采取"迂回战术"来实现自己预期的目的。

对于高校 1，将会有更多优秀的企业工程师愿意走进校园，以高校作为协同育人的主要场所，既能弥补工科教师工程实践能力上的短板，也能节省工科教师到企业参加工程实践活动消耗的时间精力。高校师生也将有

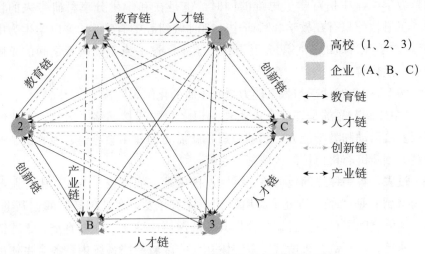

图 13.3　高校和企业之间的区域网络系统示意图

更多机会走出校园，走进相关的不同企业，丰富自身工程实践经历。

高校工科教师和企业工程师在教育链的正式或非正式联系，将产生明显的知识溢出效应，从而使得教学能力强的工科教师不仅有机会进入企业发展，还能在校园教学活动中，通过和企业工程师交流互动，进一步熟悉最新的生产工艺和制造流程，实现自身知识结构的不断更新。如此，不仅更多工科教师有机会参与到工程实践一线提升工程实践能力，而且因为校园成了校企合作的主要场所，知识溢出效应明显，所以不再需要教师花费大量时间精力从事工程实践活动，而影响教学能力提升。

3）科研活动与工程实践能力之间矛盾的化解。

化解科研活动和工程实践能力之间的矛盾，需要解决好"主观"事物的关系，即工科教师需要从自身的观念、行为等方面作出改变。

知识正在从"求真"向"求用"、从"真理"向"用理"转型，我们要推动产学研深度融合，实现科技同产业无缝对接。因此，工科教师需要破除二元对立的线性科研观，树立"大科研观"。博耶（Boyer）将研究分为教学的研究、发明的研究、发现的研究和综合的研究。但当前大部分工科教师都更偏爱于从事基础研究，致力于知识的生产——即重视知识的发现并将发现成果以论文的形式进行公布。这不仅窄化了科研活动的范围，而且不利于知识链和产业链、价值链的衔接。

工科教师要有意识地将自己的科研活动从基础研究向"下"延伸，更多地面向企业、面向技术、面向真实工程场景开展科研活动，以此丰富科研活动种类。尤其是工程产生、发展于实践，实践性是工程的本质，工科教师工程实践能力蕴含了大量的意会知识，而这部分知识更是需要工科教师走进工程实践一线，在真实的工程科研环境中去亲身参与。只有工科教师摆脱基础研究和应用研究的二元对立观，主动从事知识发现和转化的各种科研活动，不再仅仅关注知识逻辑，而是更加注重技术、市场需求，一旦他们的工程实践能力得以提升，"大科研观"下科研活动的正向影响就能得到充分显现。

　　教师为了从事技术开发工作，有可能放松其他形式的学术研究及教学活动。因此，工科教师在提升工程实践能力的过程中，可能会影响自己的科研产出，这就需要他们正确把握好两者的"度"。一方面，工科教师要时刻铭记自己的教师和学者的身份，牢记高水平的工程实践服务是建立在高质量的教学、科研工作之上，工程实践能力提升是为了更好地履行教师职责。另一方面，要合理运用在企业活动的机会，到企业挂职、提升工程实践能力，除了进行技术开发、产品制造等合作，还可以通过和不同的人交流以及在多元环境下思考，不断更新知识理念、学习新方法、寻找新的科研方向。最后，对于如何提升工程实践能力、花多少时间精力，要理性分析自己的职业发展需要，结合学校办学定位以及学科发展、教学需要，有针对性地提升工程实践能力，解决好不同发展时期的主要矛盾。

　　综上，就能化解科研活动和工程实践能力之间的矛盾。

第14章

培训与激励：以工科教师
队伍能力结构复合化为指引

14.1 多措并举，打造能力结构复合化的工科教师队伍

(1) 深化对培训的认识。

新时代对工科教师提出了新的要求，需要工科教师的知识体系、能力结构、工程文化与工程伦理、工程素养与人文素养持续地更新改进，以使自己向着更高水平发展，进而推动工程教育质量的提升。行政人员和工科教师都要充分认识到高效、高水平的培训对做更高水平工科教师的支撑作用。

1) 培训有利于促进工科教师专业发展，打造一支结构复合化的工科教师队伍。高水平的工科教师是能力结构复合化的工科教师，他们会根据自身的实际情况，在保证有相当水平教学能力的基础上，更加注重对自己综合能力，即教学能力、科研能力、工程实践能力、国际化能力，以及工程文化和工程伦理价值观等的系统提升，也就是在"大工程"框架下的综合能力提升。为此，行政人员需要从为培养人才服务的角度出发，做细、做实工科教师专业发展、继续教育、培训等方面的相关工作。对于工科教师而言，"磨刀不误砍柴工"。只有不断通过培训和继续教育来提升自己的综合能力，才能满足工程教育教学、工程科学研究、工程实践活动、国际化活动的需要，这将促进工科教师能力和水平的进一步提升，对工科教师的发展起到很好的推动作用，进而能够打造一支结构复合化的工科教师队伍。

2) 培训有利于个人发展与组织发展的良性互动。高水平的工科教师

培训是涵盖个人发展和组织发展的。教学发展、组织发展、个人发展构成了教师发展不可或缺的一个整体，培训在促进工科教师个人发展的同时，也将推动组织的发展。组织的发展主要表现在教师发展中心的发展。高水平的培训在推动工科教师个人向着更高水平迈进的同时，将产生虹吸效应，吸引着优质的资源不断流向作为培训中心的教师发展中心。组织一次又一次的高水平培训，有利于教师发展中心的专家及工作人员不断积累培训经验、提高业务能力，也通过培训实践不断完善相关制度机制，使得教师发展中心无论在人员配备还是在硬件设施上都得以改进。显然，高水平的教师发展中心也是提供高水平工科教师培训、培养高水平工科教师的基本保障。所以工科教师培训是连接教学发展、组织发展、个人发展的重要纽带。重视工科教师培训，有利于形成三者之间的良性互动。

（2）落实相关政策要求，进一步加强教师队伍培训的规范性、制度化。

在加强教师队伍培训的规范性方面，各地各高校要严格按照《关于深化高校教师考核评价制度改革的指导意见》（教师〔2016〕7 号）以及《关于分类推进人才评价机制改革的指导意见》等文件的相关要求，认真落实每 5 年一周期的全员培训制度，要求所有工科教师必须参与培训。同时，为加快实施专业技术人才知识更新工程，还要把到企业顶岗锻炼纳入工科教师培训制度当中，对他们到企业进行工程实践活动提出必要的制度要求。

另外，要将教师培训情况纳入考核评价体系，探索实施工科教师继续教育学分制，将参加教师培训作为获取继续教育学分的必要途径。工科教师只有参加了每年的定期培训，在年度考核时才可以拿到教师培训学分，这就使工科教师的参训率以及参训次数得到提升，"量"上得到一定保障。

制度是保障教师队伍培训规范性的重要防线，因而需要完善相关制度，不仅要对工科教师进行分类培训，还要对培训对象、培训频度、资助体系等进行明确规定，以保障工科教师培训的"质"。

1）在分类培训方面。

工科教师分类培训的第一步就是要围绕其职业发展周期进行系统性、科学性设计。工科教师的职业发展周期可以分为 3 个阶段，每一阶段能力发展重点不同，只有当培训符合每一阶段的共有特点时，培训效果才能得到最大化体现。如年龄≥46 岁工科教师处于反哺教学阶段，此时其教学经验和能力都较强，仅通过培训基础的教育心理学、教学设计和管理等知识显然会使其教学能力培训效果显著低于其他两个年龄段的工科教师；对于处于科研为重阶段的年龄≤35 岁工科教师而言，若不充分考虑其能力需求、职称晋升和家庭生活压力，"一刀切"采用处于职业发展稳定阶段工科教师的培训制度、内容、方式，也会对其培训效果产生影响。因此，需要基于工科教师的职业发展周期对培训进行系统性、科学性设计，如表14.1 所示。

表 14.1　　　　　　　　　基于职业发展周期的培训体系

	职业发展周期			
	起始阶段（入职）	第一阶段（≤35 岁）	第二阶段（36～45 岁）	第三阶段（≥46 岁）
培训导向	组织融入、人文关怀等	组织融入、人文关怀、能力帮扶等	激励热爱、面向学生等	学科交融、科教融合、参与奉献等
教学能力培训	教学基本功、课堂观摩等	知识与理念、课堂观摩、助教等	教学机智、师生关系、教学研讨等	理论研究、课堂创新、教学督导等
科研能力培训	平台支撑、交流学习等	平台支撑、资源支持、交流学习等	成果转化、校企合作、前沿创新等	国际对话、跨界科研、资源分享等
工程实践能力培训	工程文化、工程伦理等	工程文化、工程伦理、虚拟仿真、企业挂职等	研发设计、企业挂职等	企业指导、跨境协同、资源分享等

在工科教师刚入职的起始阶段，重点以组织融入、人文关怀为导向，增强新进工科教师的教师认同感和使命感，加强教育学、心理学、教学设计等教学基本功的培训；第一阶段除了在培训中继续宣传学校优良传统和办学精神，加强工科教师的使命感外，还要加强其科研能力的提升培训与支持，同时要加大其教学能力培训的内容和工程素养的提升；第二阶段的工科教师除了科研，还要承担足够的教学工作，就要加强其教学机智、关于学生的培训，并通过虚拟仿真和到企业挂职等尽可能参与工程生命周期的各阶段；第三阶段的工科教师已经步入职业成熟期，对这部分工科教师的培训应着眼于走出边界，既走出学科边界，实现学科交融，也走出教学/科研边界，走出自我边界，分享自己在教学、科研、工程实践方面的资源，促进产科教融合，在培训其如何帮助年轻工科教师发展的同时，实现

自我升华。

分类培训的第二步是关注处于同一职业发展阶段但其他特征不同的工科教师特性。如，之所以女性工科教师科研能力培训效果不如男性，是因为其往往存在学术资源不足、学术地位边缘化等情况，因而需要对女性工科教师提供更多资源支持，增加其与优秀学者接触的机会。对于同处于第一阶段的博士和硕士学位的工科教师，由于硕士学位工科教师希望能够拥有更多的自我提升时间和空间，追求更高的学术成就，所以需要在培训时间和培训考核上给予其更多人文关怀，而调查发现，硕士学位工科教师的确更希望改进培训时间和培训考核。

有超过 54% 的正高职称工科教师希望改进培训方式和培训内容，且其科研能力培训效果显著低于副高职称工科教师，基于此，对于能力较强的正高职称工科教师可以采取"跳阶"的培训内容和方式。

最后，正是因为部分地方高校工科教师培训对其实践背景的补全培养与工程素质的养成教育较少涉及以及教学能力、科研能力培训大都"从学校到学校"，实践性不强，所以当前非部属高校教学能力和科研能力培训效果均不如部属高校，表明工科教师教学能力和科研能力的培训体系设计还要根据学校办学和教师发展定位来进行分类培训。

2）在培训对象方面。

部分参与调查的工科教师认为培训应该主要针对 35 岁以下的青年教师或入职时间不到 5 年的教师，而另一部分则认为应该主要按照教学效果考核的排名来，以此才能体现培训的针对性和有效性。

因此，我们建议高校首先应发挥好制度的规范性作用，在落实全员培训制度的同时，以教师教学效果考核评价结果为主来进行有针对性的培训，同时额外关注工科中青年教师的专业发展，避免因他们对培训执行过程中产生的意见分歧而挫伤其参加培训的积极性，进而影响培训效果。

其次，由于企业与高校要实行轮岗、互聘，因此，工科教师培训不仅要对新进的和全体在职工科教师进行培训，还要注重对要到高校挂职工科教师的企业人员进行教育学、心理学等方面的培训，使他们能迅速适应并胜任高校教学的工作。

最后，还要对行政人员进行培训，使得他们在加大对工科教师培训激励、反馈频率的同时，能够树立服务理念，对不同年龄段、不同学位、不同职称的工科教师，按照他们的特点和需求进行科学而有效的服务。

3）在培训频度方面。

一方面要提高工科教师培训频度，加大对教师培训的经费、场地、设施等的投入，保障工科教师培训能够实现常态化开展。另一方面，因为培训频度和培训效果并不是正相关关系，所以不能一味增大工科教师培训频度，而是要充分结合工科教师实际情况来适当提高培训频度。

我们认为工科教师的实际情况主要分为三种情形：

一是工科教师通过自学、碎片化学习等方式便可掌握培训内容时，便不需要提高集中培训频度；

二是工科教师已经通过培训掌握了培训内容，再提高培训频度便会产生"浪费"，形成过度学习时，则不需要提高培训频度；

三是当工科教师由于工作或其他原因而对较高频度的参训抱有消极情绪时，可通过调查、征询意见等方式，与他们进行沟通，根据实际情况采取减少培训频度或调整培训时间等措施，实施个性化、人性化管理。

4）在资助体系方面。

调查表明，当前承担参训费用越低的工科教师，其培训效果并不是越高，这似乎表明单纯的加大资助比例、力度，对多数工科教师的培训效果并不会起到提升作用。为此，学校对工科教师培训的资助不能仅停留于单一、粗放的资金投入，需要针对培训考核结果进行设计。

对于教学能力的培训，可以先让工科教师承担不超过30%～40%的费用，对于科研能力和工程实践能力的培训，有条件的高校可让工科教师先出一半培训费，剩余的培训费用则需要通过设置合理、有效的考核再决定如何支付。如工科教师培训考核合格，则可报销剩余金额的一半左右，良好则全额报销剩余金额，即免费参训，而对于考核优异的工科教师，除免费参加培训外，还应该再额外奖励10%～30%，以激发他们学习、培训的动力。

（3）基于教师发展理念，提升教师培训组织支持感。

仅有68.45%的参与问卷调查的工科教师非常同意或同意培训能够激发保持继续从事本职工作的热情，且能力越强的工科教师对培训具有积极态度的人数比例越低，但分析显示是否具有积极的培训态度显著影响工科教师参训率以及参训意愿。

因此，第一要转变把培训当作短期的、临时性的、功利行为的观点，在工科教师培训中树立发展理念。正如潘懋元先生指出，大学教师发展着重于教师主体性，自我要求达到某种目标，这是不同于外部要求教师接受某种规定的培训的。只有以发展为理念，才会从工科教师职业发展全周期的角度去设计培训体系，才能真正使培训适合于不同背景特征的工科教师，才能获得工科教师的认可。

第二要提升工科教师组织支持感。组织创新支持感作为员工对组织支持其在工作过程中追求并实施新构想的主观感知，对员工创新行为具有重要影响。同样可以认为，组织培训支持感作为工科教师对学校组织支持鼓励其将在职培训纳入其专业发展规划的主观感知，对他们的培训行为也具有重要影响。鉴于当前工科教师的培训积极态度对培训效果无显著影响，因此需要提高工科教师对培训的组织支持感，使其将态度、认知转变为培训的动力，从而影响其培训行为。

为此，一方面是从培训本身入手。只有真正从培训体制机制、内容、方式、时间、考核等多方面改进、做实培训工作，才不至于使工科教师对培训的积极态度转变为"期望越大，失望越大"；也要注重对工科教师培训的激励与反馈，使他们始终保持对培训的积极态度，但只有 25.91% 的工科教师接收到专业发展相关的激励与反馈；另外，除了培训工科教师知识、技能、能力，更应注重对其情感态度的培训，在培训中使其提升对自身发展、组织需求的价值和使命认同。

另一方面要从政策的创新入手。有研究认为学校优越的硬件投入反而可能会分散学生的学习注意力，或者会使学生更加依赖环境和制度激励，缺乏学习的内驱力。因此，要提升工科教师对政策的认同感。按照影响政策认同程度的影响因素，需要提高工科教师政策制定的参与度，在政策内容合理的前提下，保障政策能够较好执行，使工科教师真正能够享受到政策优惠。工科教师能否真正感受到支持感，还需要其他如考核评价、学术休假等政策的协同支持，诸如考核评价政策对培训的支持，将直接影响培训效果的提升。

（4）多样化培训方式，更新、丰富教师培训内容。

工程教育范式的转变，实质上具有融合创新的特点，工科教师培训作为工程教育质量的重要保障，以融合创新为理念，多样化其培训方式、更新丰富培训内容是应有之义。

1）多样化培训方式。

由于工科教师队伍规模庞大且异质性明显，宏观层面上需要建立通用型、学科专业型和专用型等三种类型的培训方式。所谓的通用型是指针对共性知识、能力的培养。这部分工作可以由全国高校教师网络培训中心、爱课程、学堂在线等大型的第三方全国性培训机构来实施。而不同二级学科由于有不一样的内涵，因此可由中国机械工程学会、中国土木工程学会等全国性的专业学会、行业协会等专业组织来承担学科专业型的工作。而不同高校由于其教师差异甚大，因此可以利用各高校的教师发展中心来承担专用型的工作。如对工科教师国际视野的培训，其中外语能力的培训可采用通用型的培训方式，而对于涉及伦理、文化、习俗等具有学科、行业、领域属性的知识，可采用学科专业型的培训方式，涉及具有教师个体特质、个性发展等方面的，则采用专用型培训方式。

中观层面上，工科教师培训的培训方式不能只是采用传统主要通过授受培训的形式，而是要更加符合成人学习特征，符合学者的认知习惯，要利用 AI、大数据等新信息技术，融合传统习明纳（seminar）、实践、现代慕课等培训方式，将工程进步和技术创新融进教师培训中，线上线下相结合，校内校外相结合，满足工科教师的个性化需求。要充分利用企业工程资源，搭建工程实践平台、虚拟仿真实验室，做到虚实结合，满足工科教师的个性化需求，从而实现工科教师专业发展的目的。

微观层面上，一方面，不同的培训内容要采用不同的培训方式；另一方面，不同年龄段、不同职业发展阶段的工科教师在知识储备、学习风格以及发展的不同需求对采用的培训方式提出了不同的要求。

对于工科教师教学方面的培训，各高校教师发展中心按学期制定培训主题，拟定以实际问题的解决、实际项目完成为主线的工作坊并提前公布，教师根据自身的情况制订相关计划，并选听相应的慕课、系列讲座，再参加教师发展中心组织的工作坊，实现线上线下以及基于问题的学习、基于项目的学习的融合。对于教学能力培训中基础的教育学、心理学知识可以采用慕课的形式进行线上学习，涉及教学设计、师生互动、课堂管理等实践性内容可通过研讨、角色扮演等方式展开。

对于工科教师科研能力的培训可通过慕课学习、虚拟仿真实验、现场考察、实际动手、企业挂职等方式进行。

对于工科教师工程实践方面的培训，各专业学会录制网络课程、工艺流程视频等，各国家级虚拟仿真实验教学示范中心按计划提供虚拟仿真实验教学项目供工科教师选择，他们再去相关企业挂职锻炼从事相应的工艺流程、环节或工作，以通过真实情境解决教师在线上学习中遇到的问题，通过多种方式的融合提高其工程实践能力。

2）更新、丰富教师培训内容。

以人工智能为代表的新一代技术将重塑整个教育教学生态，融合创新范式和新工科建设更加注重学科交叉、产教融合、科教融合、创新创业，这些都要求更新、丰富教师培训内容。工科教师培训内容的更新主要体现在要以"教师为中心、能力为导向"的设计理念为导向来设计培训内容。

"以教师为中心"就是以工科教师的发展为出发点和落脚点来构建工科教师培训内容。

首先需要倾听还未参加过教师培训的工科教师对培训的期望：分别有 65.1%、56.5%、50.0%参与调查的工科教师选择了"工程实践能力""科研能力""教学能力"。因此，高校在设计培训内容时，在保障培训内容系统性和科学性的前提下，要适当考虑设置"选修课"以满足工科教师的不同需求。

其次，要考虑正在参加培训或已参加过培训的工科教师对培训内容的意见。比如 36~45 岁工科教师的培训内容更多是教学能力和科研能力，而参与调查的这一年龄段的工科教师又更希望改进培训内容，因此需要多和这部分工科教师交流，看究竟是他们所接受的教学、科研能力培训的内容需要改进还是要减少这两个部分而增加其他的内容。

再次，"以教师为中心"要求培训内容的设计要符合各高校的办学定位。教育部直属高校更多属于研究型、综合性大学，应用型高校在地方高校中也占了较大的比重，民办高校则更偏重于技能型、应用性，因此培训内容的安排还要符合自身定位，以此才能提升培训效果。

最后，"以教师为中心"还要求培训内容要有针对性。如博士学位的工科教师因为受到"从学校到学校"的发展模式影响大，所以其科研能力较强而工程实践能力相对偏弱，就应该加强对其工程实践能力的培训，关于科研能力的培训内容安排就应该适当削减"学分"。

以"能力为导向"要求在设计工科教师培训内容的时候，要以工科教师核心能力提升为出发点，围绕某一能力建立能满足不同层级需求的项目和计划。教学能力方面不仅要涵盖教育教学内容，更要以最新的教学理念和教育技术丰富培训内容；科研能力方面要注重教师的知识跨界，跨越不同研究领域，将不同学科最新研究理论和方法在培训中呈现出来。同时，还要围绕某一主题，构建模块化的培训内容，加强各种能力之间的整合。模块化课程是融合如讲授、练习、实践、讨论和报告等多种教学形式，将理论与实践、通识与专业、技术与非技术能力培养等有机结合。开展综合性且具有一定难度的培训内容，更加符合工科教师，尤其是高学位、高职称工科教师的需求，从而提升其参加培训的积极性。

（5）优化培训组织，校内校外齐头并进。

1）优化校级、院级教师发展中心。

组织发展是大学教师发展的重要组成部分，加强组织保障，优化培训组织，是保障工科教师培训效果的关键环节之一。

因此，首先，要充分发挥校级教师发展中心的作用，这在优化培训理念、健全培训制度、丰富培训内容、多样化培训方式和提升培训效果等方面都具有重要意义。由前文可知，校级教师发展中心的"存在感"较低，部分高校还未制定工科教师必须参加培训的制度和政策。所以，一方面要加强教师发展中心服务意识，针对不同特征不同类别的工科教师开展有针对性的服务，切实满足工科教师不同发展需求，以此丰富活动内容、形式，提高他们主动参加培训的频率。另一方面要加强教师发展中心人员的专业性，打造专兼结合、以兼职为主的中心团队，专职量少精干，兼职量大精通，扩大中心团队成员的学科背景和领域来源，不仅拥有教育学、心理学、管理学等学科的教师，还要有学习科学、人工智能等学科的教师，不仅要有校内教师，更要吸收企业、创业、政府等各个领域的人才。如此，教师发展中心开展活动的种类、规模、专业性、创新性将能得以有效的提升，也将更能满足工科教师更高水平发展的需求。

其次，要充分调动学院的积极性。由于大学"底部厚重"的特点，校级层面的组织要提升"存在感"，真正面向工科教师发展需求开展服务，保障政策制度理念的落实，就需要充分调动学院的积极性。尽管机械、电气、土木、计算机等专业都是工科类的，但它们之间的差别不可谓不大。为进一步突出各专业特点，使一些培训更有针对性，仍然需要各专业学院的参与。因此，有必要构建院级教师发展中心，将工科教师培训活动扎根在基层。院级教师发展中心就是将校级教师发展中心的部分功能进一步延伸、拓展到每个工科学院或者学部，并以此实现院校或者部校教师发展中心一体化建设。

然而，前文调查表明，培训频度的提升并不一定能够带来培训效果的改善。为此，必须要明确校级和院级教师发展中心的定位和职能分工。校级教师发展中心只关注学校层面的培训和院级教师发展中心的建设与发展的指导、服务，而院级教师发展中心也不能一味增加培训内容而增大培训频度进而增加工科教师负担。因此，既要增加校院、校部教师发展中心的紧密合作，又要充分利用院、部基层组织的学科优势并激活其积极性，以实现二者的联动以及资源整合。

最后，要构建以校级教师发展中心为枢纽站，各相关工科类学院、学部教师发展中心"众星拱月"的教师学习共同体建设格局。校、院两级教师发展中心学习共同体的建设，一方面可以进一步促进二者的联动和资源整合，明确二者的分工与合作，如校级教师发展中心针对教师的共同的、普遍性问题进行培训，而各院系教研室则侧重于满足工科教师个人发展需要，形成"大班上课，小班研讨、个别作业"的分组教学制；另一方面可以在加强工科教师培养培训计划的学科针对性的同时，也使得工科教师的培训能够直接被院系监督管理，防止工科教师培训流于形式。

2）完善企业助力教师培训机制。

全球进入以信息产业等新科技为推动和主导的新经济发展时期，人才需求呈现出快速迭代、行业引领、交叉复合、智能思维、国际视野等特征，这在一定程度上决定了工科教师能力的提升必须和行业企业深度融合。因而，定期组织工科教师到企业培训，是保障教师更高水平发展的必要环节。"卓越工程师教育培养计划 2.0"提出，实施高校教师和行业人才双向交流"十万计划"，搭建工科教师挂职锻炼、产学研合作等工程实践平台，实现专业教师工程岗位实践全覆盖。

因此，第一，要完善校企共建教师企业实践流动岗（工作站）机制。高校和企业要共建一批工科教师企业实践岗位，使每一位一线工科教师都参与岗位培训，具备企业实践经历。不同于校企在人才培养方面的合作，由于受到实习安排、安全、付出回报比等因素影响，企业积极性不高，企业通过设立工科教师实践岗位，能够很好地克服以上不足。

第二，企业需要转变观念。企业在把每一位到岗的工科教师视为自己正式员工的同时，又要将其看作平等的合作者，在某些情况，还要有意识地给予他们更多的学习、交流、实践机会，既能保证他们能认真履行其岗位职责，又能针对他们到企业的发展需求，帮助其能力的提升以谋求长远的合作。

第三，企业要优化管理。为了保障企业正常运行，企业在做好管理优化、细化工作的同时，实质上也是为工科教师能力提升提供了便利，使得工科教师们能快速融入企业，清楚到企业培训的目的是做什么以及如何做。管理的优化，一方面要求企业要对岗位进行详细分析、描述并公布信息。企业对实践岗位所做工作进行介绍，对岗位需求的人数、技能、周期等及时公布并加以说明，不仅可以防止出现岗位有限而接收过多教师或工科教师难以胜任岗位要求从而影响正常运行的情况，而且还可以方便校方对人员数量和结构进行调整或优化。另一方面，企业要灵活设计岗位。在岗位职责、义务、要求、流程的设计上，应充分结合企业发展需求和教师特点。如，对于某些实践岗位，工科教师缺乏设备操作技能，让他们独立作业可能会产生一些安全、经济、效率等方面的负影响，但如因此而不让他们顶岗将不利于他们实际操作能力的提升。因而可以对任务进行分解，对于那些工科教师难以独立完成的任务，可让他们跟着实习员工一起和企业导师组成临时团队共同完成；对于通过简单的培训，工科教师们便能独立完成的任务，可让他们在有他人辅助的情况下独立进行。

第四，企业要优化培训内容。内容可以分为知识、技能、情感态度等三个板块。知识板块包括行业共通性知识、企业业务知识、市场经营知识等；技能板块主要涉及企业管理技术、结构部件的设计与加工、机器设备的使用与维护等；情感态度主要包括企业文化、工程伦理、市场道德、法律规范等。培训内容既要囊括工程全生命周期，又要尽可能围绕现代工程、全球化市场、人文生态等宏观环境展开。培训内容制定的基本原则在于补充工科教师"空白"、更新他们的能力结构，使其迈向更高水平。

第五，企业要多样化培训方式。内容的丰富和优化，对培训方式的多样化也提出了相应的要求。对于行业共通性的知识、技术、工程案例等，可以慕课的形式呈现给教师；对于设备、操作规范和流程等技术内容，可通过"讲授＋实际操作"的形式进行；对于那些不可逆或费用高或危险程度高等方面的内容，则可建立虚拟仿真工程实践平台，既使工科教师熟悉了相关的内容，同时也可避免出现安全、经济等方面的损失；而对于企业文化、工程伦理、市场道德等方面的内容，则可通过集中研讨、跨部门流动等方式，让工科教师参与相关的集体活动，以使他们真正体会企业的文化氛围，提升工科教师们对企业的参与感，以及他们对工程伦理和市场道德等方面的认识。

3）实现校内、校外工科教师培训组织互补和联动。

彼得·圣吉（Peter Senge）提到问题的解决既有症状缓解法，也有根本解决法。前者的作用往往是"治标不治本"且易丧失解决根本问题的能力。正如结果显示，仅依靠增大培训频度、提高培训资助比例并不能显著影响培训效果，表明了多培训、多投入资金属于提高教师培训效果的症状缓解而非根本解决问题；且当工科教师对培训的认识不够深化、培训工作本身还有待完善时，盲目提高培训频度反而易引起工科教师的消极行为，产生症状缓解法的副作用。

以教学能力培训效果提升为例，其根本解决法就是要在"教师为要"的基础上，关注师生关系，了解学生需求和特征，尤其是要了解到如何才能使学生学习有收获，学生眼中的好教师应该具备何种教育教学知识和能力。要说明的是，这里并不是否定增大培训频度、提高培训资助比例对于培训效果的积极作用，而是指出培训频度和资助比例的提高都要根据不同情境需求灵活设定，正如提高科研能力培训频度能显著提升科研能力培训效果、提高一定资助比例能提升教师教学能力培训效果一样，在根本解决法还未奏效时，症状缓解法能解"燃眉之急"。

根本解决法是一项长期、系统的工程，对于单一主体来说往往难以实现，这也是症状缓解法往往能够取代根本解决法成为解决问题方法的原因之一。因此，要基于系统思维，实现校内、校外工科教师培训组织互补和联动，以改善培训效果。

第一，校内校外培训内容的互补。教师发展中心主要针对工科教师教学能力、科研能力等展开培训；由于工程或产品的生产制造、运行维护等阶段主要在企业进行，所以企业理应是工科教师工程实践能力提升、工程文化和工程意识等内容培养的主要场所。

第二，校内校外培训组织的联动。教师发展中心和企业对接，共同参与工科教师校内外培训计划的制订，对工科教师培训进行考核，实现资源共享、信息互通。以工科教师工程实践能力培训为例，工科教师们可先在企业进行关于工程实际操作能力、工程伦理、项目管理等方面的培训，再参加教师发展中心组织的培训，使得他们能够学会如何将工程实践能力与教育教学、科学研究进行整合，推动其向更高水平发展。

第三，校内、校外工科教师培训组织互补和联动的目的在于形成培训共同体，如图 14.1 所示。该共同体由校内和校外两部分组成。首先要改变教务（本科和研究生）、人事、科研等管理部门对教师培训"各管一段"

的现状，形成科研、教学、人事部门"三驾马车"拉动，财务、外事、图书馆、实验、后勤、网络中心等相关教学保障部门发挥支持保障作用，而相关学院结合院系需求进行有针对性的培训的校内共同体。其次，要建立校外培训共同体，由如中国机械工程学会、中国土木工程学会等全国性的行业协会、专业学会等专业组织承担学科专业型培训工作，全国高校教师网络培训中心、爱课程等全国性培训机构利用慕课、虚拟仿真实验项目等方式对工科教师的共性能力进行培训，高校根据办学定位、发展需求等安排工科教师到相关企业或研究机构挂职锻炼。最后，要充分发挥教师发展中心的协同作用，充分实现校内、校外培训共同体的优势互补和良性互动。只有借助整个培训系统的力量，培训问题才有望得以根本解决。换言之，校内、校外培训共同体共同承担着通用型、学科专业型和专用型等三种类型的培训，即校外的专业组织和全国性培训机构分别承担了学科专业型的培训工作和共性知识、能力培训工作，而校内的教师发展中心则在承担专用型的培训工作的同时，还发挥着协调作用，以及引导院级教师发展中心齐抓共管的作用。

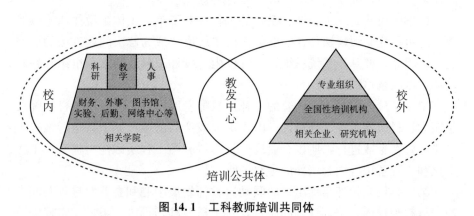

图 14.1　工科教师培训共同体

14.2　按需激励与反馈，使工科教师队伍持续热爱本职工作

（1）做好激励与反馈的顶层设计。

首先，要尽可能完善激励、反馈的制度设计。正向激励、反馈的内容可以广而告之，大力宣传以使大家能多向先进学习。而涉及负向激励、反馈的内容，对于不严重的情况可以主要利用信息系统或其他方式，既要保障激励、反馈落到实处，又要注意保密性，尊重教师的基本需求；而对于那些严重和很严重的情况，则应以通告的形式发布至校内或校外平台，使其在接受批评、监督的同时，也让其他工科教师警醒、自勉。

如果出现激励、反馈不积极或出现问题等情况，当事人应有完善、公正、有效的申诉、问责渠道，以维护公平正义。

观察机制的建立可给予教师和激励、反馈发出主体之间充分的缓冲、交流余地，同样是保障激励、反馈工作能够真正发挥其激发工科教师创新创造活力、热爱本职工作目的的作用。

其次，激励与反馈工作的实施要遵循全过程理念。所谓的全过程就是指激励与反馈工作要涵盖工科教师科研为重阶段，教学、科研平衡发展阶段和反哺教学阶段的全过程，并且根据其不同的职业发展周期，启动不同的激励、反馈机制。如对处于科研为重阶段的工科教师进行激励、反馈时，激励、反馈的内容应该以科研为主且应由科研管理部门为发出主体，而对于处于教学、科研平衡发展阶段的工科教师而言，激励、反馈内容则应包括教学和科研两个部分，并且关注其科教融合情况。

最后，要营造激励与反馈文化。大学制度的"灵魂"是大学文化和制度文化，它是一种隐性的制度安排，比显性的制度文本更能发挥制度的规制功能。不同于考核评价，激励、反馈内含的更多是一种人文关怀，其实质不是要把教师分成三六九等，而是为了让工科教师能获得更好的专业发展、生活和工作环境。真正实现激励、反馈提升工科教师对工作满意度以及投入本职工作热情的目的，必须营造激励、反馈文化，同时将这种人文关怀以文化的方式，作为制定教师管理制度的基础和理念，实现"近者悦，远者来"。

(2) 建立以需求为导向的激励、反馈制度。

需求的挖掘分为由浅入深、由易到难、由基础到升华的三个层次。

1) 第一个层次是根据岗位特征和人口学特征进行有针对性的激励、反馈。

前文分析发现不同性别、年龄段、职称的工科教师对激励、反馈的需求各异，因此，在最基本的层次方面，高校在开展工科教师的激励、反馈工作时，应该根据岗位特征和人口学特征进行有针对性的激励与反馈。

一方面，要根据岗位特征来确定基本的激励、反馈制度。如不同于科研为主岗，关于教学为主岗的工科教师激励与反馈内容应该以教学为主，加大教学相关的激励与反馈频率，尤其关注他们育人成效、教学能力方面的内容，同时适当激励工科教师参与科研活动，以科研反哺教学，但对其科研相关的激励与反馈频率不应太高且在激励与反馈形式上应较"柔"。另外，不只是要对教学为主岗、教学科研并重岗、科研为主岗的工科教师实施不同的激励与反馈模式，对行政人员也需要实施基于岗位特点的激励与反馈模式。要使每一位工科教师以及与工科教师管理服务工作相关的每一位行政人员都能接收到相应的激励与反馈，实现激励与反馈的全员化。

另一方面，要根据工科教师的性别、年龄段、职称差异等人口学特征来适当调整激励、反馈的内容、次数和方式。如，相对于男性工科教师，应更多地给予女性工科教师科研、工程实践方面的激励与反馈；一般博士毕业直接任教的工科教师工程实践能力较弱，因此可以给予其更多的工程实践方面的激励与反馈；而年龄越大、在校时间越长的工科教师往往更容易进入职业倦怠期，新入职的工科教师同样对激励与反馈的需求较大，所以要加大对这些工科教师的激励与反馈频率，以维持其工作热情。

2）第二个层次是灵活运用各种激励理论和手段进行精准激励。

仅仅根据浅显的、粗放的特征挖掘工科教师的需求是不够的。因此，第二个层次便是要运用各种激励理论与正负激励手段，以此找准工科教师实际需求进行激励。如根据赫茨伯格（Herzberg）的双因素理论，要善于区分保健因素和激励因素。例如，给予工科教师更多关于科研成果产出、职称职务晋升的激励与反馈，对于部分工科教师而言，能够对其产生极大的激励作用，而对于部分工科教师来说，他们可能更加关注学校对其人际关系、工作环境、专业发展相关的激励因素，所以科研成果产出、职称职务晋升这些激励对他们而言可能更多的是保健因素，从而难以对其产生激励作用。

若是要激励工科教师积极参加工程实践活动进而来提升教学能力，则需要利用成就动机理论，既让教师明白参与工程实践活动对其教学能力提升的好处，又让他们感到通过自身努力能达到学校的要求，以此鼓励大多数教师到企业中进行工程实践活动来提升工程实践能力进而提升教育质量。

除了正向激励手段，还需要制定负向激励政策，采用竞争机制，利用鲶鱼效应。以激励工科教师参加工程实践活动为例，对少数不符合学校工程实践能力要求又不积极主动参加工程实践活动的工科教师要进行适当地批评告诫和惩罚，重点激励在工程实践能力考核中没达到学校要求或在一定排名之后的工科教师，以提升工科教师积极性。

除了要懂得各种挖掘需求的理论与方法，更为重要的是要灵活运用各种理论与方法。如若把工科教师看作独立的个体，则要利用木桶原理，针对工科教师的不足进行激励与反馈；而若从工科教师队伍角度出发，只针对工科教师个体的不足进行激励与反馈便是不够的，还需要运用长板理论，对工科教师长处和优点等进行激励与反馈，充分发挥每一位工科教师的优势和潜能。再比如，对于将大部分精力都投入科学研究，而相对忽视工程教育教学的教师，恰当地对其教学进行激励，往往能产生雪中送炭的效应；但对长期潜心教书育人的教师，若是忽视对其教育教学的激励与反馈，则又可能挫伤工科教师教书育人积极性，这时候继续加大对其教学的激励与反馈频率，产生锦上添花的效果就比突然激励其从事其他活动的效果要好。

3）第三个层次是设立"树洞"机制，真正挖掘每一名工科教师内心需求。

工科教师有很多需求是难以发觉的，甚至在缺乏一定的条件刺激、环境感染的前提下，工科教师本人也不清楚自己真正的需求。"树洞"，童话故事里指人们对着树洞诉说不能广而告之却又亟须得到倾听、渴望得到少部分人理解的秘密，然后用泥土将树洞封住。学校可借助信息技术或其他如"漂流瓶"等形式，设立"树洞"机制。工科教师可选择是匿名还是公开，针对教育教学、科学研究、工程实践、职业发展等方面的需求发表自己的言论。若是选择公开的工科教师，其他教师、管理人员可通过固定渠道对"吐槽"内容进行关注、讨论和分析，进而根据需求激励。

通过此种方式，工科教师可以将某些"牢骚"，以积极的方式发泄，有利于工科教师心理健康。在与大家不断交流、反馈的过程中，也有利于让部分工科教师逐渐认识自己内心真正的需要。同时，某些共性问题，将引起其他教师、行政人员的共鸣，便于激励与反馈供给方真正理解工科教师的需求，采取有针对性的激励与反馈。

"树洞"机制的管理要注意两方面的问题。一方面是如何使激励与反馈发出主体真正去管理、挖掘其中的有用信息并付诸行动，防止由于匿名机制，使得该平台演变为散播消极信息或娱乐消遣的场所。为此，不仅要借助"大数据",将相关信息进行收集、清洗、分类,找出有用的信息,实现信息化管理,还需要加强工科教师和相关管理人员的培训,让工科教师明白该机制是为了更好地为其服务,规范其参与行为,同时要加强管理人员服务意识,定期对"树洞"进行查视、清理,对漠视工科教师相关需求、未上报相关信息的管理人员进行追责。

另一方面是对于真正的内心需求应该采取何种价值判断的选择。管理人员应该将重心放在大多数工科教师都产生共鸣的问题,还是个别工科教师的个性化需求?这些问题都需要研究。如何进行选择,就需要结合管理效率、信息的实质内容、信息是否共性问题或是否典型个案,抑或是否具有推广价值等方面进行综合考虑。无论作何选择,只要秉承激励与反馈是为更好地促进工科教师发展、服务于工科教师队伍建设,"树洞"机制的建立产生的积极效应都将远远大于负面效应。

4)以非正式激励、反馈手段对激励、反馈工作进行补位。

针对当前行政人员和工科教师皆认为激励、反馈主要对工科教师职业生存产生较大影响,每每接收到激励、反馈均倍感压力的情况,说明要多运用非正式激励、反馈手段对激励、反馈工作进行补位。正如前文所述,激励、反馈工作要想真正使工科教师热爱本职工作,除了要建立健全激励、反馈导向和制度,更需要运用各种理论、方法手段挖掘每一名工科教师需求。非正式激励、反馈不仅可以缓解工科教师接收到激励、反馈时感受到的压力,而且是增加人际关系、挖掘工科教师需求的强有力手段。

非正式激励、反馈手段运用的关键是要增加工科教师和行政人员在工作之余的接触机会和时间,营造良好的工作氛围和人际关系。因此,各高校(院系)可以多举办教职员工运动会、联谊会、茶话会等各种活动,不仅有利于教师之间的交流沟通,促进知识的转移,而且可以使行政人员和工科教师拉近彼此关系、了解彼此需求。尤其是作为院领导或上一级领导,可在工科教师及其家人生日、节假日等,通过短信或赠送贺卡等方式进行慰问和祝福。这些都将能够使每一名工科教师感受到本职工作带给其的温暖,满足其交往、自尊的需要。通过营造良好的人际关系和工作环境,一方面能够减少工科教师的负面抱怨从而减少不愉快的负激励与反馈的次数,另一方面也更好地挖掘工科教师需求。但要注意的是,对于个别不爱参加活动、性格内向或不善于与人交谈的工科教师,行政人员需要给予其特别的关注。

(3) 基于区块链技术搭建工科教师综合服务系统。

1) 充分认识区块链技术在教师管理方面的重要性。

随着信息技术的颠覆式创新和井喷式发展，赋能一词被越来越多地用来表述新一代信息技术给当代社会各个领域、各类产业、各种行业的创新变革和发展所带来的内生性驱动力量。区块链是分布式数据存储技术、P2P 网络、加密算法、智能合约、共识机制等信息技术在互联网时代的变革创新应用新模式，其具有防止篡改、透明、时序性等特征。

可以预见，自《教师教育振兴行动计划（2018—2022 年）》（教师〔2018〕2 号）对"互联网＋教师教育"创新行动提出了相应要求，充分利用云计算、大数据、虚拟现实、人工智能等新技术，推进教师教育信息化教学服务平台建设和应用，以区块链技术赋能工科教师的管理，搭建工科教师综合服务系统，将成为新时代我国工科教师队伍建设的重要抓手。

2) 基于区块链技术的工科教师综合服务系统。

以区块链技术赋能工科教师的管理，就是指区块链技术和工科教师管理的深度融合，为工科教师队伍管理改革赋能加力。教师综合服务系统就是基于信息化管理、过程化管理、个性化管理等理念而构建，旨在利用区块链技术服务于教师管理，从而服务于教师发展。基于区块链技术的工科教师综合服务系统是一个集考核、评价、培训、工程实践、激励与反馈等子系统于一身的综合服务平台，并与教学、科研、人事、外事、教发中心、图书、实验等系统的相关数据实现共享共用，如图 14.2 所示。

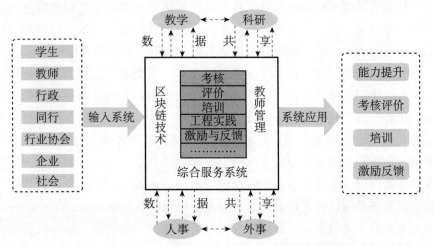

图 14.2　基于区块链技术的工科教师综合服务系统框图

在综合服务系统的输入系统中，学生、教师本人、行政人员、同行、行业协会、企业以及社会舆论等均是该系统的组成成员，他们可在任何时候发布有关任何工科教师的业绩、成果以及对工科教师参与的工作有何评价等信息到输入系统，利用区块链技术对输入的信息核实后进入综合服务系统的考核、评价、培训、工程实践、激励与反馈等子系统，教学、科研、人事、外事、教发中心等部门不仅要采集和分析输入系统的信息，同时还要提供本单位的数据和信息进入服务系统，以供其他部门、人员使用，实现数据共享。不仅是工科教师本人，行政部门、同行、学生、相关企业等输入系统的人或单位均可在各自的权限内合理使用服务系统的数据和信息。如学生、同行、企业等可查询教师情况，教师本人可查看自己哪些方面的能力需要提升、考核评价是否满足要求，还要从哪些方面努力、可以参加哪些培训、利益相关者对自己有什么样的激励与反馈等。教学、科研、人事、外事等行政部门以及教发中心等单位既可以根据数据的统计分析对全校性政策的出台提供科学依据，也可对个别院系提供单独的意见建议，还可设定阈值，一旦工科教师达到阈值就启动相应的激励与反馈机制，实行点对点的动态指导或帮助。

工科教师综合服务系统的功能导向是为教师服务、为教师发展服务，其优点主要有以下几个方面。

首先，可以为教师之间、教师和行政人员之间的交流沟通提供方便快捷的公用渠道。如针对工科教师考核评价需要从哪些方面加以改进等问题，行政人员既可以临时征求工科教师的想法，也可收集工科教师此前提出的一些意见、建议，这样可以收集到更全面的信息，以解决教师和行政人员分歧较大的问题，同时也可以便于相关政策、公示的发布和传递。

其次，由于区块链技术在促进数据共享、优化业务流程、降低运营成本、提升协同效率、建设可信体系等方面的作用，工科教师可将教学、科研、工程实践、社会服务等的过程材料、考核评价材料、职称申报材料等上传到该系统，学校人事、财务、教学管理、教师发展、科研管理单位，图书、信息和后勤等保障服务部门也将相关的办事规章、培训方案、保障服务等文件以及获得的和生成的数据公布在该系统，事务审核等日常性工作也通过该系统进行，将上级部门发布的申报书、结题报告、统计数据等导入系统并自动搜索，匹配相关内容形成所需材料的初稿，教师们只需审核自己的"初稿"即可，真正实现"最多跑一趟"，免去教师们找材料、填表、打印、"跑腿"等费时费心费力之事。

再次，该系统更有利于工科教师的个性化发展。区块链技术去中心化的特点，一方面可以结合大数据、人工智能等技术，根据工科教师发展需求制订教师发展计划，教师可根据自己发展需要，自由选取发展途径，且系统会记录教师自主提升的相关资料，其真实性、质量、可循证性都得到了保障；另一方面，工科教师可以将自身关于某些事物的新奇想法、自身的研究成果均上传至系统，形成个性化的自我发展界面，也正因为区块链的技术特征，不仅可以推动教师之间的交流合作，激发灵感以形成百家争鸣，而且对教师的知识产权提供了坚强的保护。

最后，基于区块链的技术特点，高校可以充分收集工科教师在企业进行工程实践活动、在学校内的教学活动以及随时随地关于师德师风等不可篡改的信息，以此评估教师到企业顶岗实践是否达到了预期目的、针对教学过程实施以证据为导向的评价和进行师德考核等，提升循证性、过程性考核和评价的可操作性，进而提升考核评价的透明性、公平性等。

3）工科教师综合服务系统的应用。

基于区块链的工科教师综合服务系统可以进一步扩大"链链连接"，形成高校、企业多方联结、共享的联盟链，以支撑教师能力提升、考核评价、培训、激励与反馈等。

在能力提升方面，企业和高校依托于区块链技术，以系统作为平台，将相关信息输入以供对方查看、使用。企业可将企业实践岗位信息公布至系统，校方即可根据企业实践岗位和教师实际情况，实现信息充分匹配；教师发展中心也可将教师在校内的培训情况输入系统，企业可根据教师能力实际情况，采取有针对性的再培训。

在考核评价方面，如教师聘期考核期间，教师可将已发表的文章或授权的专利信息录入系统，该系统会进行保持、统计，并根据学校相关规定，转化为对应的分数或以其他形式进行记录。也是由于区块链无法伪造、遗失的技术特性，教师的教学、科研信息将能被准确记录，能够落实以证据为导向的评价理念。

在提升培训针对性、内容个性化方面，结合智能技术，基于区块链的系统可把教师在教学能力、科研能力、工程实践能力、国际化能力等方面的表现、存在的问题综合考虑进行精准的培训推送，教师自身、其他教师、行政人员也可根据推送结果，共同帮助教师专业发展。

在激励与反馈方面，在"树洞"机制管理上，对于无意或恶意散布负面信息、散布相关谣言的情况，机制管理者可以轻松地找出"祸根"，并实行准确无误的措施给予惩罚。正是由于分布式的管理特点，每一名教师也将更加约束自己，担负起提升自己、约束自己、管理自己的职责，实现教师共同体组织的自组织。在系统中通过设定激励板块、激励阈值，一旦达到阈值，则可启动相应反馈，同样，对于未能及时给予反馈或反馈不当的管理者，教师和其他管理者也可实现精准申诉并维护自身权利。

参考文献

[1] 保罗·米尔格罗姆. 价格的发现：复杂约束市场中的拍卖设计. 北京：中信出版社，2020.

[2] 别敦荣. 高等教育普及化背景下行业性高校发展定位. 中国高教研究，2020 (10)：1-8.

[3] 蔡宝来. 人工智能赋能课堂革命：实质与理念. 教育发展研究，2019，39 (2)：8-14.

[4] 蔡怡. 论大学教师发展过程中的专业学术与教学学术. 教师教育研究，2018，30 (2)：27-31.

[5] 蔡映辉，丁飞己. 从能力培养到全面发展——新工科通识教育课程体系建设与实施路径研究. 中国高教研究，2019 (10)：75-82.

[6] 曹胜强. 中国匠心文化赋能新时代应用型人才培养研究. 国家教育行政学院学报，2020 (4)：34-40.

[7] 常旭华，赵一青，陈强. 过程管理下高校专利转移绩效影响因素分析. 科研管理，2020，41 (1)：152-160.

[8] 陈柏强，王伟，盛琼，等. 论正确处理高校教师离岗创业和科技成果转化的关系. 研究与发展管理，2016，28 (5)：132-136.

[9] 陈晨. 大学教师"教学与科研"活动的行动逻辑——差异化的选择策略. 现代大学教育，2020 (1)：26-34.

[10] 陈乐. 现代大学的知识危机与知识转型. 现代教育管理，2020 (10)：45-51.

[11] 陈鹏，陈勤. 大学创客教学的内涵、特征和实践——以天工创客空间为例. 现代教育技术，2019，29 (7)：113-119.

[12] 陈翔，韩响玲，王洋，等. 课程教学质量评价体系重构与"金课"建

设．中国大学教学，2019（5）：43－48.

[13] 陈学飞．高等教育国际化：跨世纪的大趋势．福州：福建教育出版社，2002.

[14] 陈滢，欧岩亮，管刚．产学融合2.0模式下的人才能力提升探索——基于三实 APEX 方法的案例分析．高等工程教育研究，2019（6）：73－77.

[15] 大连理工大学校长郭东明：让 SCI 论文回归学术初心，构建中国特色的论文评价体系．中国教育在线，2020－03－05.

[16] 德里克·博克．走出象牙塔：现代大学的社会责任．杭州：浙江教育出版社，2001.

[17] 丁三青，张阳．三位一体的工科教师培养体系研究．高等工程教育研究，2007（6）：26－30.

[18] 范明，陈佳秀．高校工科教师评价指标体系构建实证研究——以 J 大学为例．北京工业大学学报（社会科学版），2017，17（4）：68－74.

[19] 方宝，武毅英．高校教师职称评审科研业绩条件的弹性设置．中国高教研究，2017（2）：82－86＋98.

[20] 冯军，路胜利．借鉴德国经验构建"六化"本科应用型人才培养模式．高等工程教育研究，2019（2）：129－133.

[21] 高江勇．大学教育评价中的过度量化：表现、困境及治理．中国高教研究，2019（10）：61－67.

[22] 高金祥．试析地方高校的科研职能及其定位．黑龙江高教研究，2013，31（3）：47－48.

[23] 2020高校预算经费排名．高三网，2020－07－06.

[24] 龚放．唯有确立"教师为要"方能落实"学生为本"——对我国大学教学理念嬗变的再思考．江苏高教，2020（1）：7－15.

[25] 顾远东，周文莉，彭纪生．组织创新支持感对员工创新行为的影响机制研究．管理学报，2014，11（4）：548－554＋609.

[26] 郭书剑．我国高等教育发展观的演变．高校教育管理，2019，13（2）：8－15.

[27] 国务院办公厅关于深化产教融合的若干意见．中国政府网，2017－12－19.

[28] 海本禄．大学科研人员合作研究参与意愿的实证研究．科学学研究，

2013，31（4）：578-584.

[29] 韩萌.从"合作"到"共生"：新中国70年大学战略联盟的嬗变与形塑.中国高教研究，2019（9）：35-41.

[30] 何菊莲，杨拔翠，曾婷婷，等.校企合作育人质量测评及优质合作育人模式构建——基于1538份校企合作人员调查的实证分析.高等工程教育研究，2019（4）：101-106.

[31] 胡常伟，祝良芳.提升教师教学科研水平培养新时代一流人才.中国大学教学，2020（4）：31-35.

[32] 胡欣，李曼丽.工程场域中的"从属者"：性别视角下的女性工程师研究.高等工程教育研究，2017（2）：38-47.

[33] 胡欣，石菲，王孙禺.我国高校工科教师的工程实践水平研究.中国大学教学，2016（8）：74-80.

[34] 胡纵宇，刘芫健.溯本求源：大学生工程实践能力培养的三个回归.高等工程教育研究，2015（1）：185-190.

[35] 黄春梅，司晓宏.学术女性职业发展的实践困境及矛盾分析.现代大学教育，2016（5）：88-93.

[36] 黄雪梅，王占军.我国"双一流"建设高校教师学术职业社会化影响因素研究.中国高教研究，2020（2）：92-97+108.

[37] 吉川弘之，内藤耕.产业科学技术哲学.沈阳：辽宁人民出版社，2015.

[38] 教授一定时间不上讲台将摘帽.江南时报，2006-10-09.

[39] 教育部关于加快建设高水平本科教育全面提高人才培养能力的意见.中华人民共和国教育部网站，2018-10-08.

[40] 教育部关于加强新时代教育科学研究工作的意见.中华人民共和国教育部网站，2019-10-30.

[41] 教育部关于建立健全高校师德建设长效机制的意见.中华人民共和国教育部网站，2014-09-30.

[42] 教育部关于深化本科教育教学改革全面提高人才培养质量的意见.中华人民共和国教育部网站，2019-10-12.

[43] 教育部关于深化高校教师考核评价制度改革的指导意见.中国政府网，2016-09-21.

[44] 教育部关于"十三五"时期高等学校设置工作的意见.中华人民共和

国教育部网站，2017 - 02 - 04.

[45] 教育部 人力资源社会保障部关于印发《高校教师职称评审监管暂行办法》的通知 . 中国政府网，2017 - 10 - 20.

[46] 教育部吴岩司长：盘点首批新工科建设 612 个项目 . 中国教育在线，2019 - 12 - 30.

[47] 靳敏，张安富 . 高校工科教师工程素质现状与发展探析 . 高等工程教育研究，2014（6）：97 - 104.

[48] 瞿振元做好新时代教育对外开放 . 中国教育报，2018 - 04 - 10.

[49] 孔晓明，周川 . "双一流"建设评价的发展性原则及其方法 . 江苏高教，2019（12）：55 - 61.

[50] 赖明谷，柳和生 . 大学治理：从制度维度到文化维度 . 现代大学教育，2005（5）：90 - 93.

[51] 李嘉瑶 . 教学与科研关系的困惑与思考 . 中国大学教学，2001（6）：23 - 25.

[52] 李立国 . 建立符合高校教师工作特点的学术评价体系 . 清华大学教育研究，2019，40（1）：10 - 12.

[53] 李茂国，周红坊，朱正伟 . 科教融合教学模式：现状与对策 . 高等工程教育研究，2017（4）：58 - 62.

[54] 李茂国，朱正伟 . 面向工程过程的课程体系研究 . 高等工程教育研究，2014（4）：1 - 5＋14.

[55] 李志民 . 一流大学、一流学科、一流教授 . 2016 聚焦"双一流"中国高校人才高峰论坛，2016.

[56] 林健 . 胜任卓越工程师培养的工科教师队伍建设 . 高等工程教育研究，2012（1）：1 - 14.

[57] 林健 . 谈实施"卓越工程师培养计划"引发的若干变革 . 中国高等教育，2010（17）：30 - 32.

[58] 林杰 . 大学教师的组织发展 . 高校教育管理，2018，12（6）：90 - 97.

[59] 林杰 . 大学教师利益冲突的理论问题 . 江苏高教，2019（5）：22 - 27.

[60] 林杰 . 论世界一流大学建设的反文化现象——意蕴、表征、危害、根由及匡正 . 研究生教育研究，2020（2）：74 - 82.

[61] 林小英，宋鑫．促进大学教师的"卓越教学"：从行为主义走向反思性认可．北京大学教育评论，2014（2）：69．

[62] 刘国瑞．在新起点上推进高等教育强国建设．中国高教研究，2018（11）：11-16．

[63] 刘继荣，胡方茜，叶民．论工科教师的工程素质．中国高教研究，1997（6）：89-91．

[64] 刘金松．高校教师职称评审权下放：逻辑、变革与瓶颈．中国高教研究，2017（7）：81-86+93．

[65] 刘莉，朱莉，刘念才．目标群体视角下高校教师科研评价政策认同研究——基于20所"双一流"建设高校的问卷调查．清华大学教育研究，2020，41（2）：73-82．

[66] 刘献君．论"以学生为中心"．高等教育研究，2012，33（8）：1-6．

[67] 刘霄．"谁"左右了高校教师的教学、科研选择——基于"能力"的认知而非"功利"的取向．中国高教研究，2020（3）：57-64．

[68] 刘小强，蒋喜锋．知识转型、"双一流"建设与高校科研评价改革——从近年来高校网络科研成果认定说起．中国高教研究，2019（6）：59-64．

[69] 刘艳春．学科分类体系下一流学科建设的路径选择．江苏高教，2019（8）：8-14．

[70] 卢晓中．现代大学制度构建的人文向度．中国高教研究，2020（5）：52-58．

[71] 鲁世林，杨希．高层次人才对青年教师的科研产出有何影响——基于45所国家重点实验室的实证研究．中国高教研究，2019（12）：84-90+98．

[72] 陆根书，顾丽娜，刘蕾．高校教学与科研关系的实证分析．教学研究，2005（4）：286-290．

[73] 陆根书，黎万红，张巧艳，等．大学教师的学术工作：类型、特征及影响因素分析．复旦教育论坛，2010，8（6）：38-44+50．

[74] 罗兴奇．高校青年教师的职场困境及职业重构研究．江苏高教，2019（7）：79-85．

[75] 马荣康，金鹤．高校技术转移对科研产出的影响效应研究——科研资助的中介作用与调节作用．科研管理，2020，41（5）：279-288．

[76] 马跃."双一流"建设背景下大学教师管理制度创新研究.现代教育管理,2019(6):91-95.

[77] 毛建青,陈文博.资源依赖视角下中国一流大学收入来源的困境研究——基于32所世界一流大学建设高校的数据.高校教育管理,2019,13(3):70-78.

[78] 闵韡.外来的和尚会念经?——"海归"与本土学者职业特征之比较.中国高教研究,2019(8):70-76.

[79] 某大学讲师学术造假伪造数据70篇论文撤销.中国广播网,2009-12-28.

[80] 2018年全国高校财政拨款收入排名,高校间经费差距越来越大!.网易,2018-05-04.

[81] 2018年中国专利调查报告.国家知识产权局网站,2019-01-15.

[82] 牛风蕊.我国高校教师职称制度的结构与历史变迁——基于历史制度主义的分析.中国高教研究,2012(10):71-75.

[83] 潘浩,皮武.场域压迫、主体共谋与大学"水课"的生成逻辑.江苏高教,2020(8):49-54.

[84] 潘懋元,夏颖,胡金木.教师发展与教师教育——访潘懋元先生.当代教师教育,2018,11(1):1-3.

[85] 庞青山,李望梅,蓝清华,等.研究型大学师资队伍建设三题.现代大学教育,2019(2):80-86+112.

[86] 钱堃,徐雨森,徐晓亮.高校教师专利创造活动影响因素——基于我国部分工科院校的实证研究.科技管理研究,2016,36(7):130-135.

[87] 清华教授郭于华:学术研究不是打仗,不需要什么领军人物.国家自然科学基金委员会网站,2017-12-20.

[88] 屈林岩.关于新时代高等教育人才培养工作的几点认识.中国大学教学,2019(1):7-12.

[89] 任友洲.高校教师岗位聘期考核:定位、方法及对策.华中师范大学学报(人文社会科学版),2013,52(3):162-168.

[90] 上田多门."虽然我是日本人,但我更愿意到中国做科研!".环球网,2021-11-15.

[91] 申继亮,王凯荣.论教师的教学能力.北京师范大学学报(人文社会

科学版)，2000 (1)：64-71.

[92] 沈红，林桢栋.大学教师评价的主客体关系及其平衡.中国高教研究，2019 (6)：48-53+71.

[93] 沈红.中国大学教师发展状况——基于"2014中国大学教师调查"的分析.高等教育研究，2016，37 (2)：37-46.

[94] 沈佳乐."创新型教师"的研究困境与未来所向.国家教育行政学院学报，2019 (6)：83-88.

[95] 苏林琴.工科大学生学习投入与收获的关系研究.中国高教研究，2020 (2)：70-76.

[96] 孙世敏，项华录，兰博.基于DEA的我国地区高校科研投入产出效率分析.科学学与科学技术管理，2007，27 (7)：18-21.

[97] 谭天伟，于颖，贾永芳，等.工科院校青年教师工程素质提升路径探析——以北京化工大学为例.高等工程教育研究，2016 (3)：30-34.

[98] 汤建.我国大学院系治理现代化：学理认识、现实困境与实践路径.高校教育管理，2019，13 (3)：44-50.

[99] 王定华.切实推进高校教师考核评价制度改革.中国高等教育，2017 (12)：4-7.

[100] 王继源，陈璋，龙少波."一带一路"基础设施投资对我国经济拉动作用的实证分析——基于多部门投入产出视角.江西财经大学学报，2016 (2)：11-19.

[101] 王建华.大学排名的风险与一流大学的建设.高等教育研究，2019，40 (2)：1-9.

[102] 王建华.对高等教育中问责与绩效评价的反思.现代教育管理，2020 (7)：1-7.

[103] 王建华.政策驱动改革及其局限——兼议"双一流"建设.江苏高教，2018 (6)：6-11.

[104] 王建华.政策驱动高等教育改革的背后.清华大学教育研究，2019，40 (1)：56-64.

[105] 王凯，胡赤弟."双一流"建设背景下创新人才培养绩效影响机制的实证分析——以学科—专业—产业链为视角.教育研究，2019，40 (2)：85-93.

[106] 王立杰．用于高校教师科研能力评价体系的专利评价指标框架研究．情报探索，2018（5）：46-51.

[107] 王玲．对大学教师分类设岗制度的质疑．高教发展与评估，2019（1）：92-101.

[108] 王平心，殷俊明．高等院校内部绩效评价研究．北京：科学出版社，2010.

[109] 王晓红，张奔．校企合作与高校科研绩效：高校类型的调节作用．科研管理，2018，39（2）：135-142.

[110] 王战军，蓝文婷，布莱恩·麦考尔．美国一流高校经费收入特征及其对我国"双一流"建设的启示．高等教育研究，2019，40（10）：96-102.

[111] 王绽蕊．中国特色现代大学制度建设：愿景、任务与路径．复旦教育论坛，2018，16（4）：5-10.

[112] 维克托·迈尔-舍恩伯格，肯尼思·库克耶．大数据时代：生活、工作与思维方式的大变革．杭州：浙江人民出版社，2012.

[113] 魏立才，黄祎．学术流动对回国青年理工科人才科研生产力的影响研究——基于 Web of Science 论文分析．高等工程教育研究，2020（1）：67-73.

[114] 邬大光．什么是"好"大学．北京大学教育评论，2018，16（4）：169-182.

[115] 邬小平，田川．从工具理性到价值理性：我国高校教师考核评价的政策转向．现代教育管理，2019（5）：107-111.

[116] 巫锐，姚金菊．德国学术不端问题内部治理机制研究．中国高教研究，2019（11）：61-68.

[117] 吴能表，邹士鑫，罗欢．加强基层教学组织建设 实施分层次管理．中国大学教学，2019（2）：32-36.

[118] 吴娴．中日大学教师国际流动性的比较研究——基于亚洲学术职业调查的分析．苏州大学学报（教育科学版），2017，5（2）：120-128.

[119] 武学超，罗志敏．开放科学时代大学科研范式转型．高教探索，2019（4）：5-11.

[120] 武毅英，杨冬．学术劳动力市场分割下的高校人才竞争问题审视．

江苏高教，2019（11）：32-42.

[121] 习近平：把思想政治工作贯穿教育教学全过程．新华网，2016-12-08.

[122] 习近平：青年要自觉践行社会主义核心价值观——在北京大学师生座谈会上的讲话．新华网，2014-05-05.

[123] 习近平在全国教育大会上强调 坚持中国特色社会主义教育发展道路 培养德智体美劳全面发展的社会主义建设者和接班人．人民日报，2018-09-11.

[124] 新华词典．北京：商务印书馆，1985.

[125] 熊进．"项目化"：项目制影响高校组织的实践表达及理性审视．高校教育管理，2019，13（6）：80-87.

[126] 徐巧宁，朱琦，马楠，等．全国普通本科院校教师教学发展现状、问题与对策——基于全国普通本科院校教师教学发展指数的分析．中国高教研究，2019（7）：18-24.

[127] 徐昭恒，王琪．大学国际化进程中的教师参与．中国高等教育，2017（9）：51-53.

[128] 许迈进，章瑚纬．研究型大学教师应具备怎样的教学能力？——基于扎根理论的质性研究探索．浙江大学学报（人文社会科学版），2014，44（2）：5-15.

[129] 宣勇．大学能力建设：新时代中国高等教育面临的重大课题．高等教育研究，2018，39（5）：14-23.

[130] 亚洲开发银行：亚洲基建投资年均需求将达1.7万亿美元．新华社，2017-02-28.

[131] 杨明．教育治理现代化呼唤第三方评价．教育发展研究，2016（6）：卷首语.

[132] 杨炜苗．民办高校的人才培养价值链管理——基于人力资本运营的视角．高等教育研究，2019，40（8）：57-62.

[133] 殷瑞钰，李伯聪，汪应洛，等．工程方法论．北京：高等教育出版社，2017.

[134] 尤瓦尔·赫拉利．人类简史：从动物到上帝．北京：中信出版社，2017.

[135] 于海琴，陶正，王连江，等．欧林：打造工程教育的"实验室"

（上）——访欧林工学院校长理查德·米勒.高等工程教育研究，2018（3）：45-52.

[136] 余东升.咨询研究：推动中国院校研究从高校管理边缘走向中心.高等教育研究，2020，41（9）：55-59.

[137] 余荔.海归教师是否促进了高等教育国际化——基于"2014 中国大学教师调查"的研究.高等教育研究，2018，39（8）：66-76.

[138] 袁东."教师"一词的产生和演成略考.教师教育研究，2010，22（2）：25-29+19.

[139] 袁振国.培养人才始终是大学的第一使命——大学变革的历史轨迹与启示之一.中国高等教育，2016（Z2）：57-60.

[140] 袁振国，张男星，孙继红.2012 年高校绩效评价研究报告.教育研究，2013，34（10）：55-64.

[141] 原长弘，刘朝，方坤.我国高校教师受基金资助论文产出与专利产出关系的实证研究.技术经济，2009，28（3）：27-31+49.

[142] 张大良.提高人才培养质量 做实"三个融合".中国高教研究，2020（3）：1-3.

[143] 张大良.扎根中国大地办大学 做出中国大学应有贡献.中国高教研究，2018（12）：5-7.

[144] 张厚粲.大学心理学.北京：北京师范大学出版社，2015.

[145] 张继平.学科评估服务"双一流"建设：第三方评估的困境与突围.研究生教育研究，2019（2）：85-90.

[146] 张胜，郭英远，杜垚垚."拜-杜"法案、权利配置创新与大学职务成果转化——以美国常青藤大学为例.科研管理，2020，41（1）：174-183.

[147] 张宛，王立娟.现代大学教师专业自我建构与教学品质的提升.中国高教研究，2019（5）：70-75.

[148] 张应强.大学教师的专业化与教学能力建设.现代大学教育，2010（4）：35-39+111.

[149] 张应强，邬大光，眭依凡，等.中国高等教育 70 年十人谈（笔会）.苏州大学学报（教育科学版），2019，7（3）：22-50.

[150] 赵文红，樊柳莹.高校教师专利发明影响因素的实证研究——动机的中介作用.科学学研究，2010，28（1）：33-39.

[151] 赵燕，汪霞．对我国大学教师评价制度的反思与建议．高校教育管理，2019，13（2）：117-124.

[152] 中共中央办公厅 国务院办公厅印发《关于分类推进人才评价机制改革的指导意见》．中国政府网，2018-02-26.

[153] 中共中央 国务院关于全面深化新时代教师队伍建设改革的意见．新华社，2018-1-31.

[154] 中华人民共和国教师法．中国政府网，2005-05-25.

[155] 钟建林．现代大学的社会性：关于知识生产与社会服务的讨论．江苏高教，2019（5）：44-48.

[156] 仲彦鹏．学术锦标赛制下大学教师学术身份的异化与纠偏．重庆高教研究，2018（4）：109-118.

[157] 周光礼，马海泉．教学学术能力：大学教师发展与评价的新框架．教育研究，2013，34（8）：37-47.

[158] 周平．中国区块链技术和应用发展白皮书．北京：中国区块链技术和产业发展论坛，2016.

[159] 朱高峰．中国工程教育发展改革的成效和问题．高等工程教育研究，2018（1）：1-10，31.

[160] 朱伟文，宫新荷．高等工科教师专业能力可持续发展的思考．高教发展与评估，2020，36（5）：68-76+118.

[161] 朱正伟，李茂国．面向新工业革命的中国工程教育发展战略研究．中国高教研究，2018（3）：44-50.

[162] 朱正伟，马一丹，周红坊，等．教学、科研、工程实践——工科教师三大核心能力的相互关系．高等工程教育研究，2020（2）：61-67.

[163] 朱正伟，周红坊，马一丹，等．面向新工业革命的工科教师专业发展新阐释．高等工程教育研究，2019（2）：79-85.

[164] 邹小芃，胡嘉炜，王登科．企业参与产教融合培养工程师的经济补偿机制——基于人力资本期权．高等工程教育研究，2018（6）：60-64+155.

[165] Abramo, G., D'angelo, C., Caprasecca, A. Gender Differences in Research Productivity: A Bibliometric Analysis of the Italian Academic System. *Scientometrics*，2009，79（3）：517-539.

［166］Altbach，P. G. The Costs and Benefits of World—Class Universities. *Academe*，2004，90（1）：20－23.

［167］ASCE Body of Knowledge Committee. *Civil Engineering Body of Knowledge for the 21st Century*：*Preparing the Civil Engineer for the Future*. Reston：ASCE，2008.

［168］Botha，A. Teacher Professional Development. Creative Commons，2014.

［169］Brown，A. L. ，Campione，J. C. Fostering a Community of Learners：A Proposal Submitted to the Andrew W. Mellon Foundation. Berkeley：University of California，1992.

［170］Burbank，M. D. ，Kauchak，D. An Alternative Model for Professional Development：Investigations into Effective Collaboration. *Teaching and Teacher Education*，2003，19（5）：499－514.

［171］Collinson，V. ，Ono，Y. The Professional Development of Teachers in the United States and Japan. *European Journal of Teacher Education*，2001，24（2）：223－248.

［172］Crawford，B. Teacher Professional Development. *//Encyclopedia of Science Education*. Dordrecht：Springer，2015：1027－1029.

［173］Darling-Hammond，L. ，Hyler，M. E. ，Gardner，M. Effective Teacher Professional Development. Learning Policy Institute，2017.

［174］Geuna，A. ，Nesta，L. University Patenting and Its Effects on Academic Research：The Emerging European Evidence. *Research Policy*，2006，35（6）：790－807.

［175］Génova，G. ，de la Vara，J. L. The Problem is Not Professional Publishing，But the Publish-or-Perish Culture. *Science And Engineering Ethics*，2019（25）：617－619.

［176］Graham，R. The Global State of the Art in Engineering Education. Massachusetts：Massachusetts Institute of Technology（MIT），2018.

［177］Granovetter，M. S. The Strength of Weak Ties. *American Journal of Sociology*，1973，78（6）：1360－1380.

［178］HE UK Professional Standards Framework（UKPSF）. Higher Education Academy.

[179] Hunter, B. , White, G. P. , Godbey, G. C. What Does It Mean to Be Globally Competent? . *Journal of Studies in International Education*, 2006 (10): 267 - 285.

[180] JABEE Common Criteria for Accreditation of Professional Education Programs. JABEE.

[181] Jajszczyk, A. *A Guide to the Wireless Engineering Body of Knowledge* (*WEBOK*). Hoboken: John Wiley & Sons, 2012.

[182] Jensen, B. The OECD Teaching and Learning International Survey (TALIS) and Teacher Education for Diversity. //*Educating Teachers for Diversity*. Paris: OECD, 2010: 63 - 91.

[183] Kostoff, R. N. Citation Analysis of Research Per-Former Quality. *Scientometrics*, 2002, 53 (1): 49 - 71.

[184] Kruger, J. , Dunning, D. Unskilled and Unaware of It: How Difficulties in Recognizing One's Own Incompetence Lead to Inflated Self-assessments. *Journal of Personality & Social Psychology*, 1999, 77 (6): 1121 - 1134.

[185] Learning for the Future: Competences in Education for Sustainable Development. United Nations, Economic Commission for Europe, 2012.

[186] Little, J. W. Teachers' Professional Development in a Climate of Educational Reform. *Educational Evaluation and Policy Analysis*, 1993, 15 (2): 129 - 151.

[187] Luft, J. A. , Hewson, P. W. Research on Teacher Professional Development Programs in Science. //Lederman, N. G. , Abell, S. K. *Handbook of Research in Science Education Volume Ⅱ*. New York: Routledge, 2014: 889 - 909.

[188] McGrail, M. R. , Rickard, C. M. , Jones, R. Publish or Perish: A Systematic Review of Interventions to Increase Academic Publication Rates. *Higher Education Research & Development*, 2006, 25 (1): 19 - 35.

[189] Perkmann, M. , Tartari, V. , et al. Academic Engagement and Commercialisation: A Review of the Literature on University-In-

dustry Relations. *Research Policy*, 2013 (2).

[190] Professional Engineering Qualifications for Teachers and Researchers in Higher Education. Engineering Council.

[191] Rakwichitkul, N. Teacher Professional Development. *Journal of Education*, 2017, 11 (1): 21 – 33.

[192] Registration for HE Teachers and Researchers. Engineering Council.

[193] Shulman, L. S. , Shulman, J. H. How and What Teachers Learn: A Shifting Perspective. *Journal of Curriculum Studies*, 2004, 36 (2): 257 – 271.

[194] Sleurs, W. Competencies for ESD (Education for Sustainable Development) Teachers: A Framework to Integrate ESD in the Curriculum of Teacher Training Institutes. Comenius 2. 1 project 1182 77-CP-1-2004-BE-Comenius-C2. 1, 2008.

[195] Standard for Teachers' Professional Development. Department for Education.

[196] Standards and Guidelines for Quality Assurance in the European Higher Education Area. ENQA.

[197] Subitha, G. V. Re-Conceptualizing Teachers' Continuous Professional Development within a New Paradigm of Change in the Indian Context: An Analysis of Literature and Policy Documents. *Professional Development in Education*, 2018, 44 (1): 76 – 91.

[198] The UK Standard for Professional Engineering Competence (UK-SPEC). Engineering Council.

[199] Thoma, J. , Hutchison, A. , Johnson, D. , et al. Planning for Technology Integration in a Professional Learning Community. *The Reading Teacher*, 2017, 71 (2): 167 – 175.

[200] Webster-Wright, A. Reframing Professional Development Through Understanding Authentic Professional Learning. *Review of Educational Research*, 2009, 79 (2): 702 – 739.

[201] Yang, J. C. C. A Study of Factors Affecting University Professors' Research Output: Perspectives of Taiwanese Professors. *Journal of College Teaching & Learning*, 2017, 14 (1): 11 – 20.